# 论司法体制改革

朱孝清 著

中国检察出版社

图书在版编目（CIP）数据

论司法体制改革 / 朱孝清著 . — 北京：中国检察出版社，2019.8
ISBN 978-7-5102-2298-6

Ⅰ . ①论… Ⅱ . ①朱… Ⅲ . ①司法制度—体制改革—研究—中国
Ⅳ . ① D926.04

中国版本图书馆 CIP 数据核字（2019）第 080298 号

## 论司法体制改革
朱孝清 著

| | |
|---|---|
| 出版发行： | 中国检察出版社 |
| 社　　址： | 北京市石景山区香山南路 109 号（100144） |
| 网　　址： | 中国检察出版社（www.zgjccbs.com） |
| 编辑电话： | （010）86423753 |
| 发行电话： | （010）86423726　86423727　86423728 |
| | （010）86423730　68650016 |
| 经　　销： | 新华书店 |
| 印　　刷： | 鑫艺佳利（天津）印刷有限公司 |
| 开　　本： | 710mm×960mm　16 开 |
| 印　　张： | 30.75 |
| 字　　数： | 406 千字 |
| 版　　次： | 2019 年 8 月第一版　2019 年 8 月第一次印刷 |
| 书　　号： | ISBN 978-7-5102-2298-6 |
| 定　　价： | 98.00 元 |

检察版图书，版权所有，侵权必究
如遇图书印装质量问题本社负责调换

## 作者简介

◇ 朱孝清,男,汉族,1950年7月生,浙江义乌人,中共党员,研究生学历,最高人民检察院咨询委员会主任,中国法学会学术委员会副主任。历任浙江省人民检察院党组副书记、常务副检察长,浙江省纪律检查委员会常务副书记,浙江省人民检察院党组书记、检察长,最高人民检察院党组成员、副检察长,二级大检察官,第十一届、十二届全国政协常委、社会和法制委员会副主任,第六届中国法学会副会长,第七届中国法学会副会长、学术委员会副主任。

◇ 在本职工作之余,长期从事刑事法学、刑事诉讼法学、司法制度(检察制度)、职务犯罪侦查学研究,出版《职务犯罪侦查教程》《论检察》等个人专著5部,与他人合著(第一作者)《检察官相对独立性研究》等著作2部,主编、参编《检察学》《中国特色社会主义司法制度研究》等著作5部。在《中国法学》《法学研究》《求是》等刊物发表《刑事诉讼法实施中的若干问题研究》《检察官客观公正义务及其在中国的发展完善》《检察的内涵及其启示》《司法责任追究与豁免》《司法的亲历性》《国家监察体制改革后检察制度的巩固与发展》《法学研究要立足于中国实际》等法学论文100多篇。其中多部(篇)论著获省部级奖励。

# 自　序

党的十八大以来，我国开启了全面深化改革和全面推进依法治国的新征程。在全面深化改革、全面推进依法治国中居于重要地位的司法体制改革，随之深入展开。在党的十八届三中全会《中共中央关于全面深化改革若干重大问题的决定》、四中全会《中共中央关于全面推进依法治国若干重大问题的决定》的指引下，以司法责任制改革为核心的四项改革（司法人员分类管理和法官、检察官员额制改革，司法责任制改革，司法职业保障制度改革，省以下基层法院、检察院人财物省级统一管理改革），以审判为中心的诉讼制度改革（包括完善认罪认罚从宽制度等），国家监察体制改革所带来的司法职权配置改革等一系列改革，相继如火如荼地展开。如果说以前的司法改革主要是司法机制方面的改革的话，那么，这轮司法改革真正触及了司法体制，即制约司法工作发展的体制上的深层次问题，因而改革的系统性强，牵涉面广，困难很多，意义也特别重大。通过几年的努力，终于"做成了想了很多年、讲了很多年但没有做成的改革"。[①] 这轮改革之所

---

[①] 习近平：《坚定不移推进司法体制改革，坚定不移走中国特色社会主义法治道路》。载《人民网》，新华社 2017 年 7 月 10 日贵阳电，载 http://politics.people.com.cn/n1/2017/07/10/c1024-29395429.html，最后访问时间：2019 年 1 月 20 日。

以能够做成，是由于党中央的坚强领导和强力推动；由于各级司法机关和广大司法人员以舍我其谁的精神积极探索实践；由于坚持科学的方法，如坚持顶层设计与基层探索相结合，坚持先试点、后推广。此外，法学、法律界的广大研究人员也功不可没，是他们为改革提供了有力的理论支撑。仅以检察机关办案责任制改革为例，从原先提出的"主任检察官"，到后来检察院组织法规定的"主办检察官"，虽只一字之差，却包含着诸多理论，经过了多少人的深入研究！

在司法体制改革过程中，我作为老司法工作者和时任的全国政协常委、社会和法制委员会副主任、中国法学会副会长、学术委员会副主任，自然不敢置身于外，始终关注改革的进程，多次参加全国政协组织的以"深化司法体制改革"为题的调查研究，多次应邀参加时任全国政协主席俞正声主持的有关双周专题协商会和中国法学会组织的有关论坛、研讨会、专家咨询会，并先后撰写了二十多篇理论文章，其中发表于《中国法学》《法学研究》这两个法学权威期刊五篇。在这一期间的研究中，我注意坚持以下方面：一是淡泊超然的心境。何家弘教授在《享受法缘》一书中写道："如果做学问只是为了谋生、为了功利或者为了某种沉重的使命，那人们很难发现和体验做学问的乐趣。只有以淡泊超然的心境治学，才能享受做学问的乐趣。"①我已年过花甲，且已脱离司法一线，既无完成任务之迫，亦无名利地位之求，更无谋生之忧，进行理论研究纯属个人兴趣爱好和基于"天下兴亡、匹夫有责"理念而对司法体制改革的自觉担当。这种淡泊超然的心境，有利于避免心浮气躁和急功近利，从而平心静气、气定神闲地力

---

① 何家弘：《享受法缘》，法律出版社2005年版，第2页。

求把学问做得自认为"深一点好一点"。二是直面问题的精神。突出问题意识,紧紧围绕司法体制改革中的重点、难点问题进行研究,包括对敏感问题,也决不回避,明确提出自己的观点。三是实事求是的态度。坚持沿着坚定不移走中国特色社会主义法治道路这一方向,从我国现阶段实际出发,研究提出自认为比较可行的改革建议,不照搬外国做法,不超越发展阶段,更不为吸引注意、博得喝彩而发表"惊人之语"。四是敢于争鸣的勇气。争鸣是学术发展的内在动力,社会科学更是如此。它有利于思想观点取长补短,有利于产生新的思想火花,有利于"通说"和学术流派的形成。笔者研究的问题,多数是针对不同的观点,在众说纷纭中发表自己的看法,以便促使讨论的深入。在争鸣时,我坚持良好的愿望,坚持对事不对人,坚持摆事实讲道理和以理服人。

2018年,是我国改革开放四十周年,也是检察机关恢复重建四十周年,还是我学习法律进入法门四十周年。值此重大年庆之际,我萌生了把近三四年所写的有关司法体制改革的文章集结出版的想法。经过对这些文章的查找和梳理,我把这些文章分为司法原理研究、司法权配置改革研究、司法权运行改革研究、司法责任与司法保障改革研究、刑事诉讼制度改革与适用研究等五个部分,① 以"论司法体制改革"为书名。由于本书是论文集性质,因而在整理文稿时,无论原观点是对是错、是正是偏、是否为当今有关方面认可,我都基本保持原样,主要对一些文字作了修改,并没有以现在的观点和做法去修正发表于过去的文章。我之所以这样做,一是根据历史唯物主义观点,时间具有一维性,这些文章都已发表,因而都已成为历史,我应当尊重历史,而不能去

---

① 对于涉及数方面改革的文章,根据重点归入有关部分。

为自己的文章掠美和掩丑；二是作为研究司法体制改革众多论著中的一个缩影，通过本书，大致可以从一个侧面反映我国本轮司法体制改革的过程，看到广大司法人员和理论研究者艰辛探索的足迹。

回顾过去可以探知未来。当前，司法体制改革又在党的十九大精神指引下，在新的起点上更深入地展开。我有充分理由坚信，在党中央坚强领导下，随着小康社会的全面建成和全面建设社会主义现代化国家新征程的开启和推进，中国特色社会主义司法制度必将越来越完善，并进而为全面建设现代化国家提供更好的司法保障！

此为自序。

朱孝清

2019年1月

# 目 录

## 第一部分　司法原理研究

要准确、全面理解司法规律　/ 3
　一、注意区分司法规律与司法规律的表现（实现）形式　/ 5
　二、注意鉴别是不是司法规律　/ 6
　三、既要遵循规律，又要统筹兼顾　/ 8

论司法的亲历性　/ 10
　一、司法为什么要亲历　/ 10
　二、司法亲历性的内涵和基本要求　/ 19
　三、司法亲历性的主要适用范围　/ 26
　四、司法亲历性与相关的几个问题　/ 29

论检察官相对独立性　/ 42
　一、我国检察官相对独立的内在必然性和现实必要性　/ 43
　二、检察官相对独立的域外考察　/ 49
　三、我国检察官相对独立的特点和主要内容　/ 57

四、检察官相对独立的相关问题　　/64

也谈"检察官中立性"　　/72
　　一、中立性是不是检察官在所有职能中的特性　　/73
　　二、检、法的中立性有何区别　　/77
　　三、检察机关在审前程序中如何恪守中立性　　/79

检察官负有客观义务的缘由　　/85
　　一、检察官客观义务的产生　　/86
　　二、检察官客观义务在各国法律及国际文件中的体现　　/87
　　三、赋予检察官客观义务的缘由　　/94

评"司法不党"　　/104

司法工作与群众路线　　/107
　　一、群众路线是世界观和方法论的统一　　/107
　　二、司法机关进行群众路线教育实践活动有特殊的意义　　/109
　　三、司法机关进行群众路线教育要注意的几个问题　　/110

法治越是被需要和重视，就越需要护法机关　　/113
　　一、检察机关恢复重建四十年来成就辉煌　　/113
　　二、检察制度屡受质疑，但质疑能够激励检察机关砥砺前行　　/115
　　三、每一个检察人都应当"胸怀天下，情系检察"　　/117
　　四、任何时候都要保持战略定力，坚定检察制度自信　　/119

# 第二部分　司法权配置改革研究

司法职权配置的原则 / 123
    一、按职权性质配置的原则 / 123
    二、把不同性质的职权分开的原则 / 125
    三、有利于充分发挥效能与有利于制约相统一的原则 / 126
    四、遵循司法规律和诉讼规律的原则 / 126

国家监察体制改革后检察制度的巩固与发展 / 128
    一、问题的提出 / 128
    二、坚持检察机关的宪法定位 / 131
    三、增强检察监督的刚性 / 140
    四、逐步拓展检察职能 / 152
    五、结论 / 160

职务犯罪侦查权的转隶与有限保留 / 162
    一、检察机关职务犯罪侦查权转隶的意义 / 163
    二、给检察机关保留有限的职务犯罪侦查权的原因 / 164
    三、检察机关行使好有限保留的职务犯罪侦查权的路径 / 167

刑事诉讼法与监察法的衔接 / 173
    一、修改后刑事诉讼法与监察法衔接的内容 / 174
    二、对法律规定中若干问题的理解 / 178

对人民检察院组织法修订草案二审稿的修改意见 / 185
    一、统一"法律监督"概念的范围，规范检察监督的方式 / 185
    二、规定调查核实权及其措施 / 188

三、规定最高人民检察院的提请违宪、违法审查权 / 189

四、准确规范检察长与检察官之间的职权关系 / 190

五、根据公务员法的有关规定，赋予检察官拒绝执行检察长错误、违法指令的权力 / 192

六、准确规定提请检委会讨论的主体 / 194

# 第三部分　司法权运行改革研究

论司法改革中的几个问题 / 197

　　一、是"授权"还是"还权" / 197

　　二、"专业化"是否排斥"专门化" / 200

　　三、未入额法官、检察官是否还是法官、检察官 / 204

　　四、查处司法人员职务犯罪是否以惩戒委员会审查同意为前置程序 / 206

党的十八大以来反腐工作对法治的启示 / 210

　　一、反腐应当法治化 / 210

　　二、反腐应当惩防并举、标本兼治，但在腐败严重的情况下，应侧重于惩治和治标 / 212

　　三、刑罚的有效性不在于刑罚的严酷性，而在于刑罚的不可避免性 / 213

　　四、办案的社会效果、政治效果要以法律效果为前提和基础，要在法律范围内去追求 / 214

　　五、反腐不能"法不责众" / 216

　　六、反腐要"老虎""苍蝇"一起打，既不能"抓大放小"，也不能"抓小放大" / 217

　　七、反腐要坚持不懈、持之以恒，而不能搞运动 / 218

八、结论：法治反腐是反腐败的必由之路　　/ 219

提升品质，走内涵式发展之路　　/ 221

检察机关学习践行"枫桥经验"的必要性、原则和重点　　/ 224
　　一、检察机关学习践行"枫桥经验"的必要性　　/ 225
　　二、检察机关践行"枫桥经验"、参与基层社会治理
　　　　应坚持的原则　　/ 227
　　三、检察机关学习践行"枫桥经验"的重点　　/ 231

# 第四部分　司法责任与司法保障改革研究

错案责任追究与豁免　　/ 239
　　一、司法责任制度的历史演进　　/ 241
　　二、我国的司法责任形式和错案责任构成要件　　/ 246
　　三、对故意或重大过失造成错案的予以追责的理由　　/ 254
　　四、我国错案责任豁免的范围及理由　　/ 260
　　五、追究错案责任要注意的问题　　/ 269

论"监督管理责任"　　/ 275
　　一、为什么要规定监督管理责任　　/ 275
　　二、如何理解监督管理责任　　/ 279
　　三、如何追究监督管理责任　　/ 287

对人财物省级统管所涉问题的思考　　/ 292
　　一、要重视人财物省级统管可能带来的法院、检察院
　　　　内部行政性强化的问题　　/ 292

二、司法人员的工资待遇要承认地区差异，不"削峰"只"填谷" / 300

三、人财物统管后，省级法、检正副职人选的提名权应作相应调整 / 302

# 第五部分　刑事诉讼制度改革与适用研究

论"以审判为中心" / 305
 一、为什么要"以审判为中心" / 305
 二、如何理解"以审判为中心" / 309
 三、检察机关如何因应"以审判为中心" / 312

认罪认罚从宽制度研究 / 318
 一、如何理解认罪认罚从宽 / 318
 二、如何把握认罪认罚从宽案件的证明标准 / 322
 三、认罪认罚从宽制度为什么要设置听取意见和签署具结书程序 / 328
 四、适用认罪认罚从宽制度是否可以控辩协商 / 330
 五、侦查阶段是否可以适用认罪认罚从宽制度 / 341
 六、办理认罪认罚案件应否坚持"以审判为中心" / 353

论律师向犯罪嫌疑人、被告人核实证据 / 361
 一、"核实证据"并未表明"可以告知案内相关证据" / 363
 二、"核实证据"并不等于"认可了犯罪嫌疑人、被告人阅卷权" / 370
 三、研究"核实证据"的方式并非没有意义 / 371

## 再论律师向犯罪嫌疑人、被告人核实证据　/ 372
一、对"阅卷论""告知证据论"的进一步质疑　/ 374
二、现行法律规范下对"律师向犯罪嫌疑人、被告人核实有关证据"的解读　/ 385
三、赋予无辩护人的犯罪嫌疑人、被告人有限制的阅卷权的立法建议　/ 393

## 刑事诉讼法中的若干问题研究　/ 408
一、讯问过程录音录像问题　/ 408
二、庭前会议问题　/ 420
三、违法所得没收程序问题　/ 423

## 重复性供述是否排除之我见　/ 441
一、认识分歧　/ 441
二、把握的原则　/ 443
三、观点评析及意见　/ 446

## 排除非法证据新规定的理解与执行　/ 449
一、《新规定》作出的新的规定及其对有关问题的理解　/ 450
二、《新规定》的执行　/ 468

# 第一部分　司法原理研究

要准确、全面理解司法规律

论司法的亲历性

论检察官相对独立性

也谈"检察官中立性"

检察官负有客观义务的缘由

评"司法不党"

司法工作与群众路线

法治越是被需要和重视，就越需要护法机关

# 要准确、全面理解司法规律①

习近平总书记在主持中央政治局"深化司法体制改革,保证司法公正"集体学习时强调:"深化司法体制改革,要坚持符合国情和遵循司法规律相结合。"这体现了党中央对司法规律的高度重视和尊崇。司法究竟有哪些规律?这首先要明确"司法"这一概念的范围。"司法"有广义、中义、狭义的区别,广义的"司法"包括侦查权、检察权、审判权,有时还包括执行权,这几个权构成司法权力体系;介绍一国的司法制度,一般都把这几个权力包括在内。中义的"司法"包括审判权、检察权,因为多数国家认为检察权是准司法权,也有的国家明确规定检察机关是司法机关(如意大利),我国也是这种情况。狭义的"司法"也就是最典型的"司法",仅指法院的审判权。讲司法规律,一般是从狭义的司法来概括的。因为所谓"规律",就应当具有普遍性,这就需要寻求最大公约数,不因各国司法制度的不同而存在区别,而以法院的审判权作为司法权,由此来概括司法规律,才符合各国司法的共性,才具有普遍性。

---

① 2015年3月26日,中国法学会、国家司法文明协同创新中心共同举办"聚焦司法规律"学术研讨会。笔者受邀参加会议并即席发言。本文根据笔者发言整理而成,原文刊载于中国法学会法律信息部、国家司法文明协同创新中心:《司法改革(内刊)》2015年第2期。

司法①以公正性、独立性、中立性、亲历性、权威性为基本要求，其中，公正是司法的最高价值追求，这与立法权主要追求"科学、民主"、行政权主要追求"效率"、军事权主要追求"打赢"，形成鲜明对比；也与仲裁这种解决纠纷的方式是在底线公正前提下最大限度追求效率存在区别。司法之所以要以公正为最高价值追求，是因为司法是社会公平正义的最后一道防线，老百姓找司法机关的目的就是讨个公道；"司法公正对社会公正具有重要引领作用，司法不公对社会公正具有致命破坏作用"。为了实现"公正"这一最高价值目标，一是司法应当具有独立性，因为司法如果不具有独立性，而受其他因素如权力、金钱、人情等的干预或干扰，那就不可能公正。二是司法应当具有中立性，因为司法是以诉讼的方式解决矛盾纠纷的活动，诉讼就必然存在三角形的结构，司法人员必须中立于两造，不偏不倚，居中裁判。司法如果不中立，那也不可能公正。三是司法应当具有亲历性，因为司法要解决的是过去的事，司法人员对这个事实根本没有看到过，他只能凭证据去"回复""再现"过去的事实。而两造提供的证据又有真有假、错综复杂，有些证据还存在矛盾。司法人员只有深入案件，亲自审查原始的证据，才能分清哪些证据为真，哪些证据为假，哪些证据能够相互印证，哪些证据存在矛盾，从而对案件事实作出认定和裁判。司法如果不亲历，无论实体公正还是程序公正都难以实现。此外，司法还必须有权威，因为司法是社会公平正义的最后一道防线，对案件的生效判决具有法律效力，且以国家的强制力保证执行；国家法制的权威，在相当程度上是通过司法的权威来体现的，如果司法没有权威，国家法制就很难有权威。总之，公正性、独立性、中立性、亲历性、权威性都是司法的特性，也是司法最基本的要求，这些最基本的要求，我认为就是司法规律。以上这些规律主要是司法权运行的规律。除此之外，司法主体

---

① 这里及下文中的"司法"，均指狭义的司法，而不是广义的或中义的司法。

应当专业化、职业化，司法活动应当严格适用法律，司法结果应当具有终局性，这些，我认为也属于司法规律。但我们平时所说的司法规律，可能主要指司法权运行规律。

与此同时，对司法规律的理解，可能还要考虑到以下几个方面：

## 一、注意区分司法规律与司法规律的表现（实现）形式

司法是有规律的，规律必须遵循。但司法规律在不同国家、不同制度里，可以有不同的表现（实现）形式，这个不同的表现（实现）形式不是违反规律，而是规律在不同国情、不同制度、不同社会发展阶段下的不同表现。比如法治，要法治就必须有法律，但法律有不同的表现形式，有些是成文法，如大陆法系国家；有些主要是判例法，如英美法系国家。又如刑事诉讼，有侦、诉、审三道工序，其中诉、审分离，各国没有什么差异，但对侦、诉关系，很多国家就不尽相同，有的侦诉一体，由检察官指挥、领导侦查；有的侦诉分立；也有的国家的法官还负责对某些案件的侦查，如法国的预审法官，既行使侦查职能，领导和指挥对重罪案件的侦查，又行使司法审查权，负责批准逮捕。又如法官的中立性，它在不同国家也有不同的表现形式，在英美法系国家，法官的中立性体现得比较到位；而在大陆法系国家，法官奉行职权主义，中立性就体现得不那么到位。

还如司法的独立性，也有不同的表现形式。在资本主义国家，司法要独立于政党，实行司法不党、法官不党。但在中国，司法必须接受中国共产党领导和人大监督，所以我们不叫司法独立，而是依法独立，即在中国共产党领导和人大监督下依法独立行使审判权、检察权。记得有一次全国人大常委会邀请我在某地给新当选的全国人大代表讲课。在互动阶段，有一位港澳代表提问说：在西方国家，司法是独立的，因为只有独立，才能公正。但是在中国大陆，司法却要接受中国共产党的领导，这是不是违反

司法独立？会不会影响司法公正？我回答说：西方国家司法独立于政党，实行司法不党、法官不党，这在他们那里是有道理的，因为西方实行的是多党制，任何政党都只代表本党的利益和某些阶层、某些方面人的利益，没有一个政党能够代表全国各族人民的利益。如果允许法官加入党派，当法官遇到他所在党派所代表的人，与别的党派所代表的人发生矛盾纠纷时，这个法官就不可能中立，不可能公正，很有可能偏袒本政党所代表的那一方。但是在中国，中国共产党是法律规定的执政党，中国共产党不像西方的政党那样只代表某些阶层、某些方面人的利益，而是代表全国各族人民的利益，党自身没有自己特殊的利益。因此，司法机关接受中国共产党的领导，不仅不会影响司法公正，而且更有利于司法公正。更何况，在中国，由共产党领导，是历史的必然，人民的选择。在中国这样一个封建传统深厚、经济文化落后、地区差异极大的国家，只有在中国共产党的领导下，法治才能进步，才能发展，依法治国才能实现。当然，党在领导司法工作中目前也还存在一些不足，如极少数领导干部以言代法、以权压法等，但我们正在努力采取措施解决这些问题。下课后，这位港澳的全国人大代表跑向前来跟我说：你的回答讲清了中国共产党跟西方政党的区别，消除了我理论上的疑虑。

总之，规律在不同国家、不同发展阶段，可以有不同的表现形式，这样，世界才多姿多彩。我理解，习近平总书记所说的"坚持符合中国国情和遵循司法规律相结合"，指的就是要从中国实际出发来确定司法规律在中国的实现形式。这不是对司法规律的违反，而是对司法规律很好的遵循。

## 二、注意鉴别是不是司法规律

西方国家是现代法治的先行者，我们在推进法治建设时，有些方面需要借鉴外国。但在借鉴时，对外国的某些做法要注意鉴别它是不是属于规律，防止把非规律的东西误认为是规律，并认为我国应予遵循。比如，外国的司法解释权一般属于法院，检察院不具有司法解释权。有人据此认为，中国的检察院也不应该有司法解释权，一是因为检察院不是真正的司法机关；二是因为检察院在刑事诉讼中属于控方，不具有中立性，检察院如果拥有司法解释权，违反了司法规律，也不利于保障犯罪嫌疑人人权。我认为，外国的检察院大多属于行政权序列，不拥有司法解释权具有合理性，但不能认为它是司法规律，也不能认为外国没有的我国就不应该有。因为我国的检察院是与行政机关、审判机关相并列的法律监督机关，也是司法机关，检察院拥有司法解释权，有利于对法院的司法解释权实行一定的制约，从而使司法解释制定得更符合立法原意和司法实践需要。又如三权分立，它是资产阶级思想家提出来的。孟德斯鸠认为，立法、行政、司法三权如果不分立，危害会很大：如果司法权不同立法权、行政权分立，自由就不存在；如果司法权与立法权合二为一，那将对公民的生命和自由构成专断的权力，因为法官就是立法者；如果立法权与行政权合二为一，就会制定专制的法律，以专横的方式付诸实施。三权分立被认为是资本主义国家政体的"规律"和经典形式。但是，在西方国家，违反的情况并不少见。例如，英美法系国家的法官既有司法权，又有造法权；英国的上议院既是立法机关，又是刑、民事案件的最高审判机关；法国等多个国家的行政法院属于政府，政府总理兼任行政法院院长；等等。特别是在现代政党制度的大背景下，三权分立很多只不过徒有形式。例如，实行议会民主制的国家，哪个政党在议会占多数席位，哪个政党就组阁政府，这样，立法权、行政权实际上就都由该政党操控了。这些国家的做法是不是违反三权分立"规律"？有人认为它违反；有人认为它符合该国国情；也有人认为三权分立本身就不是规律；还有人认为三权分立是规律，但孟德斯鸠讲得太绝对了，三权之间很难像他说的分得那么清楚和彻底，故孟德斯鸠所说的三权分立不是规律。我个人倾向于认为，根据"权力不受监督制约必然导致腐败"的原理，国家各权力应当分离并有监督制约，但一个国家要设几个权、怎么分离与监督制约，要从各国的实际出发。包括在我国，人大是最高权力机关，但立法权、行政权、检察权、审判权实际上是分离的，除了立法权，人大并不能直接行使其他权力，但有权对这几个权力行使情况进行监督，这种监督是宏观的，并不能代替行政机关、检察机关、审判机关行使职能。前些年，全国人大常委会作出的"人大不监督个案"的决定，就生动地说明了这一点。同时，我国对权力监督制约的方式，也与很多国家存在明显的区别。

### 三、既要遵循规律，又要统筹兼顾

司法规律必须遵循，但遵循时必须统筹兼顾有关方面，而不能顾此失彼、将其绝对化。因为事物是互相联系的，司法规律也是如此，司法规律与司法规律之间、司法规律与其他规律以及其他事物之间，都存在这样那样的联系。比如，公正是司法的首要价值，是司法的灵魂。但公正要兼顾效率，也就是要与效率加以统筹，必要时要为效率作出一定的让渡，因为"迟到的公正是非公正"。如时效制度，一个杀人犯过了20年就不再追诉了，从公正的角度来说是不公正的。但是为了安定社会秩序，为了诉讼效率，只能这样做。又如办案期限，期限一到，案件就不能再办下去。这难免影响对客观真相的追求，影响公正，但是为了兼顾效率，只能如此。羁押期限也是这样，期限一到，必须改变强制措施，这是诉讼效率和保障人权的需要，但也会影响对客观真相的查明，从而影响公正。再如司法的终局性，司法必须有终局，而不能没完没了，有终局才有权威，终局和权威两者是相辅相成的。但是终局又要服从公正，因为公正是司法的最高价值追求。据此，如果发现冤假错案，不管什么时候都要予以纠正，而不能为了终局而不纠正。所以，讲终局，就不能不顾公正；讲权威也不能不顾公正，只有公正的判决才能终局，才有权威。

再比如司法人员专业化、职业化，这也是司法规律的要求。但是任何一个国家，在强调司法人员专业化、职业化的同时，为了使司法更好地体现民意，防止司法专断，还强调司法的民主化，所以有陪审制、参审制，让没有法律专业知识的普通民众参与案件审理，凭其社会经验和道德良知对案件作出判断。像美国，陪审团负责定罪，法官只负责量刑，体现了陪审团对法官裁判权的分割。因此，遵循司法规律要统筹兼顾有关方面。

综上所述，司法有诸多规律，对司法规律必须遵循；遵循司法规律必须从我国实际出发，确定该规律在我国恰当的实现形式。对某些司法现象包括外国的某些做法，一要鉴别它是不是属于司法规律，防止把非规律的东西当作规律而认为应当遵循。当然，好的做法虽然不是规律也是可以借鉴的，但"借鉴"与"遵循"有明显的区别。二要区分是司法规律还是司法规律的表现形式，防止把外国对司法规律具体的实现形式作为司法规律而认为应当遵循。三是任何司法规律都是与其他规律及事物互相联系的，遵循司法规律必须统筹兼顾有关方面，防止顾此失彼和绝对化。

# 论司法的亲历性[①]

"司法亲历性"是法学、法律界使用频率较高的一个词,在司法体制改革中更是如此。但对司法亲历性的一些基本内容,如为什么司法必须亲历,司法亲历性的内涵、基本要求和适用范围等,除了某些论著有零碎涉及外,却鲜见系统论述。本文试就此做些探讨,作为引玉之砖。

## 一、司法为什么要亲历

司法亲历性,指司法人员(主要指法官,有些情况下也包括检察官)应当亲身经历案件审理的全过程,直接接触和审查各种证据,特别是直接听取诉讼双方的主张、理由、依据和质辩,直接听取其他诉讼参与人的言词陈述,并对案件作出裁判,以实现司法公正。司法亲历性是司法工作的重要原理,也是司法规律的重要内容,在司法制度和诉讼制度中居于重要地位。

那么,为什么行政决策有时可以在办公室进行,凭听汇报拍板;军事决策也可以在指挥所进行,"运筹于帷幄之中、决胜于千里之外",而司法却必须亲历呢?

---

① 原文刊载于《中外法学》2015年第4期。

（一）司法所要解决的问题的微观具体性和重要性决定了司法人员要亲历

凡微观具体的工作，总是要有人亲历的，不是这个人亲历就是那个人亲历。司法作为"国家司法机关依据法定职权和法定程序，具体应用法律处理案件的专门活动"，① 其所解决的是微观具体的个案，即在认定个案事实的基础上适用法律，以定分止争或决定是否追究刑事责任。它与医生给病人治病相类似，② 医生只有亲力亲为，深入病房、接触病人，查明病因，才能对症下药，司法工作也然。虽然，任何案件都不是孤立的，都跟方方面面存在这样那样的联系，有的甚至连着大局，但任何案件又都是微观具体和个性化的，其事实往往千差万别，处理也不尽相同。"有时候，案件的一个细节，都有可能对整个案件产生影响。"③ 司法人员只有深入具体案件之中，亲力亲为，亲自审查各种证据，才能对事实作出正确的判断，并进而依法作出正确处理。

同时，司法所要解决的问题又关系到当事人权利乃至生命，关系到社会公平正义。无论是哪种诉讼，当事人争执的都是权利，特别是刑事诉讼，往往关系到当事人自由权利乃至生命。同时，司法是社会公平正义的最后一道防线，"司法公正对社会公正具有重要引领作用，司法不公对社会公正具有致命破坏作用"，④ 任何一个案件的处理，都不仅对类似问题的处理确立了一个标杆，而且直接关系到社会的公平正义。人民群众也以司法人员作为公平正义的化身，以司法公正的情况作为衡量社会公平正义的

---

① 参见张文显主编：《法理学》，高等教育出版社2003年版，第276页。
② 参见王利明：《法官与医生》，载《法制资讯》2014年第9期。当然，司法人员办案跟医生看病也有区别，本文在后文将会述及。
③ 参见王利民：《法官与医生》，载《法制资讯》2014年第9期。
④ 《中共中央关于全面推进依法治国若干重大问题的决定》，载《求是》2014年第21期。

一个重要尺度。司法所要解决的问题的重要性，同样决定了司法人员必须亲力亲为、精心审理，而容不得丝毫的马虎和大意。

（二）准确认定案件事实的复杂性决定了司法人员要亲历

要正确处理案件，首要的是要准确认定案件事实，使之符合客观真相。而准确认定案件事实，比准确认定其他事物要困难得多、复杂得多，这就需要司法人员亲力亲为。

首先，判断争端中的真假、是非和曲直需要亲历。司法权的本质是判断权。司法判断的前提是关于真假、是非、曲直所引发的争端的存在，①诉讼双方就同一问题各执一词，有不同的事实叙述，提出不同的诉讼主张和依据。"司法判断就是针对真与假、是与非、曲与直等问题，根据特定的证据（事实）与既定的规则（法律），通过一定的程序进行认识。"②司法人员只有深入到争端之中，亲自听取双方的主张、理由和依据，精心审查、甄别每一个证据，包括必要时对言词证据提供者察言观色，获取陈述人神态、表情、语调、动作等生动的信息，才能对证据和案件事实作出准确认定，进而辨明案中的真假、是非和曲直。早在春秋时期，我国先人就总结出了近距离察言观色辨别言词真伪的"五声听讼法"，③它是心理学和生理学在诉讼中的运用，体现了朴素的唯物主义思想，同时也说明了司法人员

---

① 从广义上理解，刑事案件也是一种争端。

② 参见孙笑侠：《司法权的本质是判断权——司法权与行政权的十大区别》，载《法学》1998年第8期。

③ 《周礼·秋官·司寇》中记载："以五声听狱讼、求民情：一曰辞听，二曰色听，三曰气听，四曰耳听，五曰目听。"后汉经学大师郑玄对此解释道："辞听者，观其出言，不直则烦；色听者，观其颜色，不直则赧然；气听者，观其气息，不直则喘；耳听者，观其听聆，不直则惑；目听者，观其眸子，不直则眊然。"其意是一个人在接受审问时，如果说话烦乱、脸色通红、呼吸急促、听力愚钝、目光失神，那他的回答一定是谎言。参见何家弘、杨迎泽：《检察证据教程》，法律出版社2002年版，第507页。

亲历诉讼的意义。如今，科学技术已经广泛运用于司法，为司法人员揭露和证实犯罪创造了有利条件，也为司法人员对作证者察言观色拓展了时间和空间。但科学技术不可能每案每人都用，检验鉴定意见也不能保证都准确，故司法人员通过亲历包括近距离观察来鉴别言词证据真伪的方法，并不因时代变迁和技术发展而完全过时。

其次，认识案件事实的特殊性决定了司法人员要亲历。从认识论角度来说，认识案件事实跟认识其他事物相比，具有许多特殊性，这些特殊性同样决定了认识案件事实的复杂性。这些特殊性表现在：一是认识方式的逆向性和间接性。任何案件总是发生在前、司法人员认识在后，司法人员对案件事实根本没有看到过，他们要认识的是业已成为过去的事实，因而这种认识是逆向的。同时，司法人员只能依据收集到的证据去"回复""再现"案件事实，这种由现在到过去、由结果到原因的逆向认识和以证据为中介间接认识案件事实的过程很像考古，非常艰难，要受时间间隔、案犯狡猾程度，证人的感知能力、记忆能力、判断能力、表达能力及客观公正程度，侦查装备水平，司法人员的素质能力水平等主客观多方面因素的制约，搞错的可能性很大。二是认识对象的特殊性。司法人员认识的对象是蕴含矛盾冲突的案件，在民事、行政诉讼中，当事人为了求得胜诉，难免偏离客观立场，有的甚至不惜弄虚作假、颠倒是非，制造假证；在刑事诉讼中，犯罪分子为了逃避追究，会采取各种手段掩盖、毁灭、伪造证据，制造假象，诱使司法人员陷入错误，并与司法人员进行激烈的攻防和斗争，这必然增加对其认识的难度。三是认识技术的滞后性。认识案件是要技术手段的，认识刑事案件尤其如此。这种技术手段随着争端所涉技术特别是犯罪手段的发展而逐步进步。技术手段相对于争端所涉技术特别是犯罪手段的滞后性，使得一些案件难以认识或难以正确认识。四是认识条件的受制约性。现代刑事诉讼制度既赋予了司法人员认识案件必要的措施和手段，以满足惩治犯罪的需要，又对司法人员以诸多限制，而不允许司法人员不择手段、无止境地去认识案件的客观真相,以实现打击犯罪与保障人权的统一,公正与效率的统一,实体公正与程序公正的统一。如追诉有时效,羁押有期限,各种强制措施和侦查措施都规定了严格的条件,犯罪嫌疑人、被告人及其辩护人享有一系列法定的诉讼权利,等等。这必然限制了司法人员对案件客观真相的认识。总之,认识案件要比认识一般事物艰难得多,复杂得多。它往往涉及现象与本质、偶然与必然、特殊与一般、原因与结果、形式与内容等多对哲学范畴的概念,因而需要司法人员亲历办案全过程,以临渊履薄的心境和态度直接感知和精心审查每一个证据,不放过任何疑点。只有这样,才能获得丰富的感性材料,并对案件事实作出正确的认识和判断。

(三)实现程序公正需要司法人员亲历

"正义不仅要实现,而且要以看得见的方式实现。"公正是司法的灵魂,司法公正包括实体公正和程序公正。其中程序公正既是实体公正的重要保证,又有自身独立的价值,如体现民主法治精神,使当事人感受到诉讼权利平等,增强裁判结果的可接受性,促使公民知法守法等。程序公正的标准主要包括司法独立、裁判者中立、诉讼双方平等、程序公开、当事人程序权利的有效保障、程序终局等方面。[①]而这些标准的达到,多数需要司法人员亲历诉讼;诉讼参与人也会以司法人员在诉讼中的一言一行来判断程序是否公正。如司法独立,它在我国表现为司法机关依法独立行使职权,不受行政机关、团体和个人的干涉。衡量该标准的重要依据,在于法官是否亲历庭审,并以庭审认定的事实、证据作为裁判的依据,做到裁判结论产生于法庭,而不是受制于法庭外的因素。又如,裁判者中立和诉讼双方平等,它要求裁判者与案件无涉,而且对诉讼双方不偏不倚,一

---

[①] 参见陈光中:《陈光中法学文选》(第一卷),中国政法大学出版社2010年版,第354—374页。

视同仁；要求诉讼双方平等武装、平等保护、平等对抗、平等合作。[1]它同样要求裁判者亲历案件审理和裁判的全过程，以便诉讼参与者和旁听群众从裁判者的言行和对诉讼双方的态度上，作出裁判者是否中立、诉讼双方是否平等的判断。再如，当事人程序权利的有效保护，这同样需要司法人员亲历。例如，双方所提的主张和依据，双方的质证、辩论意见，并不是说给对方听的，而是说给裁判者听的，如果司法人员不亲历，或裁判不产生于法庭，那双方的对抗就只是"空气振动"，毫无意义，双方程序权利的行使也就徒具形式。总之，司法人员亲历对于体现程序公正具有重要意义，正像陈瑞华教授所说，司法人员亲历可以保证裁判者亲自接触并听取诉讼双方的证据、主张和意见，并将裁判结论直接建立在当庭听取并审查过的证据和辩论的基础上，使得双方对裁判过程的参与不仅较为充分，而且对裁判结论的形成施加积极的影响，这会使诉讼双方由此产生一种受到尊重和公正对待的感觉。相反，如果裁判者不亲自参与裁判的全过程，而是通过听取其他人员汇报、审查书面材料甚至不当面接触诉讼双方的方式进行裁判活动，诉讼双方就很难产生受尊重的感觉，裁决结论也很难得到双方的自觉接受和认同。[2]

（四）心证的形成需要司法人员亲历

心证，即司法人员对证据和案件事实所形成的内心确信。司法人员的心证，是伴随着对案件认识的深入而逐步深入、通过对每个证据的审查判断而逐步形成的。司法人员心证形成的过程，是"案件事实从诉辩双方的

---

[1] 参见冀祥德：《控辩平等论》，法律出版社2008年版，第2页。
[2] 参见陈瑞华：《司法权的性质——以刑事司法为范例的分析》，载《法学研究》2000年第5期。

证明向裁判者心证位移"的过程,①它与案件审理的过程是统一的,与分析、判断诉讼双方所提主张、理由和根据的过程也是一致的。在此过程中,司法人员需要对证据进行单独审查、比对审查和综合审查,并进行由此及彼、由表及里、去粗存精、去伪存真的分析,然后将感性认识上升为理性认识。既需要证实,又需要证伪;既需要印证,又需要排除矛盾或对矛盾作出合理解释;既需要运用经验法则,又需要运用逻辑规则。司法人员对全案心证的最后形成,是众多个别的心证(主要是对各个证据的判断)积累和综合的结果,其间需要经历量变到质变的过程。显然,司法人员只有亲历诉讼,直接感知证据与事实,精心审查每个证据的客观性、关联性和合法性,并综合全案证据作出自己的判断,心证才能真正形成。因为"对证据与事实的直接感知,能够使事实判定者掌握丰富而生动的信息内容,而这些信息内容是形成合力心证最重要的保证"。②否则,如果司法人员单凭听汇报、阅卷或根据案外因素对案件作出判断,那就不可能形成符合该案实际的准确的心证,司法不公或冤假错案就难以完全避免。

这里需要特别指出的是,直觉对心证的形成往往具有重要作用,而直觉只有亲历,包括对被告人、证人近距离观察才能获得。直觉是人脑的高级机能,具有非逻辑性和非理性,但"研究表明,司法人员(法官)的判断从来都不是首先在制定法的指导下完成的,而是依据其从社会生活或职业训练中获得的直觉作出的一个基本的案件归类和判断,然后才去发现他认为是比较适当的思维,进而对自己的直觉进行考察和修正"。③

---

① 参见梁玉霞:《聚焦于法庭的叙事:诉讼证明三元系统对接——论裁判者心证自由的限度》,载《中外法学》2011年第6期。
② 龙宗智:《论建立以一审庭审为中心的事实认定机制》,载《中国法学》2010年第2期。
③ 苏力:《基层法官司法知识的开示(续)》,载《现代法学》2000年第4期。

(五) 行政、军事决策不同于司法的诸多特点，决定了司法不能与它们简单类比

首先，行政、军事决策所要解决的问题一般具有非微观具体性。如前所述，任何工作都必须有人亲历。就决策而言，微观的简单的决策也往往由一线人员直接作出，如农民对种植何种农作物作出安排，公务员对职权范围内的事项作出决定，侦察兵对遇到的敌方巡逻兵决定是否将其干掉等。对宏观的复杂的决策，决策者也需要深入调查研究，直接掌握第一手材料，这是辩证唯物主义认识论的必然要求。但任何事情都要决策者事必躬亲是难以做到的，管理层次越高越是如此。具体到行政工作和军事工作，一般的行政行为和军事行为，同样需要一大批一线人员亲力亲为，但就行政决策、军事决策来说，除了微观、简单的决策尚可由一线人员直接作出外，多数的具有宏观、复杂性。以军事决策为例，军事是"死生之地、存亡之道"，其决策需要知己知彼，需要统筹兼顾敌我力量对比、战略战术、信息情报、科学技术、战斗力集群等方方面面，特别是在现代化条件下，更需要统筹多兵种联合作战，这必然难以要求决策者对任何事情都事必躬亲。

其次，行政权、军事权与司法权解决问题的方式和追求的价值不同。司法权是判断权，它以解决争端为使命，以对案件一个一个地作出裁判作为解决争端的方式，即使是同一类案件，除合并审理外，也要一案一判。争端双方诉诸法律是为了分清是非曲直，讨个公道，司法机关是争端之外中立的第三方，其作出的判断必然要"一碗水端平"，即以公正为首要价值。而行政权是实施权和管理权，行政管理者一般不是以中立第三方的身份去判明是非，而是作为行政主体对行政相对方实施管理。它以管理为解决问题的方式，以行动性为特征，以效率为最高追求，对同一类问题，可一并一次性解决（如制定一项政策性、作出一项决定），而不需要像司法

那样一案一判。军事权是战争权,它也不是以第三方身份去调停冲突,而是作为战争的一方与另一方进行战争,它以战胜敌人(打赢)为最高追求。这就决定了以公正为最高追求的司法决策必须亲力亲为、锱铢必较,而以效率和打赢为最高追求的行政决策和军事决策有时可以超脱于具体事务。

再次,行政、军事决策与司法决策认识事物的方式不同。司法要解决的是过去的问题,要查明的是过去的事实,因而需要逆向认识和回溯性证明。而行政、军事决策所要解决的是当前的问题,决策前要弄清的情况也是当前的情况。虽然,进行行政、军事决策前要弄清有关情况并不容易,特别是军事情况,难免虚虚实实、真真假假,即所谓"兵者诡道""兵不厌诈"。刘伯承说:"作战指挥上神机妙算,首先要弄清楚任务、敌情、我情、时间、地形这'五行','五行不定,输得干干净净'。"①但行政、军事决策需弄清的情况,大多不像司法工作那样需要逆向认识和回溯性证明,在决策人员无法亲历的情况下,可由一线人员负责搞清。

最后,行政权、军事权与司法权注重点不同。司法注重程序,因为程序是衡量司法是否公正的重要方面,司法人员亲历程序,既是程序公正的重要内容,也是程序公正的重要保证。而行政权和军事权都注重结果,都以实现既定目标为目的,虽然它们有时也讲程序,但与司法权对程序的重视有明显区别,决策者是否亲历过程,不是关注的重点。总之,行政权、军事权不同于司法权的上述方面,决定了行政、军事决策不必像司法决策那样事事亲力亲为。我们不能因行政、军事决策者可以不亲历而怀疑司法的亲历性。

---

① 邓小平:《悼伯承》,载《邓小平文选》(第3卷),人民出版社1993年版,第186—187页。

## 二、司法亲历性的内涵和基本要求

### （一）司法亲历性的内涵

"亲历"是亲身经历、亲力亲为之意，但司法亲历性中的"亲历"有其特有的内涵。首先，司法亲历是法官身到与心到的统一。亲历首先要"身到"，身不到，谈不上"亲历"；同时，"心"必须随"身"而到，如果法官身在庭上心在庭外，或陪审员只陪不审、审而不发表意见，那就不是亲历。其次，司法亲历是法官亲历与人证亲自到庭的统一。司法亲历要求法官直接听取诉讼双方的主张、理由、依据和质辩意见，直接听取人证的言词（即口头）陈述。它要求法官和人证一是面对面，二是言词对言词，否则就不能算"直接"，不能算亲历。因此，它不仅要求法官亲历，而且要求人证亲自到庭。当然，科学技术在诉讼中的发展和运用，使得亲历的时间、空间和方式得到了拓展，因而对"亲历"的理解也应与时俱进，而不能囿于传统观念。[①] 再次，司法亲历是审案与判案的统一。如果审、判分离，只审不判或只判不审，就不是真正的亲历。最后，司法亲历是亲历过程与亲历结果的统一、亲历程序与亲历实体的统一。法官不仅要亲历案件审理的过程，而且要亲历审理结果的产生和审理结果的宣布；不仅要审程序，而且要审实体。

### （二）司法亲历性的基本要求

司法亲历性作为一项重要的诉讼原理和司法原理，在诉讼制度和司法制度上居于重要地位。它直接决定并催生了一系列诉讼制度和司法制度，易言之，它对诉讼制度和司法制度提出了一系列基本要求。只有在法律上规定并在诉讼中落实好这些制度性的基本要求，才能体现司法亲历性，并为司法亲历性的实现提供良好的条件和保障。

---

① 该问题本文在后面述及。

司法亲历性的制度性基本要求主要有以下六个方面：

1. 直接言词审理。如前所述，司法亲历是法官亲历与人证亲自到庭的统一，它要求二者面对面、言词对言词，因此，它必然要求法院审判特别是庭审要直接言词审理，而不是间接、书面审理。如果间接审理或书面审理，诉讼主体和诉讼参与人不出庭，或仅以侦查机关制作的犯罪嫌疑人陈述和证人证言的书面笔录作为审理对象和裁判依据，那这种陈述和证言对审判人员来说并没有直接听到，仅是一种书面的"传闻"而已，因而不符合"亲历"的要求。因此，司法亲历性要求直接言词审理。

直接言词审理被大陆法系国家规定为直接言词原则，它是直接审理原则和言词审理原则的合称。其中直接审理原则有两方面的含义：一是"在场原则"，即法庭开庭审判时，除了法官必须到场之外，被告人、检察官以及其他诉讼参与人在精神上和体力上均有参与审判活动能力的前提下，必须亲自到庭出席审判；二是"直接采证原则"，即从事法庭审判的法官必须亲自直接从事法庭调查和采纳证据，直接接触和审查证据；证据只有经过法官以直接采证方式获得才能作为定案的根据。言词审理原则是指法庭审判活动的进行，须以言词陈述的方式进行。这一原则也有两个方面的含义：一是参加审判的各方应以言词陈述的方式从事审理、攻击、防御等各种诉讼行为，所有没有在法庭审判过程中以言词或口头的方式进行的诉讼行为，均应视同没有发生，或不存在，而不具有程序上的效力；二是在法庭上提出任何证据材料均应以言词陈述的方式进行，诉讼各方对证据的调查应以口头方式进行，任何未经在法庭上以言词方式提出和调查的证据均不得作为法庭裁判的根据。由于上述两项原则均要求诉讼各方亲自到庭出席审判，法官的裁决须建立在法庭调查和辩论的基础上，而严禁以控诉方提交的书面卷宗材料作为法庭裁判的根据，因此这两项原则有其共同的含义和功能,在理论上往往被综合在一起,称为"直接和言词原则"。①

英美法系国家为了实现直接言词审理,实行传闻证据规则,该规则把书面证言和转述他人的话都视为"传闻",前者称为"传闻书面",后者称为"传闻言词",二者在法庭上原则上都不具有证据能力而予以排除。因此,传闻证据规则实际上就是传闻证据排除规则。该规则与大陆法系的直接言词原则虽然表述不同,内容也有一定差异,但都从不同的角度,原则上排除了法庭之外所获取的言词证据笔录特别是书面证言的证据能力。

书面证言之所以原则上不能作为裁判的依据,是因为它的收集者缺乏中立性,可能扭曲作证者本意,其真实性存疑;它妨碍诉讼对方的质辩,排除了法官直接辨识证言真实可靠性的可能;它缺乏法庭宣誓、具结等作证场景,其可信性的保障条件不足;它不利于保障庭审的实质化和正当性等。②

但是,书面证言中用以记录证言的文字固然略去了言语时丰富的背景材料、动作语言及表情语言,但它可以固化语言的基本内容。同时,某些书面证言在特定的背景和特殊的情况下,具有特殊的可用性,如某些证人因重病、死亡、失语、远在境外等原因不能出庭,但案件事实认定又需要该证言的内容;证人证言是向法官陈述的,已在其他案件中被法院确认;某些证人证言是案件发生时取得的,或该证言对证人自身是不利的,因而具有较高的可信度;对某些证人,审前程序的作证场景可能比法庭作证场景更容易获得真实证言;等等。因此,各国又都规定了若干例外,允许这些证言进入法庭经查证属实后作为判案的依据。③

2. 以庭审为中心。以庭审为中心,即以庭审作为整个审判程序的中心。在法院审判程序中,庭审前有阅卷、庭前会议等为庭审作准备的程

---

① 参见陈瑞华:《刑事审判原理论》,北京大学出版社1997年版,第183—184页。
② 参见龙宗智:《论书面证言及其运用》,载《中国法学》2008年第4期。
③ 参见龙宗智:《论书面证言及其运用》,载《中国法学》2008年第4期。

序,庭审后有送达裁判文书、交付执行等程序,在这些程序中,应当以庭审作为中心。其理由在于:首先,跟其他审判环节相比,庭审是进行实质审理并决定最终结局的环节,法院对案件审判的功能主要靠庭审来实现。其次,庭审是对各种证据进行集中展示、集中审查的环节。最后,庭审是最有条件、也最有利于实现司法公正的环节。因为(1)庭审是最中立的诉讼环节。在侦查环节,侦查人员身负查明犯罪、查获犯罪人的职责,难以保持中立;检察人员在审查起诉时是中立的,但当作出起诉决定后,公诉人在法庭支持公诉时,为了维护既定的起诉决定,也可能偏离中立的立场。而庭审是中立的,有利于对案件作出客观公允的裁判。(2)庭审是最公开透明的环节,它能有效地防止刑讯逼供、暴力取证、收买证人、说情干扰、暗箱操作等情况的发生,有利于被告人、证人等诉讼参与人在意志自由的条件下作出陈述、发表意见,提供较客观、真实的证据。(3)庭审是最内含对抗制约因素的环节,如控辩之间的对抗,被告人与被害人之间的对抗,证人与证人之间的制约,鉴定人与有专门知识的人之间的制约等,这就有利于法庭在对抗制约中把握案件真相,正确认定案件证据和事实。(4)庭审是诉讼参与人最多的环节,通过各诉讼参与人的参与和发表意见,有利于法庭兼听,作出客观公正的判断。① 总之,庭审是司法亲历的主要场所,以庭审作为审判的中心,既是司法亲历性的必然要求,也为司法亲历性的落实创造了条件。

3. 集中审理。集中审理,是指法庭对案件的审理原则上应当持续不断地进行,直至审结为止。具体有两方面的要求:一是裁判者必须持续不断地在场参与审理,只有从开始审理时就一直在场的法官,才能作出判决;二是审理要不间断进行。对需要进行二日以上审理的案件也应当每日连续审理,直至审完。为此,一些国家的法律规定了中断审理的事由和中断的

---

① 参见朱孝清:《略论以审判为中心》,载《人民检察》2015年第1期。

时日限度及超过时日限度的法律后果。①

司法亲历性之所以要求集中审理，是因为司法亲历的目的是使裁判者对案件的事实和证据形成清晰、完整、准确的印象并进而形成判决所需要的心证。如果庭审开开停停，时断时续，裁判者对案件事实和证据的印象会因时间拖延而冲淡，变得模糊不清和支离破碎，判决所需的心证就难以形成。

4. 裁判者不更换。裁判者不更换，是指案件的裁判者必须自始至终参加该案件的审判，不得中途更换；如果裁判者因故需要更换，则必须更新审判程序，接任法官必须对案件从头审起，而不能在前面法官审理的基础上继续审理。为了防止审理某些重大复杂案件时法官难以一审到底而更新审判程序，德国《法院组织法》还规定了"候补法官"制度，候补法官自审理开始即一直在场，但不参加审判活动，一旦合议庭中有法官因故不能继续参与审理，即可由候补法官递补。②

裁判者不更换是司法亲历性的题中应有之义，因为"亲历"指的是亲历案件审理的全过程，而不仅仅是亲历案件审理的几个片段。否则，裁判者对案件的事实、证据就难以形成完整而准确的心证，从而难以作出正确的裁判。

5. 裁判出自法庭。裁判出自法庭，是指裁判者对案件的裁判，应当从法庭审理中直接获得，而不能从庭前程序、庭外干预、案卷材料或口头汇报中获得。因为法庭是法院审理案件的主要场所，既然诉辩意见发表在法庭、诉讼证据出示在法庭、案件事实调查在法庭，那么，其逻辑发展的结果就应当是裁判出自法庭。

司法亲历性之所以要求裁判出自法庭，是因为它也是司法亲历性的题中应有之义。由于司法亲历是审案和判案的统一，法官亲历案件审理全过

---

① 参见龙宗智:《刑事审判制度研究》，中国政法大学出版社2001年版，第60—61页。

② 参见龙宗智:《刑事审判制度研究》，中国政法大学出版社2001年版，第61页。

程的直接目的，就是准确认定案件事实，并进而对案件作出客观公正的裁判，因此，裁判出自法庭，是司法亲历性的必然要求。

6. 审理者裁判、裁判者负责。既然案件审理者亲历了审理的全过程，且司法亲历性是审案和判案的统一，那么，让审理者裁判也就是顺理成章的了。因此，审理者裁判也是司法亲历性的必然要求。同时，根据权责统一、权责一致原则，既然审理者亲历了案件审理的全过程，并享有了裁判的权力，那他就应对自己的裁判负责。所谓"负责"，一是身担其责，二是承担责任，即审理者因故意或者重大过失造成冤假错案或其他不良后果、不良影响的，应承担相应的责任。因此，"裁判者负责"是司法亲历性和"审理者裁判"的必然逻辑。

以上六个方面是司法亲历性的基本要求。其中"直接言词"是亲历的主要方式；"以庭审为中心"是亲历的重点场所；"集中审理"和"裁判者不更换"是亲历的保障性措施；"裁判出自法庭"和"审理者裁判、裁判者负责"是亲历的归宿。六者相辅相成，不可或缺，构成司法亲历性基本要求的有机整体。

但是，由于诉讼追求的价值不仅仅是公正，还要兼顾其与效率的平衡，兼顾惩治犯罪与保障人权、实体与程序的平衡；由于各国国情不同，如经济、文化、社会、法治发展水平的差异，政治、司法制度的差异和法律文化传统的差异；加上间接审理也有其可取之处，如可以准确、完整地保存诉讼材料，有利于复审特别是书面复审；可以充分利用庭前专门性调查的结果，诉讼效率较高，故诉讼理论一般认为应以直接言词审理为主、间接书面审理为辅，使二者优劣相济，[①]因而各国审判并不一概地要求法官亲历，如许多国家的二审主要是书面审和法律审；美国对辩诉交易案件不开庭审理；各国对简易速裁程序不要求实行直接言词原则。即使是普通程

---

① 参见龙宗智：《刑事庭审制度研究》，中国政法大学出版社2001年版，第55页。

序审理的第一审,各国在法官"亲历"的严格程度上也不尽相同,一般来说,在以庭审为中心、集中审理、裁判者不更换、裁判出自法庭等方面,各国都能做到;在审理者裁判、裁判者负责方面,法治完善国家也总体上能做到,但根据苏力教授的研究,美国联邦最高法院首席大法官也"常常利用其行政管理职权谋求并实际获得了对司法决定的影响";[1]对直接言词审理,各国都对言词审理规定了例外,且规定的例外情形有多有少,实行的严格程度也存在一定的差别。一般来说,实行案卷移送的大陆法系国家,因法官在庭前阅卷可能建立预断,加上强调对犯罪控制的诉讼模式对警察和检察官取证持信任态度,因而在许多情况下都允许以书面证言代替直接人证,案件虽经法庭直接言词审理,但书面证言仍能起相当的作用,故直接言词原则贯彻得不大彻底。反之,采用当事人主义诉讼结构的英美法系国家,因庭前审查贯彻排除预断原则,法官心证依靠直接参加庭审听取言词作证和辩论获得,加上强调正当程序,对警察、检察官调查持怀疑态度,因而直接言词原则贯彻得比较彻底。[2]总之,各国都根据本国国情,根据平衡惩治犯罪与保障人权、实体与程序、公正与效率等方面的需要,确定本国法官亲历的基本内容和遵循的严格程度。

因此,理解和把握司法亲历性,既要明确其内涵和基本要求,又要看到各国基于本国国情和价值考量在落实司法亲历性上存在的差异,这种差异既包括一国在不同审级、不同程序、不同审理内容上的差异,又包括国与国之间存在的差异。我们既不能对司法亲历性作刻板机械的理解,只看到基本要求而看不到这种差异,又不能因差异的存在而对司法亲历性原理及其基本要求产生怀疑。

---

[1] 苏力:《论法院的审判职能与行政管理》,载《中外法学》1999年第5期。转引自顾培东:《人民法院内部审判运行机制的构建》,载《法学研究》2011年第4期。

[2] 参见龙宗智:《刑事庭审制度研究》,中国政法大学出版社2001年版,第56—57页。

## 三、司法亲历性的主要适用范围

任何一种原理都有其特定的边界、限度和适用范围，司法亲历性也然，它并非适用于与法院审判有关的所有的审级、程序和内容。研究司法亲历性的主要适用范围，有利于明确其限度，并合理确定对有关程序和案件"亲历"的程度，防止对其理解绝对化和适用泛化。

根据对司法亲历性的需要程度，一般来说，在一审、二审、再审等不同审级中，主要适用范围是一审；在一审的普通程序、简易程序、特别程序等不同程序中，主要适用范围是普通程序和特别程序，特别是这两种程序中事实有争议、被告人不认罪的案件；在一审程序中，主要适用范围是庭审；在庭审认定案件事实和确定法律适用这两项任务中，主要适用于认定案件事实。总之，事实有争议、被告人不认罪案件的一审庭审中的事实认定，是司法亲历性最主要的适用范围。

（一）在一审、二审、再审等不同审级中，主要适用范围是一审

首先，一审是各审级的基础。如果一审审得好，就可避免二审、再审；反之，如果一审审不好，就会造成二审以致再审，这不仅会耗费更多的司法资源和诉讼成本，而且会影响基层法院在人民群众中的形象，损害一审的司法公信力。其次，一审是全面审理。不同的审级承载不同的功能。虽然，我国刑事诉讼法规定，二审法院应当就第一审判决认定的事实和适用法律进行全面审理，不受上诉或者抗诉范围的限制，但二审的"全面审理"是有侧重点的，与一审的全面审理还是有区别。况且，党的十八届四中全会《中共中央关于全面推进依法治国若干重大问题的决定》指出："完善审级制度，一审重在解决事实认定和法律适用，二审重在解决事实法律争议、实现二审终审，再审重在解决依法纠错、维护裁判权威。"审级越高，案件受理的范围和审理的侧重点越小，只有一审是全面审理，需要司法人员更多地"亲历"和精力投入。最后，"在事实审方面，

一审具有最好的审判条件"。因为一审提供的证据信息相对尔后的审级具有可靠性、干净性和内容全面性的特点。证据信息的可靠性,主要指一审审理时间离案件发生时间比较近,案件信息较为可靠。证据信息的干净性,是指首次审判的基本要求是证据尤其是人证的不干扰,因此比较单纯和干净。证据信息的全面性,是指一审系全面审理,需要充分调集各方面证据,全面地分析证据和事实,而一审以后的审理由于有一审的基础性作用,实际上均为重点审理,重点围绕上诉(抗诉)理由,对有争议的问题进行重点审理,而对无争议问题则往往仅作一般审查,故一审的证据信息最为全面。[①]

而对于二审、再审,法官可以通过一审庭审笔录、录音录像资料等了解到一审的庭审情况,因而司法亲历性的要求可以放低,特别是对其中的直接言词审理,有的可以不作要求,而采取间接书面审理。

(二)在一审的普通程序、简易程序和特别程序中,主要适用于普通程序,特别是其中事实有争议、被告人不认罪的案件

刑事简易程序以"案件事实清楚、证据确实充分"和"被告承认自己所犯罪行、对指控的犯罪事实没有异议"作为适用的条件,因而关注的重点不在于事实认定而在于法律适用特别是量刑,故它不属于司法亲历性严格适用的范围;特别程序中当事人和解的公诉案件,由于被告人真诚悔罪,通过向被害人赔偿损失、赔礼道歉等方式获得被害人谅解,且被害人自愿和解,因而也不在司法亲历性严格适用的范围内。而对于普通程序,则需要强调亲历,特别是其中事实有争议、被告人不认罪的案件,是亲历的必要范围。

---

① 龙宗智:《论建立以一审庭审为中心的事实认定机制》,载《中国法学》2010年第2期。

（三）在一审的庭审前、庭审、庭审后等审判环节中，主要适用范围是庭审

前已述及，一审庭审是一审诸审判环节的中心，因而也是司法亲历的重点。而对于庭审前、庭审后的某些工作，如阅卷、召开庭前会议、送达裁判文书等，法官不一定亲历，可由审判辅助人员负责。一些国家还实行庭前法官与庭审法官分离，或明确规定庭前会议或中间程序不由法官主持，以免庭审法官在庭审前对案件产生预断。

（四）在庭审关于认定案件事实和确定法律适用这两项任务中，主要适用于认定案件事实

首先，认定案件事实是确定法律适用的前提，同时，就事实有争议或被告人不认罪的案件来说，认定案件事实所需的工作量往往比确定法律适用所需的工作量要大得多。其次，认定案件事实对司法亲历性的依赖明显甚于确定法律适用。本文第一部分在论证司法亲历的必要性时所说的诉讼双方对同一问题认识的对立性（对案件事实有不同叙述并蕴含着真假、是非和曲直），认识案件事实特殊的复杂性（认识方式、认识对象、认识技术、认识条件都具有特殊性），程序公正对于认识案件事实的重要性，以及心证与亲历的不可分离性，都说明认定事实的内在过程十分复杂，它重点关注的主要是案件内部证据与证据之间的相互关系（如是否协调一致、有无矛盾、是否确实充分等），其难度是内在的，非亲历就难以作出正确判断。而确定法律适用的难度主要体现在审视案件事实与相关法律条文的符合性、斟酌案件处理的妥当性等方面，它重点关注的主要是案件与法律条文之间的关系，案件与大局包括政治、经济、社会等方方面面之间的关系，具有明显的外在性，因而对亲历的依赖程度较低。最后，事实认定如果有误，救济相对不易。由于事实认定内在过程的复杂性，因而事实认定如果有误，非亲历者（外人）较难发现，一般只能通过判后的诉讼机制

（如当事人上诉、检察院抗诉、法院二审）来发现和救济，而许多国家的二审主要是法律审，虽然法律审并不绝对排除对事实问题的审查，但事实问题毕竟不是二审审理的重点。因而更需要把一审中的事实认定作为司法亲历性的重点适用范围。而如果法律适用有误，非亲历者也容易发现，其救济相对比较容易。

正因为认定事实是庭审中法官必须亲历的重点范围，所以我国刑事诉讼法第223条、第225条规定，凡被告人、自诉人及其法定代理人对第一审认定的事实、证据提出异议，可能影响定罪量刑的上诉案件和检察院抗诉的案件，二审必须开庭审理，而不得书面审理；二审开庭审理后，发现原判事实认定有误的，才能改变对一审的事实认定，而不能仅通过书面审就予改变。同时，也正因为司法亲历性对于一审的事实认定不可或缺，所以无论法院还是检察院，无论采取何种机制办案，承办人都要对事实和证据负责。

## 四、司法亲历性与相关的几个问题

### （一）司法亲历与"集思广益"

"集思广益""三个臭皮匠抵个诸葛亮"等词句，都说明集体智慧对于决策的意义，而司法亲历性却似乎与此相悖，对此该如何解释？笔者认为，一方面，司法亲历性并不排斥集体智慧。一是审判组织的设计体现了集思广益。在我国，法院审判实行合议制，只有简易案件如刑事诉讼中适用简易程序的一部分案件，才实行独任制。此外，还有审委会制，即审委会对合议庭认为难以作出决定的重大疑难复杂案件进行讨论并作出决定。在合议制、独任制、审委会制这三种审判组织中，合议制和审委会讨论制都体现了集思广益的思想。正像陈瑞华教授在评价合议制时所说的，合议制"有助于裁判者发挥整体的智慧，减少或避免单个裁判者的认识局限性和专断可能性,并促使裁判者之间进行更多沟通、交流和对话。这是政治上实行的'多数裁决规则'的具体体现,是民主制度的基本要求"。① 二是审判机制体现了集思广益。如前所述,庭审是最内含对抗制约机制的诉讼环节,也是诉讼参与人最多的诉讼环节,这种多人参与下的对抗制约,既是揭示真相、正确裁判所需,又有利于集思广益。从某种意义上可以说,控辩双方和其他所有诉讼参与人都参与了法院判决的制作,或一定程度影响了法院判决的形成。三是司法人员在必要时可以向有关专家咨询或请他们讨论论证,这也是集思广益的一个方面。当然,专家的意见仅供司法人员参考,而不能作为裁判的依据。

另一方面,"集思广益"也有边界,如无边界就会沦为群众审判;"没有调查就没有发言权""不入虎穴,焉得虎子"也是具有普遍意义的真理,加上司法特有的规律,因而集体智慧并非多多益善。即使是专业精深、经验丰富的业内人士,如果没有参与案件审理,也不能参与案件决策,这也是世之常理。因此,司法亲历性与"集思广益"在一定条件下是统一的,既不能因司法亲历性而怀疑"集思广益"在司法中的体现和作用,又不能因"集思广益"是具有普遍意义的真理而对司法亲历性产生怀疑和动摇。

## (二)司法亲历性与审委会讨论决定案件

我国刑事诉讼法规定,对于疑难复杂重大案件,合议庭认为难以作出决定的,由合议庭提请院长决定提交审判委员会讨论决定。据此,审委会讨论决定案件有三个特点:一是案件范围和数量的有限性,必须是重大疑难复杂且合议庭认为难以作出决定、院长也同意提交的案件;二是程序上的被动性,只有当合议庭提请院长且院长决定提交审委会讨论的情况下,审委会才能行使权力;三是决策上的集体性,即审委会集体按少数服从多

---

① 陈瑞华:《司法权的性质》,载《法学研究》2000年第5期。

数的原则作出决定。

在研究司法体制改革的过程中，特别是在推行以司法责任制为核心的司法体制改革，要求"让审理者裁判、裁判者负责"后，一些同志对审委会讨论决定案件提出了质疑，其重要理由之一就是违反了司法的亲历性，造成审、判分离，即"审者不判、判者不审"。提出的改革思路，有的主张取消审委会讨论决定案件的职能；有的主张限缩审委会讨论案件的范围，同时审委会只讨论法律适用，不讨论事实问题；① 有的主张改革审委会讨论方式，让审委会成员参与或旁听案件的庭审等。也有的学者认为，审委会是法院不可或缺的制度，其讨论决定案件具有合理性，其讨论的范围也决不应限于法律适用问题。同时审委会制度和实践也应改革完善，主要措施为分设专业审委会、强化审委会讨论中"审"的成分，改革审委会讨论案件的表决方式。②

笔者认为，在我国，审委会讨论决定案件的职能应予保留；审委会制度应予改革完善；审委会讨论内容应以法律适用为主、事实认定为辅。

1. 审委会讨论决定案件的职能应予保留。首先，审判实践有此需求。有些案件的背后往往蕴含着复杂的深层次的经济、政治、文化、社会等方面的问题，处理时必须在严格依法的前提下，瞻前顾后、兼顾各方，综合考量各种因素，由审委会讨论决定少数重大疑难复杂案件特别是法律适用，有利于把案件处理得更好。在我国广大人民群众的思维概念中，人治思想、崇拜权力、轻视规则、讲究关系等思想观念至今仍有广泛而深刻

---

① 相关研究参见贺卫方：《关于审判委员会的几点评论》，载《北大法律评论》1998年第2期；苏力：《基层法院审判委员会制度的考察及思考》，载《北大法律评论》1998年第2期；徐显明：《司法改革二十题》，载《法学》1998年第9期；陈卫东：《论刑事证据法的基本原则》，载《中外法学》2004年第4期。

② 顾培东：《再论人民法院审判权运行机制的构建》，载《中国法学》2014年第5期。

的影响，老百姓缺乏尊崇法律、尊重法院裁判的观念，司法办案中干扰甚多、说情风盛行，在这种氛围下，许多人对审委会的信任总体上胜过对法官个体的信任，因为他们分析认为，如果当事人搞腐蚀、收买，那搞定审委会所有成员的难度比搞定个别法官的难度要大得多，故集体决策的公正性会高于少数法官决策，保留审委会对少数案件的讨论决定职能，有利于促使一线人员依法谨慎用权。

其次，取消审委会讨论案件的职能跟权责一致原则不尽相符。在宪法和法律层面上，依法独立行使审判权的主体是法院而不是法官，虽然法官法规定法官"依法审判案件不受行政机关、社会团体和个人的干涉"，但在"依法"的后面尚无"独立"二字，与法律对法院行使权力的表述尚有区别。司法改革"让审理者裁判、裁判者负责"主要体现了法官的权责一致，而没有完全体现法院的权责一致。法院承担着惩治犯罪、保障人权、定分止争、化解矛盾、维护公正、服务经济社会发展大局的繁重任务，也承担着巨大压力。法官办错案或行为不当，法官个人固然要负责，但有些责任是法官个人负不起的。现行法律规定依法独立行使职权的主体是法院，法院的法人代表是院长。完全取消审委会对少数重大疑难复杂案件的决定权，会造成"权力在法官、压力在法院、责任在院长"这种权责不对称的状况，而且院长即使发现错案也无可奈何，只能由当事人在判后通过上诉（抗诉）去解决，或等判决生效后启动审判监督程序去解决，这必然会招致社会的强烈批评。相反，如果将判案的权力基本上赋予一线的法官，但保留审委会对少数重大疑难复杂案件的决定权，一线法官和审委会对各自决定的案件负责，则与权责一致原则较为相符，既有利于增强广大一线法官的责任心和主观能动性，又有利于审委会成员对少数重大疑难复杂案件负起责任。

最后，科学技术的发展和运用为解决或缓解审委会讨论决定案件的司法亲历性问题提供了一定可能。现代科学技术如法医学技术、人身识别技术、各种检验鉴定技术、录音录像技术、远程视频传输和讯（询）问技术等早已不同程度地用于诉讼，特别是录音录像技术，具有内容准确、形象逼真、可再现等特点，不仅能准确记录人证的内容，而且能准确记录讯（询）问的场景、讯（询）问双方的动作、神态、表情、语气，给人以身临其境、亲见其人、亲闻其声、亲感其事的感觉，它为拓展"亲历"的时间、空间和方式提供了可能。审委会讨论案件时，除听取合议庭全面汇报（包括庭审情况的汇报）外，还可以观看跟焦点问题相关的庭审音像资料，这与严格的"亲历"虽有一定区别，但也是一种间接的亲历。① 审委会讨论决定案件是建立在一线法官亲历、审委会充分听取一线法官意见、审委会间接亲历基础上的，这就形成了间接亲历的审委会与直接亲历的合议庭双层组合的裁判方式。这与医生诊断方式的发展十分相似。按传统观念，医生治病是必须亲历的，处方前必须近距离、面对面地对病人望、闻、问、切。后来，由于各种体检技术的发明和运用，为非面对面诊断和会诊，包括远程诊断、远程指示一线医生进行手术以及网上医院等提供了可能。以会诊为例，有的是病情涉及其他科室，需请相关科室医生会诊；有的是因病人身份重要或病情疑难复杂而请相关专家集体讨论，以判明疾病性质，确定治疗方案。后一种会诊，有关专家有的当面跟病人有过接触交谈，有的并没有当面接触病人，主要靠听取主管医生对病人、病情的汇报，审看各种检查报告，然后提出自己的看法和意见。而且专家的意见一般不是仅供主管医生参考，而往往是谁技术等级高、谁最权威就按谁的意见办。医疗系统这种一线医生亲历、专家间接亲历然后作出诊断的决策方式，跟法院一线法官亲历、审委会间接亲历后作出判断的决策方式非常相似，都是双层组合的决策方式。当然，医生看病与法官办案的区别也是有

---

① 之所以称为"间接的亲历"，是因为审委会成员看到了庭审情况，故称"亲历"，但其不是亲临庭审直接看到的，而是通过音像资料这一介质间接看到的，故称"间接"。

的：一是医生所看的病人没有争讼的对立面，医生以治愈眼前这一病人为唯一目的，而法官所办案件有对立的争讼双方，它以公正为最高追求。二是医生对这一病人开什么方子，其他病人不会在意，医生也不必考虑自己开这方子其他病人会不会类比。而对法官而言，他处理案件既针对眼前这一特定案件，又可能涉及其他相同或相似的案件，他对该案怎么判，以后对相同案件就应怎么判，因为法官判案等于为这类案件立了一个标杆，同案同判是法制统一性的必然要求。三是医生诊断固然十分复杂，很多疾病在体内，肉眼难以看见，有的也有假象，如表征在此处，病症却在彼处，病入膏肓却回光返照等，但病都是现行的，且病人本人一般不会故意编造谎言、制造假象欺骗医生。而案件都是过去的，而且是真假、是否、曲直的矛盾体，故司法通过逆向认识和回溯性证明来区分真假、是非、曲直的特点也不同于医生看病。但是，审委会讨论决定案件与医生会诊都通过科学技术的运用而采用双层组合方式作出判断的原理却无二致。既然特别强调亲历的医疗行业可以双层组合式诊断，那同样特别强调亲历的司法工作，对少数重大疑难复杂案件进行双层组合式判断也应当允许，因为它跟司法亲历原理的不符合的程度是有限的。

2. 审委会讨论案件制度应予改革完善。要保留审委会讨论决定案件的职能，就要对审委会讨论案件的制度进行改革完善，以尽可能体现司法亲历性。一是限缩讨论事实认定案件的范围，只有极少数确属重大疑难复杂的案件，才能提交审委会讨论。在事实认定上是否确属重大疑难复杂，可由法院作出原则规定，并由审委会有关专职委员和院长根据原则规定和案件实际审定。通过限缩范围，防止合议庭为推卸责任而上交矛盾，促使其切实负起责任。二是严格提请的要求。提请审委会讨论的，合议庭各成员如果提不出明确意见的，也应提出自己倾向性意见；还要说明合议庭难以作出决定的理由，以便审委会明确合议庭各成员的观点和问题的焦点。同时，合议庭应对有关问题特别是"难以作出决定"的焦点问题写出详尽的书面报告，特别要对有关证据进行深入分析，并上报庭审记录和音像资料。三是增加前置程序。对合议庭报请院长提请审委会讨论事实认定问题的，要先由审委会专职委员进行实体审理，并写出书面报告，必要时专职委员可以复核证据，审看庭审记录或者音像资料。专职委员的意见可供合议庭参考，合议庭看后认为可以作出事实认定的，由合议庭作出认定；仍难以作出事实认定的，由院长决定提交审委会讨论。四是完善讨论方式，强化"审"的成分。审委会不仅要听汇报，必要时还要审看与焦点问题有关的庭审记录和录像资料；对与焦点问题有关的证据存有疑问的，可再行审查，包括传关键证人到审委会作证，对认识有分歧的关键证据进行对质等。通过强化"审"的成分，以弥补没有亲历庭审的不足。

在司法体制改革中，有些地方进行审委会集体旁听案件审理或审委会专业委员会成员直接审理案件的试点。这一探索无疑具有积极意义，对少数案件这样审理也做得到，但是否可复制、可推广，并适用于审委会讨论的所有案件，似需要进一步研究，因为它占用审委会委员较多时间和精力，况且，案件未经法庭审理就预知日后要提请审委会讨论，似违反了以庭审为中心原则。

3. 审委会应以讨论决定法律适用为主，事实认定为辅。这主要是因为法律适用具有明显的外在性，事实认定具有明显的内在性，而这关系到审委会讨论与司法亲历性的符合程度。我们知道，法律适用要解决的不仅仅是确定适用的法律条文这一个问题，而是包括案件如何适用法条、如何定性、如何处理这三个方面问题。由于案件定性和处理都要以确定法条为前提，因而简称为"法律适用"。因此，法律适用要解决的最根本的是案件如何处理最为妥当、最能取得好的法律效果和社会效果的问题。如前所说，法律适用需要重点考量的主要是案件事实与法条之间的关系，案件处理与政治、经济、社会、国防、外交等方方面面的关系,① 这些关系具有明显的外在性,它跟事实认定主要斟酌案件内部各证据的能力、证明力、证据与证据之间是否协调一致、全案证据是否确实充分等问题所具有的内在性形成明显区别。这种外在性就决定了审委会确定法律适用并不怎么违反司法亲历性,前面也已述及,司法亲历性的适用范围主要是事实认定而非法律适用。再从比较法角度看,许多国家的二审主要是法律审,如美国陪审团审判的一审案件,英国的刑事法院审理的一审案件,德国州法院和州高等法院审理的一审案件,其二审都仅是法律审,② 而法律审一般是书面审。这从一个侧面说明,单独解决法律适用问题不一定实行严格的亲历。

至于事实认定问题,由于具有内在的复杂性,因而应当强调司法亲历性。但是通过科学技术的运用和审委会制度的上述改革完善,可以把审委会讨论决定事实认定问题跟司法亲历性不符合的程度降到最低。

(三)司法亲历性与检察机关办案机制

司法亲历性主要是对法院和法官而言,但各国检察机关也要求检察官办案尽可能亲历。这主要是因为检察机关承担维护国家法制的职责使命,负有客观性义务,审查起诉中要依据案件事实适用法律,并对案件作出是否起诉的判断,一些国家的检察机关还承担司法审查的职能,这些都与法院的性质比较接近,因而检察机关具有司法机关的属性,被认为是准司法机关,检察官是准司法官。这种司法属性就要求检察官相对独立和司法亲历。

当然,检察官亲历的程度和严格程度与法院又存在明显区别,综合多数国家的情况,其区别主要表现在:一是上命下从。在上级对个案没有指

---

① 并不是所有案件都会涉及这些关系,但总有部分案件会涉及这些关系。
② 参见龙宗智:《论建立以一审庭审为中心的事实认定机制》,载《中国法学》2010年第2期。

示的情况下，检察官可以独立作出决定，但如上级作出指示，检察官应当服从。当然，如果上级指示违反法律或违反检察官客观义务，违反检察官基于良知和理性所形成的内心确信，检察官可以拒绝服从。二是职能协助。即全国检察机关是执行检察职能的统一整体，当甲地检察院执行职能需要乙地检察院协助时，相关检察院应当协助。这种协助包括代行职能，乙地检察院代行职能视同甲地检察院自己行使职能。三是职务承继。就是检察机关在执行职务中需要更换检察官时，原检察官所进行的活动与接任检察官的活动可以前后承继，而不必像法官更换那样必须更新审判程序。四是领导审批重要案件。即检察官对重要案件的拟处理意见要报领导人审核、批准。当然，领导人"主要是运用审查、劝告、承认的方法，行使指挥监督权"。① 五是不强求当面讯（询）问人证。对犯罪嫌疑人、被害人，审查起诉时检察官应当讯（询）问，但对证人，就不要求必须当面询问核实，可根据履职需要和案件实际情况灵活作出决定。

　　检察机关办案对亲历性的要求之所以没有像法院那样严格，其原因有三：一是检察机关除了具有司法属性外，还具有行政机关的属性：在多数国家，检察机关属于行政机关序列，实行科层式建制和"上下一体、上命下从"的组织原则。同时，检察机关的某些职能特别是大陆法系国家普遍拥有的侦查职能具有主动性和进攻性，需要统一指挥协调，以便各级各地检察机关形成侦查合力，这与审判权的被动性和中立性存在区别。因此，其行政属性要求检察官上命下从、职能代理和职务承继，其司法属性要求检察官相对独立和司法亲历。二是检察机关对案件的决策是在诉讼程序推进的过程中进行的，案件的证据和法律事实都在变动当中，因而不可能像法院庭审那样，要求所有证据都在承办检察官面前展示一遍，要求证人在检察官面前以言词作证，而只能根据当时在案的事实和证据作出阶段性的

---

① 龙宗智：《论依法独立行使检察权》，载《中国刑事法杂志》2002年第1期。

决策。否则，如硬要采取直接言词、集中展示的办法，则既不可能，也无必要，国家的司法资源也难以承载。①三是检察机关对案件的处理大多不像法院那样具有终局性。其仅是诉讼过程中作出的阶段性的评价，其处理正确与否还要接受法院的审查和检验。检察官固然要对所有证据进行认真审查，但其亲历的程度特别是直接言词审查方面可以不像法院那样严格。

我国检察机关是法律监督机关，也是司法机关，具有比一般国家检察机关更强的司法属性。但是，长期以来，我国检察机关的办案机制是"检察人员承办、办案部门负责人审核、检察长或检察委员会决定"。该机制有一定的合理性，它符合法律规定的检察长负责制与检委会民主集中制相结合的领导体制，对案件层层审查把关（俗称"三级审批制"）有时也有利于提高办案质量。但该机制具有典型的行政化特征，其弊端也是明显的：一是检察长对定案权统得过死，检察官主体地位无从体现，影响其主观能动性和积极性的发挥。二是办案与定案分离，没有体现检察官相对独立性和司法亲历性的起码要求，既影响办案人员的责任心，又不利于办案责任制的落实。三是层层审批影响效率。对此，龙宗智教授评价道，"检察机关是有司法权的司法机关，却始终采用行政性办案方式而欠缺司法特征"，②二者太不协调。为此，必须对现行的办案机制进行改革。

目前正在进行的检察机关办案机制改革是从检察官办案责任制角度切入的，其内容是赋予检察官以较大的定案权，并让检察官对所办案件终身负责。其基本目标是淡化行政色彩，强化司法属性。而强化司法属性，最关键的有两个内容：一是强化检察官的相对独立性，二是强化检察官的司法亲历性。二者相辅相成，互促共进。

根据司法亲历性原理，结合检察机关体制特点和办案特点，检察机关

---

① 参见朱孝清：《检察官相对独立论》，载《法学研究》2015年第1期。
② 龙宗智：《检察机关办案方式的适度司法化改革》，载《法学研究》2013年第1期。

办案机制应从以下方面进行改革完善：

首先，强化对人证的直接审查。直接接触并以言词方式直接讯（询）问人证，是司法亲历性的一个基本要求。因此，检察官除了坚持依法讯问犯罪嫌疑人、被害人、听取辩护律师意见之外，要尽可能直接询问重点证人、鉴定人，以便鉴别证言真伪和鉴定意见的科学性，并为证人、鉴定人出庭作证作好准备。因为随着以审判为中心的诉讼制度改革的开展，检察机关起诉案件质量需要进一步提高，证人、鉴定人出庭也必将进一步增加。直接询问重点证人、鉴定人，既是提高起诉案件质量的需要，也是引导证人、鉴定人依法出庭如实作证的需要。

其次，对终结性处理案件的程序有重点地实行诉讼化。终结性处理案件如不诉等，由于不须法院审判，因而必须确保质量并体现程序公正。为此，要充分听取侦查机关（部门）、被害人及其诉讼代理人、犯罪嫌疑人及其辩护人的意见，对有较大争议或者较大社会影响的，必要时可进行对审听证和公开审查，通过控（侦查机关和被害人及诉讼代理人）辩（犯罪嫌疑人及辩护人）对抗、质证辩论，检察机关当面听取意见，直接审查证据，依法作出是否不诉的决定，以增强决定的公开性、公正性和公信力。

再次，合理划分检察长与检察官的定案权限，尽可能实现办案与定案相统一。司法亲历性要求审案与判案相统一，而不允许审、判分离。就检察机关来说，就是要尽可能实行办案与定案相统一，减少办者不定、定者不办。但是，我国法律关于"检察长统一领导人民检察院的工作"和"检察委员会在检察长主持下按民主集中制原则讨论决定重大案件和其他重大问题"的规定，赋予了检察长和检委会对检察机关所办案件负总责的责任。这就决定了重大案件和重要事项决定权仍应归检察长或检委会行使，而其他案件或事项的决定权则可赋予检察官行使。根据不同检察职能的不同特点，检察长和检察官职责权限可作如下划分：一是批捕、起诉职能，由于其司法属性强，且要接受侦查机关、审判机关和当事人、辩护律师等诉讼参与人的制约，因而可把较多的权力授予检察官，除重大疑难复杂案件、认定的案件事实和性质与侦查机关有分歧的案件仍由检察长决定之外，其余的决定权可赋予检察官，从而使其具有较大的独立性和较强的亲历性。二是职务犯罪侦查职能，由于其行政属性较强、司法属性较弱，且该权力的行使还关涉公职人员的政治生命和自由权利，故赋予检察官自主决定的权限应小一些，如对一般线索的初核、任意性侦查措施的采取①、紧急情况下非重大的临场决策等，一般不必报检察长。而对于侦查程序的启动和终结、强制性侦查措施的采取、案件的处理等，则必须由检察长决定。三是诉讼监督职能，它既具有被动、中立的特点，但监督程序一旦启动，又具有主动性和进攻性，受制约程度不如批捕、起诉，但由于所监督的行为的性质较轻，跟职务犯罪侦查关涉当事人政治生命和自由权利有质的区别，故赋予检察官的决定权应大于负责职务犯罪侦查的检察官而小于负责批捕、起诉的检察官，除重要违法线索调查的启动、发书面纠正违法通知或检察建议、对裁判的抗诉需经检察长批准外，其余的可由一线检察官自行决定。

对于需报检察长决定的案件，检察长如不同意承办人意见，一般应先沟通，再决定。通过沟通，双方都充分听取对方的意见和理由，有利于兼听则明，更全面准确地分析判断案件，也有利于体现检察长对检察官办案主体地位和相对独立性的尊重，营造民主和谐的司法氛围。沟通后如意见达成一致，就按一致的意见办；如不能达成一致，检察长则作出决定。

最后，合理规范上级指令权。这里的"上级"包括上级检察院和本检

---

① 任意性侦查措施是与后文的强制性侦查措施相对的侦查措施。它是指不采用强制手段，不对相对人的权益强制性地造成损害，而由相对人自愿配合而实施的侦查措施。强制性侦查措施则是采用强制手段并对相对人的权益强制性地造成损害的侦查措施，它包括对人的强制（如各种强制措施）、对物的强制（如搜查、扣押、冻结）和对隐私的强制（如技术侦查）。

察院检察长。上级指令权与司法亲历性不仅相符，因而需要对其合理规范。一是规定上级指令权在内容上的底线。即规定上级指令不得违反法律规定和产生冤假错案等错误。二是规定职务收取、职务移转的条件。各级检察院和各级检察官原则上应当根据法定管辖范围和规定的分工行使职能，上级一般不得随意干预。只有当由该级检察院或该检察官行使职能不利于或难以依法客观公正办案时，上级始得行使职务收取、职务移转权。三是规定上级指令权的形式要件。即上级下达指令，应以书面形式并附理由，以便明确责任。四是规定提出异议的渠道和程序。如果受指令的下级认为上级指令违法或会造成冤假错案等错误，下级有权向上级提出改正或撤销指令的意见，如果意见不被接受，下级有权拒绝执行并越级报告。接受报告的上上级如果认为指令违法或会造成冤假错案，应当撤销指令；如果认为指令并无不当，则可由发出指令者行使职务收取权或职务移转权。如果上级指令违反了承办检察官对案件的内心确信，承办检察官不愿意违心执行上级指令的，可报请上级将该案交由其他检察官办理，从而既可避免检察官违心办案，又可使上级的指令得到落实。

# 论检察官相对独立性①

我国宪法、刑事诉讼法和人民检察院组织法都规定:"人民检察院依照法律规定独立行使检察权,不受行政机关、社会团体和个人的干涉。"根据刑事诉讼法规定,刑事诉讼中行使检察权的主体是"人民检察院";只有在某些义务条款上,其主体才是"检察人员"。宪法及人民检察院组织法还规定,人民检察院实行上级领导下级的体制,在检察院内部实行检察长负责制与检察委员会(以下简称检委会)民主集中制结合的领导体制,②据此,法学界主流观点认为,"人民检察院依法独立行使检察权"中的"独立",指的是人民检察院作为整体的独立,而非检察官独立。③虽然检察官法第9条第2项规定:检察官"依法履行检察职责不受行政机关、社

---

① 原文标题为《检察官相对独立论》,刊载于《法学研究》2015年第5期。
② 宪法第132条规定:"最高人民检察院领导地方各级人民检察院和专门人民检察院的工作,上级人民检察院领导下级人民检察院的工作。"人民检察院组织法第3条规定:"检察长统一领导检察院的工作","各级人民检察院设立检察委员会。检察委员会实行民主集中制,在检察长的主持下讨论决定重大案件和其他重大问题"。
③ 参见陈光中:《论检察》,中国检察出版社2013年版,第150页;郎胜主编:《中华人民共和国刑事诉讼法修改与适用》,新华出版社2012年版,第46页;王桂五主编:《中华人民共和国检察制度研究》,法律出版社1991年版,第144页;朱孝清、张智辉主编:《检察学》,中国检察出版社2010年版,第453页。

会团体和个人干涉",但该规定在其他法律和检察机关办案程序规范中都没有得到应有的体现,人们也大多未予足够的重视。

然而,经深入研究就能发现,检察官应该具有相对独立性;特别是在深化司法体制改革、全面推进依法治国的新形势下,研究并明确检察官相对独立,已经成为绕不过去、亟待解决的问题。它对于明确检察官在执法办案中的主体地位和责任,深化检察体制改革,完善中国特色社会主义检察制度,推进依法治国,都具有重要意义。

## 一、我国检察官相对独立的内在必然性和现实必要性

### (一)检察官相对独立是检察机关依法整体独立的基础

首先,检察院整体独立必须以检察官个体相对独立为基础。根据马克思主义哲学原理,整体由个体组成,个体是整体的基础,离开了各个个体,整体就不存在。"检察官是依法行使国家检察权的检察人员"[①],是检察职能的直接承担者,是构成检察机关整体的基本成员,只有检察官相对独立,排除一切非法干预,做到以事实为依据,以法律为准绳,客观公正地办好每一个案件,检察机关的整体独立才有坚实的基础。否则,检察机关整体独立就会成为空中楼阁。龙宗智教授认为,检察权依法独立行使的第一种形式是检察机关集体独立;检察权依法独立行使的第二种形式是确认检察官在检察机关内部的相对独立,从而以检察官为主体,独立地行使职权。[②] 这也说明,检察机关集体独立和检察官个体相对独立都是检察权依法独立行使不可或缺的形式,二者共同构成检察权依法独立行使的整体。

其次,检察机关对外整体独立必须以检察官对内相对独立为条件。一

---

① 检察官法第 2 条。
② 参见龙宗智:《论依法独立行使检察权》,载《中国刑事法杂志》2002 年第 1 期,第 7 页。

般认为,检察机关整体独立指的是对外的整体独立,即"不受行政机关、社会团体和个人的干涉"。但"外"和"内"是哲学中的一对范畴,它们都以对方的存在作为自己存在的条件,离开了"内",就无所谓"外";离开了"外",同样也就无所谓"内";它们各为对方的表里,共同构成了完整的整体。检察机关对外的整体独立必须以检察官对内的相对独立为基础。检察机关以惩治犯罪、监督公权、维护国家法治和社会公平正义为职责,在检察权行使过程中,经常会遇到权的压力、钱的诱惑、情(说情、人情)的干扰和关系网的阻挠,这些干涉有些来自检察机关外部,有些来自检察机关内部,但无论是来自外部还是内部,都只有通过对办案的检察官进行说情或干扰,才能达到干预办案的目的。特别是外部少数握有权柄的人的以言代法、以权压法,往往要采取向检察院内部领导人打招呼,然后再由内部领导人对办案检察官下指令的方式进行。对于这些由外而内的间接干预和来自内部的直接干预,都只有让检察官具有相对独立性,坚决地予以抵制,人民检察院对外整体独立才有可靠的保证。正如《日本检察讲义》所说:"检察官因为是独任制机关,本身具有独立的性质。这对保障检察权的行使及绝对公正,不受其他势力操纵,以及检察官的职务行为必须直接产生确定的效力,都是必不可少的。"[①]

(二)检察官相对独立既是"检察一体"的基础,又是防止"检察一体"弊端的重要措施

检察机关实行"检察一体"的体制,该体制是很多国家和地区特别是大陆法系国家和地区的检察机关用于规范内部权利义务关系,使整个检察系统成为协调统一整体的组织体制。其基本内容如下:一是"上命下从"。即下级检察院和检察官分别服从上级检察院和检察官,检察官服从检察

---

[①] [日]法务省刑事局编:《日本检察讲义》,杨磊等译,中国检察出版社1990年版,第18页。

长。二是职能协助。即全国检察机关是执行检察职能的统一整体,当某地检察院执行检察职能需要异地相关检察院协助时,相关检察院应当协助。三是职务收取、移转、承继和代理。职务收取就是上级检察院和检察长可以将下级检察院或下属检察官权限内的事务收归自己处理;职务移转就是上级检察院和检察长可以将下级检察院或下属检察官权限内的事务交所属的其他检察院或检察官处理;职务承继就是在执行职务中需要更换检察官时,原检察官所进行的活动与接任检察官的活动可以前后承继,而不必像法官更换那样必须由接任法官从头开始、亲历亲为;职务代理就是检察官执行职务时对外代表检察机关,在检察官不能履行职责或缺位时,下属检察官可以根据规定的顺序或首长的指令临时代行职务。"检察一体"有利于检察机关形成纵向指挥有力、横向协作紧密、反应快速灵敏、运转高效有序的工作机制,保证检察机关内部的协调统一;有利于排除各种阻力和干扰,形成同违法犯罪作斗争的强大力量;有利于统一法律适用,保证法律实施的统一和正确。

一般认为,"检察一体"是检察机关整体独立而不是检察官(相对)独立的重要原因,因为"检察一体"与检察官(相对)独立似乎是对立的。但实际上,"检察一体"以检察官相对独立为前提,只不过是对检察官独立作一定的限制,使其服从检察院统一意志。"检察一体"要排斥的是像法官那样的独立,因为"法官除了法律之外没有别的上司",[①]而检察官除了法律之外还有"上命下从"的上司。因此,"检察一体"是在承认检察官相对独立性基础上的一体,检察官独立是"检察一体"下的有限独立。况且,"检察一体"的目的之一是形成同违法犯罪和各种阻力干扰作斗争的强大的整体力量,以便更好地对外独立,即所谓"对内一体、对外独立",其最终目的是实现司法公正,这与检察官相对独立的目的完全一

---

① 《马克思恩格斯选集》(第1卷),人民出版社1972年版,第76页。

致。因此,"检察一体"与检察官相对独立二者相辅相成,缺一不可,统一于检察制度之中。任何离开"检察一体"讲检察官独立或离开检察官相对独立讲"检察一体"的观点都是片面的。

"检察一体"有时也会产生某些弊端,因为上级是人而不是神,也有可能犯错误,出现恣意滥权、发违法或明显不当指令、利用职权不当干预下级检察院或下属检察官依法办案等情况。此外,"检察一体"制还可能导致层层审批、文牍主义、效率低下,导致相互推诿、无人负责、发生错案时无法追究责任,还可能抑制作为执法办案主体的检察官的主观能动性和责任心。①赋予检察官相对独立性,有利于抵制上级违法或错误指令,增强检察官的责任心和主观能动性,提高检察工作的效能和质量,并使办案责任制落到实处。

(三)检察官相对独立是检察官法律地位、活动原则、司法特性和诉讼规律的必然要求

首先,检察官的法律地位决定了检察官的相对独立性。我国检察官虽然不像有的国家那样是官署而仅是职务,法律规定的诉讼主体是检察院而非检察官,但检察官是国家检察权行使的具体主体;在诉讼中,检察官是检察诉讼职能的具体行使主体,他们在依法履行检察职能时对外代表检察院,这都是毋庸置疑的。②这就决定了检察官应当相对独立,即有权在职责范围内自行处理有关事务而排除任何不当干涉,并对自己的职务行为承担责任。

其次,检察官的活动准则决定了检察官的相对独立性。我国检察机关是法律监督机关,维护法制是检察官的天职,忠实执行宪法和法律,以事

---

① 参见陈卫东、李训虎:《检察一体与检察官独立》,载《法学研究》2006年第1期。

② 检察院是检察权(职能)的主体,检察官是检察权(职能)的行使主体。

实为依据、以法律为准绳、秉公执法、公正履职，既是检察官活动的准则，也是检察官必须履行的义务。这都决定了检察官必须相对独立。

再次，检察官作为司法官的特性决定了检察官的相对独立性。检察权兼具行政权和司法权的双重属性，决定了检察机关和检察官既要"上下一体"，又要依法独立。我国检察官是司法官，所从事的是司法工作；特别是审查批捕和审查起诉工作具备基本的诉讼构造，即以侦查机关和被害人为控方，以犯罪嫌疑人及其辩护律师为辩方，检察官在审阅案卷材料、核实主要证据、讯问犯罪嫌疑人和听取律师意见的基础上，居中依法作出是否批捕、起诉的决定；这既具有直接性和亲历性的司法特点，又具有判断性和法律适用性的司法特征。而依法独立既是司法规律的必然要求，也是司法官的重要特性。赋予检察官相对独立性，由其在亲历的基础上，在职责范围内依法自主地对检察事务作出处理，符合司法规律和司法官特性。

最后，诉讼规律要求检察官相对独立。《人民检察院刑事诉讼规则（试行）》（以下简称刑事诉讼规则）第4条规定："人民检察院办理刑事案件，由检察人员承办、办案部门负责人审核，检察长或检察委员会决定。"据此，检察机关履行职责时在程序或实体上作出的各种决定，几乎都需经检察长批准、决定或检察委员会讨论决定，办案检察官自由裁量、自行决定的权限十分有限。这不仅难以体现检察官在办案中的主体地位，影响检察官主观能动性的发挥，影响诉讼效率，而且不太符合诉讼规律。因为司法人员对案件的认识是随着诉讼程序的推进而不断深化的，随着诉讼程序的推进，有时会因情况紧急或诉讼程序不便于中断等原因，来不及或不便于报请检察长决定，而需要一线检察官临场自行作出决定；有时会因事实、证据发生变化而需要立即对检察长作出的原决定加以修正。如在职务犯罪侦查中对正在转移赃款、赃物、毁灭证据的犯罪嫌疑人采取搜查、扣押措施；出庭支持公诉中因事实、证据发生变化需要变更或撤回起诉；等等，按照规定，这都不属于一线检察官自由裁量权的范围，而属于检察长的权限，但根据诉讼规律，确需赋予检察官相对独立性，以便其根据诉讼中变化了的情况临场自行作出决定。

（四）检察官相对独立是深化司法体制改革的必然要求

当前，新一轮司法改革正在深入进行，某些改革已迫使我们对检察官是否具有相对独立性及其相关问题从理论上作出回答。例如，省以下检察院人财物由省级统一管理的改革。这一改革有利于防止检察权地方化，促进司法公正，也有利于"检察一体"进一步落实。但是，随着上级检察院特别是省级检察院协助省级组织、财政部门管理人财物权力的增大，上级检察院及其有关人员利用人财物协管权，不当干预下级检察院依法办案的可能性也会增大。特别是少数地方党政领导人在利用人财物管理权直接干预办案的管道被切断后，通过检察院内部领导人进行间接干预的可能性会加大。人财物由同级党政部门管理时，检察权如果遇到地方的不当干预，尚可通过检察机关内部的纵向机制即"检察一体"来抗衡，即下级检察院通过向上级检察院报告，由上级检察院对党政领导人不当干预进行抵制。人财物省级统一管理后，如果检察机关的纵向出了问题，即上级检察院及有关领导人利用人财物协管权恣意滥权，不当干预下级检察院或检察官依法办案，就必须对此另谋良策。其中重要措施之一，就是赋予检察官以相对独立性，由检察官抵制来自上级的不当干预。

又如，检察官办案责任制改革要求突出检察官办案的主体地位，明确检察官办案的权力和责任，对所办案件终身负责，严格错案责任追究，形成权责明晰、权责统一、管理有序的司法权运行机制；[①]党的十八届四中全会通过的《中共中央关于全面推进依法治国若干重大问题的决定》（以下简称《决定》）又要求完善主任检察官办案责任制，"实行办案质量终身

---

① 参见彭波：《中央司改办负责人解读——司法体制4项改革先行试点》，载《人民日报》2014年6月16日第11版。

负责和错案责任倒查问责制"。而现行的办案模式存在着办案者无权定案、定案者不直接办案、办案与定案相分离的问题。根据权责统一原则,让无权定案的人承担办案责任显然有失公允。显然,只有使检察官相对独立,具有较大的自主决定案件的权力,才能让其承担办案责任,因为"独立性与责任直接关联,检察官的相对独立性正是确立办案责任制包括错案追究制的前提"[①],也只有这样,办案责任制才能落到实处。否则,如果检察官不具有相对独立性,检察官办案责任制改革就失去了理论基础。

## 二、检察官相对独立的域外考察

我国检察制度跟域外检察制度相比,既有共性也有自己的特色。研究我国检察官的相对独立性,考察域外检察官相对独立的情况不无益处。本文拟从以下三个方面加以考察:

（一）域外检察官为什么不同于法官而实行"相对独立"

在西方国家和其他的三权分立国家,司法权（主要指审判权）是独立的。之所以要独立,是因为司法权作为与立法权、行政权相并列并对立法权和行政权进行制衡的权力,必须独立于立法权和行政权;其作为处理各种诉讼案件和纠纷的权力,必须独立于一切机关、团体和个人;西方国家实行多党制和政党轮流执政,各政党都只代表并维护本党和某一阶层或某一方面人的利益,因而司法在表面上又必须独立于政党。只有这样,才能保证司法的中立性和公正性,免受政治操控和其他任何干涉。而司法独立主要指法院独立,法院独立实质上是法官独立。但是,检察院及检察官却与法院及法官存在一定的区别,只具有相对独立性,其原因主要有三:

---

① 龙宗智:《论依法独立行使检察权》,载《中国刑事法杂志》2002年第1期。

1. 检察权兼具司法权和行政权的特性。一方面，检察机关所承担的维护国家法制的职责使命，审查起诉中依据案件事实适用法律对案件作出是否起诉的判断工作，以及一些国家检察机关所承担的监督司法的职能，具有明显的司法的特性。同时，检察权的独立关涉审判权的独立，"在司法机关（审判机关）的独立性成为各国基本的宪法原则的情况下，对检察权独立必要性的认识，往往是与审判权独立行使结合起来论述的。正如前日本检察总长伊藤荣树先生所称：'检察权的行使，如果受立法权或检察权以外的行政权的不当干涉所左右，那么，司法权的独立就将完全成为有名无实。'这是因为在审判权的被动性以及诉审分离的原则下，检察权是审判权发生的根据，审判权行使的范围受到检察权的严格限制"。①

另一方面，检察机关又具有行政权的特性。检察机关大多属于行政序列，是政府下属的一个部门，与政府是上下位关系，并实行科层式建制和"上下一体、上命下从"的组织原则。同时，检察机关的某些职能，特别是大陆法系国家和地区普遍拥有的侦查职能，具有主动性和进攻性；其需要统一指挥协调，使各级各地检察机关形成侦查合力。这与审判权的被动性和中立性存在区别。

正因为检察机关兼具司法权与行政权的特性，因而被称为"准司法机关"。也正因为这一特性，使得司法属性所要求的"独立"与行政属性所要求的"上命下从"，在检察机关及检察官身上结合在一起，从而使检察机关及检察官的独立具有相对性。总之，检察官相对独立既是检察机关司法特性和行政特性交互作用的结果，也是独立性与服从性交互作用的结果，因而是"独立"与"受制"的统一。否则，"没有检察官独立的检察一体制是一种纯粹的行政体制，没有检察一体的检察官独立是一种纯粹的

---

① 龙宗智：《论依法独立行使检察权》，载《中国刑事法杂志》2002年第1期。其中伊藤荣树的话，龙宗智引自《日本检察厅法逐条解释》，徐益初等译，中国检察出版社1990年版，第57页。

司法体制"①。

2. 检察官独立与法官独立存在层次上的区别。法院是三权分立政治体制中的组成部分，它的独立首先是国家政治制衡体制的一项要素，同时也包括办理具体案件不受干涉。而检察官的独立由于检察机关附属于行政体系而与法院存在区别，其独立主要是办理具体案件中不受干涉，属于"技术性司法规则"，其目的是保证检察官活动的公正性。②

3. 有关国际性文件对检察官独立与法官独立作了不同规定。《国际法曹协会司法独立最低标准》中规定："法官应享有身份之独立及实质之独立。身份独立指法官职位之条件及任期之适当保障，以确保法官不受行政干涉。实质独立指法官执行其司法职务时，除受法律及其良知之拘束外，不受任何干涉"，"法官在作成裁判之过程中，应独立于其同僚及其监督者"。联合国《关于司法机关独立的基本原则》第 2 条规定："司法机关应不偏不倚、以事实为根据并依法律规定来裁决其所受理的案件，而不应有任何约束，也不应为任何直接间接不当影响、怂恿、压力、威胁或干涉所左右，无论其来自何方或出于何种理由。"《司法独立世界宣言》第 2 条第 2.3 款规定："每一法官均应自由地依据对于事实之判断及法律之了解，公平地决定所系属之事务，不受任何地方及任何理由限制、影响、诱导、压力、恐吓或干涉，此亦为其义务。法官在作成判决之过程中，应独立于其同僚及监督者，任何司法之体系或任何不同阶层之组织，均无权干涉法官自由地宣示其判决。"可见，法官独立应保证法官在裁判过程中不受一切权力包括法院系统内部的权力和外部的权力的干涉，其为不受任何指令约束的独立。而对检察官独立，联合国《关于检察官作用的准则》(1990 年)第 4 条规定："各国应确保检察官得以在没有任何恐吓、阻障、侵扰、不正

---

① 谢鹏程：《论检察官的独立与检察一体》，载《法学杂志》2003 年第 3 期。
② 参见龙宗智：《检察制度教程》，中国检察出版社 2002 年版，第 208 页。

当干预或不合理地承担民事、刑事或其他责任的情况下履行其专业职责。"其并未像《司法独立世界宣言》第 2 条第 4 款那样,规定检察机关或检察官独立于行政机关及立法机关。相反,在第 20 条关于检察官与其他政府机构或组织的关系方面规定:"为了确保起诉公平而有效,检察官应尽力与警察局、法院、法律界、公共辩护人和政府其他机构进行合作。"国际检察官联合会《关于检察官的职业责任标准和基本义务与权利》(1999 年)第 2 条第 1 款至第 3 款,对检察官的独立性作了如下规定:"在承认检察官自由裁量权的国家里,检察自由裁量权应当独立地行使,不受政治干涉。如果检察机关以外的机关享有对检察官下达一般的或具体的指令权,那么,这种指令应当是透明的,与法律机构一致的,并需符合既定的保障检察独立现实与理念的准则。检察机关以外的任何机关指令启动诉讼程序或终止合法启动的诉讼程序的权力均应当按照类似的方式行使。"可见,检察官独立是受有关指令有限约束的相对独立。①

(二)域外检察官相对独立的侧重点

这里指的是域外检察官是以独立为原则、以上级指令为例外,还是以上级指令为原则、以检察官独立为例外?从总体上看,域外检察官是以独立为原则、以上级指令为例外。其原因:一是检察官被认为是"准司法官",有的国家被法律明确规定为司法官,在职务、身份保障上也与法官相同或相近,因而具有与法官高度近似的独立性。②二是检察官作为刑事诉讼中检察职能的直接承担者,被很多国家和地区的法律明确规定为刑事诉讼的主体,如意大利、法国、日本、韩国及我国台湾地区,均规定刑事诉讼的主体是检察官而非检察院,因而检察官被认为不仅仅是职务,而是

---

① 参见谢鹏程:《论检察官独立与检察一体》,载《法学杂志》2003 年第 3 期。
② 参见林钰雄:《检察官论》,法律出版社 2008 年版,第 69 页。

"司法官署"或"独任制官厅"。① 在不以检察官而以检察院或检察长作为刑事诉讼主体的国家，也从检察官办理案件必须承担案件处理责任出发，根据权力和责任相一致的原理，确认检察官在上命下从体系中具有较强的独立性。② 在英美法系国家，由于当事人主义的诉讼理念和检察机关组织结构较为松散，检察职能的行使以个体负责和自由裁量为基础。在英国，检察职能运作实行检察官负责制，检察官个人和检察机关之间没有严格的隶属关系，检察官履行职权时具有独立办案、独立对案件结果负责的权力，只有一些社会影响重大的案件才会受到首席检察官的宏观指导，但指导之下的具体处理意见还是由检察官独立作出。在美国，检察官履行职能时也是相互独立并由个人决定和个人负责的，只有在涉及国家安全案件和重大政府官员腐败案件等少部分案件中，才会寻求司法部的支持和帮助，而且必须得到联邦检察长或主管刑事工作的助理检察长的批准才能提起公诉；对于其他的大部分案件，检察官有权自行决定起诉，不受联邦检察长的领导和干涉；特别是占刑事案件总数90%以上以辩诉交易方式处理的案件，检察官更是具有独立的自由裁量权。③ 三是各国都对上级指令权作严格的限制，并且上级"主要是运用审查、劝告、承认的方法，行使指挥监督权"，即使检察长与承办检察官存在不同意见，检察长也往往不会直接行使指令权，强行要求承办检察官服从检察长的决定，而是采取"沟通、

---

① 参见林钰雄：《检察官论》，法律出版社2008年版，第79页；龙宗智：《论依法独立行使检察权》，载《中国刑事法杂志》2002年第1期。[日]法务省刑事局编：《日本检察讲义》，杨磊等译，中国检察出版社1990年版，第18页。

② 参见龙宗智：《论依法独立行使检察权》，载《中国刑事法杂志》2002年第1期。

③ 参见冯中华：《检察制度独立性与一体化研究》，载《第二届国家高级检察官论坛文集》，第323页。何家弘：《论美国检察制度的特色》，载《外国法评论》1995年第4期。

劝告、说服"的方式，以使"上级的指挥监督权和检察官独立相协调"。①

当然，由于各国检察制度不尽相同，检察官的独立性在有些国家强些，在有些国家相对弱些。从总体上看，英美法系国家检察官的独立性强于大陆法系国家；在检察官被法律规定为刑事诉讼主体的国家，检察官的独立性强于不以检察官为刑事诉讼主体的国家；在检察机关纵向组织结构松散的国家，检察官的独立性要强于组织结构严密的国家。但不管怎样，各国检察官在独立与上级指令的关系上，总体上侧重于独立，即以独立为原则，以上级指令为例外；除少数上级有指令的案件外，都由检察官独立自主地作出决定。

（三）域外对上级指令权的限制

为了寻求上级指令权与检察官独立之间的平衡，防止上级不适当地侵分检察官的权力，域外国家和地区一般会采取某些措施来限制上级的指令权。他们一般先将上级指令权分为外部指令权和内部指令权②，然后，严格限制外部指令权，对内部指令权则作必要限制；并在某些情况下赋予检察官抗拒上级指令的权力（抗命权）。其具体做法为：

1. 禁止外部指令或严格限制外部指令主体。前者如《俄罗斯联邦检察院组织法》第5条"检察监督不受干涉"中规定："俄罗斯的联邦国家权力机关、俄罗斯联邦各主体国家权力机关、地方自治机关、社会团体、大众信息媒体、上述机关代表及其公职人员，以左右检察官或侦查官③采取决定或对其活动设置各种形式的阻碍为目的，对检察官或侦查官施加任何

---

① 参见龙宗智：《论依法独立行使检察权》，载《中国刑事法杂志》2002年第1期；裘索：《日本检察制度》，商务印书馆2003年版，第29页。

② 外部指令权，是指检察机关外部对检察机关发指令的权力；内部指令权，是指检察系统内部包括上级检察院对下级检察院或本院检察长对检察官发指令的权力。

③ 这里的"侦查官"指检察机关的侦查官。

形式影响的,都应承担法定责任。"① 后者如日本等国法律规定,只有主管检察机关的官员(一般为司法部长或法务部门)才享有对检察机关的指挥权,其他中央和地方官员都不具有这种权力。这就大大限制了有权发出指令的人员范围,有利于防止检察机关受到政治干预。②

2. 限制外部指令权的范围。有些国家将检察机关的事务分为检察行政事务和检察业务事务两大类,前者指人财物管理等行政性事务,后者指执法办案事务。法律规定外部指令权只能对行政事务发出指令,而不得对业务事务发出指令。如我国台湾地区"法院组织法"规定,"法务部长"仅能就检察行政事务监督"检察总长",而无权就检察业务事务指挥、监督"检察总长"。③

3. 限制外部指令权的对象。如《日本检察厅法》第14条规定,法务大臣对检察官职务权限内的检察事务,可以对检察官行使一般指挥权;但是对个别案件的侦查或处分,则仅仅有权指挥检事总长。④ 这有利于防止法务部门越过检察长就具体案件对检察官发号施令。

4. 规定内部指令权的案件范围或指令的实体要件和程序要件。如在英国和美国,只有少数重大或特殊的案件才会受到上级的宏观指导,或处理意见需报经检察长批准。在大陆法系国家,上级指令在实体要件上,指令权的行使不得违反法律和客观公正原则。这是因为检察机关以维护法制为使命,以客观公正为其活动的基本原则。在程序要件上,上级指令应以书面的形式下达并载明理由;情况紧急时也可先口头下达,但事后应补以附理由的书面指令,以便事后检查,明确责任。如《法国刑事诉讼法典》第37条所依据的第36条规定:"检察长得以书面指令或者以归入诉讼案卷的

---

① 《俄罗斯联邦检察机关法》,赵路译,载《中国刑事法杂志》2010年第5期。
② 参见龙宗智:《检察制度教程》,中国检察出版社2002年版,第211页。
③ 参见林钰雄:《检察官论》,法律出版社2008年版,第40页。
④ 参见龙宗智:《检察制度教程》,中国检察出版社2002年版,第209页。

指令，命令共和国检察官提起追诉或者指派人员提起公诉，或者向有管辖权的法院提出检察长认为适当的意见要求。"①之所以要采取书面形式，在于其具有透明性："事前可求慎重，使下令者三思是否介入个案；事中可臻明确，避免受命者误解指令之内容及形式效力；事后则可厘清权责，防范双方推诿，各说其话。"②

5.赋予检察官在特定条件下的抗命权，并在检察机关内部建立报告异议的渠道。检察官主要是对两种情形的上级指令有权拒绝执行：一是前述的违反法律的指令和违反客观公正原则的指令。这是因为法律高于上级指令，违反法律的指令任何人都不得执行，否则要追究责任；违反客观公正原则的指令也因其违反了检察活动原则，同样不得执行。二是违反检察官自己根据良知和理性而形成内心确信的指令。对此，上级不得对检察官施以强制；如果上级认为有贯彻己见之必要，则应行使职务收取权或职务移转权，将案件收归自己直接办理或交其他检察官办理。如在德国，"如果一位检察官，当其对一被告因事实或法律的原因，认为其无罪，但却受到上级指示，要对该被告提起公诉，或对之提出羁押命令之声请，或对之处以其他侦查措施时，该检察官不需服从之。因为，虽然每一位检察官只是该'高级长官'的代理人，但是其对真实性及公正性的判断确为不可代替性，而必须由各主其事的个人，以良知个别决定之。因此，不得对检察官施以强制，命其违反自己的信念行事"。③在法国，检察官对违反自己信念的指令，还拥有积极的抗命权。④即当检察长禁止共和国检察官进行公诉

---

① 《法国刑事诉讼法典》，罗结珍译，中国法制出版社2006年版，第33页。
② 参见林钰雄：《检察官论》，台湾学林文化事业有限公司1999年版，第262页以下。
③ [德]克劳思·罗科信：《刑事诉讼法》，吴丽琪译，法律出版社2003年版，第67页。
④ 积极的抗命权与消极的抗命权相对，它是指检察官对上级违反自己内心确信的指令不仅可以消极地不执行（消极抗命），而且可以按自己的确信对案件作出处理。

时，共和国检察官仍然可以采取追诉行动，并可以有效地提请刑事法院受理案件；反过来，如果检察长命令共和国检察官进行追诉而共和国检察官加以拒绝，检察长并无可能取代共和国检察官自行进行追诉。①

此外，域外检察官对违反自己信念的指令还有一种半抗命方式，就是按上级的指令提出书面意见（如起诉书），但在法庭上仍然可以发表自己不同于书面意见的口头意见。如《法国刑事诉讼法典》第 33 条规定："检察官应当在符合刑事诉讼法典第 36 条、第 37 条以及第 44 条规定的情况下，根据接到的上级指令提出书面起诉状。检察官还可以自由地发表自己认为有益于司法审判的口头意见。"这就是所谓"笔受拘束，口却自由"。②

除了赋予检察官在特定条件下的抗命权外，还在检察机关内部建立检察官提出异议之渠道，赋予抗命检察官向检察机关上级乃至越级就上级的违法或错误指令提出异议的权利，使违法或错误指令有可能得到纠正。如《俄罗斯刑事诉讼法典》第 38 条第 3 款规定："侦查员在不同意检察长关于对一个人作为刑事被告进行追究、指控的范围、将刑事案件移送法院或终止刑事案件等七个方面决定或指示时，有权将刑事案件提交上级检察长，同时书面提出自己的异议。"同条第 4 款规定："在本条第 3 款规定的情况下，检察长有权撤销下级检察长的指示或委托其他侦查员进行刑事案件的侦查。"③

## 三、我国检察官相对独立的特点和主要内容

（一）我国检察官相对独立的特点

我国检察官相对独立是指检察官在行使检察权时，有权以事实为根

---

① 参见龙宗智：《论依法独立行使检察权》，载《中国刑事法杂志》2002 年第 1 期。
② 《法国刑事诉讼法典》，罗结珍译，中国法制出版社 2006 年版，第 32 页。
③ 参见《俄罗斯刑事诉讼法典》，黄道秀译，中国政法大学出版社 2003 年版，第 33 页。

据、以法律为准绳，在职权范围内自主处理有关事务，而不受行政机关、社会团体和个人的干涉。其主要特点有：一是依照法律规定的独立。这里的"法律规定"既指作为办案依据的法律规定，也包括检察官权限范围的规定。二是党的领导和人大监督下的独立。中国共产党是执政党，党的领导是中国特色社会主义最本质的特征，也是中国特色社会主义法治最根本的保证；中国共产党与外国各种政党最根本的区别，就在于她代表和维护的是全国各族人民的根本利益，党自身并无特殊的利益。而外国各政党都有自己的私利，且只代表一部分人的利益。因此，坚持共产党对司法工作的领导不仅不会影响司法的中立和公正，而且有利于实现司法的中立和公正。更何况，坚持中国共产党领导是中国历史的必然、人民的选择，并已载入宪法。在中国这样一个幅员辽阔、人口众多、深受封建主义传统影响的多民族大国，各项事业包括依法治国，都只有坚持中国共产党领导才能取得成功。因此，检察工作包括检察官的执法办案工作当然要接受党的领导。人民代表大会制度是我国根本的政治制度，检察工作包括检察官执法办案工作当然要接受人大监督。同时，党对司法工作的领导主要是政治领导、思想领导和组织领导，是"管方向、管政策、管原则、管干部，不是包办具体事务"。根据党的十八届四中全会精神，各级党政机关和领导干部要支持司法机关依法独立公正行使职权，而不得干预司法活动、插手具体案件的处理。人大对检察工作的监督也主要是对检察机关适用法律等情况的监督，而不监督个案。三是"检察一体、上命下从"体制下重要事项决定权归属于检察长的独立。检察官执法办案要接受上级检察院和本院检察长的领导，服从他们和检察委员会的决定。但是，如前所说，现行的大小事项决定权基本上归属于检察长的制度存在诸多弊端，应当逐步改革。当前的改革应当以重要事项的决定权仍归属于检察长、其他事项决定权归属于检察官为目标，以后再进一步增强检察官的独立性。至于"重要"的标准，则需根据不同职能加以区分。四是不同于法官的相对独立。根据我国宪法和法律的规定，人民检察院与人民法院在依法独立行使职权上不存在任何区别，但在检察官与法官的独立性上却有明显区别。如在刑事诉讼中，检察权行使的主体是检察院，案件的决定权归于检察长和检委会；而审判权行使的主体却主要是法官（包括独任法官和合议庭），只有疑难复杂重大案件，合议庭认为难以作出决定的，才由合议庭提请院长决定提交审判委员会讨论决定。可见，在现行法律制度下，检察官几乎没有多少独立性，法官的独立性却相当明显；即使是在司法体制改革之后，检察官的独立性也要比法官的独立性要小得多。其原因就在于如前所述的，法官是司法官，检察官是有一定行政属性的司法官，故其独立性只能是相对的。

（二）我国检察官相对独立的主要内容

在司法体制改革中，检察官相对独立的主要内容要从当前实际出发，根据需要和可能，本着循序渐进的原则，在"检察一体"与检察官独立之间寻找平衡点。当前，主要体现在以下几个方面的权力：

1.对所办案件提出独立意见权，即检察官有权对承办案件提出独立意见，任何机关、团体和个人都无权干涉或要求改变。对承办案件提出自己的独立意见是检察官起码的权利，也是检察官相对独立中各项权力的基础，任何机关、团体和个人都无权采取施压、授意、劝说、诱导甚至下命令等方式予以干涉或者要求改变，除非检察官经听取他人意见后真正接受了他人意见。如果检察长作出不同于检察官意见的决定，检察官应当服从，但他有权保留自己的意见。这里的"保留自己的意见"，既包括存在于自己内心的意见，也包括在办案报告（如侦查终结报告、审结报告等）中所提出的见之于书面的意见。即使检察官所提的意见后来被检察长否定，但检察官载于办案报告中的意见有权不被违心修改或不被他人修改，以便事后查验，分清责任。

2.抵制干涉权，即检察官除服从本院检察长、检委会的决定外，有权不受任何干涉。检察官在依法履行职责时，有权抵制任何干涉，无论这种干涉是来自检察机关外部还是内部。这里需要特别说明的是，这里的"不受任何干涉"，决不是说检察官可以不接受党的领导、人大监督和上级检察院的领导，而是说党委、人大和上级检察院关于个案的意见要通过本院检察长下达，而不能越过检察长直接通知检察官。检察长是检察院的领导人，负责"统一领导检察院工作"，上级指示通过检察长来传达贯彻，既是上级对检察长起码的尊重，也便于检察长知悉上级意图，并将其作为统一领导全院工作的重点内容加以贯彻落实。否则，如果上级指示越过检察长直接通知检察官，一线检察官都知道的事，检察长却一无所知，蒙在鼓里，那势必造成指挥系统的混乱。同时，把检察院的上级领导与一线检察官作适当区隔，也有利于防止上级不当干预检察官办案。因此，在"服从本院检察长或检察委员会决定"当中，已经包含了党的领导、人大监督和上级检察院的领导。况且，根据党的十八届四中全会《决定》，各级党政机关和领导干部都不得插手具体案件的处理，人大也不监督个案。随着十八届四中全会精神的贯彻落实和依法治国战略的全面推进，党和人大对检察工作的领导和监督会进一步加强和改进，党委领导办案工作的方式也会得到规范。

3. 抗命权，即检察官有权拒绝服从检察长和检委会的违法和错误指令。根据检察机关的领导体制和"上命下从"原则，检察长和检委会对案件的决定，检察官应当服从，但对违法的指令检察官有权拒绝执行。因为检察官以维护法制为使命，更不能违反法律；否则，就有违检察官的职责使命，并应对此承担责任，而不因执行上级指令而被免责。其实，这一内容在我国公务员法第54条中早有规定："公务员执行公务时，认为上级的决定或者命令有错误的，可以向上级提出改正或者撤销该决定或者命令的意见；上级不改变该决定或命令，或者要求立即执行的，公务员应当执行该决定或者命令，执行的后果由上级负责，公务员不承担责任；但是，公务员执行明显违法的决定或者命令的，应当依法承担相应的责任。"由此可见，法律高于"上命下从"；只要越过法律底线，尽管是执行上级指令，也应承担责任。我国检察官也属于公务员，也应当执行这一规定。这里需要说明的是，公务员法规定的底线是"明显违法"，鉴于检察官既是司法者又是法律监督者，在遵守和维护法律上应当比一般公务员提出更高的要求，故把检察官的底线规定为"违法"是比较恰当的。

对于错误指令检察官也有权拒绝服从。"错误指令"是指违反检察官依据案件事实和法律对案件定性处理形成的内心确信，并会造成案件定性或适用法律错误的指令，特别是会造成冤假错案的指令。因为检察官违心执行违反自己内心确信的指令，那在该检察官看来，就不符合"以事实为依据、以法律为准绳"的办案原则，也是违反其职业良知和职业道德的。特别是冤假错案，会严重侵犯当事人人权，损害司法公信力，影响党和政府形象。因此，防止冤假错案是检察机关和每一位检察官必须坚守的底线；当检察官认为上级指令会造成冤假错案时，当然有权拒绝服从。如果检察长坚持错误指令，检察官有权向检察长提出不继续承办该案的要求，而由检察长行使职务收取权或职务移转权，改由检察长自己办理或交其他检察官办理。检察官还有权对违法或错误指令向发指令的上一级检察机关领导人反映，以使违法或错误的指令得到纠正。

4. 一定的自主决定权，即检察官有权对一定范围内的事项依法自主作出决定。前已述及，现行的办案决策制度无法体现检察官在办案中的主体地位和检察官相对独立性，故下一步要对有关法律和刑事诉讼规则作必要的修改。在修改前，根据改革要合法有据的原则，可由检察长通过授权的方式，赋予检察官对一定范围内的事项自主作出决定的权力，从而使检察官有职有权有责。至于赋予检察官自主决定权（即检察官相对独立性）的大小，则应综合考虑以下三方面因素：

一是检察院的领导体制。检察官相对独立是"检察一体、上命下从"

体制下的独立。特别是法律关于"检察长统一领导检察院的工作"和检委会在检察长主持下按民主集中制原则讨论决定重大案件和其他重大问题的规定，赋予了检察长和检委会对所办案件负总责的责任。这就决定了办案中重要事项或重大案件的决定权，仍应归检察长或检委会行使。

二是司法的民主决策机制。根据法律规定，法院审判案件实行法官或者法官与人民陪审员合议制，只有对简易案件，如刑事诉讼中适用简易程序的部分案件，才实行法官独任制。此外，对于疑难复杂重大案件，合议庭认为难以作出决定的，由合议庭提请院长决定提交审判委员会讨论决定。在上述三种定案方式中，合议制和审委会讨论制都是民主决策的表现形式。这说明，以公正作为主要价值追求的司法工作更主张民主决策，因为它有利于集思广益，防止个人的主观片面性和独断专行，也可以使审判人员互相监督，防止徇私舞弊，枉法裁判，从而实现司法公正。检察官的素质和办案水平并不比法官高，因而不宜赋予检察官个人过大的案件决定权。

三是不同检察职能的不同特点。检察机关拥有批捕、公诉、职务犯罪侦查和诉讼监督等多项职能，这些职能都是法律监督的表现形式。按照各职能行使的特点，可以把法律监督分为三类：第一类是制约型法律监督，即法律监督是诉讼的必经环节，非经检察机关审查不能进入下一个诉讼环节，如审查批捕、审查起诉。第二类是侦查型法律监督，即采取侦查的方法对公职人员履职中涉嫌犯罪的行为进行的法律监督，职务犯罪侦查即属此类。第三类是督察型法律监督，即法律监督并非诉讼的必经环节，检察机关对监督对象在诉讼中的履职情况进行督察，一旦发现违法，即启动监督程序，诉讼监督即属此类。

综合考虑上述三方面因素，可根据检察业务类别赋予检察官不同的自主决定权：

制约型法律监督的司法属性强，且要接受侦查机关、审判机关和当事人、辩护律师等诉讼参与人的制约，因而可把较多的权力授予检察官。除重大疑难复杂案件、认定的案件事实和性质与侦查机关有重大分歧的案件仍由检察长决定外，其余案件的决定权可赋予检察官，从而使其具有较大的独立性。

对于侦查型法律监督，有观点认为，它具有积极主动的特点和较强的行政属性，是典型的纵向管理关系的行政行为；侦查人员应当坚决服从上级指令，而没有法律上的独立性；同时，侦查中的决策都事关重大，应当通过慎重研究甚至审批才能作出决定，有鉴于此，各国检察机关的侦查官员一般不被列入检察官建制，故不应赋予负责职务犯罪侦查的检察官以相对独立性。[1]笔者认为，该观点持之有据且在理，但是，第一，职务犯罪侦查除了较强的行政属性外，也具有一定的司法属性。司法是国家专门机关根据法定职权，通过诉讼的方式处理案件的专门活动。而侦查是诉讼中的重要环节，它既要执行法律，运用侦查措施收集证据、查明事实，也要适用法律，根据所查明的事实提出是否移送起诉或撤销案件的意见，故刑法明确规定侦查人员属于"司法工作人员"。第二，侦查的核心是收集证据、查明事实，而证据和事实是整个刑事诉讼的核心。尽管侦查的很多环节都需报检察长决定，但侦查人员始终要对证据和事实负全部责任。赋予侦查的检察官以相对独立性，有利于强化其对证据和事实的责任。第三，赋予负责侦查的检察官以相对独立性；有利于排除干扰，抵制违法指令，防止"检察一体"的弊端；有利于紧急情况下临场决策；还有利于强化侦查人员责任。因此，笔者倾向于把侦查型法律监督一并纳入检察官相对独立的范围。当然，由于其行政属性较强、司法属性较弱，且该权力的行使还关涉公职人员的政治生命和自由权利，故赋予检察官自主决定的权限可

---

[1] 参见龙宗智：《论依法独立行使检察权》，载《中国刑事法杂志》2002年第1期。

小一点，如对一般线索的初核、任意性侦查措施的采取①、紧急情况下非重大的临场决策等，一般不必报检察长；而对于侦查程序的启动和终结、强制性侦查措施的采取、案件的处理等，则必须由检察长或检委会决定。

督察型法律监督即诉讼监督，它既具有被动、中立的特点，但其程序一旦启动，又具有主动性和进攻性，其受制约的程度不如制约型法律监督。但由于其所监督的行为的性质较轻，跟职务犯罪侦查关涉的当事人权益有质的区别，故赋予诉讼监督检察官的独立性应大于侦查检察官而小于制约型法律监督检察官：除重要违法线索调查的启动、书面纠正违法通知或检察建议的发出、对裁判的抗诉需经检察长批准外，其余的可由一线检察官自行决定。

需要强调指出的是，对上述由检察官行使或授予检察官行使的职权，检察长都有权监督检查。

## 四、检察官相对独立的相关问题

### （一）办案模式问题

办案模式主要涉及办案组织、决策程序和责任主体等问题。多年来，检察机关办案实行检察人员承办、部门负责人审核、检察长或检委会决定的模式。为什么实行这一办案模式而不实行法院那样的办案模式，对该模式应当如何评价，是否需要借鉴法院的办案模式以强化司法属性，这是需要回答的问题。笔者认为，法院的办案模式无论是合议制还是独任制，都以办案人直接参加案件审理，亲身经历控辩双方举证、质证、辩论等庭审

---

① 任意性侦查措施是与后文的强制性侦查措施相对的侦查措施，它是指不采用强制手段，不对相对人的权益强制性地造成损害，而由相对人自愿配合而实施的侦查措施。强制性侦查措施则是采用强制手段并对相对人的权益强制性地造成损害的侦查措施，它包括对人的强制（如各种强制措施）、对物的强制（如搜查、扣押、冻结）和对隐私的强制（如技术侦查）。

活动为前提。而根据我国法律规定，采取这种方式定案的只有法院审判环节，检察环节没有作这样的要求；法律也没有规定检察院办案要实行合议制或独任制。法律之所以没有要求检察院实行法院那样的办案模式，主要原因有二：一是客观条件不允许提出那样的要求。检察院对案件的决策是在诉讼程序推进的过程中进行的，案件的某些证据和法律事实还有可能变动，而不像法院判案处在诉讼的最后环节，调查取证活动都已结束，各方准备都已就绪。因而检察院不可能像法院庭审那样，要求所有证据都在检察院办案者、决策者面前展示一遍，而只能根据当时在案的事实和证据作出阶段性的决策。否则，如要采取直接言词、集中展示的办法，既不可能也无必要，国家的司法资源也难以承受。二是与检察机关兼具司法与行政双重属性有重要关系。检察机关的司法属性要求承办检察官尽可能直接亲历案件事实和证据；其行政属性（包括检察长负责制）又决定了不能要求所有参与案件办理和决策的人都像法院合议庭那样直接亲历案件的事实和证据，而应允许在一线检察官亲历案件事实和证据的基础上，其他人员（包括检察长）采取审阅书面报告和有重点地审阅案卷材料的方式参与决策。

根据以上分析，检察机关现行的办案模式有一定的合理性。它在承办检察官亲历的基础上，通过审核把关的方式让多人参与决策，有利于防止承办人个人决策所可能出现的偏差，提高办案质量。但该模式也存在检察长对决策权统得过死、办案与定案相分离、检察官主体地位体现不够、影响其主观能动性和积极性发挥、层层审批影响效率、办案责任不够清晰等问题，需要对其进行改革。改革的目标主要是：突出检察官在办案中的主体地位，体现其相对独立性；赋予承办检察官适当的定案权，使办案与定案适当结合、权利与责任基本统一；简化审批环节，实行扁平化管理，提高效率；进一步明确办案责任。

按照上述目标，检察机关办案模式的改革方向是实行检察官办案责任制,即在检察长或检委会领导下,承办检察官对职责或授权范围内的事项依法独立行使决定权,并承担相应责任。其具体做法是,给独任检察官配备辅助人员组成办案组织;当所办案件需要投入较多人员时(如侦查职务犯罪),则由若干检察官和辅助人员组成办案组织,由其中一名检察官为主负责办理。检察官(或为主负责的检察官)直接向检察长负责,对职责范围内的事项和检察长授权的事项,检察官有权作出决定;法律规定应由检察长决定的事项,则报检察长决定。[①] 在责任主体上,检察官对所办案件的事实、证据及作出的决定负责;检察长改变或部分改变检察官意见的,改变部分由检察长负责,检察官仅对事实和证据负责。

但在目前,一步到位实行检察官办案责任制,并由检察官直接向检察长负责,条件还不大成熟。一是因为检察官办案责任制需跟中央部署的司法人员分类管理、健全司法人员职业保障等改革同步进行,目前这几项改革尚未完全展开。二是目前有些检察官的素质和能力还不尽如人意,难以适应相对独立和承担主要办案责任的需要。为此,有以下两种办案模式,可作为以后实行的检察官办案责任制的过渡[②],进行改革试点:

一种是主任检察官办案责任制,其做法是在检察业务部门选拔若干具备良好政治素质和职业道德、具有丰富检察实践经验、工作实绩突出的检察官为"主任检察官",并以主任检察官为单位,配备其他检察官和检察辅助人员若干名,组成办案组织,在主任检察官主持下开展办案工作。同时,赋予主任检察官相应的决定权,主任检察官对其下辖检察官的办案活动负有领导、监督、审核之责,并直接对检察长负责。如果主任检察官不

---

[①] 一般先报分管副检察长,副检察长有权在分工负责或检察长授权的范围内决定案件;分管副检察长因案件重大复杂疑难敏感等原因认为需要报告检察长的,则报检察长决定;检察长认为需提交检委会讨论的,由其提交检委会讨论决定。

[②] 需要特别说明的是,这两种办案模式都仅仅是一种过渡性改革措施,因为它们都没有从根本上改变现行的办案模式。

同意承办检察官意见，对于主任检察官职权范围内的事项，主任检察官有权作出决定；对于不在其职权范围的事项，主任检察官应将承办检察官意见和自己意见，一并报检察长决定。在责任主体上，承办检察官对案件的事实证据和提出的意见负责；主任检察官对自己职权范围内所作的决定负责；检察长改变或部分改变主任检察官意见的，改变部分由检察长负责，检察官和主任检察官仅对事实和证据负责。

另一种是检察官办案责任制加审核制，即在检察官素质普遍较高，都能独立承办案件的地方，直接实行检察官办案责任制。但在过渡期内增加一个由主任检察官审核的环节。需要说明的是，这里的审核不是审批，而是审查核实之意。如果主任检察官不同意承办检察官意见，主任检察官不能直接否定承办检察官意见，而应将自己的审核意见和承办检察官意见一并报检察长决定。采取这种审核方式的理由是：（1）"检察一体、上命下从"主要指检察院的下级在工作中应当服从上级的领导，但是，关于对案件的决策，并不意味着任何一个层级的个人都可以直接否定下级的意见。根据法律规定的精神，决定案件的权力在检察长，故采取这种审核方式并不违反"检察一体、上命下从"的原则。（2）采取这种审核方式，让检察长全面审阅办案报告和承办人、审核人不同意见后，斟酌权衡作出决定，丝毫不影响审核作用的发挥，却有利于尊重检察官在办案中的主体地位，培养检察官负责任地提出并坚持自己意见的勇气，树立检察官的职业自信心。在这种办案模式中，由承办检察官负主要责任；如果审核的主任检察官和检察长不同意其意见，且检察长和主任检察官意见一致的，检察长和主任检察官对改变部分负责，检察官仅对其事实、证据负责；如果检察长既不同意承办人意见又不同意主任检察官意见，则检察长对自己作出的决定负责，承办检察官对事实、证据负责，主任检察官对自己的审核意见负责。

无论采取上述何种办案模式，办案部门都可设立由该部门全体主任检察官参加的主任检察官会议,在该部门负责人或首席主任检察官的主持下,讨论由主任检察官提请的案件。主任检察官联席会议的意见供办案组织参考。如果办案组织不同意主任检察官联席会议的意见,则把主任检察官联席会议意见一并报检察长决定。

此外,还有一个问题需要研究,就是检察长否定检察官办理案件意见的方式问题。借鉴一些国家及地区的做法,应采取先沟通后决定的方式,即检察长先当面与检察官沟通,双方都充分听取对方的意见及其理由。增设沟通程序,有利于体现检察长对检察官主体地位和相对独立性的尊重,营造民主和谐氛围;有利于双方兼听则明,更全面、准确地分析判断案件。沟通后如意见达成一致,就按一致的意见办;如意见不能达成一致,检察长再作出决定。检察官如认为检察长的意见违法,则应当拒绝执行;如认为检察长的意见错误甚至会造成冤假错案,而自己不愿违心继续承办此案,则可报请检察长行使职务收取权或职务移转权,改由检察长自己办理或交其他检察官办理。下属还有权将此情况报告上一级检察院检察长,以使违法和确有错误的决定得到纠正。

(二)检察官相对独立与"检察一体"的协调问题

"检察一体"与检察官相对独立是相辅相成的:"检察一体"是检察官相对独立基础之上的一体,检察官独立是"检察一体"下的相对独立;二者互为条件,缺一不可。但是,二者关系如处理不好,也会造成一方对另一方不适当的侵分。为此,有必要协调二者之间的关系。就检察官相对独立这一方面来说,一是上级的指令除违法和错误外,检察官必须服从,不得以"相对独立"为由抗命不遵;二是凡法律或规范性文件规定应由检察长行使之权,除检察长授权外,检察官不得行使。由于长期以来对检察官相对独立未予重视,故需要重点研究的是,如何规范"检察一体"制,防止其不当侵分检察官的相对独立性。

根据我国的政治制度和检察制度，借鉴域外的有益做法，"检察一体"似可作如下规范：

首先，应规定上级指令权在内容上的底线。即上级指令不得违反法律规定和产生冤假错案等错误。对此，本文在第三部分已作阐述，这里不再赘述。

其次，应规定职务收取、职务移转的条件。各级检察院和各检察官原则上应当根据法定管辖范围和规定的分工行使职能，上级一般不得随意干预。只有当由该级检察院或该检察官行使职能不利于或难以依法客观公正办案时，上级始得行使职务收取、职务移转权。例如，有证据证明由该检察院或检察官办理难以排除阻力干扰或难以秉持客观公正的；由该检察院或检察官办理不利于在较大范围调集人力、物力，从而影响对案件依法查证、处理的；下级检察院或承办检察官对上级的决定有异议，不收取、移转职务不利于依法办案的；下级检察院或承办检察官主动提出职务收取、移转的要求，上级认为理由成立且正当的。至于检察长对本院检察官行使职务收取、移转权的条件，也可参照上述精神，以是否有利于依法客观公正办理案件为标准作出规定。

再次，应规定上级指令的形式要件。即上级下达指令应当以书面的形式并附理由，以便促使上级三思而后行，慎重行使指令权，准确表述指令的内容；也有利于下级准确理解和执行；有利于事后检视，明确责任。

最后，应规定提出异议的渠道和程序。如果受指令的下级（含检察官）认为上级指令违法或会造成冤假错案等错误，则有权向上级提出改正或撤销指令的意见；如果意见不被接受，下级有权越级报告。接受报告的上级如果认为指令违法或会造成冤假错案等错误，应当撤销指令；如果认为指令并无不当，则可由发出指令者行使职务收取、移转权。

（三）强化对检察官相对独立的监督制约问题

检察官拥有相对独立性后，监督制约必须跟上。除了充分发挥"检察一体"制对检察官相对独立的监督制约作用外，还要从以下几个方面入手：（1）切实保障律师诉讼权利，高度重视律师意见。律师对于完善检察机关外部监督制约，督促、协助检察官严格依法办案，提高检察官的工作水平和办案质量，加强检察队伍建设，都具有重要意义。因此，要切实保障律师在诉讼中的阅卷权、会见通信权、调查取证权、申请调取证据材料权、接受诉讼文书送达权、参加法庭调查和辩论权、申诉控告权等诉讼权利；及时纠正检察官阻碍律师依法行使诉讼权利的行为；认真听取并高度重视律师对检察工作特别是检察官执法办案的意见和建议。对律师提出的关于检察工作和队伍建设方面的意见，要虚心听取；对律师提出的证明犯罪嫌疑人无罪、罪轻或者减轻、免除处罚的意见，要认真审查，依法采纳，不予采纳的，要阐明理由。对律师反映或投诉检察人员违法办案的，要及时认真调查，确属违法违纪的，要依法依纪追究有关人员的法律和纪律责任。要把律师对案件的意见及承办检察官对律师意见的意见，作为办案报告的一个部分来写，并具体阐明采纳或不采纳律师意见的理由，以促使承办检察官认真对待律师意见，也利于检察长审查监督。（2）深化检务公开和法律文书说理。采取公开执法办案信息、加强终结性法律文书说理、推动终结性法律文书上网、上访老案听证、深化人民监督员制度改革等方式，把检察权的行使置于阳光之下和人民群众监督之下。（3）加强案件管理。对检察官办案情况实行动态管理和过程监控，加强法律文书的备案审查和办案评查、巡查，做到案件办到哪里，监督就跟进到哪里。（4）加强控告申诉处理工作。对控告检察人员的，要及时受理，认真审查。属于违法违纪的，坚决依法依纪处理；控告失实的，实事求是地予以澄清；诬告陷害的，对有关人员依法严肃处理。通过这些措施，促使检察官强化自我约束，依法履职，公正办案。（5）实行办案质量终身负责制和错案责任倒查问责制，对故意或重大过失造成冤假错案的，严肃追究责任。

（四）完善相关立法问题

检察官相对独立只有在法律及相关程序规则上固定下来，才能在检察活动和具体的执法办案工作中得到落实。为此，要把"检察官依法履行检察职责不受行政机关、社会团体和个人的干涉"作为一项原则，在有关法律中加以规定[①]，使之成为"人民检察院依照法律规定独立行使检察权、不受行政机关、社会团体和个人的干涉"这一宪法原则的一项子原则，并使之与"检察一体"原则一并作为检察活动原则；要把《决定》中关于"建立领导干部干预司法活动、插手具体案件处理的记录、通报和责任追究制度，任何党政机关和领导干部都不得让司法机关做违反法定职责、有碍司法公正的事情，任何司法机关都不得执行党政机关和领导干部违法干预司法活动的要求"，"司法机关内部人员不得违反规定干预其他人员正在办理的案件，建立司法机关内部人员过问案件的记录制度和责任追究制度"的规定转化为法律规范，以便为检察官相对独立行使职权、不受干涉提供政治和法制保障；要把检察官在依法行使检察权中的法律地位、检察官相对独立的内容、"检察一体"与检察官相对独立的协调等内容，分别在刑事诉讼法、人民检察院组织法、检察官法以及人民检察院有关办案规则中加以体现；要通过本次司法体制改革，完善检察官保障方面的法律制度，从而使检察官相对独立真正成为中国检察制度中的一项重要制度。

---

① 现行检察官法仅将它作为检察官权利加以规定。

# 也谈"检察官中立性"[1]

有观点认为:大陆法系国家的检察官具有中立性,特别是中国检察官,"在一切诉讼和案件处理中,只能秉持中立立场,严格依法奉公,不偏不倚"。持该观点的主要理由是:(1)检察官是基于对警察和法官的不信任理念而产生的,检察官既要防止警察恣意,又要防止法官擅断。(2)大陆法系的检察官一般具有司法官地位,与法官享有同样的身份保障。(3)法律赋予检察官的客观义务决定了其中立的地位,检察官除了依职权发现实体真实义务外,还有维护犯罪嫌疑人、被告人合法权益,保障无罪的人不受刑事追究的法律义务。而客观义务要求"不偏不倚",也就是要"秉持中立",因此,客观义务是一种中立义务。(4)我国检察机关是国家的法律监督机关,以维护法律的统一正确实施、维护社会公平正义为使命,更应秉持中立立场。[2]

---

[1] 原文标题为《对检察官中立性几个问题的看法》,刊载于《人民检察》2016年第2期。

[2] 参见谭义斌:《论检察官的中立性》,载《中南林业科技大学学报(社会科学版)》2009年第3期;高峰:《欧洲人权法院视野下的检察官中立性问题》,载《犯罪研究》2006年第1期;汤维建:《检察官客观义务的分类及现实意义》,载《潇湘检察论坛》(第2卷),中国检察出版社2007年版,第17页;刘清生:《检察官客观义务的理论基础》,载《潇湘检察论坛》(第2卷),中国检察出版社2007年版,第81页。

笔者不揣浅见，也想就检察官中立性的有关问题谈点认识。

## 一、中立性是不是检察官在所有职能中的特性

我国检察机关承担批捕、起诉、职务犯罪侦查、诉讼监督等多项职能，检察官是不是在所有职能、"在一切诉讼和案件处理中"都具有中立性？笔者认为，检察官只在部分职能中具有中立性，中立性并非检察官的普遍特性。

首先，从中立的含义和特征来看。所谓"中立"，是指"处于对立的双方之间，不倾向于任何一方"[①]。据此，在诉讼中，"中立"应具有以下特征：（1）中立者必须是对立双方的第三方，非第三方就谈不上"中立"。（2）中立者与对立双方所争执的事项没有利害关系。因为"任何人都不得在涉及自己的案件中担任法官"。（3）中立者与对立双方等距离。这里的"等距离"，既是空间物理上的要求，更是思想行为上的要求，即中立者必须公平地对待双方，而不得偏向任何一方。（4）中立者一般是讼争事项的裁决者（或调解者），所行使的一般是判断权。在诉讼法学上，往往把中立者跟对立双方所形成的结构称为"等腰三角形结构"，即以对立双方为等腰三角形的两个底角，中立者处在等腰三角形的顶点，居中对案件作出处理。

根据"中立"的上述定义和特征，检察机关履行审查批捕、审查起诉、诉讼监督（包括司法救济[②]）职能时，其立场是超脱、中立的。其中

---

[①] 中国社会科学院语言研究所词典编辑室：《现代汉语词典》（第5版），商务印书馆2005年版，第1763页。

[②] 笔者认为，刑事诉讼法第47条、第115条等规定的检察机关司法救济职能，是检察机关诉讼监督职能的一个亚类，因为诉讼监督事项既可依检察机关职权而发现，也可因人民群众的举报而发现，还可因案件当事人、辩护人、诉讼代理人、利害关系人认为公权力机关及其工作人员侵害了其合法权利提出申诉、控诉而发现。因最后一种途径而发现的诉讼监督事项，即为司法救济。

在审查批捕、审查起诉中，存在以侦查机关为控方、以犯罪嫌疑人及其辩护人为辩方、检察机关居中作出是否批捕、起诉决定的三方结构。在诉讼监督中，检察机关同样居于超脱、中立的立场，对侦查权、审判权、刑事执行权的运行情况进行监督，以防止这些权力的异化和滥用。在整个监督过程中，存在着以侦查机关、审判机关、刑事执行机关及其工作人员为一方，犯罪嫌疑人、被告人、刑事被执行人以及其他诉讼参与人为另一方的双方关系；如果上述公权力机关及其工作人员执法司法不公、徇私枉法，庇护以至放纵犯罪，损害了国家或社会公益，则还存在以公权力机关及其工作人员为一方，以国家和社会公共利益为另一方的双方关系。检察机关作为中立的第三方，监督和纠正上述有关机关及其工作人员在侦查、审判、刑事执行活动中的违法和错误。但在诉讼监督程序启动后，检察机关的中立性又可能发生转化（后文论及）。

在职务犯罪侦查中，检察机关作为侦查主体，与侦查对象是对立的双方，而不是第三方，因而不具有中立性。在出庭支持公诉中，检察机关是控方，承担刑事原告的职责，与被告人是对立的双方，也不具有中立性。同时，检察官在职务犯罪侦查、出庭支持公诉中，又要履行客观义务。

可见，检察机关的中立性是有条件的，只在审查批捕、审查起诉和诉讼监督中具有中立性；在职务犯罪侦查和出庭支持公诉中则不具有中立性。

其次，从中立性与检察官客观义务的关系来看。检察官客观义务又称检察官客观公正义务、检察官客观公正原则，它"是指检察官为了发现真实情况，实现诉讼目的，不应站在当事人的立场，而应站在客观公正的立场上进行活动"，简言之，是"检察官超越当事人立场客观公正履行职责的义务"。[①] 检察官客观义务的内涵是"坚持客观立场、忠实于事实真相、

---

① 龙宗智：《检察官客观义务论》，法律出版社2014年版，第1页。

实现司法公正",其中坚持客观立场是基石,忠实于事实真相是核心,实现司法公正是目的;①其基本内容是客观公正义务、中立审查责任、公正判决追求、定罪救济责任、诉讼关照义务、程序维护使命等六个方面。②在公、检、法三机关中,法律之所以要求检察官履行客观义务而不要求刑事警察和法官履行客观义务,并不是因为刑事警察和法官在办案中可以不客观公正,而是因为检察官的职责和使命表面上存在一定的矛盾:他以指控犯罪为主要职责(大陆法系国家一般还主导侦查),在刑事诉讼中处于原告的诉讼地位,但以守护国家法制、维护法律的统一正确实施为使命,而法制的灵魂是公正。为了防止检察官对自己的职责产生误解,像民事诉讼的原告那样以追求胜诉而不是以维护法制为目标,因而法律赋予检察官以客观义务,使检察官时刻注意防止片面追诉倾向,以守护法制、实现司法公正为目标。刑事警察是在与犯罪作斗争的第一线作战的"行动官署",虽然他们必须以合法性为其行为底线,但如过多强调客观公正、不偏不倚,就可能妨碍侦查行为的展开、侦查目的的实现。法官是在争议双方之间居中裁判的角色,中立是其基本的立场,因而客观公正是法官角色内涵的逻辑,故没有必要赋予其客观公正义务③,否则就有画蛇添足之感。

可见,中立性与检察官客观义务存在着异同,其相同点在于:都以司法公正为目标追求;客观义务也包含中立性的内容,它要求检察官在居于中立立场时履行好中立审查等责任。相异点则表现在:(1)角色不同。中立性只存在于超脱于对立双方的第三方角色;而检察官客观义务却存在于检察官的任何角色之中,既包括第三方角色,也包括当事一方的角色,如职务犯罪侦查者角色和指控犯罪者角色。正因为检察官有时处于当事一方

---

① 朱孝清:《检察官客观公正义务及其在中国的发展完善》,载《中国法学》2009年第2期。
② 龙宗智:《检察官客观义务论》,法律出版社2014年版,第118—125页。
③ 参见龙宗智:《检察官客观义务论》,法律出版社2014年版,第24—25页。

的角色，因而为了守护法制，法律才有赋予其客观公正义务的必要，否则，如果检察官始终像法官那样都处于中立的第三方的角色，那就没有必要多此一举地赋予其客观公正义务了。检察官客观义务确有"不偏不倚"的要求，如第八届联合国预防犯罪和罪犯待遇大会通过的《关于检察官作用的准则》第13条就规定：检察官在履行职责时应不偏不倚地履行其职能；第14条规定：如若一项不偏不倚的调查表明的起诉缺乏根据，检察官不应提出或继续指控，或应竭力阻止诉讼程序。笔者理解，这里的"不偏不倚"，既有中立于对立双方的含义（如中立审查时），也有把握追诉犯罪与保障人权二者的平衡，既依法追诉犯罪，又维护被追诉人合法权益的含义（如出庭支持公诉时）。因此，不能因客观义务中有"不偏不倚"的要求，就认为客观义务可以跟中立性画等号。（2）适用场合不同。中立性仅适用于审查批捕、审查起诉、诉讼监督等检察官处于中立立场的场合；而客观义务却适用于检察官执法办案的任何场合和诉讼环节。（3）行使权力的性质和行为方式不同。检察官居于中立立场时，进行对抗博弈的是诉讼中互相对立的双方，检察官行使的主要是判断权，其行为方式以消极、被动为主，有时虽可积极主动地作为，但也是先有被动才有主动，且要受中立性的限制，即只能在对立双方所提主张的范围内，就存在疑问的问题进行调查核实。而在履行客观义务时，检察官根据不同的职能既可行使判断权，也可行使追诉权（职务犯罪侦查和出庭支持公诉）和查究权（诉讼监督中的调查），其行为方式既可消极被动，也可积极主动，包括依法实施进攻性的行为。（4）实现公正的程度有时不同。办理任何案件，要想实现全面的公正，"使人民群众在每一个司法案件中感受到公平正义"，首先必须在侦查（调查）环节查清事实、证据，还案件本来面目。如果侦查（包括诉讼监督事项的调查）环节事实没有查清，后面的诉讼环节就难以实现全面的公正。因此，在检察官中立的情况下（如审查起诉），如果案件事实不清，检察官如不退回补充侦查或自行补查，就只能作存疑不诉处理，从而实现底线公正，即只能做到不冤枉无辜，而难以做到不漏掉罪犯。也就是说，司法机关在中立的情况下，如果没有良好的侦查基础，即使想实现全面的公正也无能为力，充其量只能实现底线的公正。而在非中立的侦查（调查）环节，如果检察官客观公正义务履行得好，真正做到案件事实清楚、证据确实充分、适用法律恰当、侦查（调查）程序合法，就有可能在本环节（如诉讼监督中）实现全面的公正，或者为在刑事诉讼中实现全面公正奠定坚实的事实、证据基础（如职务犯罪侦查中）。

综上所述，中立性并不是检察官在所有职能、所有诉讼环节都具有的特性，中立性与检察官客观公正义务也不能画等号。

## 二、检、法的中立性有何区别

法院的中立性是典型的标准意义上的中立性。检察机关在审查逮捕、审查起诉、诉讼监督中的中立性与法院一样，都具有中立性的一般特征，但与法院的中立性相比，检察机关的中立性又存在一定的区别，这种区别主要表现在以下四个方面：

一是程序启动有时具有主动。法院审判程序的启动都是被动的，即所谓"不告不理"。检察机关审查批捕、审查起诉程序的启动以侦查机关提请、移送为前提，是被动的。诉讼监督程序的启动，在司法救济或公民举报的情况下是被动的，但在检察机关依职权发现的情况下，有的是被动的（如有的线索自动进入检察机关的视线），有的则带有主动性（如检察机关在专项监督中主动发现有关线索），如果片面追求诉讼监督数量，那其主动性就更为明显。因此，检察机关的中立性大多建立在被动受案的基础之上，但在少数情况下也具有主动性。

二是诉讼性不足。法院以诉讼的方式处理案件，即以法庭为平台，在控辩双方面对面对抗辩论、所有诉讼参与人参与的情况下，查明事实并对案件作出判断，其诉讼性明显。而检察机关所行使的职能大多具有过程性和中间性，所依据的主要是案卷材料，并辅之于必要的亲历性审查，对审听证的方式使用得少，诉讼性显得不足，故检察机关在具有中立性的三项职能中的诉讼结构被称为"小三角形诉讼结构"，以示与法院庭审时的"大三角形诉讼结构"相区别。诉讼性明显，容易强化中立裁判意识；而诉讼性不足，则有可能淡化检察官的中立意识。

三是某些情况下角色混同。法院的法官都行使审判职能（除民事执行职能外），一般不存在角色混同问题，其中立性不会因角色而被干扰。但检察机关在某些情况下却存在角色混同问题，如审查起诉与出庭支持公诉一般由同一位检察官负责，该检察官既是审查起诉时的中立者，又是出庭支持公诉时的刑事原告。检察官在审查起诉时可能会受刑事原告角色的影响，从而使中立性发生一定的偏离。同时，在不同职能中，即使检察官角色不混同，但行使不同职能的检察官都在同一位检察长领导之下，检察长在对有关事项作决定时也难免存在角色混同的问题，这也可能对中立性产生一定的影响。

四是审查起诉和诉讼监督中的中立性在一定条件下会发生转化。法院在行使审判职能时始终处于中立立场。而检察机关在审查起诉和诉讼监督中的中立性在一定条件下却会发生转化，从而使中立性发生偏离或不复存在。具体地说，检察机关在审查起诉时是中立的，但当对案件作出起诉决定、公诉人出庭支持公诉时，审查起诉时的三方关系就变成新的三方关系，即以检察机关为控方，以被告人及其辩护人为辩方，以法院为中立的第三方。这时，检察官就由审查起诉时中立的第三方，转变为刑事原告；公诉人为了维护原作出的起诉决定，可能偏离中立立场，发生重有罪和罪重证据、轻无罪和罪轻证据，重指控犯罪、轻保障被告人合法权益等有违司法中立性的情况。正像陈光中教授所说："在提起公诉以后，公诉机关总是积极地提出证据并进行相应的诉讼行为，以实现求刑权，其行为具有主动性、积极性，它不应也不可能保持中立的姿态。"①在诉讼监督中，检察机关的立场也是中立的，但当发现或受理有关机关及其工作人员的违法、错误线索后，如果线索较为清楚，不需调查或稍作核查就能作出是否具有违法错误、是否需要监督纠正的判断，检察官也能保持中立的立场；但如果情况较为隐蔽、复杂，需要深入调查，有的甚至涉嫌刑讯逼供、徇私枉法等职务犯罪，需要启动侦查程序，则以检察机关为顶点的三方结构又会转化为以检察机关为一方、以涉嫌违法错误以致犯罪的有关公权力机关及其工作人员为另一方的调查（侦查）与被调查（被侦查）的双方结构，检察机关为了收集证据、发现违法以致犯罪的证据，有时也有可能偏离中立立场。总之，检察机关的中立性有时不像法院的中立性那样纯粹和一贯。

在检察机关审查批捕、审查起诉、诉讼监督这三项职能的中立性中，由于审查起诉与出庭支持公诉、审判监督与出庭支持公诉都存在一定的角色混同，且审查起诉和诉讼监督中的中立性在一定条件下会发生转化，因而审查批捕时的中立性较为纯粹；同时，批捕权作为宪法性权力的重要性也决定了对权力主体的中立性有较高的要求，即如同法院那样的中立。因此，尽管检察机关的中立性跟法院的中立性存在一定的区别，但审查批捕时的中立性是与法院的中立性区别最小的。

## 三、检察机关在审前程序中如何恪守中立性②

如果把刑事诉讼程序分为审前、审中、审后三个阶段，那么，审前是为审判作准备的程序，审后是落实审判结果的程序。审前程序分侦查和审查起诉两个阶段，检察机关在审前程序中承担职务犯罪侦查、审查批捕、

---

① 陈光中、汪海燕：《论刑事诉讼的"中立"理念》，载《中国法学》2002年第2期。

② 本部分所论述内容特指审查批捕、审查起诉、侦查监督职能，而不包括职务犯罪侦查职能。

审查起诉和侦查监督职能,除职务犯罪侦查外,其他的三项职能如何恪守检察机关的中立性,是一个值得重视的问题。因为中立性是裁判职能的内在要求,也是实现司法公正的重要保证。检察机关在审查批捕、审查起诉和侦查监督中行使的实际上都是具有裁判性质的职能,因而应当努力恪守中立,尽量防止和减少其他因素对中立性的影响。

一要增强"审前程序法官"意识,自觉恪守中立。如果仅从有利于惩治犯罪和提高诉讼效率考虑,刑事案件应当由负责侦查的警察直接向法院提起公诉。但世界各国之所以要大费周章地设立一个检察机关,由其提起公诉,其目的一是对警察和法官实行双向制约,以防止警察恣意和法官擅断;二是使刑事诉讼活动在法治轨道内运行。就审前程序来说,由于侦查机关权力十分强大,且侦查具有保密、相对封闭、积极进攻等特点,因而极易侵犯犯罪嫌疑人的合法权利。为此,法律除了赋予犯罪嫌疑人聘请律师进行抗辩的权力外,还在诉讼制度上安排一个中立的机关即检察机关对侦查机关的行为进行制约。因此,世界各国基本上都把检察机关定位为"审前程序的法官",包括像德国那样把检察机关定位为侦查主持机关的国家,由于具体侦查工作大多由警察实施,因而检察机关仍被"视为审前程序的法官"。① 在我国,检察机关是法律监督机关,在职能上与公安机关分立,而不像大陆法系那样"警检一体";侦查中的强制措施和强制性侦查措施除逮捕外,都由侦查机关自行决定,是一种超强的侦查权力配置模式;法官不负责对侦查行为的直接控制。因此,检察机关在审前程序中监督制约侦查机关的制度用意就更为明显,监督制约侦查机关的责任也更为重大,检察机关就更需要当好审前程序的法官,恪守中立性。为此,要增强"审前程序法官"意识,深刻认识"审前程序法官"身份与"法律监督

---

① 参见陈光中、汪海燕:《论刑事诉讼的"中立"理念》,载《中国法学》2002年第2期。

机关"定位的一致性，明确检察官在非中立的职能中尚且要履行客观公正义务，守护国家法制，维护公平正义，在中立的职能中就更应恪守中立，从而在思想上筑起防止偏离中立性的防线。

二要全面贯彻互相配合、互相制约原则，防止重配合、轻监督制约。虽然，检察机关与侦查机关在刑事诉讼中都是控方，审查批捕、审查起诉、侦查监督与侦查一起，都是为审判作准备，但检察机关主要是从监督制约侦查行为、过滤案件事实证据，以保障侦查活动合法、使起诉案件的事实证据符合审判要求的角度，来为审判作准备的。否则，如果从协助侦查的角度来为审判作准备，就违反了设立检察制度的初衷。在我国，检察机关的监督制约，主要有以下几个方面：一是对提请的逮捕申请进行司法审查；二是对移送起诉的案件进行过滤，使事实、证据符合审判要求，并予查漏补缺；三是对犯罪嫌疑人、辩护人、诉讼代理人及其他利害关系人提出的侦查机关及其工作人员侵犯其合法权益的申诉、控告事项进行司法救济；四是对侦查机关及其工作人员其他的违法错误进行监督纠正。当然，根据互相配合、互相制约原则，检察机关必须支持配合侦查机关，但一般是寓支持配合于监督制约之中，如对审查过滤后符合批捕、起诉条件的案件予以批捕、起诉，就体现了对侦查机关的支持配合，但批捕、起诉是以经过审查过滤为前提的。也正因为如此，最高人民检察院在21世纪初将原来的批捕部门更名为侦查监督部门，其目的就是强化对侦查的监督制约。

但是，长期以来，检察机关在审前程序中重配合轻监督制约的情况不同程度地存在，如有的在派出所检察中与公安人员"打成一片"，搞类似于"警检一体"的办案模式，越俎代庖，不适当地包揽了某些侦查事务；有的在提前介入中重引导取证轻监督侦查，甚至对发现的侦查违法行为也睁眼闭眼；有的公安机关把大量案件的材料事先让检察机关审阅，要求检察机关就够不够批捕、起诉条件提出意见，然后再决定是否提请批捕、移送起诉,使检察机关成了公安机关办案的"拐棍";有的不能正确对待领导人督办、当事人闹访、网络炒作等压力,对事实不清、证据不足的敏感、棘手案件,放弃职守、予以"放行",把矛盾推向审判程序;有的对应予排除的非法证据未予排除。特别在审查检察机关自行侦查的职务犯罪时,由于侦、捕、诉都是一家,重配合、轻监督制约就更为明显。在推进以审判为中心的诉讼制度改革中,一些同志提出要与公安机关构建"大控方"的格局。该观点无可非议,关键是通过怎样的观念和思路去构建"大控方"。是通过强化对侦查的监督制约,使侦查活动依法开展、侦查成果符合法律要求的角度去构建;还是从强化配合、警检联手的角度去构建?如是后者,则更加剧重配合轻监督制约的偏向。重配合轻监督制约是重惩治犯罪轻保障人权理念和"以侦查为中心"思想在公、检、法相互关系上的反映,它违反了设立检察机关的初衷,违反了检察机关在审前程序中的中立性,也不符合作为"审前程序法官"的角色。

三要坚持中立审查和全面审查,防止片面审查。中立审查责任是检察官在审前程序中中立性的必然要求,也是检察官客观义务重要的内容,它是指检察官在审查批捕、审查起诉中,应当以中立司法官的立场,既注意其有罪和罪重的因素,又注意其无罪和罪轻的因素,客观公正地作出判断并决定案件如何处理。① 但在司法实践中,片面审查的情况时有存在,它既包括违反中立性,只重视有罪和罪重证据、不重视无罪和罪轻证据的偏向;也包括违反客观全面性,只重视在卷证据、不重视卷外证据,重口供、轻其他证据,重证据真实性、轻证据合法性,重罪行证据、轻量刑证据,重书面审查、轻亲历性审查等不全面审查的情况。在推进以审判为中心的诉讼制度改革中,强化中立和客观全面审查的责任,是提高办案质量、使起诉案件经得起法院审查和法律检验的必然要求。因此,在证据审

---

① 参见龙宗智:《检察官客观义务论》,法律出版社2014年版,第119页。

查范围上,要从审查在卷证据,转变为审查在案证据,以防止侦查机关收集证据不客观全面、有供(证)不录、记录不客观准确、有证不移送等。在证据审查内容上,要从重证明有罪和罪重证据、轻无罪和罪轻证据,转变为既重视有罪和罪重证据,又重视无罪和罪轻证据;从重证据真实性、轻证据合法性,转变为既重视证据的真实性,又重视证据的合法性;从重罪行证据、轻量刑证据,转变为既重视罪行证据,又重视量刑证据。在证据审查的重点上,要从偏重于口供,转变为以客观性证据为重点,看案件能否建立起以客观性证据为支撑、以主观性证据为补充的证据体系。① 在证据审查方式上,要从重书面审查,转变为既重视书面审查,又重视亲历性审查,如讯问犯罪嫌疑人、听取律师意见、询问被害人、听取诉讼代理人意见,询问重要证人,核实重要证据,以及必要时进行公开审查、对审听证等,以便增强审查逮捕、审查起诉和司法救济的诉讼性。

四要防止"双重标准"。对公安机关侦查的案件和检察机关自侦案件,无论是审查批捕、审查起诉还是侦查监督,都要一视同仁,防止搞"双重标准"、对人严对己宽。因为"双重标准"就表明偏离了中立立场。检察机关对自侦案件的监督制约是同体监督制约,本就公信力不足,更应进一步畅通知情渠道,扩展监督方式,探索增强监督制约刚性的措施。同时,还要进一步发挥人民监督员对自侦案件监督的独特作用。

五要坚持诉讼监督数量、质量和社会效果的有机统一,防止片面追求数量。诉讼监督固然需要数量,但必须是有质量的数量,质量和社会效果都好的数量。否则,如果片面追求数量,或者考核指标不科学(以数量为导向),就会使检察官偏离中立立场,从而影响诉讼监督的客观公正性。因此,必须完善考核指标体系,使之科学合理,从而对检察官形成正确的激励。

---

① 对贿赂等主要以言词证据定案的案件,也要重视客观性证据的审查,如利用职务为行贿人谋利的事实与行贿金额是否大致相称;行贿人所交代的行贿场所的场景摆设同实际情况是否相符;行贿款的来源、受贿款的去向是否清楚等。

六要对某些案件增强办案的诉讼性。诉讼性越强，越有利于促使检察官恪守中立立场。因此，对终局性处理的某些案件，如有关方面认识不尽一致或社会较为关注的不起诉、司法救济等案件，要借鉴法院庭审的方式，进行对审听证，并依据对审听证所认定的事实、证据对案件作出处理，以此倒逼检察官恪守中立立场，并提高案件处理的透明度和公信力。

七要防止案外因素对办案的干扰。案外因素干扰容易使检察机关偏离中立立场，影响办案的公正。因此，要坚定不移地推进省以下基层检察院人财物由省级统管改革和司法责任制改革，增强一线检察官的相对独立性，认真贯彻落实领导干部干预司法活动、插手具体案件处理的记录、通报和责任追究规定，司法机关内部人员过问案件的记录和责任追究规定，规范检察长的指令权和职务收取、职务移转权，落实谁办案谁负责、谁定案谁负责，强化处理案件的司法属性。同时，要深化司法说理和司法公开，从办案机制上保证检察官在有关职能中的中立性和案件处理的公正性。

# 检察官负有客观义务的缘由[①]

检察官客观义务又称检察官客观公正义务、检察官客观性义务、检察官客观公正原则，是指检察官为了实现司法公正，在刑事诉讼中不应站在当事人立场、而应站在客观中立的立场上进行活动，努力发现并尊重案件事实真相。对于检察官客观义务的基本内容，著名刑事诉讼法学家龙宗智教授经典地概括为六个方面：客观取证义务、中立审查责任、公正判决追求、定罪救济责任、诉讼关照义务、程序维护使命。[②]检察官客观义务的要义有三：坚持客观立场、忠实于事实真相、实现司法公正。[③]其中坚持客观立场是基石，忠实于事实真相是核心，实现司法公正是目的。[④]检察官客观义务是世界不同法系国家和地区，特别是大陆法系国家和地区普遍接受、国际准则确认的一项重要法律制度，也是检察官的重要行为准则。本文试在介绍检察官客观义务的产生、检察官客观义务在各国法律及国际

---

[①] 原文刊载于《国家检察官学院学报》2015年第3期。

[②] 参见龙宗智：《检察官客观义务论》，法律出版社2014年版，第118—124页。

[③] 之所以提"忠实于事实真相"而不提"发现事实真相"，是因为有些国家的检察官不负责侦查，不负有"发现事实真相"的义务，而是根据事实真相对案件为诉讼行为。

[④] 参见朱孝清：《检察官客观义务及其在中国的发展完善》，载《中国法学》2009年第2期。

文件中的体现的基础上,对赋予检察官客观义务的缘由作些阐述。

## 一、检察官客观义务的产生

检察官客观义务产生于 19 世纪中后期的德国。当时,围绕检察官在刑事诉讼中的任务和义务产生了截然对立的两派:一派是"诉讼当事人"派,认为根据"两造平等"的原理,检察官仅仅是承担控诉职责的一方诉讼当事人,他像民事诉讼中的原告一样,只需收集对被告人不利的事实、证据即可,至于对被告人有利的部分,纯为被告人及其辩护人的事,即使被告方因疏于防御而得到有违事实的有罪判决,检察官也无需负责,也无需为被告人的利益提起抗诉;被告方也不得申请作为对方当事人的检察官回避。另一派是"法律守护人"派,认为检察官不仅仅是一方当事人,而是承担着严格客观义务的法律守护人,他负有协助法官发现真实、维护公正的义务。因此,检察官不仅要收集对被告人不利的证据,追诉犯罪,而且要收集对被告人有利的证据,维护被告人利益;对已起诉的案件,检察官可以在出庭支持公诉时根据自己的心证主张被告人无罪,而不受起诉书的约束,也可以在法院判决后提出有利于被告人的抗诉。当时,该派的代表人物、著名的法学家萨维尼认为:"检察官应担当法律守护人的光荣使命,追诉犯罪者,保护受压迫者,并援助一切受国家照料的人民";"在对被告的刑事程序中,作为法律的守护人,负有彻头彻尾实现法律要求的职责"。①

上述两派经过争论,以法律守护人派的观点成为通说而告终。在这场争论中,有两个关键问题被明确:一是检察机关作为"法律守护人","不仅应保护国家利益,还应在同等程度上保护被告人利益,有效保障被告人辩护权"。二是检察机关不应当仅仅通过将被告人移交给法庭来发挥其作

---

① 参见林钰雄:《检察官论》,台湾学林文化事业有限公司 1999 年版,第 32—34 页。

为"法律守护人"的作用，而是应当从先前的警察机关的活动就开始，即将警察机关的活动置于检察机关的制约之下，警察机关仅仅是为检察机关进行刑事调查，并执行检察机关的指令。这样，就可以最大限度地保障审前程序中的整个侦查活动是根据法律的观点、并在遵守法律的前提下进行。[1] 随后，"法律守护人派"的观点在1877年通过的《德国刑事诉讼法典》中得到确认，该法典规定："检察院不仅要侦查证明有罪的，而且还要侦查证明无罪的情况，并且负责提取有丧失之虞的证据"（第160条第2款）；"检察院可以为了被指控人的利益而提起法律救济诉讼活动"，包括为被指控人利益提起上诉和申请再审（第296条第2款、第301条、第365条）[2]；检察官在庭审中如果认为证据不足以定罪，可以要求法官宣告被告人无罪。[3] 检察官如确信被告人无罪，但上级有不同命令时，检察官无需服从。[4] 为了保证检察官客观义务得到切实履行，该国刑法典规定，如果检察官违反客观义务，对应当起诉之人不提起公诉，或故意使无罪的人提起指控，则都要追究刑事责任（《德国刑法典》第258条a、第344条）。

## 二、检察官客观义务在各国法律及国际文件中的体现

检察官客观义务在德国问世后，先后被世界上不同法系国家和地区所借鉴，并被国际准则所确认。

在实行职权主义诉讼模式的德国、荷兰、比利时、西班牙、葡萄牙、

---

[1] 参见魏武：《法德检察制度》，中国检察出版社2008年版，第153—154页。转引自龙宗智：《检察官客观义务论》，法律出版社2014年版，第34页。

[2] 《德国刑事诉讼法典》，李昌珂译，中国政法大学出版社1995年版，第78、116、117、134页。

[3] 参见［德］托马斯·魏根特：《德国刑事诉讼程序》，岳礼玲、温小洁译，中国政法大学出版社2004年版，第40页。

[4] ［德］克劳思·罗科信：《刑事诉讼法》，吴丽琪译，法律出版社2003年版，第67页。

苏格兰、爱尔兰、希腊等国，检察官客观义务在诉讼理论和法律上都有不同程度的体现。如在法国，检察官被称为"立席法官"，是"近似司法官的行政官"。在刑事诉讼中，检察官负有不同于当事人的权利、义务，不能把获得有罪判决作为唯一目标，而应从社会的立场出发，客观公正地按照事实和法律进行公诉，在检察官认为符合总体利益的情况下，可以要求对被告人免予起诉而不对被告人作出有罪判决。① 共和国检察官对各类法院的判决无论是否生效，均可提出上诉，该上诉既可以不利于被告人，也可以为了被告人利益，如《法国刑事诉讼法典》第567条规定，刑事审判庭的裁定、重罪法庭、轻罪法庭和违警罪法庭的终审判决和裁定如果违反法律，检察院可向最高法院提出要求撤销的上诉；第621条规定，对上诉法院、重罪法院、轻罪法庭或者违警罪法庭作出终审裁定或判决后，在规定期限内没有提起上诉的案件，最高法院的总检察长为了维护法律的利益，可依职权提出要求撤销原判决、裁定的非常上诉。同时，根据《法国刑事诉讼法典》第33条的规定，检察官"笔受拘束，口却自由"，即对于上司要求起诉的案件，检察官要根据上司的指令提出公诉意见书，但庭审时"可以发表自己认为有利于司法审判的口头意见。"②

在实行当事人主义诉讼模式的英、美、加拿大等国，虽然检察官被认为是当事人，但也同样负有客观公正义务。如在美国，在1935年的伯格诉合众国一案中，大法官萨瑟兰（sutherland）指出："美国检察官代表的不是普通的一方当事人，而是国家政权，他应当公平地行使自己的职责；因此检察官在刑事司法中不能仅仅以追求胜诉作为自己的目标，检察官应当确保实现公正，也就是说，从这个特别的、有限的意义上讲，检察官是

---

① 参见［法］卡斯东·斯特法尼、乔治·勒瓦所、贝尔纳·布洛克：《法国刑事诉讼法精义》，罗结珍译，中国政法大学出版社1999年版，第135页。

② 参见余叔通、谢朝华译：《法国刑事诉讼法典》，中国政法大学出版社1997年版，第193、206页。

法律的奴仆,具有双重目标,既要惩罚犯罪,又要确保无辜者不被错误定罪。检察官可以而且也应当全力以赴地追诉犯罪,但在他重拳出击时,却不能任意地犯规出拳。不允许使用可能产生错误结果的不适当手段追诉犯罪,与用尽全部合法手段寻求公正的结果,二者同样属于检察官的职责。"①

1963 年,美国联邦最高法院明确将检察官依法开示一切与定罪量刑有关的证据包括有利于被告人的证据规定为检察官的宪法义务。② 由于美国检察官具有律师身份,故有关律师的行为规范对检察官有约束力。该国律师协会制定的《律师职业责任示范法典》和《律师职业行为示范规则》都规定:检察官与普通律师的职责不同,他的职责是要实现法律公正,而不仅仅是寻求被告人有罪。③ 美国律师协会制定的《刑事诉讼准则》也规定,检察官不得提出或者追求在数量上或程序上超越法庭审理时证据能够合理支持的指控。在法庭审理中,如果检察官发现控诉证据不足以支撑有罪判决,检察官应当明确表示放弃追诉或者要求法庭宣告被告人无罪。④ 同时,联邦最高法院在一系列判决中反复强调,控方为获得有罪判决而使用明知是虚假的证词或故意隐瞒可以用来反驳或弹劾该证词的证据,是对宪法保障的正当程序权利的侵犯,与正义的根本要求相抵触;控方为获得有罪判决而故意使用虚假的证词,不论是检察官亲自收集了该虚假的证词,

---

① [美]爱伦·豪切斯泰勒·斯黛丽、南希·弗兰克:《美国刑事法院诉讼程序》,陈卫东、徐美君译,中国人民大学出版社 2002 年版,第 230 页。

② Brady v. Maryland, 373 u.s. 83(1963), 转引自孙长永:《检察官客观义务与中国刑事诉讼制度改革》,载《人民检察》2007 年第 17 期。

③ Model Code of Professional Responsibility EC 7-13; Model Rules of Professional conduct, Rule 3.8, 转引自霍熠:《检察官客观义务论》,中国政法大学 2006 年硕士学位论文,第 10 页。

④ 参见孙长永:《检察官客观义务与中国刑事诉讼制度改革》,载《人民检察》2007 年第 17 期。

还是检察官只是在发现其为伪证时仍允许提交于法庭而不加纠正,都是违反正当程序的。联邦最高法院在"布来迪诉马里兰州"一案中,依据联邦宪法的"正当程序"与"公正程序"条款进一步指出,控方在辩方提出请求的情况下隐瞒在定罪或量刑上有利于被告人的证据,同样是违反正当程序的。①

在实行混合式诉讼模式的意大利、日本等国,检察官同样负有客观公正义务。如意大利,该国原属大陆法系,1988年修改刑事诉讼法时,引入对抗制诉讼模式。在该国,检察官与法官同属司法官员,在刑事诉讼中检察官既是当事人,又是公共利益的代表,负有客观公正、维护法律的义务。《意大利刑事诉讼法典》第52条关于检察官自动回避的规定,第358条关于"公诉人应该核实对被调查人有利的事实和情节"的规定,第629条、第632条关于检察官可以提出对被判刑人有利的再审请求的规定等,②都是检察官客观义务的体现。

在我国,法律及有关司法解释对检察官客观义务有较为完备的规定:一是将"以事实为根据"规定为刑事诉讼法的基本原则。刑事诉讼法第6条规定:"人民法院、人民检察院和公安机关进行刑事诉讼,必须以事实为依据,以法律为准绳。"同时,检察官法也将"以事实为依据,以法律为准绳,秉公执法,不得徇私枉法"明确规定为检察官应当履行的义务。二是规定客观全面收集、提供证据、全面审查起诉的义务。如刑事诉讼法第50条规定,检察人员必须依照法定程序,收集能够证实犯罪嫌疑人、被告人有罪或者无罪,犯罪情节轻重的各种证据。刑事诉讼法第51条规定,人民检察院起诉书必须忠实于事实真相。《人民检察院刑事诉讼规则(试

---

① 参见孙长永:《当事人主义刑事诉讼与证据开示》,载《法律科学》2000年第4期。

② 《意大利刑事诉讼法典》,黄风译,中国政法大学出版社1994年版,第21、127、223、224页。

行)》(以下简称《规则》)第 395 条规定:"人民检察院对于犯罪嫌疑人、被告人或者证人等翻供、翻证的材料以及对于犯罪嫌疑人、被告人有利的其他证据材料,应当移送人民法院。"该《规则》第 435 条第 1 款还规定:"在法庭审理中,公诉人应当客观、全面、公正地向法庭出示与定罪、量刑有关的证明被告人有罪、罪重或者罪轻的证据。"三是规定根据案件具体情况依法作出批捕或不批捕、起诉或不起诉的职权和义务。如刑事诉讼法第 88 条规定,人民检察院对于公安机关提请批捕的案件进行审查后,应当根据情况分别作出批准逮捕或者不批准逮捕的决定。第 172 条、第 173 条第 1 款、第 2 款分别规定,人民检察院认为犯罪嫌疑人的犯罪事实已经查清,证据确实充分,依法应当追究刑事责任的,应当作出起诉决定;犯罪嫌疑人没有犯罪事实,或者有本法第 15 条规定的情形之一的,人民检察院应当作出不起诉决定;对于犯罪情节轻微,依照刑法规定不需要判处刑罚或者免除刑罚的,人民检察院可以作出不起诉决定。四是规定对法院确有错误的判决裁定提出抗诉的权力和义务。刑事诉讼法第 217 条、第 243 条第 3 款规定,人民检察院对于人民法院确有错误的判决、裁定,无论是否发生法律效力,都有权向人民法提出抗诉。这里的"确有错误的判决、裁定",既包括有罪判无罪或重罪轻判,也包括无罪判有罪或轻罪重判。五是规定对诉讼中的违法、不当行为进行监督的职权和义务。刑事诉讼法将"人民检察院依法对刑事诉讼实行法律监督"规定为基本原则,赋予检察机关对刑事诉讼全过程包括立案、侦查、审判、执行等实行法律监督的职权和义务,并在刑事诉讼法第 98 条、第 203 条、第 263 条、第 265 条规定,人民检察院如果发现公安机关的侦查活动有违法行为,人民法院审理案件违反法律规定的诉讼程序,人民法院减刑、假释的裁定不当,执行机关执行刑罚的活动有违法的情况,无论该"违法"或"不当"是有利于或不利于犯罪嫌疑人、被告人或罪犯,都有权提出纠正意见或通知有关机关纠正。六是规定回避的义务。刑事诉讼法第 28 条、第 29 条规定，检察人员具有法律规定的四种情形，可能影响案件公正处理的，应当自行回避，当事人及其法定代理人也有权要求他们回避；检察人员违反法律关于"不得接受当事人及其委托的人请客送礼、不得违反规定会见当事人及其委托的人"的规定的，当事人及其法定代理人有权要求他们回避。七是规定维护各方面合法权益和保障诉讼参与人诉讼权利的义务。检察官法第 8 条规定，检察官应当维护国家利益、公共利益，维护自然人、法人和其他组织的合法权益。刑事诉讼法第 14 条规定，人民检察院应当保障犯罪嫌疑人、被告人和其他诉讼参与人依法享有的辩护权和其他诉讼权利。刑事诉讼法第 47 条规定，人民检察院对于辩护人、诉讼代理人认为公、检、法机关及其工作人员阻碍其依法行使诉讼权利而提出的申诉或者控告应当及时进行审查，情况属实的通知有关机关纠正。第 115 条规定，当事人和辩护人、诉讼代理人、利害关系人对于司法机关及其工作人员有采取强制措施法定期限届满，不予以释放、解除或者变更等五种情形之一的，有权向该机关申诉或者控告，对有关机关的处理不服的，可以向同级或上一级人民检察院申诉。人民检察院对申诉应当及时进行审查，情况属实的，通知有关机关予以纠正。八是规定对违反检察官客观义务有关内容的检察人员追究责任。刑事诉讼法第 51 条、第 52 条规定，人民检察院起诉书"故意隐瞒事实真相的，应当追究责任"。"凡是伪造证据、隐匿证据或者毁灭证据的，无论属于何方，必须受法律追究。"检察官法第 35 条、第 36 条也将检察官"隐瞒证据或者伪造证据"规定为"应当给予处分，构成犯罪的，依法追究刑事责任"的情形之一。

  检察官客观义务不仅被多数国家法律所规定，而且成为一项普遍认可的国际准则，在有关国际文件中得到确认。如联合国《关于检察官作用的准则》的序言就开宗明义：该准则"所制定的下列各项准则，其目的在于协助会员确保和促进检察官在刑事诉讼中发挥有效、不偏不倚和公正无私的作用"。在具体条文中则明确规定了检察官客观义务的内容："检察官应始终一贯迅速而公平地依法行事，尊重和保护人的尊严以及维护人权，从而有助于确保法定诉讼程序和刑事司法系统的职能顺利地运行"（第 12 条）；"检察官在履行其职责时应不偏不倚地履行职能，并避免任何政治、社会、宗教、种族、文化、性别或任何其他形式的歧视；保证公众利益，按照客观标准行事，适当考虑到嫌疑犯和受害者的立场，并注意到一切有关的情况，无论是否对嫌疑犯有利或不利"（第 13 条）；"如若一项不偏不倚的调查表明的起诉缺乏根据，检察官不应提出或继续检控，或应竭力阻止诉讼"（第 14 条）；"当检察官根据合理的原因得知或认为其掌握的不利于嫌疑犯的证据是通过严重侵犯嫌疑犯人权的非法手段，尤其是通过拷打，残酷的、非人道的或有辱人格的待遇或处罚或以其他违反人权的办法而取得的，检察官应拒绝将此类证据用于采用上述手段者之外的任何人，或将此事通知法院，并应采取一切必要的步骤确保将使用上述非法手段的责任者绳之以法"（第 16 条）。①《国际刑事法院罗马规约》第 54 条第 1 款规定，为查明真相，调查一切有关的事实和证据，以评估是否存在本规约规定的刑事责任。进行调查时，应同等地调查证明有罪和证明无罪的情节。第 81 条第 2 款规定，被定罪人或检察官可以基于程序错误、认定事实错误、适用法律错误，或影响到诉讼程序或裁判的公正性或可靠性的任何其他理由提出上诉。②

由于各国的制度传统、司法理念、法律文化以及检察官的地位、性质、职能等不尽相同，因而各国规定的检察官客观义务的内容不尽相同，总的看，中国和大陆法系国家规定的内容多些，基本上将该义务"贯穿于

---

① 杨宇冠、杨晓春编：《联合国刑事司法准则》，中国人民公安大学出版社 2003 年版，第 371—372 页。

② 《批准与执行国际刑事法院罗马规约手册》，赵秉志、王秀梅译，中信出版社 2002 年版，第 368、450 页。

从侦查到裁判终结的整个刑事诉讼过程"，[①]而英美法系国家由于检察官的侦查职能有限或基本上不承担侦查职能，检察官对法院判决的上诉和请求再审权也比较有限，因而检察官客观义务主要体现于审查起诉和庭审环节；我国和大陆法系国家要求检察官承担积极的客观公正义务，即要求检察官积极地收集有利或不利于被告人的证据，主动为被告人利益上诉，而英美法系检察官则只承担消极义务，它不要求检察官主动收集被告人无罪的证据，而是要求检察官不能阻碍被告人行使防御权，应开示其掌握的有利于被告人的证据；我国和大陆法系国家刑事诉讼比较强调实体真实，加上检察官一般指挥或指导、监督侦查，因而在检察官客观义务中侧重于强调"客观义务"，英美法系国家刑事诉讼比较强调程序正义，加上检察官侦查职能有限，指控犯罪是其基本职能，因而在检察官客观义务中侧重于强调"公正义务"。正因为大陆法系侧重于强调"客观义务"，且该义务又发源于大陆法系的德国，故一般称该法律制度为"检察官客观义务"。

## 三、赋予检察官客观义务的缘由

赋予检察官客观义务是为了防止检察官在控诉职能中将自己作为实质上的当事人，从而把谋求胜诉作为唯一追求。

在民事诉讼中，提起诉讼的原告人作为一方当事人，自然要以谋求胜诉作为自己的追求。在刑事诉讼中，检察官承担控诉职能，即启动审判程序，将被告人诉至法院请求判处刑罚。按照"有原告才有被告""原被告同为当事人"的诉讼原理，检察官在刑事诉讼中处于"原告人"和"当事人"的诉讼地位。但无论是从刑事公诉原告人与民事诉讼原告人的本质区别，还是从检察官产生的初衷、检察官的属性、使命来说，检察官都仅是

---

[①] 参见孙长永：《检察官客观义务与中国刑事诉讼制度改革》，载《人民检察》2007年第17期。

"名义当事人"或"形式上的当事人",而非"实质上的当事人"。为了防止检察官对自己在控诉职能中的身份和职责产生片面理解,将自己视为实质上的当事人,从而把谋求胜诉作为唯一追求,因而法律赋予了检察官以客观公正义务。具体地说,赋予检察官客观义务基于以下缘由:

（一）设立检察官制度的目的决定了检察官负有客观义务

检察制度发端于中世纪的法国,当时法国的国王针对封建割据状态下司法权的分割和刑事私诉所造成的不公正状态,让原先代表国王处理与诸侯纠纷的"国王的律师和代理人"逐渐具有了以政府公诉人的身份听取私人告密、进行侦查、提起公诉、在法庭上支持控诉以及抗议法庭判决等职能。从腓力四世（1285—1314）时起,"国王的律师和代理人"成为专职的国家官员。至17世纪路易十四时,定名为"总检察官",下设检察官于各级法院,现代意义上的检察制度由此产生。

资产阶级取得政权后,检察官制度不仅没有被资产阶级废除,而且还被各国继承和发展,这一现象十分耐人寻味:资产阶级是很注重效率的,如从诉讼效率考虑,完全可由进行刑事案件侦查的警察直接向法院提起公诉。况且,由警察提起公诉,同样能起到取代私诉和控制法官裁判入口、限制法官审判范围的作用。然而,资产阶级却偏要在警察与法官之间插进检察院这个"楔子"。这一制度设计的目的在于:一是制约警察。因为警察握有强大的权力,是否对其实行制约,是"警察国家"与"法治国家"的重要分界,检察官通过审查起诉对警察实行控制,有利于防止警察的恣意和沦为"警察国家"。二是制约法官。检察官除通过公诉控制法官裁判入口、限制法官审判范围外,还可通过出庭支持公诉、抗诉等形式防止法官擅断,维护司法公正。三是由于检察官一般不直接从事侦查,[①] 相对

---

[①] 虽然大陆法系国家检察官主导侦查,但直接的具体的侦查活动一般由警察负责。

比较超脱，较能坚持客观公正，加上检察官有较高的法律素养，因而不仅有利于检察官履行好上述对警察和法官双向制约的职责，而且有利于将客观公正原则和法治原则贯彻于整个刑事诉讼程序。正如台湾学者林钰雄所说，创设检察官制度，一可透过诉讼分权模式，以法官与检察官彼此节制的方法，保障刑事司法权限的客观性和正确性；二可以严格法律训练及法律拘束之公正客观的官署，控制警察活动的合法性，摆脱"警察国家"的梦魇；三可守护法律，使客观的法意旨贯通整个刑事诉讼程序，既追究犯罪，又保障人权。① 可见，让检察官通过承担刑事控诉职能，实现对警察和法官的双向制约，进而在刑事诉讼中贯彻客观公正原则和法治原则，是设立检察官制度的目的所在。因此，设立检察官制度的初衷决定了检察官应当负有客观公正义务。

（二）检察官作为"法律守护人"或"法律监督者"的角色和使命决定了其负有客观公正义务

如前所说，检察官客观义务源于德国，而德国之所以认为检察官应负客观公正义务，就在于对"检察官是诉讼当事人"观点的否定和"检察官是法律守护人"角色的确立。在刑事诉讼中，检察官作为诉讼的提起者，是一方当事人；但他是作为国家的人格代表而对刑事案件提起诉讼的，他仅是刑事诉讼中诉讼权利和诉讼义务的承担者，而非刑事实体权利和实体义务的承担者，诉讼的结果与其自身并无直接利害关系，故检察官仅是形式上的当事人或"名义当事人"。② "按照萨维尼等人的意见，德国设立检察机关的初衷，并非是仅仅在刑事诉讼中嵌入一个专事控诉的官员，而是

---

① 参见林钰雄：《检察官论》，台湾学林文化事业有限公司1999年版，第16—17页。

② "名义当事人"是指为他人利益起诉或应诉的人，包括名义原告和名义被告。参见薛波主编：《元照英美法词典》，法律出版社2003年版，第965页。

针对警察侦查只重'合（侦查）目的性'，不重合法性，以及法官擅断的问题，设置一个能够保护法律实施，兼顾打击与保护的客观公正的法律机构。"① 故检察官不应以追求胜诉为目标，而应以守护法制为使命。检察官形式上是当事人、实质上是法律守护人的角色，是法律将客观公正义务赋予检察官而不赋予同为诉讼主体的警察和法官的重要原因。法律没有赋予警察和法官客观公正义务，并不是他们办案就不要客观公正，而是因为警察是以合目的性与效益性为主要价值而不是以合法性为目标的行政官员，虽然他们必须以合法性为其行为底线，但如过多地强调客观公正、不偏不倚，就可能妨碍其侦查行为的展开，使其难以达成行为目的；法官是在争议双方之间居中裁判的角色，中立与公正是其内涵的逻辑，因而没有必要再赋予客观公正义务，② 否则就有画蛇添足之嫌。

在我国，宪法和法律规定检察机关是国家的法律监督机关，这一角色定位不仅与"法律守护人"契合，而且比"法律守护人"更要求强化检察官客观义务。首先，外国的检察机关一般属于行政机关，而不像法院那样首先作为国家政治体制中制衡立法权和行政权的一个要素而存在，其独立性主要是在执法办案中不受干涉，属于"技术性司法规则"，因而检察院与法院存在层次上的区别。而我国检察机关作为国家的法律监督机关，首先是在国家政治体制中制衡行政权和审判权的一个权力，同时也在诉讼中制约监督其他诉讼主体，因而其法律地位和独立性与外国的检察机关存在层次上的区别。只有强化客观公正义务，使检察官坚持客观中立立场，不偏不倚地履行职责，检察机关才能与这个层次相匹配。其次，法律监督机关以保证法律统一正确实施、维护司法公正和社会公平正义为使命，只有强化检察官客观义务，才能更好地实现这一使命。再次，检察机关虽承担

---

① 龙宗智：《检察官客观义务论》，法律出版社2014年版，第129页。
② 龙宗智：《检察官客观义务论》，法律出版社2014年版，第24页。

职务犯罪侦查、公诉等追诉犯罪的职能，但该两项职能都是法律监督的表现形式，要受法律监督的制约，服从并服务于法律监督，只有强化检察官客观义务，才能更好地符合法律监督的内在要求，防止和克服片面追诉思想。最后，检察机关在刑事诉讼中是法律监督的职能主体而没有像有些国家那样规定为"当事人"，只有强化检察官客观义务，才能更好地符合刑事诉讼法的这一定位。

与此同时，法律监督机关的角色定位，又比没有把检察机关定位于法律监督机关的国家更有利于检察官客观义务的落实，因为它有利于避免是形式当事人还是实质当事人的困扰，防止和克服片面追诉思想，更好地超越当事人的局限，从而客观公正地履行职责。总之，唯有客观公正，才能胜任法律监督；法律监督，更需要也更有利于客观公正。

（三）检察官作为国家与公共利益代表的主体地位和准司法官或司法官的身份决定了其负有客观公正义务

无论是大陆法系还是英美法系国家，检察官都是国家和公共利益的代表，而"国家"与"公益"都与国民密切相关，因为"国家是由主权、土地、人民、政权所构成的社会共同体"[①]；"公益"是指具有外部性而为众多国民所享受的利益。根据国民主权原则，国民是国家主权的享有者，维护包括被追诉者在内的国民的合法权益是国家权力存在的终极目的。检察官所代表的国家和公共利益，同时也包含着被追诉者的利益，对被追诉者不公正也是对国家的损伤，因此，检察官在保护国家与公共利益时应注意保护被追诉者利益。同时，检察官作为处于行政官与司法官"谷间带"的官署，在组织体系上虽属于行政官序列，但都相对独立于行政，特别是大陆法系国家，检察官是司法官或准司法官，应当秉持

---

① 周叶中主编：《宪法》，高等教育出版社2005年版，第198页。

公平正义。因此，无论是"国家和公共利益的代表"，还是"相对独立于行政的官署"或"准司法官"，都说明检察官不是一般的当事人，而应负客观义务。因为客观是检察官安身立命的基础，也是"国家与公共利益代表""准司法官"的题中应有之义。检察官只有坚持客观公正，才能客观准确地认定案件事实，不偏不倚地处理案件，实现诉讼的实体正义和程序正义；只有坚持客观公正，做到不枉不纵，才能促使犯罪分子认罪服法，改恶从善，从而维护社会的和谐稳定，实现国家的长治久安；也只有坚持客观公正，才能树立检察官的良好形象，提高其公信力，从而跟"国家与公共利益代表"的主体地位及"准司法官"的身份名实相副。否则，如果检察官具有片面的控诉倾向，以追求胜诉为唯一目标，只注意不利于被追诉者的情况，而对有利于被追诉者的情况置之不理，或使无罪判有罪、轻罪判重罪，从而使被追诉者受到不公正对待，那就把自己降到了民事诉讼当事人的地位，这与作为"国家与公益代表"的主体地位和"准司法官"的身份相悖，也背离了国家与公共利益的要求。正像德国刑事诉讼法学者德迈尔所说：检察官应该力求真实与正义，因为他知道，显露他片面打击被告的狂热将减损他的效用和威信，他也知晓，只有公正合宜的刑罚才符合国家利益。①

在我国，检察机关与人民法院同属司法机关，这不仅因为我们党和国家的一系列重要文件作了这样的界定，②更重要的是，在我国政治体制下，检察机关符合司法的法理。因为司法是指法定机关及其工作人员依照法定

---

① 转引自林钰雄：《检察官在刑事诉讼中的任务和义务》，载《法令月刊》第49卷第10期。

② 如2004年的《中共中央关于加强党的执政能力建设的决定》，2006年《中共中央关于进一步加强人民法院、人民检察院工作的决定》，党的十七大、十八大报告，党的十八届四中全会《中共中央关于全面推进依法治国若干重大问题的决定》，都直接或间接地界定检察机关是司法机关。

职责、运用法律规范、通过诉讼的形式处理具体案件的活动。在体制上，我国检察机关并列并独立于行政机关和审判机关；在职能上，我国检察机关是国家法律监督机关，参与诉讼、监督诉讼是其基本职能；在活动方式上，检察机关依法独立行使检察权。这些都表明，检察机关符合司法的法理和特征。① 正如陈光中教授所说：我国检察机关是"在诉讼中有着重要地位的司法机关"。② 据此，我国检察官属于司法官，而不像有些国家是"准司法官"或"带有司法性质的官员"。司法的基本要求是客观中立、不偏不倚，检察官作为司法官，坚持客观公正是其本分和应尽的义务。

（四）平衡控辩实力的需要决定了检察官负有客观公正义务

惩治犯罪与保障人权相统一是刑事诉讼的目的。然而，控辩双方悬殊的实力却有可能影响刑事诉讼目的的全面实现，因为控方有强大的诉讼资源，而被追诉方却可能孤立无援甚至身陷囹圄，双方难以平等对抗。为此，各国除了在诉讼制度和机制上通过限制控方权力、加大控方责任、赋予辩方权利等一系列抑控扶辩的措施来平衡控辩双方实力之外，还赋予了检察官以客观公正义务，要求检察官在追诉犯罪的同时，注意保护犯罪嫌疑人，以进一步平衡控辩双方的实力。其中，英美法系国家还体现了"对控辩双方片面对抗的一种矫正和对正当程序诉讼理念的重大调整，即由

---

① 有观点认为，司法具有独立性、中立性、被动性、终局性、权威性等特征，检察机关不全具有这些特征，故不属于司法机关。笔者认为，独立性、中立性、被动性、终局性、权威性是审判机关的特征，由于一些三权分立国家的司法权专指审判权，故在这些国家，审判权的特征又过渡为司法权的特征。而在司法权与审判权不等同的国家，司法权的特征就不能作此界定。

② 陈光中、崔洁：《司法、司法机关的中国式解读》，载《中国法学》2008 年第 2 期。

'竞技型司法'向兼顾程序公正与发现真实的实质性正当程序的转变"。[①]因为当事人主义的刑事诉讼曾长期受"竞技型司法"理论的支配，刑事诉讼被视为当事人双方的纠纷，通过当事人双方的激烈对抗即竞技来处理案件。但是，过分强调对抗使得"当事人的主要目的在于赢得诉讼而不是发现真实，即令检察官也以赢得诉讼为主要目的。当明知证人陈述为真实时，仍严厉诘问证人，希望动摇证人证词的可信性，以求得胜诉判决"[②]。这种以"双方当事人的技巧决定审判结果""司法正义的品质取决于律师（美国检察官也属律师）品质"的诉讼模式越来越偏离发现真实、正确定罪的目的。加上英美法系国家约有80%的犯罪嫌疑人自己请不起律师，致使控辩双方的司法竞技有时演化成为弱肉强食。有鉴于此，自20世纪20年代起，越来越多的美国学者对"竞技型司法"理论提出了质疑，主张借鉴并吸收大陆法系发现真实的因素以抑制这种理论所带来的弊端，于是，诉讼程序发现真实的功能逐渐得到重视，检察官客观义务及其所包含的证据开示义务逐渐得到强调和落实。

在我国，长期以来坚持国家和集体本位的思想文化传统，提倡个人利益服从国家利益和集体利益。在刑事诉讼中，一是国家职权主义甚至超职权主义的特征明显，如对强制措施和强制性侦查措施的制约有限，除了逮捕需经检察机关批准、技术侦查措施需经"严格的批准手续"外，其他的均由侦查机关自行决定；二是检察机关既参与诉讼，又监督诉讼（包括检察长列席法院审判委员会等），其职能存在一定的内在矛盾，如处理不好，也会产生某些弊端，包括可能影响对犯罪嫌疑人、被告人权利的保护；三是调查取证基本上实行侦查机关单轨侦查的体制，辩护律师的调查取证权十分有限；四是2012年修改后刑事诉讼法赋予了律师较全面的诉讼权利，

---

[①] 参见孙长永：《检察官客观义务与中国刑事诉讼制度改革》，载《人民检察》2007年第17期。

[②] 王兆鹏：《美国刑事诉讼法》，北京大学出版社2005年版，第487—488页。

但某些规定如会见权、阅卷权、调查取证权的落实还不理想,律师受理刑事案件率不高,很多案件没有律师辩护;等等。这些都使我国追诉方与被追诉方的实力悬殊。在这样的刑事诉讼制度下,赋予检察官客观义务,要求其全面关注对被追诉人利或不利的各种情况,既依法追诉犯罪,又依法关照和保护被追诉人的合法权益,就显得尤为必要。

(五)检察官享有起诉裁量权决定了其需要负客观义务

各国检察官都享有起诉裁量权,以斟酌决定对某些案件是否起诉,其中英美法系国家因辩诉交易制度而使检察官享有广泛的自由裁量权。所谓辩诉交易,就是检察官与被告人或其律师进行协商从而达成双方均可接受的协议——检察官愿意降低指控罪名或者从轻求刑来换取被告人认罪;被告人愿意以认罪来换取检察官降低指控罪名或从轻求刑。辩诉交易的案件法官不再开庭审理,只要法官认可控辩双方所达成的协议即可生效。据有关资料介绍,美国以辩诉交易形式结案的案件达 90% 以上。辩诉交易的理论根源在于当事人主义的诉讼理论,这种理论将刑事诉讼视为民事诉讼,因而对案件处理也可以像民事诉讼那样由双方当事人进行协商。催生辩诉交易的现实原因,在于犯罪高涨与抗辩式诉讼效率过于低下的矛盾所造成的案件大量积压以及抗辩式诉讼对诉讼资源的高额耗费。辩诉交易制度对于提高诉讼效率、实现诉讼经济具有重要意义,但其弊端也显而易见:一是往往忽视被害人利益,使一些确已构成犯罪但因辩诉交易而未定罪的案件的被害人难以抚平心理创伤,影响了公平正义价值的实现。二是容易造成司法不公,既有可能使多罪少罚、重罪轻罚,也有可能使无罪被告人为尽快结束讼累而选择作有罪答辩。如果检察官不能秉持客观公正,则司法不公的可能性更大。三是容易滋生司法腐败,因为它将案件实体处理的权力在很大程度上赋予了当事人双方,大大增加了检察官的自由裁量权,从而增加了检察官滥用权力的可能。综上,检察官所享有的起诉裁量权,特别是英美法系国家检察官在辩诉交易中所享有的极大的自由裁量权，迫切需要检察官像法官那样秉持客观公正原则，以最大限度地防止和减少司法不公情况的发生。

我国奉行职权法定（包括起诉法定等）原则，检察官在审查起诉中的自由裁量权远没有英美法系国家那么大，但由于检察院的职能贯穿于刑事诉讼全过程，因而在刑事诉讼全过程都享有一定的自由裁量权。故从自由裁量权分布的范围来说，又是最宽泛的，包括强制措施与强制性侦查措施的采取与不采取及如何采取、立案与不立案、诉与不诉、抗诉与不抗诉、诉讼监督中的监督与不监督及怎么监督等。同时，随着司法改革的推进与诉讼制度的完善，检察机关的职权包括自由裁量权还呈扩大之势，如修改后刑事诉讼法新赋予检察机关对犯罪嫌疑人、被告人逃匿、死亡案件没收违法所得的申请权，对依法不负刑事责任的精神病人强制医疗的申请权，对未成年刑事案件的附条件不诉权，以及捕后羁押必要性审查，对指定居所监视居住监督，对妨碍律师依法行使诉讼权利行为的监督等；党的十八届四中全会通过的《中共中央关于全面推进依法治国若干重大问题的决定》又规定了检察机关提起公益诉讼权，对在履行职责中发现的行政机关违法行使职权或者不行使职权行为的督促纠正权，对限制人身自由司法措施和侦查手段的司法监督权，对认罪认罚案件从宽处理权，等等。上述权力所包含的自由裁量权的行使，不仅关系到被追诉人的权益，而且关系到监督对象包括公安司法机关及司法人员、行政机关及行政人员的权益，其权力不可谓不重，所涉范围不可谓不大。对如此广泛而重要的权力，更要让掌管的检察官承担客观公正义务，从而使自由裁量权的行使准确而公正。

# 评"司法不党"[①]

在西方国家,为了实现司法公正,规定司法人员不能加入党派,即"司法不党""法官不党"。而在我国,却旗帜鲜明地宣称"坚持中国共产党对司法工作的绝对领导"。有些人对此抱有疑虑:在我国,司法还能否公正?

我认为,有这样疑虑的人,极少数是别有用心,多数是由于不了解我国政党制度与西方国家政党制度的本质区别,以及西方国家"司法不党"的真实情况。在西方国家,司法被标榜是独立的,"司法独立"在表面上首先是独立于政治、独立于政党,因而不允许司法人员加入任何党派,不允许司法机关公开支持某一党派,即所谓"司法不党""法官不党"。这在他们那里有其合理性。因为西方国家实行多党制,各党派轮流执政,且各党派都只代表本党的利益和某些方面、某些阶层的人的利益。有关政党只有代表并维护某些方面、某些阶层的人的利益,这些方面和阶层的人才会投该政党的票,该政党执政才有可能。由于各政党都要争夺选民,因而不可能有某一个政党能够代表并维护全国人民的利益。在这样的国情下,如果司法人员加入党派,那司法人员就只能代表和维护本党及本党所代表的人的利益,当遇到本党与他党、本党所代表的人与他党所代表的人发生利

---

[①] 本文节选自笔者在 2014 年上半年在国家检察官学院的讲课稿。

益纠纷、诉请法官裁判时，法官就会偏袒本党及本党所代表的人的利益，这样，西方国家所标榜的司法的中立性和公正性就无从谈起。因此，在西方国家，"司法不党"有其必要性和合理性。

而我国的政党制度跟西方国家有本质的区别：一是中国共产党一党执政，民主党派参政议政，不存在执政党、在野党以及轮流执政的问题；二是中国共产党既是中国工人阶级的先锋队，又是中国人民和中华民族的先锋队，她所代表和维护的是中国最广大人民的根本利益。党除了工人阶级和广大人民群众的利益，没有自己特殊的利益。因此，司法人员加入党派，坚持中国共产党对司法工作的领导，都不存在司法机关偏离中立、公正立场、影响司法公正的问题，而恰恰是更有利于实现司法公正。更何况，在我国坚持中国共产党的领导包括对司法工作的领导，这是历史的必然，人民的选择。这在过去，已由中国近代史所充分证明；在现在和将来，正在证明并将继续证明，因为在这样一个深受封建主义传统影响，有着13亿人口的多民族大国，各项事业包括依法治国，都只有坚持中国共产党领导才能取得成功。因此，坚持中国共产党的领导，是中国特色社会主义最本质的特征，也是中国人民根本利益所在。当然，党的领导主要是思想领导、政治领导和组织领导，也就是"管方向、管政策、管原则、管干部"，确保司法机关依法独立公正地行使职权，而不是包办司法机关的具体事务。对此，习近平总书记在2014年年初召开的中央政法工作会议上作了重要论述，新一轮司法体制改革正在展开，党的十八届四中全会还将专门就全面推进依法治国重大问题作出部署。我们有理由相信，在正确处理坚持党的领导和确保司法机关依法独立公正行使职权的关系上，一定会做得更好。

我们还要看到，西方国家的"司法不党""法官不党"仅是个表象，具有一定的虚伪性。首先，司法既与政治存在区别，又与政治存在紧密的联系。任何一种司法制度都是一定政治制度的产物，并为一定的政治制度服务。例如，司法制度是政治制度的组成部分，司法权是政治权力的组成部分，政治的需要决定司法的结构和布局，政治力量决定着司法机构的人员组成，政治需要司法保驾护航，而司法又离不开政治的支撑和保障，因此，"司法诞生于政治，却又无往不在政治之中"。其次，西方国家的司法人员虽然不在组织上加入某一党派，但并不等于其在思想上没有党派色彩、党派倾向。有研究表明，1789—2011 年，美国总统提名的 112 名大法官中，90% 以上有党派背景，美国联邦最高法院被称为"政治性法院"，许多重大判决常常是党派利益博弈的结果。2000 年美国总统选举，民主党的戈尔和共和党的小布什谁该当选出现争议，联邦最高法院判决小布什胜诉，其背后的原因是有共和党倾向的大法官在联邦最高法院中占多数。美国历届总统在提名法官人选时，主要考虑人选的职业业绩（包括司法经验）、政治上的"可用性"、理念上的"适应性"、个人魅力、地理区位、信仰、种族、性别及社会、政治背景等因素。可见，政治上的"可用性"、理念上的"适应性"以及社会、政治背景，是考量的重要内容。任何一位总统都不会提名思想观点倾向于反对党的人担任大法官。另外，有政治倾向的大法官如果打算退休或者辞职，其退休、辞职时机的选择也大有讲究。迄今为止，美国有 104 次大法官离职，其中老死在任上 49 人，退休 35 人，辞职 19 人，因不当言论被议会弹劾 1 人，退休、辞职的合占 52%，这些大法官都会选择自己所支持的政党执政的时候退休或辞职，以便把空出来的职位提供给执政党的总统提名思想观点倾向于该党的人当大法官，这是大法官退休或辞职时给自己所倾向的政党的又一次贡献。

总之，我国的政党制度跟西方国家有本质区别；西方国家的"司法不党""法官不党"既有真实的一面，也有虚伪的一面。我们绝不能因西方"司法不党""法官不党"，就对坚持中国共产党对司法工作领导的必要性和合理性产生丝毫的怀疑和动摇。

# 司法工作与群众路线 ①

专门工作与群众路线相结合，是政法工作的一项原则。人民检察院组织法第 7 条规定："人民检察院在工作中必须坚持实事求是，贯彻执行群众路线，倾听群众意见，接受群众监督……"在新形势下，司法机关进行群众路线教育实践活动，对于学习马克思主义的立场、观点和方法，增强司法为民宗旨，提高司法为民的自觉性和能力、水平，都有十分重要的意义。

## 一、群众路线是世界观和方法论的统一

对群众路线，1981 年《关于建国以来党的若干历史问题的决议》作了规范的表述，即"一切为了群众，一切依靠群众，从群众中来，到群众中去"。一般认为，它是群众观点和群众方法的统一。我赞同该观点；同时认为，它也是世界观和方法论的统一，其中前两句是世界观，后两句是方法论。

---

① 本文节选自笔者在最高人民检察院党组于 2013 年 7 月 25 日召开的"群众路线教育实践活动专题研讨会"上的发言，原文标题为《对群众路线教育实践活动的几点认识》，刊载于《检察日报》2013 年 8 月 5 日第 3 版。

"一切为了群众,一切依靠群众"之所以是世界观,是因为它体现了历史唯物主义的精髓,其核心是解决"为了谁,依靠谁,我是谁"的问题。人民群众是生产力的创造者和历史的推动者,是国家的主人,是公共权力的来源和力量的源泉,是我们的衣食父母,也是检验一切工作的根本标准。因此,必须一切为了群众,一切依靠群众。我国先人很早就提出了"民本思想",认为"民惟邦本、治国为民""民为重、社稷次之、君为轻""民可载舟,亦可覆舟",体现了朴素的历史唯物主义思想。历史上唐太宗等封建社会的明君也说过"民可载舟,亦可覆舟",说明他们看到了民众的作用,但其世界观仅是局限于利用民众的力量为封建皇朝服务,从而更好地统治民众;资产阶级政党也重视民众,但他们重视民众的目的是通过争取民众的选票而执政,从而更好地维护本党派以及本党派所代表的某一阶层、类别人的利益。而共产党人重视民众、代表民众执政的目的则不是为了一己之私,而是为了最广大人民群众的根本利益。这是共产党与封建社会明君和资产阶级政党的根本区别。

"从群众中来,到群众中去"之所以是方法论,是因为它形象地概括了共产党人决策的形成、实施、修正、完善的过程,概括了开展工作的基本方法。人民群众是我们服务的对象,也是智慧的源泉。既然"一切为了群众,一切依靠群众",那自然就应"从群众中来",根据群众的呼声、愿望和要求来作决策、作部署。决策和部署作出后,又要"到群众中去",接受群众的评判和检验,把群众满意不满意、高兴不高兴、答应不答应作为检验决策、部署和工作的根本标准。

坚持群众路线一直是我党的优良传统。回顾我们党的历史,什么时候群众路线坚持得好,革命、建设事业就发展;什么时候坚持得不好,革命、建设事业就遭受挫折。在战争年代,坚持群众路线是共产党人自觉自愿的行动,因为一脱离群众,就难以生存,随时可能掉脑袋、打败仗,因而与人民群众是鱼水关系。而新中国成立后,领导干部如果高高在上、脱离群众，不仅不会有掉脑袋的危险，而且少去了许多"啰嗦"和"麻烦"，甚至使人感觉很"舒服"，但正是这种"舒服"，就像温水煮青蛙，使你慢慢地死亡。这说明，和平年代坚持群众路线，比战争年代具有更大的必要性和更强的紧迫性，也需要更高的自觉性。

过去，我们对群众路线较多地从方法论角度去理解，比如，对政法工作"专门工作与群众路线相结合"原则，往往把群众路线理解为一种方法。其实，世界观比方法论更重要，世界观决定了方法论，方法论为了贯彻落实世界观，二者相辅相成，构成群众路线完整的整体。

## 二、司法机关进行群众路线教育实践活动有特殊的意义

（一）专门工作与群众路线相结合是政法工作必须遵循的原则

司法机关要发现线索、调查取证、审理案件，这都离不开群众。特别是检察机关，直接与群众打交道比党政机关和其他政法机关都要少。如乡镇街道的党政机关，整天与群众打交道；公安、法院、司法行政机关在基层都有"脚"；公安的很多工作直接面对群众；法院审理民事行政案件，接触群众也比检察院多，基层司法所也直接面对群众。接触群众少，比较容易淡忘群众观念和为民宗旨，因而就越需要进行群众路线教育，增强群众观念。

（二）职业化与民主化相结合是世界各国司法机关的通例

司法工作是专业性很强的工作，应当实行职业化；为了保证司法公正，司法人员必须超脱，而不能跟方方面面有太多的牵涉。在法治较完备的国家，司法官必须深居简出，耐得住寂寞和孤独。但过于强调职业化，又可能造成司法专断；司法人员超脱了又容易脱离群众，从而影响对群众疾苦、呼声、愿望的感知和了解，影响民意在案件处理中得到体现。为

此，世界各国都在诉讼中由民众参审或者陪审一些案件，如设立陪审员制度（大陆法系）或陪审团制度（英美法系），由陪审员参与审判，或由陪审团决定是否有罪，法官只管量刑，以防止司法工作脱离民众，背离民意。陪审员或陪审团成员虽然不懂法，但他们凭其朴素正义和道德良知进行审判，有利于使案件的处理符合社会公众的一般要求，从而获得社会公众心理上的认同和行动上的遵从。许多国家司法改革的重要内容之一，就在于调整职业化和民主化之间的关系和比重。在我国，也实行职业化与民主化相结合，并把体现群众路线和民主化的某些内容直接纳入法律、制度之中，如人民陪审员制度、人民监督员制度、司法公开制度、举报制度等。实行职业化与民主化相结合，能使司法工作接地气，使案件的处理既符合朴素正义和道德良知，符合民意，又符合法律精神。因此，坚持群众路线，坚持司法民主，对司法工作来说具有特殊的意义，它是司法工作规律的必然要求。

（三）司法机关寄托着人民群众对公平正义的最后期盼

司法机关是区分是非曲直的地方，是公平正义的最后一道防线，担负着使人民群众在每一个司法案件中感受到公平正义的职责。如果司法机关不能为老百姓主持公道，那老百姓就会感到无助甚至绝望，其结果，轻则寻求私力救济，重则对抗社会。因此，司法机关更应始终坚持群众路线，始终坚持司法为民。

## 三、司法机关进行群众路线教育要注意的几个问题

（一）要防止和克服"老一套"和厌倦、应付的思想情绪

近些年来，司法机关先后进行了社会主义核心价值观教育等一系列教育活动，这些活动都以"忠诚""为民""清廉"为重要内容，都取得了积

极的成效。但部分司法人员也容易产生"老一套"的思想和厌倦、应付的情绪。还要看到，司法机关目前还存在的问题，很多是经历了这么多教育活动都未能解决的问题，它们已具有"抗药性"，因而，必须采取比以前更好的办法和更得力的措施才能解决。因此，既要防止和克服"老一套"和厌倦、消极应付的思想情绪，又要解决"抗药性"问题，研究采取比以前更好的办法、更得力的措施。

（二）教育活动要结合司法实际，体现司法特色

1.要把预防和解决司法人员违法违纪特别是贪赃枉法、索贿受贿、徇私舞弊等执法不公、司法腐败问题作为重中之重。这些问题是"四风"中最严重的部分，不突出这个重点，就难以推动一般的"四风"问题的解决。因此，建议司法机关的纪检监察部门在教育实践活动中排出一批线索，查处一批案件，从而给解决"四风"以有力的推动。同时，在查处违法违纪上，还要解决一些地方实际存在的地方保护主义和部门保护主义问题，即少数领导同志为了不得罪人或者不影响自己的"政绩""声誉"而有案不查或大事化小、小事化了、姑息养奸、养痈遗患，从而搞坏一个地方一个单位风气的问题。

2.要把提高群众工作本领特别是特殊群众工作本领作为提高司法队伍素质能力的重要内容。我国当前和今后相当长的时间里，都是社会矛盾凸显期和刑事犯罪高发期。司法机关是办案的，而案件是社会矛盾的产物，我们除了办好案件之外，还要解决引起案件的矛盾，否则，新的案件还会发生。而要解决引起案件的矛盾，就必须提高群众工作的本领。内蒙古模范检察官张章宝之所以能在信访工作上取得突出成绩，一是因为对群众有感情，二是因为具有做群众工作的本领。当前司法队伍结构有了可喜的变化，干部学历高了，年轻的多了，但"三门"干部也多了。他们会讲法言法语，但不太会讲群众语言，更不懂得做群众工作的方法。提高与群众打

交道、做工作的本领，是当前和今后一个时期司法队伍的重要任务。还有，司法机关打交道比较多的是特殊群众，如犯罪嫌疑人、被告人及其亲属，证人、被害人，诉讼监督的对象（政法机关及其司法人员）等。如何提高做这些特殊群众工作的本领，坚持公正、廉洁司法，强化释法说理，提高司法公信力，努力争取办理一案，用良好的司法形象感染一批、教育一片，是我们必须高度重视并认真研究解决的重大问题。

（三）教育活动要防止形式主义，注重实效

教育实践活动要有一定的形式，但不能搞形式主义，而必须注重实效，解决突出问题。衡量活动的成效，主要的不是看开了多少次会，发了多少个文件材料，而是看"四风"方面的一些突出问题是不是得到了遏制以至解决。例如，队伍的违法违纪是不是少了；一些影响司法机关形象和公信力的顽症是不是解决了；信访等窗口部门接待和服务群众的态度是不是改进了、责任心是不是强了；"文山会海"是不是少了，会议质量是不是高了，文件、材料中的空话、套话以及永远正确但不解决问题的话是不是少了；下基层调研是不是深了、质量高了、帮助基层解决问题多了；领导亲自动手的是不是多了，当甩手掌柜的是不是少了；工作效率、质量是不是提高了；服务基层是不是更有成效了；院内一方面一些人无所事事，另一方面又向基层借很多人的矛盾现象是不是有所解决了；认真学习、勤奋工作、刻苦钻研业务的人是不是多了；敢于直面矛盾、勇于解决难题的是不是多了，领导干部严格自律的自觉性是不是进一步提高了；等等。我们应该从最高人民检察院机关抓起，从自己个人做起，使之取得实实在在的成效。

# 法治越是被需要和重视，就越需要护法机关[①]

四十年，在时间的长河里只是沧海一粟，短短一瞬；四十年，对于个人来说，却是弥足珍贵的时光印记。从青丝变白发，他干了一辈子检察工作，走过百废待兴的重建时期，沐浴着改革开放和法治建设的春风，并在新时期的检察事业宏伟蓝图中书写了浓墨重彩的篇章。岁月炼就渊博与厚重，风霜磨炼执着和忠诚，他始终胸怀天下，情系检察……11月21日，本报记者专访了最高人民检察院原副检察长朱孝清，回望其为之奋斗过的检察事业，倾听他独有的检察记忆。

## 一、检察机关恢复重建四十年来成就辉煌

**记者**：今年是检察机关恢复重建四十周年，四十年来，检察机关和检察制度经历了一段不平凡的发展历程。您作为检察制度的研究者、建言者、实践者、推动者，如何看待这一发展历程？

**朱孝清**：检察机关恢复重建至今的四十年，是检察事业大发展，并取得辉煌成就的四十年；是中国特色社会主义检察制度不断完善，彰显其强大生命力和优越性的四十年；是检察理论不断繁荣，检察理论体系渐趋完

---

[①] 本文是《检察日报》记者金园园在检察机关恢复重建四十周年之际，对笔者的专访，原文刊载于《检察日报》2018年11月26日第4版。

备的四十年；是几代检察人锐意进取、接续奋斗，为维护国家法制统一和社会公平正义、为保障改革开放和经济建设顺利进行作出重大贡献的四十年。这四十年的最大特点是，检察工作始终融入党和国家工作大局，与改革开放同步伐，与经济社会齐发展，与法治建设共命运。

**记者：**艰难困苦，玉汝于成。回首检察机关那段筚路蓝缕的重建时期，您有什么感受和体会？

**朱孝清：**我是1982年到检察院工作的，当时检察机关重建已有四年，但办公办案条件还是非常简陋，经费十分困难，检察机关在社会上的影响力也还比较有限。如今，无论是办公的硬件、执法的软件（如执法环境）还是检察机关在社会上的影响力，都已不可同日而语。抚今追昔，对今天来之不易的大好局面要倍加珍惜，此其一。其二，检察机关之所以有今天这样的局面，最重要的原因在于党的十一届三中全会以来的路线方针政策正确。在新时代，检察机关要巩固和发展以往的大好局面，就一定要坚决服从以习近平同志为核心的党中央领导，认真贯彻党中央的决策部署，不断增强"四个意识"、坚定"四个自信"，把检察工作放到"四个全面"总体布局中去谋划和推进。其三，今天的大好局面是几代检察人开拓进取、艰苦创业、认真履职、接续奋斗的结果，检察队伍是一支特别值得尊敬、值得爱护的队伍，广大干部甘于清贫、乐于奉献，与各种违法犯罪作坚决的斗争，一批批先进模范人物就是其中的杰出代表。因此，在纪念检察机关恢复重建四十周年之际，应当向一代代检察人——无论在职的、不在职的或者去世的，特别是他们中的先进模范人物，表示敬意和感谢！

**记者：**从1982年进入浙江省检察院工作至2014年离开最高人民检察院领导岗位，您几乎一直在检察系统工作。三十多年的检察生涯对您产生了什么影响？

**朱孝清：**投身检察事业是我的缘分，检察事业造就了我，我也为检察事业献出了人生最美好的时光。在三十多年检察生涯中，我最大的追求，就是做一名合格的检察官,力求做一名优秀的检察官。我深知,做优秀的检察官不易,要有坚定的政治立场,对党对人民高度负责的精神,一身正气、两袖清风、刚正不阿、秉公执法的品格,深厚的法学功底,精湛的司法技能,丰富的社会经验,过硬的工作作风;还要善于把具体个案放到大局中去审视,注重法、理、情相结合,实现办案的法律效果、政治效果和社会效果的有机统一。我几十年如一日,始终以这个标准鞭策自己,尽管最终还是有距离。所以,始终以优秀检察官的标准鞭策自己,这是三十多年检察生涯对我最大的影响。为此,我付出很多,但我无怨无悔。此外,检察生涯对我另一个重要影响是,视检察事业为自己的事业,始终与检察机关同苦同乐、同喜同悲,在退出最高人民检察院领导岗位后,我也始终关心检察、研究检察,情系检察,做到"一辈子检察情"。

## 二、检察制度屡受质疑,但质疑能够激励检察机关砥砺前行

**记者:** 长期以来,我国检察制度屡受质疑。针对质疑,在您分管检察理论研究工作期间,采取了许多加强检察理论研究的措施;您自己也身体力行,著书《论检察》《中国检察若干问题研究》,主编了《检察学》,撰写了《中国检察制度的几个问题》《检察的内涵及其启示》《检察官客观公正义务及其在中国的发展完善》《论诉讼监督》等一系列有关检察制度基本、重大理论问题的文章,对一些质疑检察制度的声音给予回应,澄清了一些模糊认识,为检察制度正本清源。在您看来,应当如何看待这些质疑?

**朱孝清:** 我国检察制度确实屡受质疑,在每轮司法体制改革过程中尤甚。一些检察干部参加法学界的某些会议,听到质疑检察制度的言论,若与之争辩,则争得脸红脖子粗;若不与之争辩,则又听不下。总之,不管怎样,都影响情绪。于是,不少检察干部不愿参加法学界的活动。而越不参加法学界活动,越不与法学界沟通交流,质疑检察制度的观点就越不能

消解，对检察制度的共识就越难以达成。为此，当年我在分管检察理论研究工作期间，在党组领导下，会同有关职能部门采取以下举措：一是坚持马克思主义法学思想在意识形态领域的主导地位；二是制定多项激励检察干部研究检察理论的措施；三是吸引法学专家研究检察理论与检察课题，吸引法学院校到检察机关设教学实践基地；四是鼓励检察干部融入法学界，加强与法学界沟通交流，如鼓励干部积极参加法学界的有关活动，推荐干部到法学界任职，要求检察机关与法学院校互派人员交流任职等。这些措施，对于加强检察理论研究，促进法学界对检度制度的理解和认同，起了积极作用。其中与法学院校较全面地开展互动交流、互聘任职的做法，在政法口是较早的，有些做法后来写入党的十八届四中全会《中共中央关于全面推进依法治国若干重大问题的决定》以及教育部和中共中央政法委员会联合下发的《关于实施卓越法律人才教育培养计划的若干意见》。

分析检察制度屡受质疑的原因：一是我国检察制度与西方国家的检察制度不太一样，一些人把西方的检察制度作为范式，来评判我国的检察制度。二是我国检察制度确有不完善之处。一个制度屡受质疑，不能说是好事。但从辩证法角度看，这些质疑有利于激励检察机关砥砺前行，奋发工作，以实实在在的成效证明我国检察制度的优势；有利于促使检察机关加强检察理论研究，进一步夯实检察制度的理论根基；有利于检察机关保持清醒头脑，既坚定制度自信，又正视存在的问题，完善检察制度。可以说，我国检察制度是在质疑声中不断发展的，检察理论也是在质疑声中不断走向繁荣的。从这个角度来说，有质疑又未必是坏事。对各种质疑检察制度的观点，一要认真听，二要正确应对：对正确或有道理的要虚心采纳；对没有道理站不住脚的要加强沟通交流，在理论上予以回应；对主张照搬西方检察制度的，要坚决予以驳斥。而要正确应对，就需要加强检察理论研究，因为理论是制度的根基，系统化的制度理论是制度成熟的重要标志。

## 三、每一个检察人都应当"胸怀天下，情系检察"

**记者**：纵观您的学术成果，有很大一部分是有关司法改革特别是检察改革的，如《检察官相对独立性研究》《司法的亲历性》《错案责任追究与豁免》《略论"以审判为中心"》《对诉讼法修改的若干意见》《对司法体制改革的几点思考》《司法职权配置的目标和原则》《国家监察体制改革后检察制度的巩固和发展》，等等。这其中，有很多检察改革都是您亲身参与、见证的，能否具体谈几个令您印象深刻的改革事项？以及背后的故事？

**朱孝清**：检察体制改革关系到检察体制向什么方向改、改什么、怎么改、司法资源如何优化配置等重大问题，检察机关自身必须高度重视，认真研究，特别是在检察制度屡受质疑的背景下更应如此。你刚才列举的若干文章，有些是我在最高人民检察院工作期间写的，有些则是在离开最高人民检察院领导岗位后写的。无论在职还是不在职，作为检察人，自己觉得都有参与研究检察改革的责任，因为"天下兴亡，匹夫有责"，每一个检察人都应当"胸怀天下，情系检察"。

检察改革，有些是我亲身经历和见证的。由于改革事关重大，因而改革的过程也往往是各方意见充分表达、各种力量激烈博弈的过程。在改革中，除了研究提出改革的意见建议之外，我也参与过不少讨论争论、沟通说服、汇报争取等工作。例如，在诉讼法学研究会 2005 年年会上，我作为最高人民检察院的代表，以"对诉讼法修改的若干意见"为题作主旨发言，对完善职务犯罪侦查措施和强制措施、建立附条件不起诉制度、强化刑事诉讼法律监督、扩大简易程序适用范围、建立检察机关提起民事行政公益诉讼制度、检察机关有权对民事执行进行法律监督等问题，提出了完善立法的建议。尔后，把有关建议报全国人大相关职能部门，并利用各种机会汇报争取。如对完善"监视居住"措施问题，针对 1996 年刑事诉讼法规定的强制措施难以适应侦查贿赂犯罪需要的实际，建议规定"监视居住"除在犯罪嫌疑人住处执行外，对贿赂犯罪嫌疑人还可以在指定地点执行。其主要理由是：贿赂犯罪主要靠言词证据定案，而当事人对自己的言词（是否交代犯罪事实）具有可控性，只有将犯罪嫌疑人与外界隔开一段时间，在其不知道外面情况变化和侦查进展后，才会在趋利避害心理驱使下交代犯罪事实，这是侦查规律。而当时法律规定的强制措施都不能满足此要求，解决此问题最简便的出路，就是规定可以在指定地点监视居住。后经多次争取，终于在2012年刑事诉讼法中规定可以在指定居所监视居住特别重大贿赂犯罪嫌疑人。

又如，对民事执行进行法律监督问题，当时最高人民检察院提出了许多理由，并在一些地方进行了试点，但有关方面意见很不一致。2007年民事诉讼法修正时，在修法汇报会上，我与有关部门的同志对此进行了激烈的辩论，还建议立法机关正确处理民主立法与当断则断的关系，我说：对有关监督的立法，立法机关固然要听取各方意见包括监督方和被监督方的意见，但不能以被监督方完全同意为前提，因为被监督方对监督总是不愿意的。今年在中国法学会某研究会年会上，我遇到全国人大当年参与修正民事诉讼法的一位同志，她还主动说起当年我与对方激辩的情景以及我向立法机关所提的建议。

**记者：** 理论是灰色的，而生命之树常青。从检三十几年，您一直笔耕不辍，是什么信念和力量支撑您探索思考检察理论和检察改革中这些深邃的学术命题？

**朱孝清：** 在检察机关恢复重建三十周年的2008年，我出版了《中国检察若干问题研究》一书，在该书的"自序"中，有这么几句话："三十年来，特别是1982年参加检察工作以来，出于对'文化大革命'的反思，出于对国家法治建设的关注，出于做理论上的明白人的追求，出于当本职工作行家里手、提高工作主动性预见性的愿望，我利用业余时间，围绕检察制度和检察工作，学习相关知识，追踪理论前沿，探求工作规律，求解实践难题，偶有所得且有兴致时，写成文章以自慰……这些论著在全国法学论著的浩瀚沧海中虽然仅是一粟，却记载了一位检察人对法学特别是检察学探索的足迹，反映了一位检察人对法治昌明的执着追求和对检察事业的无比热爱。"这段话基本上回答了你所提的问题。总之，研究法学特别是检察理论，既是我的兴趣，更是我这个检察人的责任。

## 四、任何时候都要保持战略定力，坚定检察制度自信

**记者**：您刚才说，中国检察制度呈现出强大生命力。在您看来，强大生命力的源泉是什么？未来检察制度发展将呈现何种趋势？

**朱孝清**：中国特色社会主义检察制度呈现强大生命力的源泉在于，一方面，它是适应中国政治制度和国情的制度安排，是列宁法律监督思想与中国实际相结合的产物，既吸收了西方现代司法制度的合理成分，又植根于中国大地。另一方面，我们党、国家和人民都需要法治，也都需要法律监督。就党来说，"依法治国是党领导人民治理国家的基本方略，法治是治国理政的基本方式""社会主义法治必须坚持党的领导，党的领导必须依靠社会主义法治"；就国家来说，法治是长治久安的根本保证；就人民群众来说，法治是护身符和自身合法权益的保障。而法治越是被需要和重视，就越是需要护法机关。因为在中国特色社会主义法治五大体系中，检察机关既是法治实施体系的重要组成部分，又是法治监督体系的重要组成部分。因此，在新时代，在全面依法治国的进程中，法律监督只会加强，而不可能削弱；检察制度只会发展，而不可能停滞，特别是在与法律有关的监督方面，党、国家和人民都会要求检察机关发挥更多更大的作用。因此，我们在任何时候任何情况下，都要保持战略定力，坚定对中国特色社会主义检察制度的自信。

**记者**：1978年，饱经挫折的检察机关恢复重建，从此检察事业迎来蓬勃发展的春天，也承载了几代检察人的光荣与梦想。对于检察事业的未来

发展,您有何期许?

**朱孝清:** 从历史发展的趋势可以探知未来。我坚信,在党中央坚强领导和广大人民群众强有力支持下,通过各级检察机关党组和广大检察人的共同努力,中国特色社会主义检察制度一定会永葆生机和活力,并迎来更加璀灿的明天!

# 第二部分　司法权配置改革研究

司法职权配置的原则

国家监察体制改革后检察制度的巩固与发展

职务犯罪侦查权的转隶与有限保留

刑事诉讼法与监察法的衔接

对人民检察院组织法修订草案二审稿的修改意见

# 司法职权配置的原则[①]

党的十八届四中全会通过的《中共中央关于全面推进依法治国若干重大问题的决定》提出:"优化司法职权配置。健全公安机关、检察机关、司法行政机关各司其职,侦查权、检察权、审判权、执行权互相配合、互相制约的体制机制。"我理解,司法职权配置既包括司法职权在不同机关之间的配置,也包括司法职权在同一机关内部的不同层级(审级)、不同区域、不同部门之间的配置。"优化司法职权配置"的目标是形成结构合理、权责明晰、运行高效、相互制约的司法权体系,确保司法权依法独立行使,实现司法的公正、高效和权威。

"优化司法职权配置"必须遵循一定的原则,否则,就谈不上"优化"。我想,主要有以下几个原则:

## 一、按职权性质配置的原则

某项职权配置给哪个机关,主要看该职权的性质是否与配给的机关性

---

[①] 2015年11月26日,中国法学会和国家司法文明协同创新中心共同举办了"第12期金杜明德法治沙龙暨优化司法职权配置研讨会",笔者在会上作了即席发言。本文根据笔者的发言整理而成,原文刊载于《法制与社会发展》2016年第2期。

质相符。我国宪法、法律或有关文件规定了机关的性质，如人民法院是国家的审判机关，人民检察院是国家的法律监督机关等。职权是什么性质就配置给什么性质的机关。如民事执行权，它可分为执行裁决权和执行实施权，前者属于审判权的范畴，后者属于行政权的范畴。正因为兼具两种性质，所以世界上的国家既有将民事执行权配置给法院的，也有将它配置给其他机关的，两种配置都既有利也有弊，关键看怎么配置利更大些。十八届四中全会通过的《中共中央关于全面推进依法治国若干重大问题的决定》提出"推动实行审判权和执行权相分离的改革试点"，正是基于民事执行权中有一部分权力属于行政权的原因。又如，职务犯罪侦查权，法律之所以把它配置给检察机关，就是因为它具有法律监督性质，即对国家公职人员履行职责中违反法律涉嫌犯罪的行为所实施的监督。有同志问，我国多数案件由公安机关侦查，为什么公安机关侦查不是法律监督，而检察机关侦查就成了法律监督？因为我觉得这两者确实不一样：第一，检察机关侦查的对象是代表国家执行公务的人员，这些人员的行为是国家的行为，这些人员是在实施国家行为时滥权渎职的；而公安机关侦查的对象如杀人犯、放火犯、盗窃犯、抢劫犯等，这些人的行为只能是自己个人的行为，而不可能是国家的行为。第二，检察机关侦查职务犯罪，是检察机关受人民（国家主人）委托，对涉嫌职务犯罪的国家公职人员（人民公仆）所进行的监督，体现的是国家主人与人民公仆之间监督与被监督的关系；而公安机关侦查就不可能体现这种关系。因此，当年彭真同志就指出，由检察机关办理职务犯罪案件是基于检察机关负有对国家机关和国家工作人员监督职责考虑的，并不是单纯的侦查分工。[①] 社会各界对纪检监督机关查处党员领导干部违纪案件的性质是纪律监督都不持异议，那么，对检察机

---

① 参见中共中央文献编辑委员会：《彭真文选》，人民出版社1991年版，第378页。

关查处公职人员违反法律涉嫌职务犯罪案件的性质是法律监督也应该不存在什么疑问。因此，把职务犯罪侦查的职权配置给检察机关是符合按职权性质进行职权配置的原则的。当然，由检察机关侦查职务犯罪，存在着检察机关自己侦查、自己批捕起诉、自己监督的问题，其不合理性也是明显的。为此，检察机关这些年来采取了一系列内外部制约监督的措施，如在内部分解相关职能使之相互制约、审查逮捕上提一级、人民监督员监督等制度和机制，实践证明，其效果总体上是比较好的。当然，由于该职权配置合理与不合理并存，是否还有其他更优化的配置方法，完全是可以进一步研究的。

## 二、把不同性质的职权分开的原则

不同性质的职权有不同的运行规律，如把不同性质的职权搅在一起，就会违反权力运行规律，还会造成不同权力间的相互干扰。我国实行人民代表大会下"一府两院"的政治体制，全国人民代表大会是最高国家权力机关，并直接执掌立法权，"一府两院"分别执掌行政权、审判权和检察权。据此，凡性质不同的职权，就要让它们分开，使行政的归行政、审判的归审判、检察的归检察。例如，十八届四中全会通过的《中共中央关于全面依法治国若干重大问题的决定》要求"完善刑罚执行制度，统一刑罚执行体制"。之所以要"统一刑罚执行体制"，就是因为刑罚执行权是行政权中同一性质的权力，应当由行政机关中同一个机关来行使，而目前由司法行政机关、公安机关、法院等多机关行使的做法，违反了这一原则，并造成不同性质的职能交叉。又如，《中共中央关于全面依法治国若干重大问题的决定》提出"改革司法机关人财物管理体制，探索实行法院、检察院司法行政事务管理权和审判权、检察权相分离"，也是因为司法行政事务管理权和审判权、检察权是不同性质的权力。当然，这两者的分离，世界上有不同的模式，有的在司法机关外部分离，有的在司法机关内部分离，我国究竟怎么分离需要研究，但总要有一定的分离，否则，就难免会发生利用司法行政事务管理权干涉司法权的情况。

## 三、有利于充分发挥效能与有利于制约相统一的原则

设置任何职权的目的都在于充分发挥其效能，但任何权力都具有自腐蚀性，不受监督制约的权力必然导致腐败。因此，职权配置既要有利于充分发挥其效能，又要有利于监督制约。只追求充分发挥效能，没有监督制约，就很难保证权力运行的公正和廉洁；只追求监督制约，不追求效能的充分发挥，就难以保证权力运行的效率。这样的权力配置都谈不上"优化"。比如，看守所管理权，从有利于效能充分发挥来说，可能维持现状比较有利；但从有利于权力制约、有利于犯罪嫌疑人人权保障来说，可能配置给公安以外的机关更好。总之，要把有利于充分发挥效能与有利于制约统一起来加以把握，而不能顾此失彼、只追求一个方面的价值而不顾另一方面的价值。

## 四、遵循司法规律和诉讼规律的原则

司法权配置自然要遵循司法规律；同时，司法权主要通过诉讼的方式来运作，"司法就是诉讼"，因而其配置又要遵循诉讼规律。司法要以公正为灵魂，以独立性、中立性、亲历性等为基本要求。为遵循这些司法规律，十八届三中、四中全会《中共中央关于全面深化改革若干重大问题的决定》《中共中央关于全面推进依法治国若干重大问题的决定》提出基层司法机关人财物由省级统管，实行"让审理者裁判、由裁判者负责""谁办案谁负责、谁定案谁负责"的办案责任制，其目的就是遵循司法规律，通过改变基层司法机关人财物管理权的配置和司法机关内部定案权的配置，防止司法权的地方化、行政化，确保司法权依法独立公正行使。又如，现行刑事诉讼法规定，就政法机关来说，刑事诉讼的主体是公安机

关、人民检察院和人民法院等机关，而不包括这些机关中的侦查人员、检察人员、审判人员等人员，也就是说，法律只把侦查权、检察权、审判权配置给公、检、法等机关，而没有配置给这些机关中的办案人员，这些办案人员在法律上不具有诉讼主体、办案主体的地位，而只是办案的"工具"。我觉得这是不符合司法规律和诉讼规律的。公、检、法机关固然分别是侦查权、检察权、审判权的主体，但权力是由具体的人来行使的，这些机关的侦查人员、检察人员、审判人员应当分别是侦查权、检察权、审判权行使的主体，概言之，机关是职权的主体，机关工作人员是职权行使的主体，因此，公、检、法机关和这些机关中的侦查、检察、审判人员，都应是刑事诉讼主体。只有这样理解，才符合十八届四中全会通过的《中共中央关于全面推进依法治国若干重大问题的决定》关于"完善主审法官、合议庭、主任检察官、主办侦查员办案责任制，落实谁办案谁负责"的精神，否则，如果法律上他们连诉讼主体、办案主体都不是，怎么能让他们负责呢？

# 国家监察体制改革后检察制度的巩固与发展[①]

## 一、问题的提出

2018年是检察机关重建四十周年，也是检察制度面临严峻挑战的一年。"严峻挑战"既来自党的十九大提出的"新时代坚持和发展中国特色社会主义"的新任务，更来自国家监察体制改革所带来的职能调整。国家监察体制改革是事关全局的政治体制改革，对于整合反腐败资源力量，加强党对反腐败工作的集中统一领导，构建集中统一、权威高效的中国特色国家监察体制，实现对所有行使公权力的公职人员的监察全覆盖，推动反腐败向纵深发展，具有重大而深远的意义。党的十九大报告指出，要"把党内监督同国家机关监督、民主监督、司法监督、群众监督、舆论监督贯通起来，增强监督合力"。在此情势下，如何处理好国家监察体制改革与加强检察监督的关系，是新时代完善中国特色社会主义监督体系所面临的

---

[①] 原文刊载于《法学研究》2018年第4期。中国法学会于2018年4月将该文摘编成两期《要报》（2018年第9期、第10期），分别以《增强检察机关监督刚性的立法建议》《科学拓展新时代检察职能》为标题，报中央和国家有关部门。

重大理论和实践课题。国家监察体制改革给检察机关带来的职能调整，主要是职务犯罪侦查职能转隶。这一职能调整虽然仅削减检察机关诸项职能中的一项职能，但给检察制度带来了重大而深刻的影响：

其一，导致诉讼监督进一步软化和弱化。诉讼监督是检察机关的一项重要职能，根据法律规定，该职能包括刑事诉讼监督、民事诉讼监督和行政诉讼监督，其中刑事诉讼监督包括立案监督、侦查监督、审判监督和刑事执行监督；民事诉讼监督包括提起公益诉讼，对生效裁判的监督、执行活动的监督和审判人员在诉讼中违法行为的监督；行政诉讼监督包括提起公益诉讼，对案件受理、审理、裁判、执行的监督。① 故其监督活动基本上贯穿三大诉讼的全过程。诉讼监督的方式，除了对确有错误的裁判提出抗诉这种能够启动诉讼程序的监督方式外，其余的监督方式：一是对有关机关在诉讼中的违法行为和错误决定提出纠正意见或建议，二是对发现的职务犯罪立案侦查。前一种监督方式是柔性的，有关机关接到纠正意见或建议后，是否纠正、如何纠正由其自行决定。因为柔性显得软弱无力，所以有学者称其"患了软骨病"。② 后一种监督方式是刚性的，对案件立案后就能实施侦查，包括采取强制措施和强制性侦查行为。以往，由于有职务犯罪侦查权作支撑，提出纠正意见或建议这种方式尚能取得一定的效果，有关机关大多能够做些纠正工作。但是，在职务犯罪侦查职能转隶后，诉讼监督只剩下向有关机关发纠正意见或建议这一种柔性的监督方式，这势必使原本就柔性的监督变得更柔以致软弱无力。据进行国家监察体制改革试点省份的一些检察人员包括检察长反映，检察机关已经遇到诉讼监督中有关机关对调查取证不配合、对纠正违法意见置之不理等问题。

---

① 参见民事诉讼法第208条、第209条、第235条，行政诉讼法第25条第4款，第93条、第101条。

② 参见李奋飞：《检察再造论——以职务犯罪侦查权转隶为基点》，载《政法论坛》2018年第1期。

其二，导致"国家的法律监督机关"这一中国特色面临严峻挑战。我国的检察制度是中国特色社会主义检察制度，其"中国特色"体现在政治上主要是党的领导和人大监督；体现在性质上就是"国家的法律监督机关"这一宪法定位。而"国家的法律监督机关"这一"中国特色"体现在职能上，主要是诉讼监督职能。虽然法学界许多专家学者认为，从宪法层面理解，法律赋予检察院的所有职能都属于广义上的法律监督，诉讼监督则属于狭义上的法律监督。① 但最具法律监督性质和中国特色的职能是诉讼监督，因为该职能比较典型地体现了法律监督的内涵，即检察机关根据法律的授权，运用法律规定的手段，对法律的实施情况进行检查督促，以维护国家法治的统一和法律的正确实施。② 且该职能不为多数国家的检察机关所具有或完全具有。而检察机关的其他职能如公诉等职能虽具有一定的监督属性，但为各国所共有，因而不具有中国特色。作为最具中国特色和法律监督内涵的诉讼监督职能的进一步软化和弱化，使得检察制度的"中国特色"面临严峻挑战。

对职务犯罪侦查职能转隶给检察制度带来的上述重大而深刻的影响，法学界一些专家学者敏锐察觉、高度关注。有的认为，"它带来了检察机关法律监督定位和法律监督方式的全面危机"；③ 有的认为，"将职务犯罪侦

---

① 参见陈光中主编：《中国司法制度的基础理论问题研究》，经济科学出版社2010年版，第220页；卞建林主编：《〈中华人民共和国人民检察院组织法〉修改专家建议稿》，中国检察出版社2006年版，第16页；魏晓娜：《依法治国语境下的检察机关的性质与职权》，载《中国法学》2018年第1期；刘立宪、张智辉等：《检察机关职能研究》，载孙谦、张智辉主编：《检察论丛》法律出版社2001年版，第83页以下；朱孝清：《中国检察制度的几个问题》，载《中国法学》2007年第2期。

② 参见朱孝清、张智辉主编：《检察学》，中国检察出版社2010年版，第184页。

③ 陈瑞华：《论检察机关的法律职能》，载《政法论坛》2018年第1期。

查职能剥离后，检察机关将缺少落实法律监督的重要手段"；① 还有的认为，"中国检察制度又一次走到了历史的十字路口"，并提出了"失去职务犯罪侦查权的检察机关该如何实现其法律监督职能，处在大变革前夕的中国检察制度将何去何从"这一十分重大而严肃的问题。②

笔者认为，上述挑战确实不可低估。但挑战就是动力，挑战就是机遇。面对严峻形势，应当以党的十九大提出的习近平新时代中国特色社会主义思想为指导，坚持检察机关的宪法定位，增强监督刚性，逐步拓展检察职能，坚定不移地坚持和发展中国特色社会主义检察制度。

## 二、坚持检察机关的宪法定位

面对职务犯罪侦查职能转隶给"国家的法律监督机关"这一宪法定位带来的影响，是保持战略定力，坚定不移地坚持检察机关的宪法定位；还是改旗易帜，甚至像一些国家那样将检察机关定位为公诉机关？这是首先要回答的问题。不少专家学者认为只能是前者③，因为"国家的法律监督机关"这一具有中国特色的宪法定位，"并非外国法律制度的简单移植，而是植根于我国历史条件和社会时代背景"，"不仅契合我国一元宪制结构，

---

① 秦前红：《全面深化改革背景下检察机关的宪法定位》，载《中国法律评论》2017年第5期。

② 魏晓娜：《依法治国语境下的检察机关的性质与职权》，载《中国法学》2018年第1期。

③ 参见樊崇义：《检察机关深化法律监督发展的四个面向》，载《中国法律评论》2017年第5期；秦前红：《全面深化改革背景下检察机关的宪法定位》，载《中国法律评论》2017年第5期；魏晓娜：《依法治国语境下的检察机关的性质与职权》，载《中国法学》2018年第1期；李奋飞：《检察再造论——以职务犯罪侦查权转隶为基点》，载《政法论坛》2018年第1期；王玄伟：《国家监察体制改革和检察机关的发展》，载《人民法治》2017年第2期。

也符合社会主义法治发展的需要"[1];"国家监察体制改革并未改变检察机关的法律监督性质"[2]。但是,质疑"国家的法律监督机关"这一宪法定位的观点一直以来都有,在检察制度遇到挑战的当下,这种观点更不会消失,如有的认为,检察机关应当定位为公诉机关和诉讼监督机关;[3]有的则认为,国家监察体制改革后,我国权力架构中有两个监督权,这在世界上是少有的,即使本次宪法修正不对检察机关的定位作修改,也并不等于以后就不会改。[4]

笔者认为,在全面推进依法治国的大背景下,上述问题的回答只能是前者,即保持战略定力,坚持检察机关的宪法定位。如果罔顾我国政治制度、基本国情以及检察机关实施法律监督的状况,仅仅基于对西方国家法律制度的推崇,就主张照搬照抄西方国家的检察制度,这种做法在理论上是错误的,在实践上是有害的。根据党的十九大报告精神,"全面依法治国是国家治理的一场革命",深化依法治国实践,必须"坚定道路自信、理论自信、制度自信、文化自信",并在此前提下,"吸收人类文明有益成果,构建系统完备、科学规范、运行有效的制度体系,充分发挥我国社会主义制度优越性"。

(一)我国的政治制度和基本国情决定了需要法律监督

我国宪法将检察机关定位为国家的法律监督机关,主要是基于我国的政治制度和基本国情。如今,当初作出这一宪法定位的依据并未发生根本变化,故检察机关作为国家的法律监督机关的定位也不应改变。

---

[1] 秦前红:《全面深化改革背景下检察机关的宪法定位》,载《中国法律评论》2017年第5期。

[2] 金夏莱:《论监察体制改革背景下的监察权与检察权》,载《政治与法律》2017年第8期。

[3] 胡勇:《监察体制改革背景下检察机关的再定位与职能调整》,载《法治研究》2017年第3期。

[4] 这是一位学者在一次研讨会上发言时所说的观点。

1.我国的政治制度决定了要设立法律监督机关,以维护国家法治的统一和法律的正确实施。"一切有权力的人都容易滥用权力,这是万古不易的一条经验。"① 因而任何国家无论采取何种政体,都要采取一定的方式对权力进行监督制约。采"三权分立"政体的国家,一般采取分权制衡的方式;采"一元分立"政体的国家,一般采取设立专门监督机构的方式。这里需要说明的是,在三权分立国家,除三权之间相互制衡外,一般还在议会下面设立专门的监督机构,如美国的监察长制度②,瑞典、芬兰、丹麦、挪威、英国、新西兰等近60个国家的监察专员制度等③,用以监督政府各部、法院及其公职人员。因此,三权分立国家并非没有专门的监督机构,只不过该监督机构不与三权相并列而已。

我国实行的是共产党领导下的人民代表大会制度,采"一元分立"政体,需要采取设立专门监督机构的方式对权力进行监督④,即由人民代表大会产生"一府两院",由检察院负责对权力行使的合法性进行监督,以维护国家法治的统一和法律的正确实施。如今,增设了国家监察委员会,形成了人民代表大会下"一府一委两院"的权力架构。在这一权力架构下,监察委员会负责监督公职人员行使权力的廉洁性和勤勉性(下文详述),人民检察院仍负责法律监督。

2.我国的基本国情决定了应坚持检察机关是国家的法律监督机关的宪法定位。这是因为我国尚处于并将长期处于社会主义初级阶段,存在诸多影响法治统一和法律正确实施的因素,需要一个专司法律监督的机关来维

---

① [法]孟德斯鸠:《论法的精神》(上册),商务印书馆1961年版,第154页。

② 参见唐晓、王为、王春英:《当代西方政治制度》,世界知识出版社2005年版,第213页。

③ 参见[瑞典]本特·维斯兰德尔:《瑞典的议会监察专员》,程洁译,清华大学出版社2001年版,第3页。

④ 有关三权分立政体与一元分立政体下权力制约监督的阐述,详见朱孝清:《中国检察制度的几个问题》,载《中国法学》2007年第2期,这里不予展开。

护法治的统一和法律的正确实施。

首先,封建思想观念残余影响法治统一和法律正确实施。我国有两千多年封建社会的历史,封建社会是人治社会、人情社会,重权轻法、重情轻法、重关系轻法的思想广泛存在,规则意识淡薄,讲究"变通"之风盛行。新中国成立至今虽然已近七十年,但上述思想观念和风气仍有广泛深刻的影响。党的十八大以来,加强了思想政治建设、党风廉政建设和反腐败斗争,全面推进依法治国,深入推进司法体制改革,还制定下发了《领导干部干预司法活动、插手具体案件处理的记录、通报和责任追究规定》和《司法机关内部人员过问案件的记录和责任追究规定》等规范性文件,严格执法、公正司法的外部环境有了明显好转,但上述封建思想观念和社会风气仍严重影响法治统一和法律正确实施。

其次,片面的政绩观和地方利益影响法治统一和法律正确实施。"从理论上说,政府也应代表国家利益和社会公共利益,但从现实的角度看,政府通常代表的是较为短期、局部的利益,而经常与国家的长期性利益、全局性利益发生冲突"[1],加上片面政绩观的引导和地方利益诉求的刚性压力,使得一些地方对破坏环境资源、侵犯知识产权、"黄赌毒"、假冒伪劣等违法犯罪采取放任态度,行政执法中有法不依、执法不严、违法不究、有案不送、以罚代刑的现象屡禁不止;至于以邻为壑、互设藩篱、贸易壁垒、划地为牢、"上有政策、下有对策"等现象则更是司空见惯。

最后,发展不平衡影响法治统一和法律正确实施。我国地域辽阔,自然资源禀赋差异巨大,不同区域之间、城乡之间发展很不平衡。中国特色社会主义进入新时代,"我国社会的主要矛盾已经转化为人民日益增长的美好生活需要和不平衡不充分的发展之间的矛盾"[2],这种不平衡,不仅表

---

[1] 陈瑞华:《论检察机关的法律职能》,载《政法论坛》2018年第1期。

[2] 习近平:《决胜全面建成小康社会,夺取新时代中国特色社会主义伟大胜利——在中国共产党第十九次全国代表大会上的报告》,载《中国政协》2017年第20期。

现在经济、文化等方面，还表现在民主、法治、公平、正义、安全、环境等方面，这些不平衡特别是法治发展的不平衡，必然导致法律实施的不平衡，进而影响法治的统一和法律的正确实施。

总之，我国脱胎于封建社会和将长期处于社会主义初级阶段的实际，决定了法治发展具有明显的社会主义初级阶段的特征，在这一阶段，必然存在影响法治统一和法律正确实施的诸多因素，需要有一个专司法律监督的机关来保证法治的统一和法律的正确实施。

（二）国家赋予检察监督的职责任务不断加重的态势说明要坚持法律监督①

1978年，我国在总结"文化大革命"血的教训后，"鉴于同各种违法乱纪作斗争的极大重要性"②，决定重建人民检察院。检察机关重建以来，随着国家法治建设的深入推进和人民群众对法治需要的不断增强，党中央和国家法律赋予检察机关越来越多的监督职能和任务。如在刑事诉讼领域，1996年刑事诉讼法给检察机关新增了立案监督的职能（第87条）。2012年刑事诉讼法又给检察机关增加了10项监督职能：（1）对阻碍辩护人、诉讼代理人依法行使诉讼权利的监督（第47条）；（2）对侦查人员非法收集证据的监督（第55条、171条）；（3）对指定居所监视居住的决定和执行的监督（第73条）；（4）对继续羁押必要性的审查（第93条）；（5）对强制措施和强制性侦查行为等的监督（第115条）；（6）对死刑复核的监督（第240条）；（7）对暂予监外执行的同步监督（第255、256条）；（8）对减刑、假释的同步监督（第262、263条）；（9）对没收违法所得裁定的监督（第282条）；（10）对强制医疗决定和执行的监督（第289条）。

---

① 这里的"检察监督"，主要指典型地具有法律监督性质的诉讼监督职能。
② 这是叶剑英同志在五届人大一次会议上作《关于修改宪法的报告》中，对为什么要重新设置人民检察院作说明时说的一句话。

在民事诉讼和行政诉讼领域，分别制定于 1991 年和 1989 年的民事诉讼法和行政诉讼法虽都规定了检察监督方面的内容，但相关条文很少①，可操作性不强。民事诉讼法经 2007 年、2012 年、2017 年 3 次修正后，涉及检察监督的条文从原先的 1 条增加到 9 条，②监督对象由原先的"审判活动"扩大为"民事诉讼"，监督内容方面除了对民事判决裁定、民事调解书、民事执行活动、审判人员的违法行为的监督，还增加了提起民事公益诉讼的职能。行政诉讼法经过 2014 年、2017 年两次修正，涉及检察监督的条文从 2 条增加到 4 条，③不仅规定了提起抗诉、纠正审判人员违法行为等职能，还赋予提起行政公益诉讼的权力，且行政诉讼监督的对象除法院审判权外，还拓展到了诉讼所涉的行政权，这是因为检察机关提起行政公益诉讼及其诉前程序，所监督的对象已不是审判权而是行政权，提起行政公益诉讼，就是通过检察监督，纠正行政机关违法行使职权或者不作为。

党的十八届四中全会通过的《中共中央关于全面推进依法治国若干重大问题的决定》（以下简称十八届四中全会《决定》），要求强化检察机关的法律监督，以便在全面推进依法治国中发挥更大作用。根据十八届四中全会《决定》，检察机关作为法律监督机关，既是中国特色社会主义法治体系中"高效的法治实施体系"的重要组成部分，又是"严密的法治监督体系"的重要组成部分。十八届四中全会《决定》对检察改革规定了一系列任务，明确要求："完善检察机关行使监督权的法律制度，加强对刑事诉讼、民事诉讼、行政诉讼的法律监督"；"完善对涉及公民人身、财产权益的行政强制措施实行司法监督制度。检察机关在履行职责中发现行政机关违法行使职权或者不行使职权的行为，应该督促其纠正。探索建立检察机

---

① 民事诉讼法涉及检察监督的条文仅 1 条，行政诉讼法涉及检察监督的条文仅 2 条。
② 民事诉讼法第 14 条、第 55 条、第 208—213 条、第 235 条。
③ 行政诉讼法第 11 条、第 25 条、第 93 条、第 101 条。

关提起公益诉讼制度"。

可见,检察机关重建四十年来,具有典型的"法律监督"性质的诉讼监督职能的任务呈不断加重的态势,监督对象也从原来的侦查权、审判权、执行权,拓展到了检察监督所涉的行政权。

赋予检察机关诉讼监督的职责任务之所以呈不断加重的态势,是因为随着国家经济社会的发展,人民群众在温饱问题得到解决、逐步进入小康的过程中,对法治的需要包括希望通过法律监督促进严格执法、公正司法,并"在每一个司法案件中感受到公平正义"的需要不断增强。党中央和国家法律则是顺应了人民群众的这种需要。因此,在中国特色社会主义新时代,坚持检察机关作为法律监督的宪法定位,符合人民群众对美好生活的需要,也符合法治发展规律。

(三)国家监察机关的监督职能没有也不可能取代检察机关的法律监督

首先,从国家监察体制改革的目标来看,其目标是"整合反腐败的资源力量,加强党对反腐败工作的集中统一领导,构建集中统一、权威高效的中国特色国家监察体制,实现对所有行使公权力的公职人员监察全覆盖"[①]。这一改革给检察机关带来的直接影响是监督对象的减少(剥离了对公职人员职务犯罪的监督)和监督方式的变化(少去了"侦查"这种监督方式),而根本无意改变检察机关作为法律监督机关的定位。

其次,从两个机关的监督对象来看,国家监察机关的监督对象主要是公职人员的职务违法和职务犯罪;检察机关的监督除了对涉嫌犯罪的提起公诉外,监督的主要是诉讼所涉侦查机关、审判机关、执行机关以及行政机关的违法行为和错误决定。简言之,国家监察机关监督的主要是行使公权力的"人";检察机关监督的主要是行使国家权力的部分"机关"。同

---

① 李建国:《关于〈中华人民共和国监察法(草案)〉的说明——2018年3月13日在第十三届全国人民代表大会第一次会议上》,载《法制日报》2018年3月14日第1版。

时，检察机关是通过监督这些机关行使国家权力的"事"来实现对机关的监督，因此，检察机关监督的对象又是诉讼所涉的有关机关的"事"。虽然"人"与"机关"或"事"有时较难区分，但大的方面的界限基本上是能够区分的。

最后，从两个机关监督的内容和目的来看，国家监察机关监督的主要是公职人员履行职责的廉洁性和勤勉性，监督的目的是保证公职人员的廉洁和勤勉；检察机关监督的内容是有关机关行使国家权力的合法性，监督的目的是维护国家法治的统一和法律的正确实施。有观点认为，国家监察机关"是一个执法监督机关"。[1] 该观点不无道理，因为在全面推进依法治国的大背景下，法治已经渗透到社会生活的各个方面，公职人员履职行为更要接受法律和有关职业规范的约束，公职人员不廉洁、不勤勉的行为，往往同时违反了法律或执业规范。但是，国家监察机关监督的内容还包括检查党的路线方针政策和决议执行情况，监督检查公职人员道德操守等，[2] 而不限于法律所规制范围，故其监督的主要内容还是侧重于履行职务的廉洁性和勤勉性，中共中央办公厅有关文件关于"深化国家监察体制改革的目标，是建立党领导下的反腐败工作机构"的表述，[3] 则为笔者的观点提供了权威依据，因为不廉洁（如贪污受贿）、不勤勉（如失职渎职）是腐败

---

[1] 马怀德：《〈国家监察法〉的立法思路和立法重点》，载《环球法律评论》2017年第2期。

[2] 2018年3月，中共中央印发的《深化党和国家机构改革方案》规定，国家监察委员会的主要职责是："维护党的章程和其他党内法规，检查党的路线方针政策和决议执行情况，对党员领导干部行使权力进行监督，维护宪法法律，对公职人员依法履职、秉公用权、廉洁从政以及道德操守情况进行检查，对涉嫌职务违法和职务犯罪行为进行调查并作出政务处理决定，对履行职责不力、失职失责的领导人员进行问责，负责协调党风廉政建设和反腐败宣传等。"见《法制日报》2018年3月22日第1版。

[3] 中共中央办公厅印发《关于在北京市、山西省、浙江省开展国家监察体制改革试点方案》，载http://www.gov.cn/xinwen/2016-11-07/content-5129781.htm，最后访问时间：2018年3月20日。

的集中表现。

可见,国家监察机关与检察机关虽然都是监督机关,但在监督对象、内容、目的等方面都存在明显的差异;两个机关分别从不同的角度和层面、以不同的方式和方法,分别对公权力行使和法律实施进行监督。故无论从国家监察机关改革的目标,还是从国家监察机关与检察机关在诸多方面存在的明显差异来看,国家监察机关都难以代替检察机关在维护法治统一方面的作用,也不会改变检察机关作为法律监督机关的宪法定位,所改变的仅是法律监督的对象范围和方式。又由于检察机关本就"不是全面监督法律实施的机关,也没有去统揽法律监督",[①] 而只是对法律授权范围内的法律实施情况进行监督,故法律监督对象范围和方式的改变并不会从根本上改变检察机关作为法律监督的宪法定位。至于本文开头所说的国家监察体制改革对检察制度包括检察机关的宪法定位带来的挑战,正确的办法是应当是积极应对挑战,破解所遇问题,使法律监督硬起来、实起来,使之名副其实,而不是去改变检察机关的性质。

(四)修正后的宪法再次确认检察机关是国家的法律监督机关

2018 年 3 月 11 日,第十三届全国人大一次会议通过宪法修正案,修正后的宪法第 134 条仍然确认:"中华人民共和国人民检察院是国家的法律监督机关。"这是新形势下党的主张和人民意志的共同体现,也为检察制度的发展提供了最高遵循。尊崇宪法、树立宪法权威,就应尊崇和维护宪法对检察机关的定位;坚定中国特色社会主义的道路自信、理论自信、制度自信和文化自信,就应当坚定对宪法再次确认检察机关是"国家的法律监督机关"这一制度定位的自信,而不应有丝毫的怀疑和动摇。

总之,将检察机关定位为国家的法律监督机关,是党和国家根据中国

---

① 韩大元:《坚持检察机关的宪法定位》,载《人民检察》2012 年第 23 期。

的政治制度和基本国情作出的重要制度安排,是马克思主义权力监督制约理论和法治建设理论与中国实际相结合的产物。在全面推进依法治国战略中,"法律监督是法律运行不可或缺的构成性机制"①,它既是中国特色社会主义法治体系中"高效的法治实施体系"的重要组成部分,又是"严密的法治监督体系"的重要组成部分,具有不可替代的作用。因此,必须保持战略定力,坚定不移地坚持检察机关是"国家的法律监督机关"这一宪法定位。

## 三、增强检察监督的刚性

在检察制度面临严峻挑战的当下,要坚持检察机关作为法律监督机关的宪法定位,防止这一定位因诉讼监督进一步软化、弱化和名不副实,最重要的是要增强检察监督的刚性。以往,检察监督的刚性本就不足,因有职务犯罪侦查权作支撑,其作用在总体上尚能发挥;在职务犯罪侦查权划转后,解决检察监督刚性不足问题,已经成为坚持法律监督宪法定位、巩固和发展中国特色社会主义检察制度的关键。否则,如不谋求增强监督刚性,而去谋求拓展检察职能,走外延发展之路,那无异于舍本逐末。因为监督刚性不增强,即使履行更多的职能,也难免事倍功半甚至劳而无功。

当前,在立法上,增强检察监督刚性的对策措施主要有以下三个方面:

(一)给检察机关保留在履行职责中发现的职务犯罪侦查权

这里首先需要说明的是,笔者作为共产党员和老纪检工作者、老司法工作者,坚决拥护、支持国家监察体制改革和职务犯罪侦查职能转隶,但

---

① 张文显主编:《法理学》,高等教育出版社2003年版,第287页。

"坚决拥护、支持"并不意味着对职务犯罪侦查职能转隶中的某些具体问题不能进行研究。相反，正视职务犯罪侦查职能转隶中的某些具体问题而不回避矛盾，对这些具体问题加以研究并提出建设性建议，从而使国家监察职能与检察职能作出科学、合理的划分，并使该两个职能都取得最大的效能，是拥护、支持国家监察体制改革和职务犯罪侦查职能转隶的一种实际行动。有鉴于此，笔者建议，在将职务犯罪侦查职能总体上从检察机关划转给国家监察机关的前提下，给检察机关保留一小部分职务犯罪侦查权，即在履行职责中发现的职务犯罪侦查权。其理由是：

首先，给检察机关保留一小部分职务犯罪侦查权，是适应检察监督权特点的需要。执法、监督与被执法、监督是一对矛盾，有些甚至是尖锐的矛盾，这就要求执法、监督具有刚性。这种刚性首先表现为执法、监督机关一般应当具有对执法、监督对象直接进行处理的权力，否则，执法、监督将难以取得应有的效果。因此，我国的纪律检查机关、国家监察机关、各行政执法机关等，都具有对执法、监督对象直接进行处理的权力。但检察监督却不然，法律并没有赋予检察机关对监督对象直接进行处理的权力，而只赋予向监督对象提出纠正违法行为、错误决定的意见或建议的权力，监督对象接到纠正意见或建议后，是否纠正、如何纠正，由其自行决定。这是检察监督权区别于其他执法、监督权的最大特点。法律之所以这样规定，可能是考虑到检察监督的对象主要是有关国家机关，虽然也涉及机关内的工作人员，但他们是在代表国家机关履行职责的过程中产生违法行为和错误决定的。在这样的法律制度下，要使检察监督取得好的效果，检察机关就必须有一项较有力度的职能或措施，以弥补无权直接处理监督对象的不足，并对检察监督起到支撑和保障作用。正如有关专家所说：职务犯罪侦查权剥离后，"检察机关如欲实现'法律监督机关'之宪法定位和现实权威，还需要从宪法法律中寻找'有力依据'和'有力措施'"。①这项"较有力度的职能或措施"，如果不是职务犯罪侦查权，就应由法律赋予新的职能或措施。而由法律赋予新的职能或措施，则要考虑其匹配性、适当性以及与法律监督性质的协调性，其难度可能较大，故退而求其次，还是给检察机关保留一小部分职务犯罪侦查权比较简便易行。

其次，给检察机关保留一小部分职务犯罪侦查权，既是检察监督的内在要求，又是防止诉讼监督职能进一步软化和弱化、坚持检察机关是国家的法律监督机关这一宪法定位的需要。检察机关的法律监督，理应既监督违法，又监督履行职责中发现的职务犯罪。以诉讼监督为例，诉讼中的违法与诉讼中的职务犯罪本应都属于诉讼监督的对象。因为诉讼中的违法与职务犯罪这二者虽然有明确的界限，但并无天然的鸿沟，有些案件表面上是违法，但一查发现是犯罪；有些案件开始以为是犯罪，但查后却发现仅是违法。如果将诉讼中本具有紧密联系的违法与职务犯罪这二者强行拆开管辖，即检察机关只监督诉讼中的违法，而不监督诉讼中的职务法罪，那诉讼监督职能是不完整的。因此，给检察机关保留在履行职责中发现的职务犯罪侦查权，是检察监督的内在要求。检察机关重建四十年来的历史经验也充分证明，纠正违法行为、错误决定与侦查职务犯罪这二者相辅相成，不可或缺：通过纠正违法行为、错误决定，可以发现一些职务犯罪线索；通过侦查职务犯罪，可以促进纠正意见或建议的落实。诉讼监督如只有监督违法行为、错误决定的权力，而无必要的职务犯罪侦查权作支撑和保障，诉讼监督就会软弱无力。要防止诉讼监督进一步软化和弱化，其途径之一，就是给检察机关保留在履行职责中发现的职务犯罪的侦查权。这样，检察机关纠正违法行为、错误决定权的权力与职务犯罪侦查权相结

---

① 秦前红：《全面深化改革背景下检察机关的宪法定位》，载《中国法律评论》2017年第5期。

合，以职务犯罪侦查权作支撑和保障，诉讼监督才能由软变硬，检察机关也才能更好地履行诉讼监督职能。

同时，"宪法是国家的根本法，是国家各种制度和法律法规的总依据"，"具有最高的法律地位、法律权威和法律效力"[①]。修正后的宪法再次确认检察机关是国家的法律监督机关，国家立法就应以实际行动坚持这一定位，认真研究解决因职务犯罪侦查职能转隶导致法律监督弱化和名不副实等问题。而在国家监察体制改革中兼顾检察制度的发展，给后者保留在履行职责中发现的职务犯罪这一小部分侦查权，则是坚持检察机关作为国家的法律监督机关这一宪法定位和职能上的中国特色，并使其名实相符，从而在全面推进依法治国中发挥其不可或缺作用的一个可行思路。

再次，给检察机关保留一小部分职务犯罪侦查权，有利于优化办案资源配置，进一步提高反腐败整体效能。将职务犯罪侦查职能划转给国家监察机关有利于提高反腐败效能；将职务犯罪侦查职能总体划转的前提下，给检察机关保留这一小部分案件的侦查权，更有利于提高反腐败的整体效能，从而实现帕累托最优。因为检察机关对履行职责中发现的职务犯罪实施侦查，一是在发现线索上具有职能便利。众所周知，普通刑事犯罪一般有直接的被害人，犯罪结果通常会自动暴露。而职务犯罪一般没有直接的被害人，加上犯罪主体有合法的职务作掩护，因而犯罪结果通常不会自动暴露，需要侦查机关想方设法去发现，故发现线索是职务犯罪侦查的重要环节。检察机关对履行职责中发现的职务犯罪实施侦查，可以通过三大诉讼的各个环节，通过审查批捕、审查起诉、执行监督、受理民事、行政申诉和公益诉讼举报等渠道，通过审阅案件材料、讯问犯罪嫌疑人、被告人和罪犯，询问证人、听取当事人及其辩护（代理）律师控告申诉、调查取

---

[①] 习近平2018年2月24日在中共中央政治局第四次集体学习时的讲话，载《法制日报》2018年2月26日第1版。

证等方式，来发现职务犯罪线索，这比国家监察机关发现这些线索要方便许多，特别是发现监管场所等特殊场所的职务犯罪线索，检察机关比国家监察机关具有更为明显的职能便利。二是有利于发现线索与侦查案件这两个环节的紧密衔接，从而提高查处案件的效率。如果对发现线索与侦查案件实行分离，检察机关发现线索后需转国家监察机关，而国家监察机关又可能正忙于查处其他案件，一时无法安排查处，这难免会影响效率。三是符合办案的逻辑。像刑讯逼供、暴力取证、非法拘禁、非法搜查、徇私枉法等犯罪，都是司法人员在办案（有时包括办假案）中实施的犯罪。检察机关在审查"前案"时，对发现的上述犯罪直接实施侦查，有利于较快地对"前案"某些证据是否合法、是否应当认定为非法证据予以排除、"前案"是否构成犯罪等问题作出判断，并正确确定刑事诉讼的走向。

最后，保留这一小部分职务犯罪的侦查权，不仅不会影响国家监察机关对行使公权力的公职人员监察的全覆盖，而且是很好的配合和补充。应当说明的是，检察机关在履行职责中发现的职务犯罪有严格的限定：一是犯罪主体的限定，限于涉嫌职务犯罪的少数司法工作人员和行政机关工作人员；二是犯罪行为方式的限定，限于有关人员利用职权实施；三是发现的渠道的限定，限于检察机关在履行职责中发现，未被检察机关在履行职责中发现的司法工作人员和行政机关工作人员的职务犯罪，不在这个范围。因此，检察机关侦查的这类案件，仅是司法工作人员和行政机关工作人员中职务犯罪的一部分，更是所有职务犯罪案件的一小部分。除此之外的司法工作人员和行政机关工作人员的职务犯罪以及其他公职人员的职务犯罪，仍由国家监察机关查处；司法机关和行政机关的所有公职人员仍然都在国家监察机关的统一监督之下。因而，给检察机关保留这一小部分职务犯罪侦查权，丝毫不会影响国家监察机关对行使公权力的公职人员监察的全覆盖。同时，对于检察机关查处履行职责中发现的职务犯罪，只要将其纳入纪委和国家监察机关反腐败大格局，自觉接受纪委的组织协调，加强与国家监察机关的沟通联系,特别是在立案前做好沟通联系工作,就不会与国家监察机关的办案工作发生"撞车",也不会打乱纪委和国家监察机关反腐败的整体部署。如果纪委和国家监察机关认为某线索有必要由其统一组织查处,那么检察机关可将该线索转给纪委和监察机关;纪委、监察机关有时也可将涉及司法工作人员的某些线索交检察机关查处或协助查处。因此,检察机关查处履行职责中发现的职务犯罪,与国家监察机关查处职务犯罪不仅不矛盾,而且是很好的配合与补充。这样,国家监察机关的监察功能与检察机关的法律监督功能就都能得到较有效地发挥。

总之,保留给检察机关侦查的职务犯罪,仅是所有职务犯罪中的一小部分,但这一小部分侦查权的保留,却有利于防止检察机关诉讼监督职能进一步软化和弱化,有利于坚持和巩固检察机关是国家的法律监督机关这一宪法定位,有利于激发检察制度活力,而且这一措施切实可行,因而是当下最优的改革思路。一些专家学者也持类似意见,如有的认为:"监察委员会的调查权不会取代检察院的侦查权";[1] 有的认为:"可以考虑将贪污贿赂犯罪案件划归国家监察委员会管辖,将渎职侵权犯罪案件保留给人民检察院管辖。"[2] 还有的主张:"鉴于国家监察委员会难以通过派驻等形式深入到刑事执行领域尤其是羁押场所,由刑事执行检察主体继续掌管针对监管人员的贪腐、渎职行为的侦办权,反倒具有更大优势"。[3]

2018年4月25日,第十三届全国人大常委会第二次会议初审了《刑事诉讼法修正案(草案)》(以下简称刑诉法修正草案)。该刑诉法修正草

---

[1] 马怀德:《国家监察体制改革的重要意义和主要任务》,载《国家行政学院学报》2016年第6期。

[2] 张建伟:《法律正当程序视野下的新监察制度》,载《环球法律评论》2017年第2期。

[3] 李奋飞:《检察再造论——以职务犯罪侦查权的转隶为基点》,载《政法论坛》2018年第1期。

案给检察机关保留了一小部分职务犯罪侦查权："人民检察院在对诉讼活动实行法律监督中发现司法工作人员利用职权实施的非法拘禁、刑讯逼供、非法搜查等侵犯公民权利、损害司法公正的犯罪，可以由人民检察院立案侦查。"至于给检察机关保留这一小部分案件侦查权的目的和理由，全国人大职能部门负责人在对刑诉法修正草案作说明时未有涉及。笔者认为，该侦查范围如果仅是刑诉法修正草案列举的三个罪名，则未免过于狭窄：一是罪名过少；二是侦查权覆盖面过窄，仅涉及侦查人员，而不大会涉及其他司法工作人员；三是案件数量过少，据统计，2016年，全国检察机关立案侦查的司法工作人员利用职权实施的上述三种罪名的犯罪案件仅24件。如此狭小的侦查范围，难以给检察机关的诉讼监督起到支撑和保障作用，也难以帮助检察机关解决"国家的法律监督机关"这一宪法定位名不副实的问题；为了侦查这几十个案件，检察机关还要培养一支常备的侦查队伍，以应不时之需，其制度成本与侦查成效相比，也显得很不相称。

刑诉法修正草案规定的侦查范围之所以"难以给检察机关的诉讼监督起到支撑和保障作用"，是因为在检察机关无权对监督对象作直接处理的法律制度下，要使保留的侦查权给检察监督真正起到支撑和保障作用，就必须遵循一个原则：侦查权的覆盖面与检察监督权的覆盖面必须相同。否则，如果前者小于后者，则部分检察监督就得不到职务犯罪侦查权的支撑和保障；如果前者大于后者，则保留的职务犯罪侦查权出现过剩，从而对国家监察机关职务犯罪调查权的完整性造成不适当的影响。根据这一原则，就应当把履行检察监督职责中发现的职务犯罪都保留给检察机关侦查。如果立法机关认为这一范围所涉犯罪种类过多，贪污贿赂犯罪的侦查权不能保留给检察机关，那至少也应当把履行职责中发现的渎职、侵权这两类职务犯罪的侦查权保留给检察机关，这类犯罪的主体除了司法工作人员，还应包括少数行政机关工作人员。这是因为行政公益诉讼监督的对象是行政机关工作人员；十八届四中全会《决定》赋予检察机关的"对涉及公民人身、财产权益的行政强制措施的监督"和"在履行职责中发现的行政机关违法行使职权或者不行使职权行为的监督",其监督对象也是行政机关工作人员。为了支撑对上述行政监督的开展,检察机关应当有权对履行监督职责中发现的行政机关工作人员的职务犯罪立案侦查。

(二)在法律上赋予检察监督以硬的约束力

被宪法和法律规定的检察监督之所以要以职务犯罪侦查权作支撑,除了检察机关不能对监督对象直接进行处理这一原因外,与检察监督自身因"软骨病"还立不住有重要关系。因为法律规定的检察机关对有关机关在诉讼中的违法行为、错误决定的监督方式五花八门(后文具体阐述),且大多未对有关机关接到检察监督意见或建议后如何纠正、如何反馈纠正情况、有关机关拒不纠正时如何救济等方面作出规定,更未对作出违法行为、错误决定的有关责任人应否处理、如何处理作出规定,致使有些机关对检察机关提出的纠正违法行为、错误决定的意见或建议置之不理,有的还以"法律没有要求我们落实纠正意见或建议""公权力法无明文规定不得为"等所谓理由来搪塞和对抗。检察监督意义重大且难度很大,"但与其对应的提出检察建议和发布纠正违法通知书却缺少实际强制力"[①],这种"说起来很重要、落实起来很空洞"、"权"与"能"极不匹配、缺乏刚性的立法,是造成检察监督自身立不起来、未能起到应有作用的主要原因。因此,要坚持检察机关作为国家法律监督机关的宪法定位,就必须在立法上赋予检察监督以硬的约束力,从而使检察监督自身祛除"软骨病",硬起来和立起来。所谓"硬的约束力",就是法律效力。

之所以要赋予检察监督以硬的约束力,是因为:首先,检察机关作为宪法和法律规定的专司法律监督的机关,其依据法律、代表国家作出的监

---

① 秦前红:《全面深化改革背景下检察机关的宪法定位》,载《中国法律评论》2017年第 5 期。

督决定应当具有法律效力。其次，监督必须有牙齿，没有牙齿不成其为监督。①检察监督与被监督是一对矛盾，有时甚至是很尖锐的矛盾，所体现的是护法与违法的斗争，这种斗争是习近平总书记所说的"伟大斗争"的组成部分，且检察监督的对象都是强势机关，加上我国缺乏民主传统，一些机关接受监督的意识淡薄，对检察机关的监督意见往往有抵触心理，法律如不对其落实监督的义务作出硬性规定，而是凭其觉悟和自觉性，检察监督很容易成为一纸空文。再次，监督与监督对象落实监督意见是监督制度不可或缺的两个方面。检察监督目的的最终实现，必须以监督对象落实监督意见为条件，这与合同中一方权利的实现必须以另一方履行义务为条件同属一理。这就决定了法律应当对检察监督权与监督对象落实监督意见的义务这两个方面一并作出规定。最后，党风廉政建设需要变"宽松软"为"严硬实"，监督司法活动中的违法行为、错误决定，维护法治统一，也要变"宽松软"为"严硬实"，否则就难有成效。而"严硬实"首先要体现在立法上。

在法律上赋予检察监督以硬的约束力，建议从以下三个方面入手：

1.法律规定的检察监督的方式要规范，并体现约束力。现行诉讼法和人民检察院组织法规定的检察监督的方式主要有以下几种：（1）对法院确有错误的裁判，规定了"提出抗诉"和"提出检察建议"的方式②；（2）对有关机关在诉讼中作出的错误决定，有的规定了"建议纠正"的方式，有的

---

① 这里的"监督"是指作为权力的监督，而非作为权利的监督。

② 在刑事诉讼中，检察机关对确有错误的裁判的监督方式都用"抗诉"。在民事诉讼中，上级检察院对下级法院的生效裁判用"抗诉"，对同级法院的生效裁判用"检察建议"，参见民事诉讼法第208条。

规定了"通知纠正"的方式①;(3)对诉讼中的违法行为,有的规定了"通知纠正"的方式,有的规定了"提出纠正意见"的方式,有的规定"提出检察建议"的方式,还有的则仅笼统地规定"实施监督"或"予以监督纠正",②可谓五花八门。在同一类检察监督如纠正违法中,为什么有的用"建议"、有的用"意见"、有的用"通知",其原因并不明。

为此,建议在立法上对检察监督方式作如下规范:(1)对法院确有错误的裁判,用"抗诉"方式进行监督;在民事诉讼中,对同级法院确有错误的生效裁判,则用"意见"即"再审意见书"的方式进行监督。(2)对有关机关在诉讼中作出的错误决定(不包括裁判),用"纠正意见"的方式进行监督。(3)对诉讼中的违法行为,用"通知纠正"的方式进行监督。

这里需要指出的是,无论是哪类检察监督,都不宜用"建议"的方式。因为"建议"不具有约束力,与检察监督应当具有法律效力的特征不符。在20世纪的法律中,检察监督是不用"建议"这种方式的,"建议"仅用于检察机关结合办案所开展的社会治安综合治理和预防腐败工作,即通过办案发现有关单位在管理、制度等方面存在的漏洞,提出整改堵漏、完善制度、加强管理、预防犯罪的建议,它属于"办案的后半篇文章",而不是办案本身。在后来的立法中,混淆了"建议"与"意见""通知"

---

① "建议"的方式,如刑事诉讼法第93条规定:犯罪嫌疑人、被告人被逮捕后,人民检察院仍应当对羁押必要性进行审查。对不需要继续羁押的,"应当建议予以释放或者变更强制措施"。"通知"的方式,如刑事诉讼法第115条规定:对与案件无关的财物采取查封、扣押、冻结措施的,人民检察院对申诉进行审查后,认为情况属实的,"通知有关机关予以纠正"。

② "通知纠正"的方式,如刑事诉讼法第47条规定:对阻碍辩护人、诉讼代理人依法行使诉讼权利的,"通知有关机关予以纠正"。"提出纠正意见"的方式,如刑事诉讼法第203条规定:对人民法院审理案件违反法律规定程序的,"有权向人民法院提出纠正意见"。"提出检察建议"的方式,如行政诉讼法第93条规定:对审判程序中审判人员的违法行为,"有权向同级人民法院提出检察建议"。仅笼统规定的,如刑事诉讼法第73条规定:"人民检察院对指定居所监视居住的决定和执行是否合法实行监督。"

的界限。故必须予以正本清源。

2. 法律要规定"一案双查"。对有关机关违法行为和错误决定，应当要求有关机关既要纠正违法行为、错误决定，又要落地查人，对负有责任且应当追责的严肃追究责任。以往的检察监督只对事不对人，即使违法行为和错误决定被纠正了，有关责任人却无关痛痒，更无切肤之痛，难以对其产生应有的警示和震慑，更不足以促使其吸取教训，致使恶习难改，继续源源不断地产生出违法行为和错误决定来。违法行为和错误决定是人实施或作出的，人是源头，只有既纠事，又落地查人，检察监督才有硬的约束力，并取得应有的警示效果。当然，落地查人既要"严硬实"，又要实事求是。

3. 法律要规定有关机关落实检察监督的义务、反馈的期限、异议的程序以及拒不纠正违法行为、错误决定的责任。有关机关接到检察监督意见（通知）后，对违法行为或错误决定要及时加以纠正，对责任人也要立即启动调查，并在一定期限内反馈结果。具体可实行两次反馈制度，即对"事"的纠正应在 1 个月内反馈，其中时间性很强的，如纠正超期羁押、纠正阻碍律师会见在押犯罪嫌疑人等，应在 7 日内反馈；对人的处理一般应在两个月内反馈，认为不需要追究责任，也应反馈情况并说明理由。有关机关对检察监督意见（通知）有异议的，可以提出复议、复核。复议、复核后检察机关仍坚持原监督意见（通知）的，有关机关应当落实。对监督意见（通知）置之不理、无正当理由拒不纠正的应移送纪委和国家监察机关依纪依法严肃问责。

除了在法律上赋予检察监督以硬的约束力之外，检察机关也要完善监督工作。这是使检察监督具有硬的约束力的基础。一要更新理念，着眼于监督方与被监督方共赢。二要精准监督，确保质量。所涉事实要查准，性质判断要精准，所提意见（通知）要精准，切实防止片面追求监督数量。三要跟踪问效。对提出的监督意见（通知），要扭住不放，跟踪督促，务使落到实处。要从一开始就立出规矩，一个案件一个案件地抓到底，使被监督对象不敢马虎、不敢随便应付，并逐步形成习惯。四要争取和依靠有关方面的支持配合。维护法治统一和法律正确实施是一项系统工程，决非检察一家所能实现。除了依靠党委领导、人大监督，还要依靠政府、纪委、监察委以及其他有关方面的支持配合，必要时，可把纠正意见（通知）报告有关方面。五要发挥检察一体的体制优势。要加强上级检察机关对下级检察机关履行职能遇有阻力时的支持，在全系统形成同违法行为、错误决定作斗争的强大力量。六要个案监督与综合监督相结合。要综合分析有关机关一个时期作出违法行为、错误决定的情况，分析原因，提出改正意见，加强与有关机关沟通联系，建议有关机关健全制度、加强管理、强化预警，以便从源头上预防和减少违法行为、错误决定的发生。

（三）赋予检察机关调查核实权及其措施

赋予检察机关以调查核实权及其措施，这是法律监督的题中应有之义。因为检察机关在履行法律监督职责特别是诉讼监督等职能时，往往需要先对发现的违法行为、错误决定的线索、民事行政公益诉讼线索等进行调查核实，发现确有违法行为、错误决定或者确应提起公益诉讼的，才能对有关机关提出"纠正意见（通知）"或提起公益诉讼，而不能仅凭线索就得出结论。同时，调查中如遇到调查对象拒不配合的情况，也需要采取必要的措施，而不能任其拒不配合甚至对抗。否则，就与"监督必须有牙齿"的原理相悖。因此，为了保证法律监督的顺利进行和精准，法律应当赋予检察机关调查核实权及其必要的措施。

但是，人民检察院组织法及其修订草案对此均未规定；2012年刑事诉讼法及其修正草案也都付之阙如，民事诉讼法和行政诉讼法则只规定了调查权而未规定必要的措施。①法律对法律监督中的调查核实权及其必要的措施没有作出规定或者规定不全,这在职务犯罪侦查权归属于检察机关时还问题不大,但在职务犯罪侦查权转隶后,问题马上就突出起来,一旦监督对象对检察机关的调查不配合甚至对抗,如推三阻四、一问三不知、躲避调查、玩弄拖延战术、拒不提供有关材料及证据、抗拒调取证据等,检察机关往往无可奈何。因此,应当赋予检察机关调查核实权及其必要的措施。

借鉴有关行政执法的立法,相应的调查措施应主要包括:要求说明请况,通知谈话,传唤,调取证据,查阅有关会议记录、文件、案卷材料,责令提供相关证据、材料,检查,鉴定等;必要时,还应当有权直接采取强制性措施,如强制传唤,查封,扣押,冻结,发出禁止令、责令立即停止侵害公益行为等。②从而为检察机关的调查核实活动提供必要的法律依据,进而夯实法律监督的事实基础。

## 四、逐步拓展检察职能

职务犯罪侦查职能转隶后,检察机关仍有不少职能。检察机关应当走内涵式发展之路,认真履行好这些职能。同时也要看到,现行的检察职能主要限于诉讼领域,且诉讼领域也还存在一些法律监督的空白地带,与检察机关作为法律监督机关的宪法定位不尽相符。在中国特色社会主义新时

---

① 民事诉讼法第210条规定:"人民检察院因履行法律监督职责提出检察建议或者抗诉的需要,可以向当事人或者案外人调查核实有关情况。"行政诉讼法未对检察机关的调查权直接作出规定,但该法第101条规定:"人民法院审理行政案件,关于期间、送达、财产保全、开庭审理、调解、中止诉讼、终结诉讼、简易程序、执行等,以及人民检察院对行政案件受理、审理、裁判、执行的监督,本法没有规定的,适用《中华人民共和国民事诉讼法》的相关规定。"因此,可以认为对检察机关的调查权作出了规定。

② 参见汤维建:《检察机关提起公益诉讼的制度优化》,载《人民检察》2018年第11期。

代,检察机关要紧跟形势发展,顺应人民日益增长的美好生活需要,围绕监督公权行使、保障公民权利、维护法治统一、维护公平正义的职能使命,在履行好现有职责的基础上,进一步强化诉讼监督,并逐步将监督职能拓展到诉讼领域之外,为全面推进依法治国作出新的贡献。

今后,检察职能可从以下三个方面拓展:

*(一)提请合宪性审查,维护宪法权威*

十八届四中全会《决定》指出:"完善全国人大及其常委会宪法监督制度,健全宪法解释程序机制。加强备案审查制度和能力建设,把所有规范性文件纳入备案审查范围,依法撤销和纠正违宪违法的规范性文件。"党的十九大报告又进一步强调:"加强宪法实施和监督,推进合宪性审查工作,维护宪法权威。"这是党中央为维护宪法权威和法治统一作出的重大决策部署。因为在现实生活中,地方性法规、条例、规章同宪法、法律相抵触的并不鲜见,且随着地方立法权主体的扩大(设区的市都有立法权),地方立法违宪、违法的情况还会增多。

立法法第 99 条第 1 款规定:"国务院、中央军事委员会、最高人民法院、最高人民检察院和各省、自治区、直辖市的人民代表大会常务委员会认为行政法规、地方性法规、自治条例和单行条例同宪法或者法律相抵触的,可以向全国人民代表大会常务委员会书面提出进行审查的要求,由常务委员会工作机构分送有关的专门委员会进行审查,提出意见。"但实践中检察机关对该工作未有开展。检察机关作为国家的法律监督机关,维护宪法权威和国家法治统一是其职责使命,应当责无旁贷地履行提请全国人大合宪性、合法性审查的职责,认为行政法规、地方性法规、自治条例和单行条例同宪法、法律相抵触的,应提请全国人大常委会审查。为此,检察机关要明确承担此项职责的机构,落实专门人员、建立相关制度、机制,尽快启动此项工作。

## （二）拓展司法审查，维护公民权利

为了防止侦查机关滥用强制措施和强制性侦查行为损害公民权利，在法治健全国家，对于强制措施和强制性侦查行为，都实行"决定权与执行权相分离"原则，事先提请司法官司法审查，取得司法官发布的司法令状后，侦查机关才能实施，以体现司法权对侦查权的控制。联合国《保护所有遭受任何形式拘留或监禁的人的原则》第4条规定："任何形式的拘留或监禁以及影响到在任何形式拘留或监禁下的人的人权的一切措施，均应由司法当局或其他当局以命令为之，或受其有效控制。"联合国《公民权利与政治权利国际公约》第9条第3款也规定："任何因刑事指控被逮捕或拘禁的人，应当被迅速带见审判官或者其他经法律授权行使司法权力的官员，并有权在合理的时间内受审判或被释放。"

需经司法审查的强制措施和强制性侦查行为主要分三类：一是对人的强制，即限制人身自由的拘留、逮捕等措施；二是对物的强制，如搜查、查封、扣押、冻结；①三是对公民信息和隐私的强制，如监听等技术侦查措施。在我国，只有逮捕需事先提请检察机关批准，其他强制措施和强制性侦查行为都由侦查机关自行决定和执行。侦查机关采取的强制措施或强制性侦查行为如有不当，除了"对与案件无关的财物采取查封、扣押、冻结"可以向有关机关申诉、控告外，②其余的均无救济渠道。这种状况与强调"国家尊重和保障人权""全面推进依法治国"的当今形势很不相适应，不仅有可能使侦查权随意扩张，侵犯公民合法权益，而且会促使形成和巩固"侦查中心主义"的诉讼构造，③从而与"以审判为中心"的诉讼制度改

---

① 搜查除对财产的强制外，还涉及公民的人身权利和住宅安宁，这里是就主要方面来说的。
② 刑事诉讼法第115条。
③ 陈瑞华：《论检察机关的法律职能》，载《政法论坛》2018年第1期。

革相悖。法学界要求对此改革的呼声强烈。① 十八届四中全会《决定》也明确要求"完善对限制人身自由司法措施和侦查手段的司法监督","规范查封、扣押、冻结、处理涉案财物的司法程序"。为此,建议立法机关分步骤完善立法,逐步实现对侦查中强制措施和强制性侦查行为的司法审查。按照先重后轻的原则,第一步,宜对会严重损害公民人身自由权、财产权、居住安宁权和隐私权的拘留、指定居所监视居住、搜查、监听这四种措施实行司法审查,待总结经验后再逐步扩大司法审查的范围。对于情况紧急、来不及事先提请批准、需要立即拘留、搜查的,也要在事后立即提请批准。

至于负责司法审查的机关,根据中国的实际,应当是检察机关。因为第一,检察机关是法律监督机关,一直以来承担审查批捕和侦查监督职能,将以上强制措施和强制性侦查行为交给检察机关审查,符合我国司法机关一贯的职能分工。第二,外国负责司法审查的法官是独立于审判法官的预审法官、侦查法官或治安法官,而我国的法官都是审判法院,没有独立于审判法院的预审法官、侦查法官或治安法官制度。如把司法审查权交给法院,不利于审判权对司法审查权的制约;如果司法审查搞错了,也不利于审判环节对错误的司法审查决定的纠正,加上国家刑事赔偿的决定机构设在法院,纠正错误的司法审查决定会更加困难。虽然,检察机关在刑事诉讼中并不是完全中立的机关,由其负责司法审查并不尽善尽美,但同交给法院司法审查相比,则具有相对合理性,因为检察院如果司法审查错误,还可以通过审判加以纠正。有关专家也认为:在可以预见的未来,检察机关审查批捕的职能很难被移交给法院,那种要求按照西方经验赋予法

---

① 参见樊崇义:《检察机关深化法律监督发展的四个面向》,载《中国法律论坛》2017 年第 5 期;陈瑞华:《论检察机关的法律职能》,载《政法论坛》2018 年第 1 期;李奋飞:《检察再造论——以职务犯罪侦查权的转隶为基点》,载《政法论坛》2018 年第 1 期;魏晓娜:《依法治国语境下检察机关的性质和职权》,载《中国法学》2018 年第 1 期。

院司法审查权的改革建议,很难在短期内有现实的可能性。① 第三,联合国上述文件规定的行使司法审查权的主体,除法官之外,还包括"其他当局"或"其他经法律授权行使司法权力的官员"。我国检察机关是司法机关,且依法独立行使职权,法律赋予其行使司法审查权,并不违反联合国有关文件的规定。此外,检察机关一直在进行的审查逮捕适度诉讼化改革,也为授予检察机关司法审查权提供了更多的合理性根据。当然,负责司法审查的职能部门应当尽可能超脱、中立,以最大限度维护司法审查程序的正当性。

（三）拓展行政检察,促进依法行政

检察机关提起行政公益诉讼的职能被规定在行政诉讼法中,因而属于行政诉讼监督的范畴,但其监督的对象是行政权,而与对法院确有错误的行政裁判提出抗诉、对诉讼中的违法行为提出监督意见所监督的是审判权,形成明显区别。行政公益诉讼开启了检察机关对行政权进行监督的先河,这在检察制度发展史上具有重要意义。以后,行政检察应逐渐进行有限度的拓展,这是因为:第一,行政权在诸权力中是最强大的权力。各级政府手中都握有大量权力和资源,特别是我国曾长期实行高度集中的计划经济体制,政府无所不管。经过四十年的改革开放,政府的权力虽有明显缩减,但仍然掌握着很多重要的权力和丰富的资源,因而存在较多的发生违法问题的条件。第二,在诸权力中,行政权要积极主动地行使,并强调效率;而立法具有半被动性,强调民主;司法具有被动性,强调公正。行政权主动行使、强调效率的特点,决定了其比其他权力更容易产生滥权渎职等问题。特别是在重大工程拍板、国企改革、土地使用权出让、征地拆迁、生态环境和资源保护、食品药品安全管理、行政执法等领域,行政

---

① 参见陈瑞华:《论检察机关的法律职能》,载《政法论坛》2018年第1期。

工作人员有法不依、执法不严、不作为、乱作为的问题尤为突出，前些年一些地方的部分群体性事件和上访往往与此有关。第三，一些地方政府在片面政绩观的引导和地方利益的刚性压力下，出现了许多有法不依、执法不严、违法不究、怂恿庇护违法犯罪、影响法治统一和法律正确实施的问题。第四，在诸权力中，立法和司法大多有法可依且较为完备，如立法有立法法，司法有三大诉讼法，而行政权的行使在有些方面还无法可依，法治化程度不高，工作人员自由裁量权有时过大。第五，由于有关体制改革尚未完全到位，行政诉讼作为司法权制约行政权的一种机制，其作用尚未得到充分发挥。总之，在法律实施方面，行政领域是存在问题较多的一个领域。

当然，这并不是说看不到这些年来依法行政所取得的巨大成绩，也不意味着检察权可以随意介入行政领域。因为行政领域自有其管理监督机制，如行政管理、行政复议、行政监察、行政诉讼等，刚颁布的监察法把调查处理所有行使公权力的公职人员的职务违法和职务犯罪作为监察机关的基本职能，且监察机关独立于政府，因而有利于强化对行政权的监督。因此，检察机关拓展行政检察的原则和策略，一是要紧扣法律监督定位，以现有的职能为基点向外延伸。二是要正确处理行政检察与行政领域已有的管理监督机制的关系，只有在行政领域已有的管理监督机制缺位或履职不到位的情况下，检察权才能适度介入，以发挥拾遗补缺作用。[①] 三是要稳扎稳打，注重质量、效果。据此，在做好提起行政公益诉讼的同时，可主要从以下三个方面拓展行政检察：

1. 对履行职责中发现的行政机关不作为乱作为，特别是违法采取行政强制措施侵犯公民人身、财产权利行为进行监督。十八届四中全会《决

---

[①] 参见魏晓娜：《依法治国语境下检察机关的性质和职权》，载《中国法学》2018年第1期。

定》要求："完善对涉及公民人身、财产权益的行政强制措施实行司法监督制度。检察机关在履行职责中发现行政机关违法行使职权或者不行使职权的行为，应当督促其纠正。"有人对十八届四中全会《决定》提出的上述任务在国家监察体制改革后是否仍应由检察机关承担提出了疑问。笔者认为，如前所述，国家监察机关负责对行使公权力的"人"进行监督，检察机关则负责对有关机关的监督。十八届四中全会《决定》所规定的是"行政机关"违法行使职权或不行使职权，故该事项应由检察机关管辖。检察机关应当履行好十八届四中全会《决定》赋予的职责，重点对行政执法如治安管理、收容教育、不负刑事责任的精神病人强制医疗、强制戒毒以及其他行政执法中存在的野蛮粗暴执法、违法限制人身自由、该救助而不救助、违法扣押冻结财物等侵犯公民人身、财产权益和擅权失职等问题开展监督。

2. 以立案监督为基点，通过"两法衔接"机制监督行政机关有案不移、以罚代刑。我国实行的是行政执法与刑事司法并行的双轨执法体制，对政府管理的治安、工商、税务、食品药品卫生、产品质量检验、知识产权等领域的违法行为，由行政执法机关查处，涉嫌犯罪的，移送公安司法机关追究刑事责任。由于地方和部门保护主义、庸懒执法、变通执法、人情干扰、行政处罚与刑事处罚证据标准有差异等原因，在以往一些地方的行政执法中，有法不依、执法不严、违法不究、有案不移、有案难移、以罚代刑的情况非常突出。一些地方一方面假冒伪劣商品充斥，黄赌毒泛滥，偷税、侵犯知识产权活动猖獗；另一方面被司法机关起诉、判刑的此类犯罪案件却寥寥无几。为此，近十几年来，全国检察机关在建议和促进建立行政执法与刑事司法衔接机制方面做了大量工作，取得了明显成效，不仅发现了一大批刑事案件，推动了立案监督工作的开展，更重要的是初步建立了"两法衔接"机制，促进了行政执法的规范化和廉洁化。但是，也有一些地方的行政主管部门对此积极性不高、采取的措施不力，影响了"两法衔接"机制的建立和完善。为此，十八届四中全会《决定》要求："健全行政执法和刑事司法衔接机制。完善案件移送标准和程序，建立行政执法机关、公安机关、检察机关、审判机关信息共享、案情通报、案件移送制度，坚决克服有案不移、有案难移、以罚代刑现象，实现行政处罚和刑事处罚无缝对接。"检察机关应认真贯彻落实上述要求，会同有关部门着力做好建立信息共享平台、健全案件移送机制、促进执法、司法规范化、廉洁化等工作，切实解决执法不严、有案不移、有案难移、以罚代刑等问题。

3. 逐步拓宽提起行政公益诉讼的范围。2017年修正后的行政诉讼法第25条第4款对检察机关提起行政公益诉讼作出了规定。① 细读该规定，有两点值得我们注意：一是检察机关在履行职责中发现法定情形，就"应当"向行政机关提出检察建议，督促其依法履行职责；行政机关不依法履行职责的，依法向人民法院提起诉讼。而根据法律规定，对于民事公益诉讼，检察机关只是"可以"向人民法院提起诉讼。这说明，法律对提起行政公益诉讼赋予了检察机关"必为"的义务，也就是说，对于发现的法定情形，督促行政机关依法履行职责，并在行政机关不依法履行职责情况下向法院提起诉讼，不仅是检察机关的权利，更是检察机关的职责和义务。二是法律采取列举并加"等"字概括的方式规定提起公益诉讼的范围，这为日后必要时逐步拓宽行政公益诉讼范围预留了空间。现在，应认真做好法律规定的生态环境和资源保护、食品药品安全、国有财产保护、国有土地使用权出让这四个领域的行政公益诉讼工作，待积累和总结经验后，可

---

① 该款法律规定："人民检察院在履行职责中发现的生态环境和资源保护、食品药品安全、国有财产保护、国有土地使用权出让等领域负有监督管理职责的行政机关违法行使职权或者不作为，致使国家利益或者社会公共利益受到侵害的，应当向行政机关提出检察建议，督促其依法履行职责。行政机关不依法履行职责的，人民检察院依法向人民法院提起诉讼。"

根据形势发展的需要，报经全国人大职能部门同意，由最高人民法院、最高人民检察院对法律规定中的"等"字作司法解释，逐步拓宽提起行政公益诉讼的范围。

## 五、结论

国家监察体制改革给检察机关带来的直接影响主要是职务犯罪侦查职能转隶。由于该职能对检察机关的其他职能特别是诉讼监督职能有支撑、保障作用，故该职能的转隶会导致诉讼监督职能进一步软化和弱化，从而使检察机关作为法律监督机关的宪法定位有名不副实之虞。但是，我国的政治制度和基本国情决定了我国需要法律监督。职务犯罪侦查职能转隶给检察机关的宪法定位所带来的影响，并非国家监察体制改革的初衷；修正后的宪法也再次确认检察机关是国家的法律监督机关。在中国特色社会主义新时代，在全面推进依法治国的进程中，检察机关的法律监督既不可或缺，也不可替代。因此，必须保持战略定力，尊崇和维护宪法权威，坚定不移地坚持检察机关是"国家的法律监督机关"这一宪法定位，增强对中国特色社会主义检察制度的制度自信。

针对检察机关无权对监督对象直接进行处理的制度特点，要坚持检察机关作为法律监督机关的宪法定位，就必须增强法律监督的刚性。为此，国家立法一要在职务犯罪侦查职能总体划转的前提下，给检察机关保留其在履行职责中发现的职务犯罪的侦查权，以便为法律监督提供必要的支撑和保障，激发检察制度活力。而且，检察机关查处这部分案件具有职能便利，有利于提高反腐败整体效能；它与国家监察机关对所有行使公权力的公职人员的监察全覆盖不仅不矛盾，而且是很好的配合和补充。二要赋予检察监督以硬的约束力。立法上要规范检察监督的方式，实行"一案双查"，规定有关机关落实检察监督的义务、反馈期限、提出异议的程序以及拒不纠正违法行为、错误决定应负的责任。三要赋予检察监督以调查核实权以及必要的措施，以保障检察监督顺利进行，并为提出精准的检察意见奠定坚实的事实基础。

在增强监督刚性的同时，还要在切实履行好现有职能的前提下，顺应人民在新时代日益增长的美好生活需要，紧紧围绕法律监督性质，以既有的职能为基点，逐步拓展职能。检察机关应履行法律赋予的职责，提请合宪性审查，维护宪法权威；拓展对侦查机关强制措施和强制性侦查行为的司法审查，维护公民权利；通过对履行职责中发现的行政机关不作为、乱作为，特别是行政强制措施侵犯公民合法权益等情况的监督，对"两法衔接"中行政执法机关有案不移、以罚代刑等现象的监督，以及逐步拓展行政公益诉讼的范围，来拓展行政检察。

总之，国家监察体制改革后，失去了职务犯罪侦查职能的检察机关和检察制度面临严峻的挑战。但挑战就是动力，挑战就是机遇。只要坚持宪法定位，增强监督刚性，逐步拓展职能，做好做优工作，中国特色社会主义检察制度就一定能不断发展并永葆青春活力，从而为全面推进依法治国作出应有的贡献！

# 职务犯罪侦查权的转隶与有限保留①

2017年，我国对监察体制进行了改革，改革的内容之一，就是把检察机关的职务犯罪侦查权转隶给监察委员会。2018年3月，第十三届全国人大第一次会议通过的《宪法修正案》和监察法，都确认了这种转隶，明确监察委员会的职责之一是"办理职务违法和职务犯罪案件"。2018年10月26日，第十三届全国人大常委会第六次会议通过的《关于修改〈刑事诉讼法〉的决定》，再次在刑事诉讼法上确认了这种转隶，同时，给检察机关保留了有限的职务犯罪侦查权，该法第19条第2款将检察机关立案管辖的规定修改为："人民检察院在对诉讼活动实行法律监督中发现的司法工作人员利用职权实施的非法拘禁、刑讯逼供、非法搜查等侵犯公民权利、损害司法公正的犯罪，可以由人民检察院立案侦查。对于公安机关管辖的国家机关工作人员利用职权实施的重大犯罪案件，需要由人民检察院直接受理的时候，经省级以上人民检察院决定，可以由人民检察院立案侦查。"其中前一句规定的是自行侦查权，后一句规定的是机动侦查权。本文所说的"保留了有限的职务犯罪侦查权"指的是自行侦查权。

---

① 原文标题为《检察机关如何行使好保留的职务犯罪侦查权》，大部内容刊载于《中国刑事法杂志》2019年第1期。

## 一、检察机关职务犯罪侦查权转隶的意义

检察机关职务犯罪侦查权转隶，在对检察制度带来严峻挑战[①]的同时，对于加强我国反腐败工作、改革国家监察体制、完善检察制度，具有重要意义。

意义之一，有利于整合反腐败资源力量。在监察体制改革前，纪委、行政监察机关、检察院都负有反腐败的职责。这种双轨制的反腐败机构设置，容易造成反腐败资源力量分散。职务犯罪侦查权转隶，可以把纪委、行政监察机关、检察机关的反腐败资源力量整合到一起，形成反腐败的合力。

意义之二，有利于构建集中统一、权威高效的国家监察体制，实现对行使公权力的公职人员的监察全覆盖。监察体制改革前，纪委监督共产党员的违纪，行政监察机关监督行政机关公职人员的违纪；检察机关监督公职人员的职务犯罪。因而纪委和行政监察机关对既不是共产党员又不在行政机关的公职人员的违纪，就无法监督，也就是说，连公职人员违纪监督的全覆盖都实现不了，更不要说对公职人员职务违法和职务犯罪的监督实现全覆盖了。检察院职务犯罪侦查权转隶后，就能够使监察机关对公职人员职务违法和职务犯罪都管起来；加上纪委与监察委员会合署，纪委与监察委员会就能把公职人员的违纪、职务违法与职务犯罪都管起来，从而实现对公职人员的监察全覆盖。

意义之三，有利于加强党对反腐败工作的集中统一领导。原来，纪委、行政监察机关、检察院都有反腐败的职责，有关事项要分别向党委汇报，党委也要分头对反腐败工作实施领导。职务犯罪侦查职能转隶，有利于构建集中统一的反腐败体制，自然有利于加强党对反腐败工作的集中统

---

[①] "严峻挑战"的内容详见本书《国家监察体制改革后检察制度的巩固与发展》一文。

一领导，党中央和各级党委只要通过纪委、监察委这个口子，就能把反腐败的决策部署贯彻到底。另外，办理重大职务犯罪案件往往需要协调有关方面，如纪检监察机关、有关政法机关、组织部门、宣传部门、发案单位等，有的还涉及外事部门、国际刑警组织。纪委作为党的一个部门，协调起来比较方便、顺畅，效果也会比较好。以前由检察院去协调自己侦查的案件，其力度和效果就比不上纪委。

意义之四，有利于完善检察权的配置，也有利于诉讼监督工作的全面协调充分发展。由检察院侦查职务犯罪，虽然有很多理由来证明其合理性，但检察院对职务犯罪案件自己侦查、自己逮捕、自己起诉、自己监督，显然有不合理之处。早在十几年前，笔者在有关论著中就写道："检察机关自己侦查职务犯罪，又由自己决定逮捕、审查起诉和诉讼监督，不合理之处显而易见"，"这种自己对自己的控制和监督，与来自外部的监督相比，其效果要差"。[1] 为此，多年来，检察机关对职务犯罪侦查采取了一系列强化内、外部制约监督的措施，如审查逮捕上提一级、人民监督员监督等，也取得了一定的效果，但法学界仍然存在一些质疑。职务犯罪侦查权转隶，能够使检察权配置更加科学合理，当然带来的挑战也客观存在。此外，检察机关承担侦查职能，不得不把大量精力放在侦查上，难免影响三大诉讼监督工作的全面协调充分发展。职务犯罪侦查权转隶，有利于加强诉讼监督和提起公益诉讼工作，并使之全面协调充分发展。

## 二、给检察机关保留有限的职务犯罪侦查权的原因

修改后刑事诉讼法给检察院保留的职务犯罪侦查权涉及14个罪名，即除了法律条文中点到的非法拘禁、刑讯逼供、非法搜查这3个罪名外，

---

[1] 朱孝清：《中国检察制度的几个问题》，载《中国法学》2007年第2期。

还包括暴力取证罪，虐待被监管人罪，滥用职权罪，玩忽职守罪，徇私枉法罪，民事、行政枉法裁判罪，执行判决、裁定失职罪，执行判决、裁定滥用职权罪，私放在押人员罪，失职致使在押人员脱逃罪，徇私舞弊减刑、假释、暂予监外执行罪等11个罪名。其中前5个罪名侧重于侵犯公民权利，后9个罪名侧重于损害司法公正。由于这14个罪名分别规定在刑法的"侵犯公民人身权利、民主权利罪"和"渎职罪"这两章之中，故沿袭过去的简称，可称这些犯罪为"司法人员侵权、渎职犯罪"。

这里需要说明的是，刑事诉讼法给检察机关保留侦查权的，并不是这14个罪名所涉的全部案件。它有三个严格的限制条件：一是主体必须是司法工作人员，非司法工作人员实施的此类犯罪如非法拘禁罪、非法搜查罪、滥用职权罪、玩忽职守罪，不在此列；二是司法工作人员必须利用职权实施，非利用职权实施的此类犯罪也不在此列；三是必须是人民检察院在诉讼监督中发现，虽是司法工作人员利用职权实施，但不是检察院在诉讼监督中发现的此类犯罪，仍由监察机关管辖。只有这三个条件同时具备，检察院才能立案侦查。此外，此类犯罪，法律规定的是"可以由人民检察院立案侦查"，这里的"可以"是授权性规定，表明检察机关有权对其立案侦查，但在某些情况下，也并非必须由检察机关立案侦查。最高人民检察院于2018年11月24日印发的《关于人民检察院立案侦查司法工作人员相关职务犯罪案件若干问题的规定》规定："人民检察院立案侦查本规定所列犯罪时，发现犯罪嫌疑人同时涉嫌监察委员会管辖的职务犯罪线索的，应当及时与同级监察委员会沟通，一般应当由监察委员会为主调查，人民检察院予以协助。经沟通，认为全案由监察委员会管辖更为适宜的，人民检察院应当撤销案件，将案件和相应职务犯罪线索一并移送监察委员会；认为由监察委员会和人民检察院分别管辖更为适宜的，人民检察院应当将监察委员会管辖的相应职务犯罪线索移送监察委员会，对依法由人民检察院管辖的犯罪案件继续侦查。"可见，对于与监察委员会互涉的案件，实行"监察委员会优先原则"。因此，检察机关有权立案侦查的，仅是司法工作人员利用职权实施的此类犯罪的一部分。

修改后的刑事诉讼法为什么要给检察院保留这一小部分职务犯罪侦查权？笔者分析，主要有以下四个原因：一是有利于优化办案资源配置，进一步提高反腐败整体效能。因为检察机关对这部分职务犯罪实施侦查，在发现线索上具有便利条件，且能实现发现线索与侦查案件这两个环节的紧密衔接，从而提高查处案件的效率；还有利于较快地对审查批捕、审查起诉中所涉的某些证据是否应当认定为非法证据予以排除、所办案件是否构成犯罪等问题作出判断，并正确确定刑事诉讼的走向。二是给检察机关保留这一小部分职务犯罪侦查权，既是诉讼监督的内在要求，又是支撑、保障诉讼监督职能的需要。因为检察机关的"诉讼监督"应当既监督司法人员在诉讼中的违法，又监督司法人员在诉讼中的职务犯罪。如将这二者拆开管辖，"诉讼监督"职能是不完整的。同时，检察机关无权对监督对象直接进行处理的特点，决定了其诉讼监督需要一定的侦查权作支撑和保障。检察机关重建四十年来的历史经验充分证明，诉讼监督如无必要的职务犯罪侦查权作支撑和保障，就会软弱无力。国家监察体制改革后，检察机关已经遇到诉讼监督中有关机关对调查取证不配合、对纠正违法意见置之不理等问题。三是给检察机关保留这一小部分职务犯罪侦查权，是坚持检察机关的宪法定位和"中国特色"的需要。因为我国检察机关被宪法定位为"国家的法律监督机关"，这是中国特色社会主义检察制度的重要特色之一。"法律监督"体现在职能上，主要是诉讼监督。诉讼监督的进一步软化，必将使检察制度的"中国特色"在职能上弱化，并削弱检察机关的宪法定位。四是给检察机关保留这一小部分职务犯罪侦查权，不仅不影响监察机关对行使公权力公职人员监察的全覆盖，而且是很好的配合和补充。以上内容，由于本书中的《国家监察体制改革后检察制度的巩固与发展》一文已作具体阐述，这里不予展开。

总之，给检察机关保留侦查权的职务犯罪，仅是所有职务犯罪中的一小部分，但它却能带来防止检察机关诉讼监督进一步软化、坚持和巩固检察机关是"国家的法律监督机关"这一宪法定位、激发检察制度活力的益处，其优势十分明显。基于以上原因，修改后的刑事诉讼法给检察机关保留了这一小部分职务犯罪侦查权。

## 三、检察机关行使好有限保留的职务犯罪侦查权的路径

目前，最高人民检察院已经明确，由刑事执行检察部门承担侦查职务犯罪的职责，并下发了《关于人民检察院立案侦查司法工作人员相关职务犯罪案件若干问题的规定》，其中规定："本规定所列犯罪案件，由设区的市级人民检察院立案侦查。基层人民检察院发现犯罪线索的，应当报设区的市级人民检察院决定立案侦查。设区的市级人民检察院也可以将案件交由基层人民检察院立案侦查，或者由基层人民检察院协助侦查。最高人民检察院、省级人民检察院发现犯罪线索的，可以自行决定立案侦查，也可以将案件线索交由指定的省级人民检察院、设区的市级人民检察院立案侦查。"

笔者理解，最高人民检察院之所以明确由刑事执行检察部门承担侦查职务犯罪的职责，是因为该部门主要负责对监狱、看守所监管活动和刑罚执行活动进行监督，有些职务犯罪如刑讯逼供罪，私放在押人员罪，失职致使在押人员脱逃罪，徇私舞弊减刑、假释、暂予监外执行罪等犯罪，一般发生在监狱或者看守所，由该部门侦查，有它的便利性；同时，该部门在监督中也能够发现一些司法人员职务犯罪的线索。当然，如果中央编制管理部门同意单设一个机构负责侦查，则更有利于做好这项工作。

最高人民检察院规定此类犯罪由设区的市级检察院管辖，而不由县级检察院管辖，主要是考虑了以下情况：一是此类案件的总量。在职务犯罪侦查职能转隶前，全国检察机关每年立案侦查此类案件近千件一千余人。

全国有四百多个地、市级检察院，三千多个县级检察院。按地、市级检察院年平均办案量算，每个地、市级检察院平均立案侦查两三件案件，故没有必要由县级检察院管辖。二是侦查队伍的现状。随着侦查队伍整体转隶，以前搞过侦查、现在仍留在检察院的人员已经不多。由市级检察院管辖，有利于在全市范围整合优势兵力。三是由市级检察院管辖，有利于排除侦查中的阻力干扰，保障侦查工作顺利进行，也有利于侦查工作规范化。

要行使好有限保留的职务犯罪侦查权，除了已经明确的内容以外，还要注意以下几点：

第一，把职务犯罪侦查工作摆在重要位置。如上所说，给检察机关保留一小部分职务犯罪的侦查权，其侦查的犯罪案件总量虽然不多，但对于提高我国反腐败的整体效能，防止检察机关诉讼监督职能进一步软化，坚持和巩固检察机关是"国家的法律监督机关"这一宪法定位，激发检察制度的活力，都具有重要意义。既然意义如此重大，检察机关就必须高度重视，把它摆到重要位置，在领导精力、工作部署、力量安排、装备保障等方面真正突出这个重点，从而使国家法律对该侦查权所期待的功能得到真正的发挥。决不能因为其管辖的罪名有限、所侦查的案件不多，而轻视这项工作，或者仅把它作为一般工作对待。

同时，依然严峻复杂的反腐败形势，也需要把它摆到重要位置。党的十八大以来，以习近平同志为核心的党中央，以坚强的决心、强烈的使命感和敢于担当精神，狠抓反腐败工作，取得了显著成效，"反腐败斗争取得压倒性胜利，全面从严治党取得重大成果"。[①] 与此相适应，司法人员侵权、渎职犯罪也得到了遏制。但是，"反腐败形势依然严峻复杂，全面从

---

[①] 《中共中央政治局召开会议：分析研究2019年经济工作，研究部署党风廉政建设和反腐败工作》，载《检察日报》2018年12月14日第1版。

严治党依然任重道远"，①就司法人员侵权渎职犯罪来说，几千年形成的"人情社会"不可能一下子改变，其对司法的干扰在相当长的时间里都不可低估；领导干部插手具体案件处理、司法机关内部人员过问、干扰办案的情况，不可能通过下发几个文件就销声匿迹；公职人员不作为乱作为的情况在司法机关也有不同程度的存在；司法责任制既为司法人员提高办案质量增强了动力，又可能因监管措施一下子跟不上而为少数司法人员在办案中枉法舞弊提供了方便；从有关方面反映来看，司法人员腐败犯罪在有些地方有些时候仍然比较严重，而手法却比过去更加趋狡猾隐蔽。此外，侦查侵权、渎职犯罪的难度也比职务犯罪侦查权转隶前大，因为就侵权、渎职犯罪查侵权渎职犯罪，比与贪污贿赂犯罪一起查侵权、渎职犯罪，其难度要大的多，因为侵权、渎职犯罪往往与贪污贿赂犯罪交织，侦查又有"辐射""带动"效应，与贪污贿赂犯罪一起查侵权、渎职犯罪，有利于查出案件。还有，侦查侵权、渎职犯罪中统一有关方面思想认识也要比贪污贿赂犯罪困难得多。因此，要防止盲目乐观思想，保持清醒头脑，高度重视职务犯罪侦查工作。

第二，增强侦查意识，着力在诉讼监督中发现犯罪线索。根据法律规定，检察机关侦查的案件必须在诉讼监督中发现。故着力在诉讼监督中发现侵权、渎职犯罪线索，是行使好侦查权的首要环节。检察机关有多个部门承担诉讼监督职责，但侦查权却只能由市级检察院集中行使。诉讼监督与侦查在检察机关内部分属不同部门甚至不同检察院的状况，必然会消减诉讼监督部门发现侵权、渎职犯罪线索的动力，且诉讼监督与侦查部门间隔的距离越远，其动力就消减得越多。

为此，一要明确纠正诉讼违法与侦查职务犯罪的关系。纠正诉讼违法

---

① 《中共中央政治局召开会议：分析研究2019年经济工作，研究部署党风廉政建设和反腐败工作》，载《检察日报》2018年12月14日第1版。

与侦查职务犯罪各有其意义，但在客观上存在职务犯罪的情况下，如只重视纠正违法，而不深挖职务犯罪，那诉讼违法就会纠不胜纠，因为腐败的司法人员是诉讼违法与职务犯罪的源头，不把腐败的司法人员挖出来，他就会源源不断地制造出诉讼违法与职务犯罪来。因此，所有承担诉讼监督职能的检察人员，都要把发现职务犯罪线索作为诉讼监督的重点。二要增强侦查意识。在受理控告申诉、审阅案卷材料、讯问犯罪嫌疑人、提审罪犯、听取律师意见等办案的各个环节和各项工作中，都要注意捕捉诉讼违法与职务犯罪的线索；在调查与纠正违法时，要多问几个"为什么"，分析违法的背后有无职务犯罪。三要建立激励和责任制度。对于发现线索后成案的，应当予以鼓励（如在工作考核中予以体现）；发现重大有影响的职务犯罪案件的，该记功表彰的应予记功表彰，以调动诉讼监督人员发现职务犯罪线索的积极性。要把发现职务犯罪线索列入诉讼监督办案责任制之中，借鉴纪委巡视工作的规定，对于诉讼监督中应当发现职务犯罪线索而没有发现的，要追究其失职的责任。

第三，建立犯罪线索移送反馈机制，实现发现线索与侦查的无缝对接。要把全市两级检察院各办案部门发现的职务犯罪线索及时汇集到市级检察院负责侦查的部门，就必须建立合理的线索移送机制，设计好线索移送的路线图，以实现发现线索与侦查工作的无缝对接。该机制的基本要求是使移送线索及时、保密、无遗漏。为此，要尽量减少移送的环节和接触线索的人员。负责侦查的部门对收到的线索，经过分析会商、初步调查或立案侦查后，要逐件向移送的单位或部门作出回复，以便兑现激励政策和责任制度。

第四，重视科技装备建设，实现科技强侦。科学技术是第一生产力。多年来，为了实现科技强侦，检察机关一直重视侦查科技装备建设，取得了明显成效。为了履行好修改后刑事诉讼法赋予的侦查职能，科技装备建设的步伐决不能停止，但在建设的内容、重点、布局等方面，需要根据修改后的侦查范围加以调整。例如，在建设内容上，为了适应侦查司法人员侵权、渎职犯罪的需要，除了建设某些检验鉴定设备之外，当前要特别重视政法机关信息共享这一基础建设，还要在"智慧检务"建设中充分体现侦查的需求，使人工智能、大数据、云计算等技术在侦查中充分发挥作用；在建设的布局上，重点是省级检察院和有条件的市级检察院。为此，最高人民检察院和省级检察院都要制定新的侦查科技装备建设规划，并认真付诸实施。

第五，既要传承经验，又要创新发展。检察机关重建四十年来，职务犯罪侦查工作积累了非常丰富的经验，这些经验既包括宏观的侦查思路、原则、策略、谋略、方法等方面的经验，又包括中观的侦查各类案件、采取各种侦查措施和强制措施的经验，还包括微观的侦查个案的经验；检察机关也因此涌现了一大批侦查专家，包括获取线索专家、初查专家、讯问专家、外围调查专家、追捕专家、使用谋略专家、检验鉴定专家等。这是检察机关在侦查方面最可宝贵的财富。检察机关要千方百计传承这些财富，不因前人退休或转隶而使财富流失。同时，在新形势下，还要不断地予以创新发展。例如，要更加注重理念的更新，树立双赢多赢共赢理念；更加注重精细、规范侦查，防止粗放侦查，确保办案质量；更加注重办案的策略方法，实现"三个效果"的有机统一；更加注重案后对犯罪原因的剖析，提出预防犯罪的对策建议，促进公正廉洁司法队伍的建设。

第六，努力建设过硬的侦查队伍。要行使好保留的侦查职能，建设一支政治坚定、业务精通、作风过硬、执法公正、有战斗力的侦查队伍是关键。当前要解决的突出问题是，如何在侦查队伍整体转隶的情况下建设这支队伍。笔者认为，一要配强分管领导和侦查部门负责人。有条件的地方，要选配政治上过硬、过去分管或者从事过侦查工作、富有侦查技能和经验的同志，分管或直接负责侦查部门。二是各市级检察院可根据宁缺毋滥、确保质量的原则，在全市范围遴选适宜搞侦查的同志。三要在侦查实践中锤炼队伍、培养干部。四要加强学习培训，采取学习相关侦查教材和侦查经验，请侵权、渎职犯罪侦查专家授课等方式培训干部。笔者坚信，通过若干年不懈努力，就一定能再培养出一支能适应新任务需要的过硬的侦查队伍来。

第七，加强与监察委的沟通联系和配合制约。根据法律规定，监察委负责对所有公职人员监察全覆盖，是职务犯罪的主查机关，检察机关是一小部分职务犯罪的副查机关；在反腐败全局中，纪委负责组织协调；同时，监察委与检察院在查处职务犯罪中又是前后相继的两个环节，遵循互相配合互相制约的原则。这些都决定了检察机关在反腐败中要加强与监察委的沟通联系和配合制约，并自觉接受纪委对反腐败工作的组织协调。对于侦查中的重大案件和重要情况，要及时向纪委、监察委通报，听取意见，并防止与监察委查案"撞车"。要加强与纪委、监察委在反腐败中的互相配合，以形成合力。要正确处理接受纪委组织协调与严格依法办案、加强对监察委所移送案件制约的关系，对于反腐败的宏观决策部署、政策原则的掌握、工作重点的安排等，要自觉接受纪委的组织协调；对具体案件的处理，如是否应当补充核查、是否应当逮捕、起诉等，则应按事实证据说话，严格依法办案。但严格依法办案绝不等于简单化，对于与监察委移送意见不一致的，要多人来人往，沟通说明在先，把检察机关拟处理的依据和理由充分解释清楚，做到既严格依法办案，又讲究工作方法。

# 刑事诉讼法与监察法的衔接[①]

第十三届全国人大常委会第六次会议通过的《关于修改〈中华人民共和国刑事诉讼法〉的决定》，对我国刑事诉讼法中的若干问题作了重大修改，其中与监察法的衔接是修改的内容之一。

2017年以来，我国对国家监察体制作了重大改革。该改革对于整合反腐败的资源力量，加强党对反腐败工作的集中统一领导，构建集中统一、权威高效的国家监察体制，实现对所有行使公权力的公职人员的监察全覆盖，推动反腐败向纵深发展，具有重大而深远的意义。为了巩固改革的成果，规范监察权的运行，第十三届全国人民代表大会第一次会议通过了《中华人民共和国监察法》。该法的某些规定与我国原刑事诉讼法的某些规定不相一致，本次刑事诉讼法修改的重要任务之一，就是使修改后的刑事诉讼法与监察法相衔接。

---

[①] 原文刊载于《法治研究》2019年第1期，文中的"修改后刑事诉讼法"指2018年刑事诉讼法。本文所述的"衔接"，仅指刑事诉讼法对监察法的衔接，而不包括监察法对原刑事诉讼法在证据制度等方面的衔接。

## 一、修改后刑事诉讼法与监察法衔接的内容

### (一)与检察机关职务犯罪侦查职能转隶相关的修改

监察体制改革把检察机关职务犯罪侦查职能,即对贪污贿赂和国家机关工作人员侵权渎职犯罪立案侦查的职能,转隶给监察机关,监察法也已明确赋予了监察机关对公职人员职务违法和职务犯罪案件进行调查、处置的权力,故原刑事诉讼法的有关规定需要加以修改。

1.删除了人民检察院负责对职务犯罪立案侦查的规定,同时给人民检察院保留了一小部分侦查权。原刑事诉讼法第18条第2款规定:"贪污贿赂犯罪,国家机关工作人员的渎职犯罪,国家机关工作人员利用职权实施的非法拘禁、刑讯逼供、报复陷害、非法搜查的侵犯公民人身权利的犯罪以及侵犯公民民主权利的犯罪,由人民检察院立案侦查。对于国家机关工作人员利用职权实施的其他重大的犯罪案件,需要由人民检察院直接受理的时候,经省级以上人民检察院决定,可以由人民检察院立案侦查。"在监察体制改革中,贪污贿赂犯罪和国家机关工作人员侵权渎职犯罪的侦查权已整体划转给监察机关。故修改后的刑事诉讼法第19条第2款删除了人民检察院负责对贪污贿赂、侵权渎职犯罪侦查的规定。

与此同时,修改后刑事诉讼法又给检察院保留了一小部分职务侦查权,即除了补充侦查权外,修改后刑事诉讼法第19条第2款规定:"人民检察院在对诉讼活动实行法律监督中发现的司法工作人员利用职权实施的非法拘禁、刑讯逼供、非法搜查等侵犯公民权利、损害司法公正的犯罪,可以由人民检察院立案侦查。对于公安机关管辖的国家机关工作人员利用职权实施的重大犯罪案件,需要由人民检察院直接受理的时候,经省级以上人民检察院决定,可以由人民检察院立案侦查。"该规定中前一句规定的是"自行侦查权",后一句规定的是"机动侦查权"。自行侦查权涉及14

个罪名,即除了法条中点明的非法拘禁、刑讯逼供、非法搜查这3个罪名之外,还包括暴力取证罪,虐待被监管人罪,滥用职权罪,玩忽职守罪,徇私枉法罪,民事、行政枉法裁判罪,执行判决、裁定失职罪,执行判决、裁定滥用职权罪,私放在押人员罪,失职致使在押人员脱逃罪,徇私舞弊减刑、假释、暂予监外执行罪等11个罪名。这里需要说明的是,刑事诉讼法给检察机关保留的这部分自行侦查权,并不是指14个罪名所涉的全部案件。它有三个严格的限制条件:一是主体必须是司法工作人员,非司法工作人员实施的此类犯罪不在此列;二是司法工作人员必须利用职权实施,非利用职权实施的此类犯罪也不在此列;三是必须是人民检察院在诉讼监督中发现,虽是司法工作人员利用职权实施,但不是人民检察院在诉讼监督中发现的此类犯罪,仍由监察机关管辖。只有这三个条件同时具备,检察院才能立案侦查。因此,检察机关有权立案侦查的,仅是司法工作人员利用职权实施的此类犯罪的一部分。

机动侦查权,原刑事诉讼法就有规定,但一直以来检察机关用得很少。笔者分析,刑事诉讼法修改后,检察机关对机动侦查权仍然会持很慎重的态度。因为第一,其所涉案件的管辖主体是明确的,即本应由公安机关管辖,法律基于检察机关进行法律监督的需要,才赋予其机动侦查权,故检察院不应轻易地去改变管辖。第二,检察院只有在"需要"时,才能行使该权力,这个"需要",主要是进行法律监督的需要,如侦查监督的需要,公正办案的需要,以及并案侦查的需要等。

2. 删除了律师会见在押的"特别重大贿赂犯罪案件"的犯罪嫌疑人需经侦查机关许可的规定。原刑事诉讼法第37条第3款规定:"危害国家安全犯罪、恐怖活动犯罪、特别重大贿赂犯罪案件,在侦查期间辩护律师会见在押的犯罪嫌疑人,应当经侦查机关许可。"由于贿赂犯罪案件已由监察机关负责调查,监察机关调查案件的程序,在案件移送检察机关审查起诉前,不受刑事诉讼法调整和规制,监察法也没有关于监察机关调查案件期间律师可以会见被调查人的规定，故修改后刑事诉讼法第 39 条将原规定中的"特别重大贿赂犯罪案件"删除。

3. 删除了可以对"特别重大贿赂犯罪"嫌疑人指定居所监视居住的规定。原刑事诉讼法第 73 条规定："监视居住应当在犯罪嫌疑人、被告人的住处执行；无固定住处的，可以在指定居所执行。对于涉嫌危害国家安全犯罪、恐怖活动犯罪、特别重大贿赂犯罪，在住处执行可能有碍侦查的，经上一级人民检察院或者公安机关批准，也可以在指定的居所执行。"由于监察机关调查程序不受刑事诉讼法调整和规制，且监察法第 22 条已赋予监察机关有权对涉嫌贪污贿赂、失职渎职等严重职务违法或者职务犯罪且符合特定条件的调查对象采取留置措施，而留置的强制程度强于指定居所监视居住，故修改后刑事诉讼法第 75 条删除了可以对"特别重大贿赂犯罪"的嫌疑人指定居所监视居住的规定。

4. 删除了对重大贪污贿赂犯罪案件采取技术侦查措施的规定。原刑事诉讼法第 148 条第 2 款规定："人民检察院在立案后，对于重大的贪污贿赂犯罪案件以及利用职权实施的严重侵犯公民人身权利的重大犯罪案件，根据侦查犯罪的需要，经过严格的批准手续，可以采取技术侦查措施，按照规定交有关机关执行。"由于贪污贿赂犯罪侦查权转隶，监察机关调查程序不受刑事诉讼法调整和规制，且监察法第 28 条已经规定监察机关在调查贪污贿赂等重大职务犯罪时，经过严格的批准手续，可以采取技术调查措施。因此，修改后刑事诉讼法第 150 条第 2 款删除了对重大贪污贿赂犯罪案件可以采取技术侦查措施的规定，仅保留规定："人民检察院在立案后，对于利用职权实施的严重侵犯公民人身权利的重大犯罪案件，根据侦查犯罪的需要，经过严格的批准手续，可以采取技术侦查措施，按照规定交有关机关执行。"

## （二）与监察机关"调查"职能相关的修改

原刑事诉讼法第 106 条第 1 项规定："'侦查'是指公安机关、人民检察院在办理案件过程中，依照法律进行的专门调查工作和有关的强制性措施。"由于监察机关办理职务违法和职务犯罪案件叫"调查"，而不叫"侦查"，故为了防止概念混淆，原刑事诉讼法规定的"侦查"概念中"专门调查工作"的"调查"一词就需要修改。为此，修改后刑事诉讼法第 108 条第 1 款将"侦查"概念修改为："'侦查'是指公安机关、人民检察院对于刑事案件，依照法律进行的收集证据、查明案情的工作和有关的强制性措施。"

## （三）监察机关与检察机关案件移送的规定

根据原刑事诉讼法的规定，对职务犯罪立案侦查和审查起诉都由检察机关负责，故刑事诉讼法无需对职务犯罪案件在检察机关内部如何移送作出规定（由《人民检察院刑事诉讼规则（试行）》规定）。监察体制改革后，对职务犯罪的调查和审查起诉分属监察机关和检察机关这两个机关负责，因而需要对案件的移送、强制措施的衔接、补充核实的主体及有关期限等内容作出规定。为此，修改后刑事诉讼法作出了如下规定：

1.关于检察机关审查依据、补充核实主体以及强制措施衔接的规定。修改后刑事诉讼法第 170 条规定："人民检察院对于监察机关移送起诉的案件，依照本法和监察法的有关规定进行审查。人民检察院经审查，认为需要补充核实的，应当退回监察机关补充调查，必要时也可以自行补充侦查。对于监察机关移送起诉的已采取留置措施的案件，人民检察院应当对犯罪嫌疑人先行拘留，留置措施自行解除。人民检察院应当在拘留后的十日以内作出是否逮捕、取保候审或者监视居住的决定。在特殊情况下，决定的时间可以延长一至四日。人民检察院决定采取强制措施的期间不计入审查起诉的期限。"

这里需要注意的是,对监察机关所移送案件的补充核实,刑事诉讼法作出了不同于公安机关所移送案件的规定。对公安机关移送的案件,检察机关审查后认为需要补充侦查的,刑事诉讼法规定的是"可以……也可以……"的模式,即"可以退回公安机关补充侦查,也可以自行侦查";而对监察机关移送的案件,刑事诉讼法规定的是"应当退回监察机关补充调查,必要时可以自行补查"。可见,对监察机关移送的案件,退回补充调查是原则,只有在"必要"时,才可以作为例外,由人民检察院自行补充侦查。至于哪些情况属于刑事诉讼法规定的"必要",有待作出解释。

2. 对于检察机关审查期限的规定。修改后刑事诉讼法第172条规定:"人民检察院对于监察机关、公安机关移送起诉的案件,应当在一个月以内作出决定,重大、复杂的案件,可以延长十五日;犯罪嫌疑人认罪认罚,符合速裁程序适用条件的,应当在十日以内作出决定,对可能判处的有期徒刑超过一年的,可以延长至十五日。"

## 二、对法律规定中若干问题的理解

法律的生命在于实施。要实施好修改后刑事诉讼法,正确理解其精神是前提。笔者试就修改后刑事诉讼法与监察法衔接中的若干问题做些解读。

(一)为什么修改后刑事诉讼法要给检察机关保留一小部分职务犯罪侦查权

给检察机关保留在诉讼监督中发现的司法工作人员职务犯罪的侦查权,是诉讼监督的内在要求,对于提高反腐败的整体效能,防止检察机关诉讼监督进一步软化,坚持和巩固检察机关是"国家的法律监督机关"这一宪法定位,激发检察制度活力,都有重要意义。它与监察机关对行使公权力的公职人员监察全覆盖不仅不矛盾,而且是很好的配合和补充。因此，修改后刑事诉讼法给检察机关保留了这一小部分职务犯罪侦查权。对该问题，由于笔者在《国家监察体制改革后检察制度的巩固与发展》一文中已作具体阐述，① 这里不再重复。

（二）为什么没有将监察机关调查职务犯罪的程序纳入刑事诉讼法

前已述及，监察机关调查职务犯罪的程序，并不受刑事诉讼法的调整和规制。易言之，立法机关并没有将监察机关调查职务犯罪的程序纳入刑事诉讼法。对此，在刑事诉讼法修正草案公开征求意见时，有些专家学者认为，监察机关调查职务犯罪案件，一是可采取监察法赋予的一系列措施包括留置、搜查、查封、扣押、冻结、技术调查等带有强制性的措施；二是调查的目的是收集证据、查明犯罪人，然后移送检察院审查起诉和法院审判。这在本质上与侦查没有多大区别，尽管其名称、措施等方面与侦查有所不同。因此，建议将监察机关调查职务犯罪的程序纳入刑事诉讼法，允许律师介入和检察机关监督。但立法机关没有采纳这种意见。笔者认为，法律是党的主张和人民意志的集中体现，现在，法律既然已经全国人大常委会通过并颁布，就应把思想和行动统一到国家法律上来，认真理解其精神，不折不扣地予以实施。

笔者理解，立法机关和有关方面没有将监察机关调查职务犯罪程序纳入刑事诉讼法，可能主要是认为监察机关的调查还是有别于侦查机关的侦查的。其区别主要表现在以下方面：

1. 调查与侦查的主体不同。侦查的主体主要是行政执法机关和准司法机关；而监察机关既不是行政执法机关，也不是司法机关，而是在人民代表大会下与行政机关、司法机关并行和独立的国家机关。

2. 调查与侦查的措施不尽相同。调查与侦查的措施有许多是相同的，

---

① 见《法学研究》2018 年第 4 期。

如讯问、询问、搜查、查封、扣押、冻结、勘验检查、鉴定、技术调查（技术侦查）、通缉等，但有些并不相同，如对人的强制措施就完全不同。

3. 侦查具有专门性，而监察机关的职责任务具有综合性和系统性。例如，根据监察法，监察机关集监督、调查、处置三种职权于一身，除了调查职务违法和职务犯罪外，还要"对公职人员开展廉政教育，对其依法履职、秉公用权、廉洁从政从业以及道德操守情况进行监督检查"（第11条第1项）；要"坚持标本兼治、综合治理，强化监督问责，严厉惩治腐败；深化改革、健全法治、有效制约和监督权力；加强法治教育和道德教育，弘扬中华优秀传统文化，构建不敢腐、不能腐、不想腐的长效机制"（第6条）；等等。这是任何侦查职能所不具有的。就其"调查"职能来说，它既包括调查职务犯罪，还包括调查职务违法，而侦查的对象却只能是犯罪；仅就调查职务犯罪这一职能来说，其从事调查的部门除了调查职务犯罪之外，也要履行好监督职能和处置职能，监督职能如对公职人员开展廉政教育，对其依法履职、秉公用权、廉洁从政从业以及道德操守情况进行监督检查；处置职能除了对涉嫌职务犯罪的移送检察机关审查起诉外，还要对违法的公职人员作出政务处分决定，对履职不力、失职渎职的领导人员进行问责，向监察对象所在单位提出监察建议。也就是说，其"调查"职能并不孤立存在，而是与"监督""处置"职能相结合相伴随的。

除了调查与侦查的上述区别之外，有关方面可能还考虑到职务犯罪的特殊性和对其惩治的艰难性，因而将监察机关的调查与侦查加以区隔，以便保证惩治职务犯罪的效率。职务犯罪较之于其他犯罪具有许多特殊性，例如，主体特殊，其犯罪有职务作掩护，属于高智能型、隐秘型犯罪，一般没有直接被害人，案件一般不会自动暴露，对其调查干扰多阻力大；特别是贿赂犯罪，主要靠言词证据定案，而被调查人对自己的言词又具有可控性，且言词证据客观性、稳定性都比较差，等等。职务犯罪的这些特殊性，决定了对其查处需要一些特殊的程序和措施，需要一个相对封闭的空间，有些还需要将调查对象与外界隔绝一段时间。正因为如此，有些国家对职务犯罪实行不同于其他犯罪的侦查模式和侦查措施。如美国、英国是典型的英美法系国家，刑事诉讼实行当事人主义的诉讼程序，但对犯罪的侦查却坚持区分普通犯罪侦查和复杂犯罪（包括职务犯罪）侦查，对普通犯罪侦查实行典型的当事人主义的抗辩模式，对职务犯罪等复杂犯罪的侦查，侦查模式则更显职权主义，以提高侦查效率和质量。[1]在侦查措施上，该两国都赋予职务犯罪侦查主体强制取证权。在美国，强制取证权包括强制获取言词证据权、强制获取实物证据权和秘密审讯权。强制获取言词证据权，是指侦查主体发传票传唤有关人员（包括犯罪嫌疑人）到场接受调查、回答问题，提供言词证据，被传唤人如果不配合（包括不到场、拒绝回答、回答不实），追究其刑事责任。强制获取言词证据权优先于取证对象的沉默权和保密义务。强制获取实物证据权，是指侦查主体发传票传唤有关人员如实提供实物证据，被传唤人如不配合，追究其刑事责任。秘密审讯权，是指侦查主体讯问犯罪嫌疑人秘密进行，排除律师在场。在英国，强制取证权包括强制讯问和询问权、强制调取资料等其他证据权，其含义与美国相似，被调查人如不配合，追究其刑事责任。英国的强制讯问和询问权也优先于取证对象的沉默权和保密义务。[2]在澳大利亚的新南威尔士州等州，也是两种侦查程序并存，即对普通犯罪适用英美法系当事人主义的侦查模式，对职务犯罪适用大陆法系职权主义的侦查模式，如对侦查人员的讯问，犯罪嫌疑人必须回答，而不享有沉默权。[3]

这里需要说明的是，美、英、澳大利亚等国通过强制获取言词证据权

---

[1] 参见王晓霞：《职务犯罪侦查制度比较研究——以侦查权的优化配置为视角》，中国检察出版社2008年版，第169页。

[2] 参见王晓霞：《职务犯罪侦查制度比较研究——以侦查权的优化配置为视角》，中国检察出版社2008年版，第172—179页。

[3] 参见朱孝清：《澳大利亚的监督制度》，载《人民检察》2007年第13期。

取得的犯罪嫌疑人供述，除了可用来指控其不如实提供证言或者误导侦查之罪外，只能作为分析案情、深入侦查的依据，而不能在法庭上作为指控其犯罪的证据。①但是，由于犯罪嫌疑人在侦查阶段已作供述，因而在法庭上一般不敢轻易翻供，因为如果翻供，认为侦查阶段的供述为假，那侦查阶段所作供述可以用来作为指控其不如实作证的证据；如果在法庭上没有翻供，则其在法庭上的供述可以用作指控其犯罪的证据。

我国原刑事诉讼法在一定程度上反映了职务犯罪的上述特殊性，如对重大贪污贿赂犯罪以及严重侵犯公民人身权利的重大犯罪案件，可以采取技术侦查措施；律师会见特别重大贿赂犯罪案件的犯罪嫌疑人需经侦查机关许可。但应当承认，原刑事诉讼法对职务犯罪的特殊性反映得很不够，致使造成如果严格按照刑事诉讼法规定进行侦查就较难办出案件这种不正常的状况。

以上所述的职务犯罪的特殊性，以及原刑事诉讼法对职务犯罪的特殊性反映得不够致使侦查工作陷入困境的实际，可能使得有关方面觉得有必要将监察机关调查职务犯罪的程序从刑事诉讼程序中独立出来，既赋予其一系列反映职务犯罪的特殊性、符合调查需要的措施，又排除律师的介入和检察机关的监督，从而为调查职务犯罪创造一个相对封闭的空间。

当然，在以后法律修改时，另一种思路也未尝不可以研究：既将监察机关调查职务犯罪程序纳入刑事诉讼法，又充分考虑职务犯罪的特殊性，在法律（包括监察法、刑事诉讼法等）关于调查措施、律师介入、检察监督等问题上，作出有别于侦查其他犯罪案件的规定，如赋予必要而充分的调查措施，对律师介入、检察监督等作必要的限制，从而既保障调查职务犯罪的效率，又体现对监察权的监督制约，进一步提高调查职务犯罪程序

---

① 参见王晓霞：《职务犯罪侦查制度比较研究——以侦查权的优化配置为视角》，中国检察出版社2008年版，第180页；朱孝清：《澳大利亚的监督制度》，载《人民检察》2007年第13期。

的法治化水平。

（三）为什么检察机关逮捕监察机关的留置对象没有采取监察体制改革试点时所采取的方式

在监察体制改革试点时，对该问题曾有两种模式：一种是由监察机关在留置期满前十日将有关材料移送检察机关，检察机关在十日内审查批捕。另一种是监察机关在留置期满前十日提交起诉意见书和逮捕申请书，检察机关在十日内决定是否批捕。[①] 但修改后刑事诉讼法对这两种模式均没有采用，而是采取由检察机关对犯罪嫌疑人先行拘留，留置措施自动解除，然后再由检察机关作出是否逮捕、取保候审或者监视居住决定的做法。刑事诉讼法之所以没有采取试点的做法，主要是因为，逮捕在审前程序中主要用之于侦查阶段，但只有人民检察院才有批准逮捕的权力，故公安机关的逮捕须经检察机关批准。而监察机关的调查程序并不纳入刑事诉讼法，其案件只有在移送起诉后才进入刑事诉讼程序，检察机关才能对其审查，并对其调查成果实施制约。就监察机关来说，案件调查结束并进入审查起诉程序后，留置措施已完成使命，检察机关需对被调查人采取什么强制措施，是检察机关的事（或者说，刑事诉讼程序需对被调查人采取什么措施，是刑事诉讼程序的事）。故监察法第47条第1款规定："对监察机关移送的案件，人民检察院依照《中华人民共和国刑事诉讼法》对被调查人采取强制措施。"因此，逮捕不应借鉴公安机关所侦查案件的做法。根据修改后刑事诉讼法的规定，对监察机关调查的案件，拘留是刑事诉讼衔接留置的一种强制措施；逮捕是检察机关在审查起诉阶段依照刑事诉讼法自行决定的一种强制措施。

---

① 参见陈瑞华：《谈监察体制改革的几个理论问题》，载2018年4月24日《观察者网》，网址：https://www.guancha.cn/ChenRuiHua/2018_04_24_454670.shtml，最后访问时间：2018年11月10日。

(四)检察机关与监察机关在办理职务犯罪案件中是什么关系

监察法第4条第2款规定:"监察机关办理职务违法和职务犯罪案件,应当与审判机关、检察机关、执法部门互相配合、互相制约。"可见,检察机关与监察机关在办理职务犯罪案件中是"互相配合、互相制约"的关系。由于监察机关调查职务犯罪不属于刑事诉讼程序,而检察机关在刑事领域的监督限于刑事诉讼活动,故检察机关不具有对监察机关调查职务犯罪活动进行监督的权力。检察机关与监察机关的互相制约主要体现在:检察机关对监察机关移送起诉的案件,依法决定是否需要补充核实、是否提起公诉(如作不起诉,需经上一级人民检察院批准);发现有应当依法排除的证据的,依法予以排除。[1] 监察机关认为检察机关所作的不起诉决定有错误的,可以提请上一级人民检察院复议。[2]

---

[1] 监察法第33条第2款、第3款规定:"监察机关在收集、固定、审查、运用证据时,应当与刑事审判关于证据的要求和标准相一致。以非法方法收集的证据应当依法予以排除,不得作为案件处置的根据。"修改后刑事诉讼法第170条第1款规定:"人民检察院对于监察机关移送起诉的案件,依照本法和监察法的有关规定进行审查。"

[2] 监察法第47条第4款。

# 对人民检察院组织法修订草案二审稿的修改意见[①]

《人民检察院组织法（修订草案）》（以下简称《草案》）第一次审议稿于 2017 年 8 月经第十二届全国人大常务会第二十九次会议审议后，中国法学会曾于 2017 年 10 月 24 日召开立法专家咨询会，就该《草案》提修改意见。笔者在该会上提出了建议适当扩大保留给检察机关的职务犯罪侦查权范围、建议增强检察监督刚性、建议赋予检察机关调查核实权及措施等方面意见。2018 年 6 月，第十三届全国人大常委会第三次会议对《人民检察院组织法（修订草案）》第二次审议稿进行了审议。《草案》二审稿在维持一审稿框架、结构的前提下，从内容到文字都作了许多修改，从而使《草案》趋于完善。但是，有的规定还需进一步斟酌；有的规定未能充分体现司法改革的精神和检察规律，有的内容还付之阙如，需要进一步修改完善。具体建议如下：

## 一、统一"法律监督"概念的范围，规范检察监督的方式

《草案》二审稿第 16 条规定了检察机关的职权，其中第（四）、（五）、（六）项分别规定："对刑事、民事、行政诉讼实行法律监督"；"对刑事、

---

[①] 原文刊载于《人民检察》2018 年第 13 期。

民事、行政判决、裁定等生效法律文书的执行工作实行法律监督";"对监狱、看守所的执法活动实行法律监督"。第17条规定:"人民检察院行使法律监督职权,可以采取提出抗诉、纠正意见、检察建议等方式。"对此,有两个问题需要加以研究:

首先,"法律监督"概念的范围问题。根据《草案》二审稿的上述规定,容易对检察机关的职权作出只有第16条第(四)、(五)、(六)项职权才是"法律监督",其他职权包括侦查、审查逮捕、审查起诉和支持公诉、提起公益诉讼等就不是"法律监督"的理解,从而对检察权的性质作了二元划分。在法学界,对检察权的性质确有"一元论"和"二元论"的不同认识,[①]但多数专家、学者包括著名诉讼法学家陈光中持的是"一元论",认为根据我国宪法关于"中华人民共和国人民检察院是国家的法律监督机关"的规定,法律赋予检察机关的所有职权都"统称为法律监督",或者说,都属于"广义上的法律监督",其中侦查、公诉侧重于追诉,批准或决定逮捕、诉讼监督等职能属于"狭义上的法律监督"。[②]虽然,"一元论"和"二元论"的持论者都有各自的理由,理论研究也完全允许不同观点的存在,但在法律上,"法律监督"概念的内涵和范围应当与宪法的规定相一致。因此,为了防止歧见,建议将第16条第(四)、(五)、(六)

---

[①] 一元论认为,检察机关的所有职能都属于法律监督,或称"广义上的法律监督",其中侦查、公诉等职能侧重于追诉,批准或决定逮捕、诉讼监督等职能属于"狭义上的法律监督"。二元论认为,诉讼监督等纯监督的职能才是法律监督,其他职能不是法律监督,而属于追诉权。

[②] 参见陈光中:《中国司法制度的基础理论问题研究》,经济科学出版社2010年版,第220页;卞建林主编:《〈中华人民共和国人民检察院组织法〉修改专家建议稿》,中国检察出版社2006年版,第16页;魏晓娜:《依法治国语境下的检察机关的性质与职权》,载《中国法学》2018年第1期;刘立宪、张智辉等:《检察机关职能研究》,载孙谦、张智辉主编:《检察论丛》,法律出版社2001年版,第83页以下;朱孝清:《中国检察制度的几个问题》,载《中国法学》2007年第2期。

项职权中的"法律监督"修改为"监督"（现行的《人民检察院组织法》用的也是"监督"，《草案》二审稿有几处用的也是"监督"[①]）；将第十七条的"人民检察院行使法律监督职权，可以采取提出抗诉、纠正意见、检察建议等方式"，修改为"人民检察院行使本法第16条第（四）、（五）、（六）项职权，可以采取提出抗诉……等方式"。

其次，检察监督的方式问题。长期以来，检察监督缺乏刚性，是制约检察监督职能充分有效发挥的重要原因。要增强检察监督刚性，一是检察监督方式要有刚性；二是检察监督的效果要有刚性，即法律应当规定监督对象对检察监督意见以落实的义务。因为检察机关作为宪法和法律规定的专司法律监督的机关，其依据法律、代表国家作出的监督决定应当具有法律效力；同时，监督必须有牙齿，没有牙齿不成其为监督。因此，法律规定的检察监督方式的用词就应该体现其约束力，如抗诉、纠正意见、纠正通知等，而不宜用"建议"，因为"建议"与检察监督应当具有法律效力的特征不符。在我国20世纪的法律中，检察监督是不用"建议"这种方式的，"建议"仅用于检察机关结合办案所开展的社会治安综合治理和预防腐败工作，即通过办案发现有关单位在管理、制度等方面存在的漏洞，提出整改堵漏、完善制度、加强管理、预防犯罪的建议，它属于"办案的后半篇文章"，而不是办案本身。在后来的立法中，混淆了"建议"与"意见""通知"的界限，将"建议"用之于检察监督。人民检察院组织法修正时应当予以正本清源。为此，建议将第17条修改为："人民检察院行使本法第十六条第（四）、（五）、（六）项职权，可以采取提出抗诉、纠正

---

[①] 如第19条规定："最高人民检察院……还行使对最高人民法院死刑复核活动实行监督……等职权。"

意见、纠正违法通知等方式。"①

## 二、规定调查核实权及其措施

赋予检察机关以调查核实权及其措施,这是法律监督的题中应有之义。因为检察机关在履行法律监督职责特别是诉讼监督等职能时,往往需要先对发现的违法错误线索、民事行政公益诉讼线索等进行调查核实,发现确有违法错误或确应提起公益诉讼的,才能对有关机关提出"纠正意见(通知)"或提起公益诉讼,而不能仅凭线索就下结论。同时,调查如遇调查对象拒不配合的情况,也需要采取必要的措施,而不能任其拒不配合甚至对抗。否则,就与"监督必须有牙齿"的原理相悖。但是,现行的人民检察院组织法和本次《草案》对调查核实权及措施都未作出规定。法律上没有赋予调查核实权及其措施,这在职务犯罪侦查职能归属于检察机关时还问题不大,但在该职能划转后,问题马上就突显出来:因为监督对象对检察机关的调查往往心存抵触,不配合调查包括躲避调查、对抗调查的情况屡有发生,如推三阻四、一问三不知、躲避调查、玩弄拖延战术、拒不提供有关材料及证据等。对此,检察机关往往无可奈何。因此,应当赋予检察机关调查核实权及其措施。借鉴有关行政执法的立法,调查措施主要包括:要求说明情况、通知谈话、传唤、调取证据、查阅有关会议记录、文件、案卷材料,责令提供相关证据、材料,检查、鉴定等;必要时,还应当有权直接采取强制性措施,如强制传唤、查封、扣押、冻结、发出禁止令、责令立即停止侵害公益行为等。② 从而为检察机关的调查核实活动

---

① 其中对法院确有错误的裁判,用"抗诉"方式(民事诉讼中对同级法院确有错误的生效裁判,用"意见"即"再审意见"方式);对有关机关在诉讼中作出的错误决定(除裁判外),用"纠正意见"方式;对诉讼中的违法行为,用"纠正违法通知"方式。

② 参见汤维建:《检察机关提起公益诉讼的制度优化》,载《人民检察》2018年第11期。

提供必要的法律依据，进而夯实法律监督的事实基础。

为此，建议在第 16 条中增加 1 款，作为第 3 款：

"人民检察院在行使上述职权时，可以进行调查核实，采取要求说明情况、通知谈话、传唤、调取证据、查阅有关会议记录、文件、案卷材料，责令提供相关证据、材料，检查、鉴定等措施；必要时，还可以采取强制传唤、查封、扣押、冻结、发出禁止令、责令立即停止侵害公益行为等措施。"

## 三、规定最高人民检察院的提请违宪、违法审查权

党的十八届四中全会通过的《中共中央关于全面推进依法治国若干重大问题的决定》指出："完善全国人大及其常委会宪法监督制度，健全宪法解释程序机制。加强备案审查制度和能力建设，把所有规范性文件纳入备案审查范围，依法撤销和纠正违宪违法的规范性文件。"党的十九大报告又进一步强调："加强宪法实施和监督，推进合宪性审查工作，维护宪法权威。"这是党中央为维护宪法权威和法治统一作出的重大决策部署。因为在现实生活中，地方性法规、条例、规章同宪法、法律相抵触的并不鲜见，且随着地方立法权主体的扩大（设区的市都有立法权），地方立法违宪、违法的情况还会增多。

《中华人民共和国立法法》第 99 条规定："国务院、中央军事委员会、最高人民法院、最高人民检察院和各省、自治区、直辖市的人民代表大会常务委员会认为行政法规、地方性法规、自治条例和单行条例同宪法或者法律相抵触的，可以向全国人民代表大会常务委员会书面提出进行审查的要求，由常务委员会工作机构分送有关的专门委员会进行审查、提出意见。"虽然，立法法规定的有权提请违宪、违法审查的主体甚多，但最高人民检察院作为国家法律监督机关的最高机关，对维护宪法权威和国家法治统一负有特殊的责任，应当责无旁贷地履行提请全国人大常委会违宪、

违法审查的职责。为此,《草案》一审稿第 16 条关于最高人民检察院职权的第三项曾规定:"向全国人民代表大会常务委员会提出对行政法规、地方性法规、自治条例和单行条例进行审查的要求。"但二审稿却将它删掉了。建议《草案》恢复这一规定,即将二审稿第 19 条修改为:

"最高人民检察院是最高检察机关,除行使本法第十六条规定的职权外,还行使对认为同宪法或者法律相抵触的行政法规、地方性法规、自治条例和单行条例提请全国人民代表大会常务委员会审查,对最高人民法院的死刑复核活动实行监督,对报请核准追诉的案件进行审查、决定是否追诉等职权。"

## 四、准确规范检察长与检察官之间的职权关系

《草案》二审稿第 32 条规定:"检察官在检察长领导下开展工作,重大办案事项由检察长决定。检察长可以将部分职权委托检察官行使,可以授权检察官签发法律文书。"据此理解,检察机关决定案件的权力仍都归属于检察长,检察官对所办案件的某些决定权要靠检察长个人"委托"或"授予"。同时,检察长既然有权"委托"或"授予"权力,就有权随时收回所"委托"和"授予"的权力。这一规定实为不妥,与司法责任制改革"突出检察官在办案中的主体地位"和"谁办案谁负责、谁定案谁负责"的要求不符。建议人民检察院组织法直接赋予检察官相对独立性和一定的定案权。

首先,由法律直接赋予检察官相对独立性和一定的定案权,这是由检察机关所具有的司法属性决定的。检察机关既有行政属性,又有司法属性,二者相辅相成,不可或缺:其行政属性有利于全国检察机关形成同违法犯罪作斗争的整体力量,有利于法律适用的统一性,从而保证法律的统一正确实施;其司法属性有利于各级检察院和各检察官相对独立地依法履行职责,从而增强检察官的办案责任心,提高办案决策的效率。检察机关

的行政属性决定了检察机关要检察一体、上命下从；司法属性决定了各级检察院和各检察官具有相对独立性，除了执行上级的指示外，有权决定自己职责范围内的问题。我国检察机关既是法律监督机关，又是司法机关，其司法属性比世界上多数国家的检察机关都强。因此，赋予检察官相对独立性和一定的定案权，是检察机关所具有的司法属性的必然要求。否则，如果检察官不具有相对独立性和一定的定案权，那检察机关就成了行政机关，其办案决策体制就成了纯粹的行政体制。

其次，不赋予检察官相对独立性和一定的定案权已经造成很多弊端，且已经作为司法责任制改革的对象。我国现行的人民检察院组织法在制定时，由于当时的认识局限性，规定所有案件的决定权都归属于检察长，检察官所办理的所有案件，都应当报检察长决定；对于某些重大案件和重大问题，检察长可以提交检察委员会讨论决定。这种办案决策体制虽然有利于检察机关内部的集中统一领导，但也有诸多弊端：一是过度行政化，使检察体制成了纯粹的行政体制，司法属性无从体现，违反了检察规律；二是不能体现检察官在办案中的主体地位，抑制了检察官的主观能动性和积极性；三是违反了司法亲历性，造成办者不定、定者不办；四是层层审批影响办案决策效率；五是如果检察长作出违法的决定，检察官也必须执行而无权抵制；六是办案中如果出现错误和问题，往往因责任分散而无法追责。目前正在进行的司法责任制改革，就是要改革原来的定案权都归属于检察长、检察官不具有相对独立性和一定的定案权这一违反检察规律的办案决策体制。

最后，司法改革中由检察长"委托"检察官行使部分定案权，是在法律未作修改的情况下不得已的做法。在司法责任制改革中，为了强化检察机关的司法属性，突出检察官在办案中的主体地位，体现司法的亲历性，需要赋予检察官相对的独立性和一定的定案权，以实现"谁办案谁负责、谁定案谁负责"。但是，由于"改革必须在法律范围内进行"，定案权都归属于检察长这一法律规定尚未修改,因而不得不采取变通的做法:由检察长把部分定案权"委托""授予"检察官行使。如今,修改的人民检察院组织法如果仍规定由检察长"委托""授予"检察官行使部分定案权,那就明显与司法责任制改革的目标不相符。

总之,检察官的相对独立性和一定的定案权应由法律直接赋予,而不应由检察长个人恩赐式地"委托"和"授予"。

为了正确处理检察长职权和检察官职权的关系,既坚持"检察长统一领导检察院的工作",又使检察官具有相对独立性和一定的定案权,建议对《草案》第32条作如下修改:

"检察官在检察长领导下依法行使检察权。检察官对自己办理的案件依法作出决定,并签发法律文书,但重大办案事项以及检察长认为应当由其决定的办案事项除外。

重大办案事项的范围由最高人民检察院规定。"

作此修改的理由是:它既赋予了检察官对自己所办理案件的决定权,又保留了检察长对重大办案事项的决定权;由于检察长统一领导检察院的工作,因而即使是检察官有权决定的非重大办案事项,检察长仍有权过问和作出决定。这就既体现了检察长对检察工作的统一领导,又使检察官具有一定的定案权。由于"重大办案事项"的范围需要全国一致,而不能各地自行其是,故规定"重大办案事项的范围由最高人民检察院规定"。至于检察官"依法行使检察权"这一提法,来源于现行的检察官法第2条"检察官是依法行使检察权的检察人员"的规定。

## 五、根据公务员法的有关规定,赋予检察官拒绝执行检察长错误、违法指令的权力

2017年修正的公务员法第54条规定:"公务员执行公务时,认为上级的决定或者命令有错误的,可以向上级提出改正或者撤销该决定或者命令

的意见；上级不改变该决定或者命令，或者要求立即执行的，公务员应当执行该决定或者命令，执行的后果由上级负责，公务员不承担责任；但是，公务员执行明显违法的决定或者命令的，应当依法承担相应的责任。"公务员法的这一规定，体现了对法律的遵从和维护，因为法律是任何人都不能逾越的红线，谁逾越了谁就要承担责任，即使是因执行上级指令而逾越也不例外。

我国公务员法中的"公务员"，是包括司法人员在内的广义的"公务员"，故该规定中关于公务员对自己认为错误的指令可以提出异议，对明显违法的指令不得执行、执行了要承担责任的精神，应当结合检察机关的实际在人民检察院组织法中加以体现；同时，我国检察官不是一般的公务员，而是以维护国家法制统一、尊严、权威为使命，具有相对独立性的司法人员，遵循司法的亲历性，根据事实证据所形成的内心确信定案是其基本要求，因而更应有权力也有责任对上级在办案方面的违法、错误指令提出异议并拒绝执行。因此，建议规定：

"检察官认为检察长对办案事项的决定违法或者错误的，可以提出异议；检察长不改变该决定的，检察官可以拒绝执行；检察长可以将该案件收归自己办理或者交其他检察官办理。"

作这样规定，除了上述理由外，还在于：检察长是人而不是神，也有可能犯错误，如以言代法，以权压法，对案件、事项作出违法、错误的指令等；检察官对案件的认识也难以保证都正确。作为司法机关，既赋予检察官对检察长违法、错误指令的异议权和拒绝执行权，又明确规定检察长的职务收取和职务移转权，体现了检察一体、上命下从与检察官相对独立的有机统一，并在检察机关内部上下级之间建立起互相制约机制。它既有利于弥补单纯的上命下从所可能存在的缺陷，又有利于防止检察官对检察长指令存在片面、错误认识而影响对案件的正确处理；既有利于尊重检察官对案件的内心确信，避免检察官违心办案和无奈地被追究责任；又有利于检察长对自认为并无不当的指令得到贯彻落实。这种权力运行机制,较好地体现了检察权兼具行政权与司法权性质的特点,也较好地体现了检察权运行的规律,有利于维护法制,实现司法公正。此外,由于检察官是司法工作人员,且以维护国家法制为己任,对"违法"的辨别能力和抵制"违法"的要求应高于行政机关的公务员,故检察官对检察长"违法"的指令就应抵制,而不宜照搬公务员法规定的"明显违法"指令。这样处理检察官与检察长之间的职权关系,大陆法系国家的立法已有较成熟的经验,我国应当加以借鉴。

## 六、准确规定提请检委会讨论的主体

《草案》第35条规定:"检察官可以就重大案件和其他重大问题,提请检察委员会讨论,由检察长决定是否召开检委会会议。"据此,似乎可以作出"将重大案件和其他重大问题提请检察委员会讨论的权力在检察官,是否召开检察委员会的权力在检察长"的理解。此规定似乎借鉴了《人民法院组织法(修订草案)》的规定,[①] 有所不妥。因为在定案权的行使上,检察院与法院存在明显区别:法院的定案权一般在独任法官和合议庭,院长对不是自己办理的案件没有决定权,故申请将案件提交审判委员会讨论决定的权力在审判长,是否批准将案件提交审判委员会讨论决定权在院长。而在检察院,检察官只对一般案件有决定权,重大案件和其他重大问题决定权在检察长。除法律规定必须提交检察委员会讨论决定的事项外,对重大案件和其他重大问题是否提交检察委员会讨论,应当由检察长决定,而不是由检察官决定。因此,建议将该条修改为:

"检察官对于自己无权决定或难以作出决定的案件和问题,因当提请检察长决定;检察长可以将重大案件和其他重大问题提交检察委员会讨论决定。"

---

① 《人民法院组织法(修订草案)》(二审稿)第38条规定:"合议庭认为案件需要提交审判委员会讨论决定的,由审判长提出申请,院长批准。"

# 第三部分　司法权运行改革研究

论司法改革中的几个问题

党的十八大以来反腐工作对法治的启示

提升品质，走内涵式发展之路

检察机关学习践行"枫桥经验"的必要性、原则和重点

# 论司法改革中的几个问题[①]

当前，司法改革正在深入推进，但改革中有几个问题还存在不同认识，似有进一步研究的必要。笔者不揣谫陋，略书管见，参与讨论。

## 一、是"授权"还是"还权"

在司法责任制改革中，为了强化检察官主体地位，实行"谁办案谁负责、谁定案谁负责"，检察长把某些权力委托（授予）检察官行使，检察官在授权范围内决定相关案件或事项，并对自己的决定承担责任。对此，有观点认为："检察官的办案决定权来自法律的直接赋予，而非检察长的授予。"其依据是检察官法第2条、第6条、第7条的规定，该法第2条规定："检察官是依法行使国家检察权的检察人员"，其范围包括"检察长、副检察长、检察委员会委员、检察员和助理检察员"；第6条规定："检察官的职责：（一）依法进行法律监督工作；（二）代表国家进行公诉；（三）对法律规定由人民检察院直接受理的犯罪案件进行侦查；（四）法律规定的其他职

---

[①] 本文第一、二、四部分，载《人民检察》2016年第6期，原文标题为《司法改革中几个问题之我见》；第三部分，载《法学杂志》2014年第2期，系《对司法体制改革的几点思考》一文的一部分。

责。"第 7 条规定:"检察长、副检察长、检察委员会委员除履行检察职责外,还应当履行与其职务相适应的职责。"可见,"检察首长和普通检察官的权力来源其实是相同的,即都来源于法律的授权,因而两者都是行使法定检察职权的合法主体,都有权行使检察官法第 6 条授予检察官的各项职权,只不过,检察首长除履行检察职责外,还应当履行与其职务相适应的职责"。因此,由普通检察官决定某些案件是"还权"而不是"授权"。①

上述观点颇有见地,但说"普通检察官的定案权来自于法律授予而非检察长授予"似需斟酌。笔者认为,从实然来看,现行法律尚未赋予检察官定案权,故该权力目前应由检察长授予;从应然来看,检察官的定案权应由法律直接规定。

(一)从实然来看,现行法律尚未赋予检察官定案权

首先,我国宪法、人民检察院组织法和刑事诉讼法都规定:"人民检察院依照法律规定独立行使检察权,不受行政机关、社会团体和个人的干涉。"可见"依照法律规定独立行使检察权"的主体是"人民检察院"而不是"检察官";刑事诉讼法还在多处规定,行使检察权的主体是"人民检察院"而不是"检察官"。② 而有权代表人民检察院依法独立行使职权的是检察长或检委会,因为人民检察院组织法第 3 条规定:"检察长统一领导人民检察院的工作。各级人民检察院设立检察委员会。检察委员会实行民主集中制,在检察长的主持下,讨论决定重大案件和其他重大问题。"

其次,检察官法虽规定,"检察官是依法行使国家检察权的检察人

---

① 参见万毅:《检察改革"三忌"》,载《政法论坛》2015 年第 1 期。
② 如 2012 年刑事诉讼法第 86 条规定:"人民检察院审查批准逮捕,可以讯问犯罪嫌疑人……"第 168 条规定:"人民检察院审查案件的时候,必须查明……"第 203 条规定:"人民检察院发现人民法院审理案件违反法律规定的诉讼程序,有权向人民法院提出纠正意见。"

员",但在"依法"后面没有"独立"二字。这绝不是立法者的疏忽,而是依据宪法的规定和当时的认识水平审慎考虑的结果。据此,检察官有在检察长的领导下依法行使国家检察权的职责(职权)和义务,但无权独立决定案件的处理。

最后,最高人民检察院制定的《人民检察院刑事诉讼规则(试行)》第4条规定:"人民检察院办理刑事案件,由检察人员承办,办案部门负责人审核,检察长或者检察委员会决定。"应当说,该规定是符合现行法律精神的,它以司法解释的形式告诉人们:定案权在检察长或检委会,而不在承办的检察官。因此,认为现行法律已经赋予检察官定案权,尚缺乏明确的依据。

(二)从应然来看,检察官有相对独立决定案件的权力

对此,笔者的《检察官相对独立论》一文曾从以下四个方面作过较为详尽的阐述:(1)检察官相对独立是检察机关整体独立的基础;(2)检察官相对独立既是"检察一体"的基础,又是防止"检察一体"弊端的重要措施;(3)检察官相对独立是检察官法律地位、活动原则、司法特性和诉讼规律的必然要求;(4)检察官相对独立是深化司法改革的必然要求。此外,拙文还对检察官相对独立的特点和主要内容、检察官相对独立与"检察一体"的协调等问题作了研究。[1] 龙宗智、陈卫东、谢鹏程等诉讼法学家、检察学家也作过许多精辟的论述,如龙宗智教授认为:检察机关集体独立和检察官相对独立都是检察权依法独立的形式,即"检察权依法独立的第一种形式是检察机关集体独立,检察权依法独立的第二种形式是确认检察官在检察机关内部的相对独立";"检察官的独立性是确立办案责任制包括错案追究制的前提"。[2] 陈卫东教授认为:"无论是理论上的探索、实践

---

[1] 详见朱孝清:《检察官相对独立论》,载《法学研究》2015年第1期。
[2] 参见龙宗智:《论依法独立行使检察权》,载《中国刑事法杂志》2002年第1期。

中的经验还是将来的改革方向,我们都已经具备了从检察机关独立行使职权过渡到检察官个体独立行使职权的条件。"[1]谢鹏程研究员认为:"检察一体"与检察官的独立相辅相成,不可或缺,否则,"没有检察官独立的检察一体制是一种纯粹的行政体制,没有检察一体的检察官独立是一种纯粹的司法体制"。[2]总之,检察官具有相对独立性和相对独立的定案权有较为充分的理论依据。以往,由于人们对司法规律的认识还没有达到现在的程度,加上对司法官个体行使权力的警惕,因而法律规定依法独立行使检察权的主体和刑事诉讼主体都是"人民检察院",而没有给检察官以应有的法律地位和办案主体地位;连司法官独立性更强的法院,也规定依法独立行使审判权的主体和刑事诉讼的主体是"人民法院",而不是"法官"。因此,通过司法责任制改革的实践,有必要对有关法律加以修改,明确规定检察官在行使检察权中的主体地位和相对独立的定案权,只有这样,司法改革的成果才能得以固定,也才能避免授权的随意性和一些人对司法政策会不会朝令夕改、会不会今天授权(放权)明天收权、换个领导就换个样的担忧。

## 二、"专业化"是否排斥"专门化"

上海是我国的金融中心。近年来,上海市一些检察院针对金融领域犯罪增多的情况,在内设机构中设立了专门办理金融犯罪案件的金融检察处(科),以期金融检察工作的专业化。对此,有观点认为,这是将"检察官专业化"误解为"检察官专门化",因为检察官专业化,"指的是检察官在法律知识和法律(检察)业务上的专业化",而"人的精力是有限的,作为司法官,法律才是检察官的本业和专业,检察官要精通博大精深的法律

---

[1] 参见陈卫东、李训虎:《检察一体与检察官独立》,载《法学研究》2006年第1期。

[2] 参见谢鹏程:《论检察官独立与检察一体》,载《法学杂志》2003年第3期。

知识，已经殊为不易，还要检察官精通其他领域的专业知识，甚至成为该领域的专家，则实在是有些强人所难了"。对此，应借鉴域外的"检察事务官"制度，招考特定领域如金融财会、工程技术、知识产权等领域的人才担任检察事务官作为检察官的专业助手。①

笔者认为，上述观点对检察官专业化的理解精当，分析的意见在理，实行检察事务官制度的思路也很有价值。但是，专业化是否就应当排斥专门化却值得斟酌。因为随着社会分工越来越细密，各种职业都需要专业化，而专业化又是分层次的，第一层次的专业化，是某职业相对于其他职业而言的专业化，它使某职业与其他职业区分开来；而专业又往往分许多门类，因而往往需要进行专业的再分工，由此便产生第二层次、第三层次乃至更多层次的专业化。如医生是专业化职业，但由于人的疾病可能产生于不同的系统和部位，不同系统和部位的疾病既有共性，又有不同的特点和规律，而人的精力有限，为了对各系统、部位疾病进行深入研究和对症治疗，就需要对医生进行专业再分工，除全科医生外，便有了内科、外科、消化科、呼吸科、心血管科、神经科、骨科、放射科等的专科医生；在专科医生中，有些还各有专攻和擅长，如骨科医生，有的擅长治疗脊椎，有的擅长治疗指（趾）骨，有的擅长治疗创伤性骨折，有的擅长治疗经络，等等，越是大医院和专科医院，这种分工就越细；大凡医学专家特别是大专家，往往不是研究整个医学的，而是专门研究医学中某一门类的。该专家相对于医生之外的职业来说，他是专业化的；相对于其他门类的医生来说，他又是专门化的。如某骨科专家，专门研究骨科疾病的治疗，又专门研究骨科中脊椎疾病的治疗，该专家既是专业化的（相对于其他职业来说），又是专门化的（相对于其他骨科专家来说）。法学也是如此，在众多的法学家中，大多是研究部门法的专家；在部门法的专家中，

---

① 参见万毅：《检察改革"三忌"》，载《政法论坛》2015年第1期。

很多还有自己研究的侧重点,如刑法学家,有的侧重研究总论,有的侧重研究分论;在总论中,有的侧重研究犯罪论,有的侧重研究刑罚论;在犯罪论中,有的侧重研究故意犯罪,有的侧重研究过失犯罪;在分论中,有的侧重研究职务犯罪,有的侧重研究网络犯罪,有的侧重研究金融犯罪;等等。这种专业的再分工,既是专业化程度的加深,有时也是一种专门化。

检察工作属于法律职业,检察官应当熟练掌握法律知识和技能。但检察工作又分诸多种类,如侦查、批捕、公诉、诉讼监督等,各种工作又各有特点,如有的需要主动进攻,有的需要被动受理;有的主要行使追诉职能,有的主要行使判断职能;有的主要在刑事诉讼领域,有的主要在民事、行政诉讼领域;等等,不同工作就有不同的规律。因此,检察官除了具备精深的法律专业知识和技能外,还至少应掌握、了解两方面的知识:一是所从事工作的特点和规律;二是所从事工作必需的除法律之外的基本知识和技能,做到看得懂、知门道、明要害。如从事侦查监督工作,就应懂侦查;从事未成年人检察工作,就应懂得未成年人心理,善于做思想工作;办理股票、证券、期货案件,就应懂得该方面的基本知识。检察机关不应要求检察官成为办案所涉领域的专家,但应要求检察官懂得相关领域基本知识。俗话说:"内行看门道,外行看热闹。"如果检察官不懂得所涉领域的基本知识,就可能成为"瞎子""聋子",证据摆在面前也未必看得出来,这就难以办准办好案件,更不用说"超前部署"和"增强工作预见性"了。

诚然,对于所涉领域专业性很强、只有行家里手以至专家才能搞清的问题,可以通过向专家咨询、提请专家鉴定、听取专家辅助人意见、招录有专门知识的人作为检察事务官进行协助等办法来解决,但是,对所涉领域的基本知识,是不可能事事求助他人的。目前,检察工作总体上是按性质和所处的诉讼环节来分工的,但有的作为特例,是按工作对象来分工的，如未成年人检察，由于工作对象、刑事政策、诉讼程序特殊，因而打破了惯常的分工原则，最高人民检察院要求设立专门机构或确定专门人员来办理这类案件。金融领域犯罪专业性特别强，如不懂得金融基本知识，就难以发现犯罪，也难以正确地审查判断证据、分清罪与非罪，更难以通过办案发现漏洞，建议整改堵漏、完善制度、加强源头治理。上海作为全国金融中心，打破惯常分工原则，作为特例，按工作对象（领域）来分工，成立专门机构办理此类案件，笔者认为未尝不可，因为它有利于工作专业化，把案件办准办好，最大限度地发挥办案维护金融秩序、服务经济发展的作用。至于其他领域的犯罪，虽然也有其特殊性和专业性，但大多不像金融领域那样常人难以搞懂，因而一般不必援引此例。无论是惯常的按工作性质和诉讼环节进行分工，还是特殊情况下按工作对象（领域）进行分工，实际上都是专业的一种再分工，只不过后者（未成年人案件和上海金融领域案件）再分工的方法与惯常的分工方法有所不同罢了。

除了上述按工作性质、所处诉讼环节或者工作对象进行专业再分工外，很多检察院还进行第二层次的专业再分工，即根据检察官的专长，分工让他们从事相关工作或办理相关案件。如职务犯罪侦查部门，有的擅长情报信息的收集，有的擅长初查，有的擅长讯问，有的擅长外查内调；公诉部门，有的擅长办理职务犯罪案件，有的擅长办理经济犯罪案件，有的擅长办理股票、证券、期货犯罪案件等，很多地方就让这些有某方面专长的检察官重点从事有利于发挥其专长的工作或办理相关案件。实践证明，进行专业再分工，有利于优化资源配置，提高专业化程度，提高工作质量和水平。这种专业再分工，从一定意义上说，也是一定程度的专门化。

总之，虽然专业化不必然导致设立专门机构或确定专门人员这种"专门化"，但专业化也不完全排斥这种"专门化"。

## 三、未入额法官、检察官是否还是法官、检察官

在司法体制四项改革试点中[①]，针对现有的部分法官、检察官因专业素质等原因难以独立履行司法职责并承担司法责任的情况，实行了法官、检察官员额制改革，即对法官、检察官规定一定的员额，已有的法官、检察官通过考试、考核，符合条件的成为员额法官、检察官。员额制改革是对现有法官、检察官的筛选，必然有一部分法官、检察官（包括审判员、检察员、助理审判员、助理检察员）入不了额。那么，没有入额的法官、检察官是不是还是法官、检察官？他们的职责、待遇又该如何？这是改革必需面对的突出问题。当前，有的试点地方对未入额的法官、检察官特别是其中的助理审判员、助理检察员一律改任法官助理、检察官助理，让他们从事法官助理、检察官助理这一司法辅助工作，致使其中部分同志心中不快，有些助理审判员、助理检察员还利用其年龄、学历优势而选择离职跳槽。

笔者认为，法官、检察官员额制改革是司法人员分类管理改革和司法责任制改革的一项重要措施，必须坚决推进；同时，改革又要依法、稳妥，想方设法调动各层次人的积极性，尽量减少阻力。据此，建议采取"老人老办法、新人新办法"的原则处理，即设定一个过渡期（如五年），在过渡期内，对未入额的法官、检察官（含助理审判员、助理检察员）仍按法官、检察官对待和管理：一是在职务上，他们仍是法官、检察官。这样，员额制改革后的法官、检察官可分两个等次：第一等次是员额法官、员额检察官，第二等次是法官、检察官；在法官、检察官中，又分两个等次：第一等次是审判员和检察员，第二等次是助理审判员和助理检察员。二是在待遇上，未入额的法官、检察官仍享受原法官、检察官待遇（如享

---

[①] 司法体制四项改革，指完善司法责任制改革、完善司法人员分类管理改革、省以下地方法院、检察院人财物由省级统一管理改革、健全司法人员职业保障改革。

受法官、检察官津贴)。三是在工作职责上，凡在业务岗位的，应把他们与法官助理、检察官助理相区别，即仍然让他们办理案件，但由于他们因专业素质、资历等原因未入额，故所办案件要经过员额法官、员额检察官审核，而不享有完全的定案权。提出该意见的理由是：

首先，它符合法律规定。根据法官法、检察官法的规定，法官包括审判员和助理审判员，检察官包括检察员和助理检察员。同时，法官和检察官都"非因法定事由、非经法定程序，不被免职、降职、辞退或者处分"。但让助理审判员、助理检察员一律改任法官助理和检察官助理，这就使原来被依法任命，并被法律明确规定属于法官、检察官的助理审判员和助理检察员，非因法定事由、非经法定程序，一夜之间被排除在了法官、检察官之外，变成了法官助理、检察官助理，这是违反法律规定的，也不符合中央关于"改革必须于法有据"的原则。作为司法队伍的改革，更应当严格依法、于法有据，否则，如果连法官、检察官都不相信法律了，那怎么让他们带动整个社会信仰法律呢？况且，助理审判员、助理检察员是有办案资格的，而法官助理、检察官助理却无办案资格，只能从事司法辅助工作，二者具有质的区别。

其次，它有利于稳定司法队伍。现有的助理审判员、助理检察员大多学历较高、年龄较轻，特别是在最高人民法院、最高人民检察院和省级法院、检察院工作的助理审判员、助理检察员，很多已经是院里的办案骨干，只是由于资历、级别不够，一时当不上审判员、检察员，也没有资格参加员额法官、检察官考试。这一批人，是最具有发展潜力和"劳动力红利"的群体，也是法院、检察院的未来。如让他们一夜之间由法官、检察官变成司法辅助人员（非法官、检察官），就会使他们产生严重的挫败感，从而影响司法队伍的稳定。只有"老人老办法"，保留他们法官（助理审判员）、检察官（助理检察员）的职务和待遇，激励他们努力工作，才能安定人心，稳定这支队伍。

最后，它有利于激励未入额法官、检察官奋发努力，尽早入额。"老人老办法"有利于安定人心，但如不设定一定的期限，规定期限过后如仍不能入额，则取消原任命的法官、检察官资格，则会影响已入额法官、检察官的积极性，也会影响未入额人员的进取精神。因此，设定一定的期限，有利于增强未入额法官、检察官的紧迫感，激励他们抓住机遇，奋发努力地学习和工作，争取早日成为员额法官、检察官。同时，设定期限，也可以为修改有关法律，使修法后的法官、检察官不再包括助理审判员和助理检察员赢得时间，从而为期限过后仍未入额人员取消其法官、检察官资格提供法律依据。

## 四、查处司法人员职务犯罪是否以惩戒委员会审查同意为前置程序

在最高人民法院《关于完善人民法院司法责任制的若干意见》和最高人民检察院《关于完善人民检察院司法责任制的若干意见》（以下简称《若干意见》）下发前，就有观点提出：应确立法官惩戒委员会对法官责任"进行鉴别和判断的前置地位"，"对法官拟采取强制措施的，应先报经法官惩戒委员会审查同意"。① 后来，最高人民法院、最高人民检察院分别下发的《若干意见》都规定，对拟追究司法责任的，应当移送省级惩戒委员会审议，然后分别情况处理。如最高人民检察院的《若干意见》规定：人民检察院纪检监察机构经调查后认为应当追究检察官故意违法违规责任或者重大过失责任的，应当报请检察长决定后，移送省、自治区、直辖市检察官惩戒委员会审议。检察官惩戒委员会根据查明的事实和法律规定作

---

① 参见肖新征：《法治视野下法官履职保障问题研究——以法官被诉渎职无罪案为样本》，载中国法学家论坛组委会：《第十届中国法学家论坛获奖论文报告会报告论文》，第272页。

出无责、免责或者给予惩戒处分的建议。对经调查属实应当承担司法责任的人员，根据有关规定，分别按照下列程序作出相应处理：（1）应当给予停职、延期晋升、调离司法办案工作岗位以及免职、责令辞职、辞退等处理的，由组织人事部门按照干部管理权限和程序办理；（2）应当给予纪律处分的，由人民检察院纪检监察机构依照有关规定和程序办理；（3）涉嫌犯罪的，由人民检察院纪检监察机构将犯罪线索移送司法机关处理。最高人民法院的《若干意见》也作出了与最高人民检察院基本相同的规定。据此，一些同志认为，今后检察机关查处司法人员职务犯罪案件，应以省级法官、检察官惩戒委员会审查为前置程序，只有惩戒委员会经审查认为涉嫌犯罪并移送检察机关时，检察机关才能立案侦查。

笔者认为，对司法人员所在单位纪检监察机构调查后认为违反司法职责，且涉嫌违纪，或者涉嫌违纪还是涉嫌职务犯罪界限不清的，应按《若干意见》的规定，报省级惩戒委员会审议。省级惩戒委员会如认为涉嫌职务犯罪的，移送检察机关。但对于司法人员所在单位认为明显涉嫌职务犯罪的，所在单位应当及时移送检察机关；对于检察机关自行发现、人民群众向检察机关举报、有关执纪执法机关移送的职务犯罪案件或线索，检察机关只要认为涉嫌犯罪，就应依法及时立案侦查，而不应以省级法官、检察官惩戒委员会审查同意作为前置程序。其理由是：

首先，这有法律的明确规定。刑事诉讼法[①]第108条规定："任何单位和个人发现有犯罪事实或者犯罪嫌疑人，有权利也有义务向公安机关、人民检察院或者人民法院报案或者举报。"据此，对司法人员所在单位认为明显涉嫌职务犯罪的案件，该单位应及时依法向检察机关报案，而不应先由纪检监察机构调查，再经惩戒委员会审查，然后才移送检察机关。同时，根据刑事诉讼法第110条的规定，检察机关对于报案、控告、举报和

---

① 本文的刑事诉讼法，均指2012年刑事诉讼法。

自首的材料，经审查后"认为有犯罪事实需要追究刑事责任的时候"，就"应当立案"。刑事诉讼法与《若干意见》是并行不悖的，且刑事诉讼法的效力高于《若干意见》，对于刑事诉讼法有明确规定的内容，《若干意见》并无阻却刑事诉讼法的效力。

其次，这是参照类似问题的办理原则得出的结论。我国实行行政执法和刑事司法双轨并行、相互衔接的制度和机制，对于违反工商行政管理、税务管理、食品药品管理等行政违法案件，由行政执法机关查处，发现涉嫌犯罪的，移送公安机关立案侦查。但是，公安机关对于自己通过各种渠道发现的涉嫌犯罪的案件，完全可以也应当依据刑事诉讼法第110条的规定直接立案侦查，而不必等行政执法机关移送。易言之，行政执法机关调查并移送，并不是公安机关对涉嫌犯罪的行政案件立案侦查所必经的前置程序。

最后，这是遵循侦查规律的需要。"迅速及时"是侦查工作的原则，也是侦查活动的规律。"兵贵神速""以快制胜"既是用兵之道，也是侦查之道。在侦查活动中，侦查机关跟犯罪分子斗争的一个重要内容就是争夺时间。早一分钟，侦查机关就多一分破案可能，犯罪分子就少一分逃避追究的机会。因为，第一，犯罪分子作案后，往往要串供毁证、订立攻守同盟、隐匿转移赃款赃物。职务犯罪的物证、书证一般在犯罪分子管理、控制之下，他们毁灭、伪造证据相对容易，而且一有风吹草动，就进行串供，并凭借其智商、地位和社会关系，迅速编织起一张反侦查的网络以对抗侦查。第二，随着时过境迁，不少证据会毁损灭失，如证人记忆会趋向模糊；有关会议记录、银行存款的原始单据、宾馆住宿的记载、电信部门的通话记录、公共场所的监控录像等原始证据会不再保存，犯罪现场（如刑讯逼供现场）会被破坏。第三，职务犯罪一般不会自动暴露，作案与发案之间的时间差本就比普通犯罪案件长。这一方面要求检察机关尽早发现线索，以缩短这种时间差；另一方面要求发现线索后抓紧侦查，以尽量减少较长时间差所带来的证据损失。当然,有的案件因情势不明,时机未到,需要待机而动,有的还需要"长期经营",这是因为该案件还不具备迅速及时侦查的条件,故它与迅速及时原则并不矛盾。①

当然,由于司法人员是特殊的群体,是公平正义的化身和法治权威的象征,其任职的条件和任免的程序也较为特殊,故检察机关查处涉嫌职务犯罪的司法人员时,除按规定进行党内报告、向该人员所在单位通报外,似应设立在处理(如撤案、起诉、不诉)前征求省级法官、检察官惩戒委员会意见的程序,然后由检察机关依法独立作出处理决定。对于惩戒委员会提出异议的,要持慎重态度,如果承办检察院仍坚持己见的,要层报省级检察院研究决定。在西方国家,对法官惩戒要由较高的机构来决定,以体现慎重。如在美国,联邦法官违反纪律的要先由联邦法官行为调查委员会调查,调查后认为需给予警戒或者停止工作等处理的,报国会的一个委员会决定,如需剥夺法官资格,则必须根据弹劾程序,经参、众两院通过;在德国,对联邦法官违反纪律等行为进行惩戒须由联邦最高普通法院法官职务法庭裁判;在法国,对法官惩戒需由最高法院院长任主席的最高司法委员会决定。②借鉴外国的做法,我国对司法人员职务犯罪案件在拟处理前征求一下省级法官、检察官惩戒委员会的意见,笔者觉得是必要的,也是有价值的,因为惩戒委员会具有代表性和专业上的权威性,征求他们的意见,一有利于体现对司法人员职务犯罪案件处理的慎重;二有利于"兼听则明",把案件处理得更准确公正,也有利于提高办案的公信力;三有利于对司法人员的处理在省级范围内进行平衡。

---

① 参见朱孝清:《职务犯罪侦查教程》,中国检察出版社2014年版,第26页。
② 参见周道鸾:《外国法院组织和法官制度》,人民法院出版社2000年版。

# 党的十八大以来反腐工作对法治的启示[①]

党的十八大以来，以习近平同志为核心的党中央以坚强的决心、强烈的使命感和敢于担当的精神，狠抓反腐败工作，取得了显著成效，"压倒性态势已经形成并巩固发展"，不仅创造了许多成功经验，而且在法治建设上给了我们诸多启示。

## 一、反腐应当法治化

反腐败法治化，就是以法治的思维和法治的方式反腐败，易言之，就是依法治腐、法治反腐。它是依法治国的有机组成部分。需要说明的是，反腐败法治化或曰法治反腐是相对于人治反腐而言的，它并不意味着法治万能。反腐败是一个系统工程，除法治外，还需采取其他的一系列措施，但它并不影响"反腐败法治化"或"法治反腐"命题的成立。这与治国需要采取一系列综合性措施，但并不影响"依法治国"命题的正确性同属一理。因此，既不能因为反腐败还要采取法治外的措施而怀疑法治反腐的正确性，又不能因法治反腐而排斥采取法治之外的措施。

---

[①] 本文系笔者在 2017 年"腐败预防与惩治国际研讨会"上的发言，原文刊载于《人民检察》2018 年第 1 期。

反腐败之所以要法治化，简单地说，就是邓小平同志当年所说的"还是法制靠得住些"，就是习近平总书记所说的法治能够"固根本、稳预期、利长远"。具体地说，第一，法治化有利于完善反腐败的法律规范体系，从而以良法促进善治；第二，法治化有利于给人们以明确的规范指引、制度约束和预期，从而规范广大公职人员的行为，预防和减少腐败；第三，法治化有利于将整个反腐败纳入法治轨道，在反腐败中坚持有法必依、执法必严、违法必究和严格执法、公正司法、全体公职人员守法，防止运动式执法、选择性执法、变通执法、随意执法和法外开恩等非法治方式反腐的弊端，保障反腐败深入、持久进行；第四，法治化有利于保障反腐办案的实体公正和程序正义，既依法依纪严肃查处腐败，又维护被审查人的合法权益，彰显执纪、执法机关理性、文明、规范、公正的良好形象，保障反腐败斗争健康开展。

党的十八大以来，党中央全面推进依法治国战略，在反腐败法治化方面迈出了重要步伐：一是理念先行，在反腐败中强化法治思维，善用法治方式；二是将"党内法规体系"纳入"中国特色社会主义法治体系"之中，使党内法规体系成为中国特色社会主义法治体系的重要组成部分；三是完善法律法规，制定修改了《中国共产党党内监督条例》《中国共产党纪律处分条例》等11部党内法规，织密了惩治腐败犯罪的法网，修订完善了对贪污贿赂等腐败犯罪的处刑，以良法促进善治；四是坚持纪律、法律面前人人平等，坚持有腐必反、有贪必肃，执纪执法必严，反对打折扣搞变通，树立了纪律、法律权威；五是不搞运动，又坚持走群众路线，并提高反腐败的透明度和公开性，使反腐败更好地接受人民群众监督；六是既严肃查处腐败分子，又从严整肃反腐队伍，做到对外、对内同等监督、一视同仁，实现"打铁还须自身硬"；等等。可以说，法治反腐是党的十八大以来反腐给我们的一个重要启示。

## 二、反腐应当惩防并举、标本兼治，但在腐败严重的情况下，应侧重于惩治和治标

总结古今中外反腐败的措施，主要有四个方面：一是从严惩治，使人不敢腐败；二是完善制度，使人不能腐败；三是加强教育，使人不想腐败；四是优薪养廉，使人不要腐败。[①] 这四个方面，第一方面是惩治，第二、三、四方面是预防。因此，在反腐败中，惩治和预防、治标和治本都不可或缺：只惩治不预防、只治标不治本，反腐败就会像割韭菜，割了一茬又一茬；只预防不惩治、只治本不治标，预防和治本就可能沦为"放空炮"，难以起到应有的作用。党的十八大以前，我国反腐败坚持"标本兼治、综合治理、惩防并举、注重预防"的方针，党中央对反腐败不可谓不重视，工作不可谓不努力，成绩不可谓不巨大，但腐败蔓延的势头没有遏制住、腐败犯罪越来越严重是不争的事实。党的十八大以来，针对腐败犯罪严重的实际，党中央以刮骨疗毒、壮士断腕的决心和抓铁有痕、踏石留印的态度，坚持"无禁区、全覆盖、零容忍"，进一步加大惩治腐败的力度，使腐败的存量和增量都大大减少，腐败蔓延的势头得到了有效遏制。实践证明，在腐败严重的情况下，只有加大惩治和治标的力度，形成强大的震慑和不敢腐的氛围，才能迫使腐败分子收敛收手。王岐山同志关于"要坚持标本兼治，当前要以治标为主，为治本赢得时间"的话，深刻地揭示了腐败严重的情况下惩治与预防、治标与治本之间的辩证关系。

当然，在反腐败压倒性态势已经形成并巩固发展的情况下，在保持惩治犯罪高压态势的同时，应当不失时机地把预防和治本的措施予以加强和落实，使惩治与预防、治标与治本相互补充、相互作用，进一步巩固和发

---

[①] 我国认可并主张前三个方面措施。

展反腐败的压倒性态势。

## 三、刑罚的有效性不在于刑罚的严酷性，而在于刑罚的不可避免性

"刑罚的有效性不在于刑罚的严酷性，而在于刑罚的不可避免性"，这是意大利著名经济学家和法理学家贝卡利亚的名言。对这一名言，我们虽然耳熟能详，但真正理解并予落实却不那么容易。党的十八大前，我们虽然也办了很多腐败案件，从严惩治了一大批腐败分子，包括对成克杰、胡长清、王怀忠、郑筱萸等原省部级以上官员判处了死刑。但是，由于被揭露和查处的腐败只是客观实际存在的腐败的一部分甚至一小部分，多数的腐败分子特别是重大腐败分子逍遥法外，腐败的风险和成本太低，腐败的收益太大，根本做不到"刑罚的不可避免性"，因而助长了腐败分子的侥幸心理，不择手段地进行腐败犯罪。马克思在阐述资本的本性时说：一旦有适当的利润，资本就胆大起来。如果有百分之十的利润，资本就会保证被到处使用；有百分之二十的利润，资本就活跃起来；有百分之五十的利润，资本就会铤而走险；为了百分之一百的利润，资本就敢践踏一切人间法律；有百分之三百的利润，资本就敢犯任何罪行，甚至去冒绞首的危险。腐败与腐败收益的关系也是如此，即腐败与腐败的收益成正比，与腐败的风险特别是被揭露和查处的概率成反比：如果腐败被揭露和查处的概率很高，意图以身试法的不稳定分子就不敢轻举妄动；反之，如果腐败被揭露和查处的概率很低，意图以身试法的不稳定分子就不惜铤而走险。十八大之前反腐败的实践证明，如果腐败被发现和揭露的概率低，判再多的腐败分子死刑也是没有多少作用的。

党的十八大以来，惩治腐败的力度显著加大，腐败被揭露、查处的概率和刑罚的不可避免性大大提高，被查处的腐败犯罪仅省军级以上党员干部和其他中管干部就多达440多人，而对腐败犯罪的处刑在《刑法修正

案（九）》实施之后，由于提高了入罪的数额门槛和量刑的数额标准，还比过去轻了，且党的十八大以后没有判过一个腐败案件死刑，但腐败蔓延的势头却得到了较好的遏制。可见，要形成反腐败的压倒性态势，主要不在于处刑有多严酷，而在于努力提高揭露和查处的概率，提高刑罚的不可避免性。党的十八大以来反腐败的实践，证明了贝卡利亚前述名言的正确性。

## 四、办案的社会效果、政治效果要以法律效果为前提和基础，要在法律范围内去追求

多年来，办案强调法律效果、社会效果、政治效果的有机统一，办理腐败案件也然。"三个效果"有机统一的观点，法学界少数同志有不同认识，但笔者认为没有错。因为办案是执法、司法行为，它关系到公民（公职人员）的人身、财产、隐私等权利，关系到其本人及其家庭的荣辱兴衰，且办案具有类比性，它要求相同的案件作相同的处理，因此，必须坚持法治反腐，必须严格依法，追求好的法律效果，使案件事实认定符合客观真相，办案结果符合实体公正，办案过程符合程序公正。与此同时，任何案件都是社会矛盾的产物，办案往往会对一个地方的经济社会发展产生或多或少或正面或反面的影响，因此，办案应当讲究方式、方法，有时还要讲究时机，并结合办案做好化解矛盾、整改堵漏、法治宣传、预防犯罪等工作，努力追求好的社会效果和政治效果，从而实现法律效果与社会效果、政治效果的有机统一。但是，在十八大前的反腐败中，有的地方有的同志不能正确理解甚至曲解法律效果与社会效果、政治效果之间的关系，离开甚至违反法律去追求所谓的社

会效果和政治效果。例如，有的主张执法应原则性与灵活性相结合①，该严格执法时严格执法，该灵活变通时灵活变通，并批评严格执法、公正司法的同志是"不讲政治""死抠法律条文"；有的搞选择性执法、选择性取证，对想对其处理的对象就"挖地三尺"，不想对其处理的对象就不了了之；有的不是以事实为根据、以法律为准绳处理案件，而是以预定的处理意见去裁剪案件事实、选择适用的罪名，随意地减少犯罪事实和数额，或者将重罪认定为轻罪；有的因嫌疑人身份特殊、工作岗位重要等原因，为避免依法查办导致的对一个单位、部门乃至一级党委、政府的"形象"或领导人的"政绩"造成消极影响，而对腐败犯罪线索甚至严重犯罪线索不让查，或者将嫌疑人平级调动至非重要岗位了事；有的因涉及本地的骨干企业、上市公司，就以维护、保障经济发展为名，不同意依纪依法查办；有的因行贿对象是上级以至国家部委掌管资金、项目等资源的人员，为了"关系管道"不被切断，不准执纪执法部门将行贿人交代的行贿线索上报给有权管辖的上级执纪执法部门；等等。其结果，法治原则被践踏，"法律面前人人平等、严格依法办案"成了一句空话，所追求的所谓社会效果和政治效果也往往只不过是为了维护少数领导人的"脸面""政绩"、关系或者局部的经济利益和社会影响；同时，由于少数人有权对执纪执法随意灵活变通，又诱发了大量的说情送礼、拉关系找

---

① 原则性与灵活性相结合主要用于政治领域，一般不适用于执法与司法，因为执法、司法如果允许灵活性，则容易为执法不严、违法不究和随意变通执法开方便之门，从而违反法律的严肃性和统一性；即使允许一定的灵活性，也应将其纳入法律、制度的轨道，而不允许任何有权人都可以"灵活"。当然，对于外国人在我国的犯罪，应当根据国际斗争的需要，赋予较大的灵活性，但也应经过严格的批准。记得有一次在中央政法委讨论一外国人在我国犯罪的案件时，笔者针对当时一些地方对国内案件原则性不足、灵活性有余，对外国人案件却原则性有余、灵活性不足的实际，明确建议：对国内案件，原则性要多于灵活性，严格地说，不应该有什么灵活性；而对外国人案件，在维护我国法治国家形象的前提下，则可灵活性多于原则性，以便服从我国对外政治斗争的需要。这一建议得到了与会同志的高度赞同。

靠山、行贿受贿等问题，从而进一步恶化了政治生态，加剧了腐败的蔓延——因为只要有一个人有权变通执法，有一个腐败分子被变通免罪，就会引来成千上万的人进行拉关系找靠山、投机钻营、说情送礼以及行贿受贿等活动。

党的十八大以来，党中央实施全面推进依法治国战略，既强调"有法必依、执法必严、违法必究"，又强调"严格执法、公正司法"，坚持有腐必反、有贪必肃，坚持法律面前人人平等原则，只要涉嫌腐败犯罪，上至政治局常委、下至基层公职人员，一律依法严肃查处，禁止打折扣搞变通。与此同时，为了防止当地对依纪依法办案的不当干扰，纪委改革了办案的领导体制，检察机关加强了对下级检察院所办案件的提办、督办和异地管辖，使依纪依法办案得到较好落实，办案不仅取得了良好的法律效果，而且取得了良好的社会效果和政治效果。"法律是党和国家意志的集中体现"，实践证明，办案必须严格依法，并在严格依法的前提下，去追求好的社会效果和政治效果。易言之，好的社会效果和政治效果必须以好的法律效果为前提和基础，要在法律范围内去实现；任何违反法律的办案行为，都不可能有好的社会效果和政治效果。

## 五、反腐不能"法不责众"

"法不责众"是我国流传的一句执法俗语，它反映了对众多人或群体性违法犯罪事件的执法困境，因为如对其严格执法，会造成较大的处理面，不仅会遇到较大阻力，而且会对一个地方、部门造成较大影响。因此，在以往的反腐实践中，有的地方就对群体性违法犯罪事件睁一只眼、闭一只眼，听之任之，只有到了造成严重后果或被上级、新闻舆论盯住不放，不查处无法交代时，才对少数重点人员予以查处，对其余人员则予以教育解脱。"法不责众"的结果，又造成群体性违法犯罪在更大范围、更深程度蔓延，造成更严重、更坏的后果。

党的十八大以来，坚持从严治党和严格执纪执法，不搞"法不责众"，以处理若干拉票贿选、破坏选举案为例,对湖南衡阳破坏选举案、四川南充拉票贿选案、辽宁拉票贿选案,就分别查处了467人、477人、955人(辽宁一案,中管干部就查处了34人)[①],其中追究刑事责任的每案都分别有数十人。这几个案件的严肃查处,在全国产生了强烈的震动和重大的影响,有力地遏制了拉票贿选、破坏选举之风在更大范围蔓延,维护了政权建设的纯洁性。可以断言,这几个地方拉票贿选、破坏选举问题,绝不是一夜之间就达到如此严重程度的,它是以往治党不严、执纪执法不严、搞"法不责众"的结果。因此,对腐败问题抓早抓小、解决在萌芽状态,即使卷入了较多人员,也敢于直面问题,依纪依法严肃处理,而不搞"法不责众",是教育挽救干部、防止腐败蔓延的重要措施。当然,依纪依法严肃处理群体性腐败,不搞"法不责众",并不等于不贯彻宽严相济政策,不实行区别对待。

### 六、反腐要"老虎""苍蝇"一起打,既不能"抓大放小",也不能"抓小放大"

抓大案要案特别是其中的"老虎",影响大、震动大,可以较有效地彰显党和政府反腐败的决心,因而必须抓住不放;与此同时,层级较低人员的案件和小案虽不能与大要案、"老虎"同日而语,但它们发生在群众身边,群众有切身感受,如不予有力惩处,反腐败也不可能取得好的效果,更何况小官也有大贪、"苍蝇"不除也会变成大案要案。因此,反腐败必须坚持"老虎""苍蝇"一起打,而不能只顾一端。而要坚持"老虎""苍蝇"一起打,不仅要有胆略、决心和毅力,还要严肃执纪执法,坚持纪律、法律面前人人平等。否则,如果执纪执法不严,对"老虎"随

---

[①] 该组数据来自《十八届中央纪律检查委员会向中国共产党第十九次全国代表大会的工作报告》。

意变通、手下留情，对"苍蝇"却抓住不放，那就会造成严重的不公平；反之，如果只打"老虎"、不打"苍蝇"，任凭"苍蝇"泛滥和成长，"老虎"就会打不胜打，海晏河清的局面就根本不可能形成。在党的十八大以前的反腐工作中，既存在打"老虎"缺乏应有的决心、力度和声势的问题，也存在对"苍蝇"打得不够的问题。党的十八大以来，党中央明确提出"老虎""苍蝇"一起打，既坚决惩治了一大批"老虎"，又依纪依法打了一大批"苍蝇"，赢得了人民群众的广泛赞誉。

### 七、反腐要坚持不懈、持之以恒，而不能搞运动

以搞运动、活动的方法来打击犯罪（包括惩治腐败），有某些积极作用，如有利于引起广大干部群众的重视，在一个时间内集中人力、物力等资源来揭露和惩治犯罪；有利于扩大声势、产生震动和震慑。但是，如果搞得不好，不能正确处理活动与平时、宣传造势与扎实工作、集中打击与长效机制之间的关系，也会产生副作用，如有的宣传造势有余，扎实工作不足，有的甚至热衷于表面上的大轰大嗡；有的运动、活动一过，犯罪就故态复萌甚至变本加厉，执纪执法人员也往往想喘口气、歇歇脚，致使打击犯罪就像打摆子一样，紧一阵、松一阵。特别是在早些年的打击刑事犯罪活动中，为了扩大声势、显示战果，有的把本应在平时抓的嫌疑人放到活动中去抓；也有的搞勉强凑数，把一般违法行为当作犯罪进行集中打击，造成活动中的"大抓"和活动后的"大放"。对于活动中取得的战果，一些群众往往提出质疑：一下子冒出这么多案件，执法人员平时都干什么去了？是不是平时有案不办和懈怠失职？

党的十八大以来，"坚决惩治腐败的旗帜立场始终如一，遏制腐败蔓延势头的目标任务从未动摇"①，反腐工作一直坚持不懈、持之以恒、驰而

---

① 《十八届中央纪律检查委员会向中国共产党第十九次全国代表大会的工作报告》。

不息，扎实推进。当取得明显成效后，一些人基于运动式反腐的思维，提出了"如此严厉的反腐搞到什么时候""是否应该喘口气、歇歇脚"等问题，但中央的回答很明确："反腐败永远在路上"，"要坚持无禁区、全覆盖、零容忍，坚持重遏制、强高压、长震慑"。"强化不敢腐的震慑，扎牢不能腐的笼子，增强不想腐的自觉，通过不懈努力换来海晏河清、朗朗乾坤。"[1] 因此，不搞时紧时松的运动式反腐，坚持久久为功、驰而不息、持之以恒，一步一个脚印地向前推进，是党的十八大以来反腐工作的一个重要经验和启示。

## 八、结论：法治反腐是反腐败的必由之路

上述七点启示，除了第一点启示之外，其他六点也都与"法治反腐"中的"严格执法"有关。因为在腐败严重的情况下，只有严格执法，才能加大惩治的力度，从而形成强大震慑和不敢腐的氛围；只有严格执法，才能提高揭露和查处腐败的概率，从而提高刑罚的不可避免性；只有严格执法，并在法律范围内去追求好的社会效果和政治效果，才能实现法律效果与社会效果、政治效果的有机统一；只有严格执法，才能避免"法不责众"，防止群体性腐败在更大范围、更深程度蔓延；只有严格执法，才能避免人为取舍案件，"老虎""苍蝇"一起打；也只有严格执法，才能有案必办、有腐必惩，而不搞时紧时松的运动式反腐。总之，党的十八大以来的反腐坚持法治化方向和严格执法，是使反腐工作取得如此明显成效很重要的原因。党的十八大以来的反腐实践启示我们：法治反腐是反腐败的必由之路；法治化是使反腐败斗争深入、持久、健康进行并取得良好效果的重要保障。

党的十九大已经对新时代全面建成小康社会和全面建设社会主义现代

---

[1] 习近平总书记在中国共产党第十九次全国代表大会上的报告。

化国家描绘了宏伟蓝图,其中对"深化依法治国实践"和"夺取反腐败斗争压倒性胜利"都作出了明确的部署。在学习贯彻党的十九大精神、深入推进反腐败斗争中,广大干部群众对法治反腐有更多的期待;我们也有理由相信,在今后的反腐斗争中,在法治反腐包括依法办案方面将会做得更好,并将取得新的更大的成效!

# 提升品质，走内涵式发展之路[①]

"品质"是指物品的质量或者人的行为、作风上所表现的思想、认识、品性等的本质，反映的是外在品位、品相和内在质地、质量的有机统一。将"品质"与"检察"联系在一起，以"品质检察"作为工作目标，是浙江省杭州市人民检察院的创造。我国在经历三十多年的高速发展之后，不仅经济发展要转变方式，检察机关和检察工作的发展也要转变方式，如从过去偏重于办案数量，转变为更注重办案质量和效果；从过去粗放检察，转变为精细、规范检察；从过去偏重于办公办案用房、技术装备等硬件设施建设，转变为更注重执法理念、体制机制、素质能力、纪律作风、检察管理等软实力建设；等等。总之一句话，着力提升检察工作品质，走内涵式发展之路，这就是杭州市人民检察院提出的"品质检察"的意涵，也是新形势下检察机关贯彻习近平总书记对政法、检察工作的一系列重要指示，适应经济社会发展对法律监督的新需求，顺应人民群众对公共安全、司法公正、权益保障、反腐倡廉新期待的得当之举。

《品质检察杭州实践》一书，是杭州市检察机关多年来思考、探索、

---

① 本文是笔者于 2014 年 3 月 20 日为《品质检察杭州实践》一书所做的序，载《检察日报》2014 年 9 月 5 日第 3 版。

实践"品质检察"成果的结晶。经读本书，我很欣喜地看到，杭州市检察机关在提升检察工作品质方面进行了有益探索。杭州是人文荟萃的文化名城，风景秀丽的旅游胜地，充满活力的创业天堂，幸福和谐的品质之城。作为浸染在品质之城中的检察机关，提升品质、追求卓越，早已融入杭州检察文化底蕴之中。近年来，杭州市检察机关自觉融入经济社会发展大局，明确提出品牌发展战略，着力打造"品质检察"，围绕执法理念先进、执法行为规范、执法质量过硬、执法效果良好、队伍素质提升、人民满意度高的目标，开展了一系列富有创造性的探索实践，取得了累累硕果。执法办案的法律效果、政治效果、社会效果不断提升，预防职务犯罪"两长论坛"、涉检信访点名约访机制、打击虚假诉讼联动机制、未成年人犯罪"捕诉监访"一体化办理机制、人文司法"一对一"帮教机制等一系列工作机制应运而生，检务保障条件明显改善，队伍建设走在前列，涌现出一批先进典型，人民群众的满意度不断提高，杭州市人民检察院连续六年荣获杭州市"成绩显著单位"称号。

这本文集，从关怀篇、理论篇、实践篇、成果篇四个部分，全面总结回顾了杭州市两级检察机关和广大检察人员，在上级检察机关和地方党委领导下，历经多年所进行的理论思考、实践探索和所取得的丰硕成果。透过这本文集，我看到了他们立足本职、胸怀大局的宽阔视野，看到了他们对检察事业高度负责、敢于担当的职业精神，看到了他们尊重司法规律、秉持司法理性、信守司法规则的职业品格，看到了他们敢为人先的勇气、自我完善的激情和科学发展的自觉。杭州市检察机关"品质检察"的思考与实践，遵循了检察工作发展规律，顺应了平安中国、法治中国建设对检察工作的新要求，符合广大人民群众的新期待，引领了检察机关内涵式发展道路之先，对人民检察事业科学发展具有重要的借鉴意义。

党的十八大以来，习近平总书记多次就法治建设、政法工作发表重要讲话，提出一系列新思想新论断新要求，强调政法机关要把维护社会大局稳定作为基本任务，把促进社会公平正义作为核心价值追求，把保障人民群众安居乐业作为根本目标，坚持严格执法公正司法，为实现中华民族伟大复兴的中国梦提供有力司法保障；在对检察工作重要指示中，又把建设过硬队伍、强化法律监督能力放在更加突出的位置。这些都为检察工作着力提升品质和内涵式发展，进一步指明了方向。

理论创新永无止境，实践探索永无止境。本文集的出版，不仅是对过往的盘点，更是新的起点。相信杭州市检察机关会更认真地学习贯彻习近平总书记系列重要讲话精神，进一步深化对"品质检察"内涵、目标、原则、措施、方法等内容的研究，进一步加大实践推动的力度，加强经验的总结积累，结出更加丰硕的成果，为打造东方品质之城、建设幸福和谐杭州，作出更大贡献，并为全国检察机关提供更多更好的经验。也愿此书的出版，能促进全国检察机关更加注重内涵式发展，着力提升工作品质，不断提高检察工作的公信力和人民群众的满意度，谱写检察事业科学发展的新篇章，为保障全面深化改革、促进经济社会发展、实现依法治国，作出新的更大的贡献！

# 检察机关学习践行"枫桥经验"的必要性、原则和重点①

  2018年是毛泽东同志批示学习推广"枫桥经验"55周年,也是习近平总书记指示坚持发展"枫桥经验"15周年。2018年11月12日,中央政法委在浙江绍兴召开纪念大会,要求"坚定不移走中国特色社会主义社会治理之路,坚持创新发展新时代'枫桥经验',加快推进基层社会治理现代化,努力建设更高水平的平安中国,不断增强人民群众的获得感、幸福感、安全感"。②随着会议精神的贯彻,一个学习践行并创新发展新时代"枫桥经验"的热潮正在全国检察系统展开。

  检察机关学习践行"枫桥经验",是与其他政法机关同时同步展开的。长期以来,特别是党的十八大以来,检察机关认真贯彻党中央、中央政法委关于学习推广"枫桥经验"的决策部署,在检察工作中认真学习践行并

---

  ① 本文刊载于《国家检察官学院学报》2019年第3期,原文标题为《检察机关学习践行"枫桥经验"的几个问题》。

  ② 《郭声琨在纪念毛泽东同志批示学习推广"枫桥经验"55周年暨习近平总书记指示坚持发展"枫桥经验"15周年大会上强调:坚持发展新时代"枫桥经验",加快推进基层社会治理现代化,努力建设更高水平的平安中国》,载《检察日报》2018年11月13日第1版。

创新发展"枫桥经验",取得了显著成效,为促进基层社会治理和平安中国建设,作出了重要贡献。但是,一些地方也还存在对学习践行"枫桥经验"思想认识不足、行动不够自觉,仅满足于把案件办结,而对化解与案件有关的矛盾重视不够,工作表面化、"贴标签",工作发展很不平衡等问题。因此,检察机关贯彻中央政法委会议精神,学习践行新时代"枫桥经验",在一些地方还需进一步研究和解决以上这些问题。为此,笔者不揣谫陋,对其中的三个问题略书管见。

## 一、检察机关学习践行"枫桥经验"的必要性

有些同志认为,在政法机关中,公安机关与"枫桥经验"关联度最高,法院、司法行政机关次之,检察机关最低。因为公安派出所负责基层社会治安,法院法庭负责基层民事案件审判,司法所负责基层纠纷调解,故检察机关学习践行"枫桥经验"的重要性和必要性比不上其他政法机关。

笔者认为,检察机关学习践行"枫桥经验"与其他政法机关一样重要和必要。

### (一)检察机关与"枫桥经验"有紧密关联

"枫桥经验"是基层社会治理的经验,检察机关在基层社会治理中同样担负着重要的职责任务。第一,检察机关所办案件80%以上在基层,其中发生于"枫桥经验"所指的基层即农村的村落、乡镇,城市的社区、街道的案件,仍占很高的比例。能否根据"枫桥经验"办好这些案件,从而使基层人民群众在每一个司法案件中感受到公平正义,直接关系到检察机关参与基层社会治理的成效。第二,"'枫桥经验'所要解决的是基层出现

的'社会矛盾'"。① 检察机关办理的每一个案件,都有学习践行"枫桥经验"、预防化解社会矛盾的任务,因为案件是社会矛盾的产物,矛盾不化解,还会产生新的案件。第三,"枫桥经验"始终坚持群众路线,即相信群众、依靠群众、发动群众、服务群众;在新时代,"枫桥经验"的内涵之一是"以人民为中心",包括一切为了人民,一切依靠人民,一切由人民来评判。② 检察工作的方针之一就是专门工作与群众路线相结合。第四,"枫桥经验"的基层社会治理方式是自治、法治、德治相结合,其中自治也要引入法治轨道,做到依法自治。③ 检察机关作为国家的法律监督机关,引导和维护基层依法自治,监督和促进司法机关和其他公权力机关在基层依法履行职责,从而促进"三治"结合,是检察机关的重要职责。第五,在新时代,面对我国主要矛盾的变化、维稳形势的变化,以及司法责任制改革、以审判为中心的诉讼制度改革和国家监察体制改革等对检察工作的挑战,学习践行"枫桥经验",使检察工作提质增效,是检察机关提高服务大局质量和水平,促进基层社会治理现代化,维护基层社会平安和谐,增强人民群众获得感、幸福感、安全感的重要措施。因此,检察机关与"枫桥经验"同样具有紧密的关联;只不过关联的角度、发挥职能的方式与其他政法机关有所不同而已。检察机关学习践行新时代"枫桥经验",与其他政法机关同样重要和必要。

(二)"枫桥经验"在国家治理体系中居于重要地位

党的十八届三中全会提出了"完善和发展中国特色社会主义制度,推

---

① 中国法学会"枫桥经验"理论总结和经验提升课题组:《"枫桥经验"的理论构建》,法律出版社 2018 年版,第 19 页。

② 中国法学会"枫桥经验"理论总结和经验提升课题组:《"枫桥经验"的理论构建》,法律出版社 2018 年版,第 35—38 页。

③ 中国法学会"枫桥经验"理论总结和经验提升课题组:《"枫桥经验"的理论构建》,法律出版社 2018 年版,第 42 页。

进国家治理体系和治理能力现代化"这一全面深化改革的总目标。而基层社会治理，是国家治理的重要组成部分和基础。因为基层是社会最基础的组织构造层，最直接面对群众，最直接回应人民群众诉求，最直接体现党和群众的血肉联系。习近平总书记指出："推进改革发展稳定的大量任务在基层，推动党和国家各项政策落地的责任主体在基层，推进国家治理体系和治理能力现代化的基础性工作也在基层"，"治国安邦重在基层"。[①]因此，基层是我党执政的基础，也是国家和谐稳定的基础，具有特别重要的地位和作用。而"枫桥经验"就是具有中国特色的基层社会治理经验。因此，学习推广"枫桥经验"，对于有效提升我国基层治理水平，推动国家治理体系和治理能力的现代化，促进经济社会全面协调可持续发展，都具有十分重要的意义。

既然检察机关与"枫桥经验"具有十分紧密的关联，且"枫桥经验"在国家治理体系中居于如此重要的地位，那检察机关就应防止和克服一些同志中存在的模糊认识，认真贯彻中央政法委有关会议精神，在检察工作中深入学习践行并创新发展"枫桥经验"。

## 二、检察机关践行"枫桥经验"、参与基层社会治理应坚持的原则

参与基层社会治理，是检察机关的一项重要工作。在参与基层社会治理中学习践行"枫桥经验"，有利于提高参与基层社会治理的质量、水平与效果。从以往情况来看，检察机关学习践行"枫桥经验"、参与基层社会治理，既有许多成功的经验，也有工作不到位或者越位的问题。这就需

---

① 转引自叶青：《提炼枫桥经验的精髓，打造新时代的共建共治共享格局》，载中国法学会：《第十三届中国法学青年论坛"新枫桥经验与社会治理创新"主旨演讲报告集》。

要进一步明确做该项工作所应坚持的原则。

笔者认为,检察机关学习践行"枫桥经验"、参与基层社会治理,应当坚持以下原则:

(一)立足职能原则

基层社会治理是一项系统工程。党的十九大确定的社会治理包括基层社会治理的体制是"党委领导、政府负责、社会协同、公众参与、法治保障"。可见,党委、政府、群团组织、社会组织、人民群众、政法机关都有各自的职责任务。因此,基层社会治理就像个合奏团,各演奏者只有在指挥人员的统一指挥下,演奏好自己的角色,发出自己应发的声音,才能演奏出一曲曲既威武雄壮又美妙动听的乐曲来。在演奏中,任何一位演奏者都既不能缺位,又不能越位,否则,乐曲就会杂乱无章。检察机关参与基层社会治理应当立足自己的职能(包括延伸的职能),易言之,检察机关要通过履行自己的职能来参与基层社会治理。既要防止不尽职责,工作不到位;又要防止逾越职责,去干不属于检察机关的事。这里需要厘清一个概念:公民个人学雷锋做好事应当提倡和鼓励,但公权力机关学雷锋做好事却应守住"法无授权不得为"的边界:在边界之内的好事可以做,在边界之外的好事就不能做;机关在种好自己地的前提下,在法律允许的范围内帮助其他机关种田未尝不可,但如果自己的地没有种好乃至荒芜,却去帮助人家种田就不能允许。因为法律赋予你的职责是种好你的那块地;纳税人为你提供经费、资源的目的也是要你种好你的那块地。公民个人做好事之所以要提倡和鼓励,是因为他牺牲的是自己个人的利益,却增进了社会的福利;而机关做好事却有可能越过"法无授权不得为"的边界,消费掉的是纳税人提供的经费和资源,而不是该机关工作人员的个人利益。因此,机关如果在没有种好自己地的情况下,越过权力边界去帮助人家种田,虽然在局部上也有一定的益处,却会扰乱机关的法律秩序,浪费国家资源。

当然，在基层社会治理中，有些环节存在空档，而不可能像合奏团那样，各种乐器组合得严丝合缝、相辅相成。对这些空档，检察机关通过延伸职能就可触及的，可以延伸职能去填补；通过延伸职能不能触及的，最好的办法是向党委或有关方面提出填补空挡的意见建议，当好党委推进基层社会治理的参谋助手。

（二）法治原则

检察机关学习践行"枫桥经验"、参与基层社会治理必须依法进行，守住法治的底线，维护法制的统一、尊严和权威。有一种观点认为："枫桥经验"的内涵之一是自治、法治、德治相结合，而基层自治，不能要求它都合法；不尽合法的自治，由于它符合本地的风土人情和传统习惯，也有其合理性和生命力；相反，有些矛盾纠纷硬要依法去解决，其效果也不一定好。[1] 还有的认为，"枫桥经验"中的"矛盾不上交"，就意味着有些刑事案件可以私了。因此，政法机关学习践行"枫桥经验"、参与基层社会治理，如果发现基层自治中不合法乃至违法的情况，一般可予认可，而不宜硬性地去纠正。

笔者认为，以上观点是对"枫桥经验"与法治关系的误解。诚然，基层自治很难保证都合法。对不合法的自治行为或结果，如果在基层有权自治的范围之内，且政法机关无权管辖，那政法机关不宜去干预；但如果基层越权自治，或者所涉事项在政法机关管辖范围，那政法机关应依法予以纠正。例如，某继承纠纷经民间调解，确定儿子有继承权，女儿没有继承权。如果女儿同意该调解结论，由于继承纠纷属于私法范畴，当事人有意思自治权，法院当然不能干预。但如女儿咨询律师、知道法律规定后，将

---

[1] 这是一位法学专家于2018年7月8日在第十三届中国法学青年论坛上发言时表达的观点。

之告之法院，那法院就应依法再予调解或者判决；假如法院维护了民间调解结论，女儿不服向检察机关申诉，检察机关就应依法监督。

　　检察机关参与基层社会治理之所以应当坚持法治原则，是因为：第一，在全面依法治国的新时代，党中央强调"法治国家、法治政府、法治社会一体建设"，强调"办事依法、遇事找法、解决问题用法"，强调"运用法治思维和法治方式深化改革、推动发展、化解矛盾、维护稳定"。笔者理解，这里的"法治社会"，应当包括基层社会；这里的"事"和"问题"，应当包括基层治理所涉之事和问题；这里的"改革、发展、矛盾、稳定"，应当包括基层社会的改革、发展、矛盾、稳定。因此，基层治理没有理由游离于法治之外。第二，虽然基层自治很难保证都合法，但并不意味着国家、政府或政法机关可以允许基层自治不合法。基层治理中的"三治"，自治是基础，法治是保障，德治是先导，这三者是相互结合而非相互独立的。习近平总书记在2013年10月9日对"枫桥经验"批示中就特别强调："创新群众工作方法，善于运用法治思维和法治方式解决涉及群众切身利益的矛盾和问题。"因此，就"自治"而言，也要引入法治轨道，做到依法自治。只有这样，自治才能健康顺利进行，并在基层治理中发挥其特有的作用。第三，"枫桥经验"中的"矛盾不上交"，绝不是掩盖矛盾，更不意味着可以随意将刑事案件私了，而是指就地积极化解矛盾，能不麻烦政府的就尽量不麻烦政府，但并不意味着对超出自治范围、该由政府或政法机关解决的事，也擅自自行处理，更不意味着对明显构成犯罪、依法应当追诉的刑事案件可以私了。第四，对"依法办案"要作全面准确理解，不能把它理解为机械执法、就案办案。依法办案也要求法、理、情相结合，即在依法办案的同时，兼顾人情事理、传统道德、公序良俗、乡规民约，从而实现法律效果与社会效果的有机统一。第五，检察机关作为国家的法律监督机关，对于保障法律正确实施，维护国家法制的统一、尊严和权威，维护社会公平正义，负有特殊的使命，因而有责任在职责所能及的范围之内,保障法律在基层得到统一正确实施。因此,"枫桥经验"与法治原则是一致的,检察机关学习践行"枫桥经验"、参与基层社会治理,应当坚持法治原则。

## 三、检察机关学习践行"枫桥经验"的重点

检察机关学习践行"枫桥经验",重点应当学习践行什么?郭声琨同志提出了"五个坚持",即坚持党的领导、坚持以人民为中心、坚持自治法治德治、坚持预测预警预防、坚持基层基础建设的要求。[①]这五个方面都很重要,检察机关应当全面贯彻。同时又要看到,郭声琨同志是对全国基层社会治理工作所提的要求,各单位、各有关方面贯彻这些要求,应当根据各自在基层治理中的职责任务确定自己的重点,而不宜简单照搬照套。就检察机关来说,在坚持党的领导下,重点宜学习践行以下四个方面:

(一)立场上坚持以人民为中心

"枫桥经验"的核心价值是相信群众、依靠群众、为了群众、服务群众,也就是以人民为中心。这是"枫桥经验"五十多年来历久弥新的关键所在。人民是国家的主人,是检察权的来源,也是检察机关的衣食父母。检察院作为人民的检察院,理应以人民为中心。以人民为中心,就是把人民的利益摆在最高地位,一切为了人民、一切依靠人民、一切由人民来评判。检察机关学习践行"枫桥经验",如果不能坚持以人民为中心,那最多只学了个皮毛,而没有学到精髓。

---

① 《郭声琨在纪念毛泽东同志批示学习推广"枫桥经验"55周年暨习近平总书记指示坚持发展"枫桥经验"15周年大会上强调:坚持发展新时代"枫桥经验",加快推进基层社会治理现代化,努力建设更高水平的平安中国》,载《检察日报》2018年11月13日第1版。

坚持以人民为中心，一要以"为民"作为一切工作的出发点和归宿。二要摆正主仆关系，不断增强公仆意识和群众观念，严格防止主仆易位、权力异化，防止以自己的"形象""政绩"和利益为中心。三要谋实策、出实招、干实事、求实效，以在基层社会治理中履行职责的实际效果取信于民，使人民群众在每一个司法案件中感受到公平正义。要防止以形式主义、表面文章忽悠基层群众、糊弄基层群众。人民群众的眼睛最亮，也最讲实际。形式主义、表面文章有时虽然有可能忽悠、糊弄某些人，但不可能忽悠、糊弄广大群众。要防止认识误区，以为"以人民为中心"就是要多做让人看得到的事、多搞宣传。四要自觉接受群众监督。通过强化司法公开、深化司法文书释法说理、主动征求群众意见、邀请人大代表视察、认真办理代表议案等方式，自觉接受群众的监督。

（二）履行职责上坚持结合办案预防化解矛盾

预防化解矛盾，既是"枫桥经验"的一个核心内涵，又是"枫桥经验"在工作内容上的主要特色。"'枫桥经验'所要解决的是基层出现的'社会矛盾'。'枫桥经验'在不同时期所解决的矛盾类型各不相同，形成初期是化解阶级矛盾，发展时期是调和人民内部矛盾，新时代是着力解决社会主要矛盾深刻变化所引发的各种基层社会矛盾。"[①] 因此，"'枫桥经验'是解决矛盾的方法"。[②] 虽然，新时代"枫桥经验"已不仅仅限于解决矛盾，但解决矛盾仍然是其核心内容。因此，检察机关学习践行"枫桥经验"，就一定要在结合办案预防化解矛盾上下功夫。"结合办案预防化解矛盾"，有两层意思：一是检察机关预防化解矛盾应当结合办案进行，并把它作为

---

[①] 中国法学会"枫桥经验"理论总结和经验提升课题组：《"枫桥经验"的理论构建》，法律出版社2018年版，第19页。

[②] 中国法学会"枫桥经验"理论总结和经验提升课题组：《"枫桥经验"的理论构建》，法律出版社2018年版，第19页。

分内事。因为检察机关是办案的，履行批捕、起诉、侦查、诉讼监督、提起公益诉讼等职能都是办案，且所办的这些案件都是一定的社会矛盾的产物。检察机关不仅要依据事实、法律把这些案件办结，而且要努力把产生这些案件的矛盾加以解决，争取实现"案结事了"。如果只满足于办结案件，而不解决案件背后的矛盾，那还有可能产生新的案件。二是检察机关只能预防化解与自己所办案件有关的矛盾，与自己所办案件无关的矛盾的预防化解不属于检察机关的职责范围。因为基层社会矛盾很多，预防化解这些矛盾需要各有关方面、有关部门按各自的职责范围去进行，实行"谁的孩子谁抱走"，并构建起以司法为中心的多元化矛盾纠纷化解机制，而不能打混战。总之，检察机关预防和化解矛盾，既要防止不尽职责，又要防止逾越职责。

要结合办案预防化解矛盾，就要求检察机关做好办案的后半篇文章：一方面，要努力化解本案的矛盾，如强化释法说理，教育犯罪嫌疑人认罪服法，促其向被害人赔礼道歉、赔偿损失、达成和解，修复被其破坏了的社会关系；或者通过"检调对接"机制，做好其与被害人之间的调解工作。另一方面，要在更大范围预防新的违法犯罪，如结合办案进行法制宣传；分析案件（包括个案、类案、某一行业或系统的案件等）发生的原因，建议发案单位（行业、系统等）整改堵漏、完善制度、加强管理，防止发生新的违法犯罪；有些典型案件，可以将预防违法犯罪的检察建议报告同级党委、政府或发案单位的主管部门，从而实现办理一案，治理一片，教育社会面的效果。对于在检察环节终结诉讼程序的案件，应力求做到案结事了。

但是，由于种种原因，有些检察院有些同志对结合办案预防化解矛盾工作存在说得多、做得少、工作落实不到位等问题。为此，要把结合办案预防化解矛盾工作列入办案责任制并进行考核，对于工作做得好的予以鼓励，实现案结事了的予以表扬；对于不做工作或者工作不到位，以致发生新的矛盾纠纷乃至案件的,要在考核中予以负面评价,造成严重后果的,要依纪依法追究责任人的责任。当然,由于办案要经多道工序,诉讼中有关职能部门都有结合办案化解矛盾纠纷的任务,因此,在考核中要实事求是地界定诉讼流程中各办案阶段、各办案人的责任。

（三）执行法律政策上坚持以人为本,最大限度化消极因素为积极因素

以人为本是以人民为中心的题中应有之义。以人为本强调人在社会发展中的主体地位和作用,强调人是生产力诸要素中最重要、最活跃的因素,强调人是经济社会发展的根本目的和核心目标,强调要尊重人、关心人、依靠人、提高人、为了人。"枫桥经验"很好地体现了以人为本、最大限度化消极因素为积极因素的思想。早在20世纪60年代,枫桥人民就创造了依靠群众、以说理斗争的形式把绝大多数"四类分子"改造成为新人的经验,由此得到了毛泽东同志批示肯定。1978年上半年,枫桥干部群众运用"枫桥经验"的基本精神,以敢为人先的勇气,率先对遵守政府法令、积极参加生产劳动的"四类分子"评审摘帽,为全国给地主、富农分子摘帽发出了先声、创造了经验。《人民日报》发表了《摘掉一顶帽,调动几代人——记诸暨县枫桥区落实党对"四类分子"的政策》的长篇报道。改革开放后,"枫桥经验"始终重视解决各种社会矛盾,所体现的也是以人为本、最大限度化消极因素为积极因素的思想。因为任何社会矛盾,轻则影响社会和谐以及人们干事创业的积极性,重则造成社会对立,有的还可能被逮捕法办,这些无论如何都是消极因素。欲化消极因素为积极因素,就必须预防在先、抓早抓小,把矛盾解决在萌芽状态。

因此,检察机关学习践行"枫桥经验",在执行法律政策上,就应当坚持以人为本,最大限度化消极因素为积极因素。为此,要正确执行法律,严格区分改革探索失误与滥用职权的界限,敢闯敢冒敢试与主观蛮干

的界限,一般的违法违规与犯罪的界限。要认真贯彻宽严相济刑事政策,对具有认罪认罚、自首坦白、检举立功、刑事和解等从宽情节的,应当依法从宽处理;对通过政策攻心、思想教育或检调对接机制有望促使犯罪嫌疑人认罪认罚、实现刑事和解的,要努力做好相关工作;对可上可下的(如可定罪可不定罪、可捕可不捕、可诉可不诉、可监督可不监督等)要坚持下,以体现刑法与检察监督的谦抑性;对未成年犯罪嫌疑人,要立足教育挽救,坚持少捕慎诉,以减少政府的对立面,调动当事人、其家人及有关人员的积极因素。与此同时,对罪该逮捕追诉的要依法逮捕追诉,对具有从严情节的,要依法从严处理。

这里需要说明的是,不能把"以人为本、最大限度化消极因素为积极因素"理解为只能出罪和从宽,而不能入罪和从严。从主观的理想的愿望来说,最好一个人都不涉罪,监狱最好一个人都不关。因为"一人进监,六亲不安"。但是,犯罪是客观存在,不以人的意志为转移。对罪该逮捕追诉的逮捕追诉,罪该从严的从严处理,虽属不得已,且会增加一定的消极因素,但能换来社会的稳定和多数人的安全,至于所增加的消极因素,则是国家治理所必须付出的代价。检察机关需要把握的是,无论出罪还是入罪、从宽还是从严,都要严格依法、宽严适度,准确公正,但对依法可以作出罪或从宽处理的,要尽量作出罪或从宽处理;对依法可以不作为诉讼违法进行监督的,要尽量不作为诉讼违法进行监督。

(四)检力配置上坚持以基层为重点

如前所述,基层社会治理是整个社会治理的基础,也是我们党治国理政的基础。"基础不牢、地动山摇。"根据中央政法委"五个坚持"中关于"坚持基层基础建设"的要求,检察机关应当坚持检力下沉,固本强基。就整个检察系统来说,要把县级检察院作为检力配置的重点;就县级检察院来说,又要把村落、乡镇、社区、街道这个基层作为检力配置的重点。近些年来，很多地方对检力下沉和把检察触角伸到基层作了多种有益探索：有的充分运用现代信息科技手段，推动基层有关信息共享，使县级检察院即时掌握基层社会治理的有关信息，及时发现法律监督线索，实现信息全覆盖、法律监督全覆盖；有的安排检力进行巡回检察，发现问题及时跟进；有的在部分乡镇、街道或基层政法派出机构设置检察机构（如检察室、检察官办公室等）；等等。各地可从本地实际出发，确定一种或数种检力下沉和把检察触角伸到基层的方式。[1]但无论采取何种方式，都要达到两方面要求：一是掌握与检察有关的信息与线索要畅通、灵敏；二是检力要满足办理基层各类案件、参与基层社会治理的需要。

---

[1] 笔者个人意见，通过信息技术网络及时掌握基层与检察职能有关的信息与线索，做到信息全覆盖、法律监督全覆盖，可能更符合检察机关组织体系和职权配置的特点。

# 第四部分　司法责任与司法保障改革研究

错案责任追究与豁免

论"监督管理责任"

对人财物省级统管所涉问题的思考

# 错案责任追究与豁免[1]

对司法错案要不要追究责任,是认识很不一致甚至大相径庭的一个问题。党的十八届四中全会通过的《中共中央关于全面推进依法治国若干重大问题的决定》(以下简称十八届四中全会《决定》)明确要求"实行办案质量终身负责制和错案责任倒查问责制";在本轮司法体制改革中,司法责任制是改革的核心和"牛鼻子",[2]而错案责任是司法责任制的重要内容;每当发生冤假错案,案件当事人和广大人民群众也往往强烈要求追究有关司法人员的责任。但是,法学法律界不少同志主张以司法人员的违法、不当行为作为追责的依据,而不以错案这一结果作为追责的依据,其主要观点和理由是:(1)认为法官能够了解案件事实真相是"先验的可知论误区"。因为错案往往以判决不符合案件事实真相为标准,但法官事先并不了解案件事实真相,法官的使命是裁判而不是发现事实,

---

[1] 原文刊载于《中国法学》2016年第2期。
[2] 孟建柱说:"司法责任制是提升司法公信力的关键,司法体制改革的核心,也是本轮司法体制改革必须牵住的'牛鼻子'。"参见《法制日报》2015年7月10日第1版:《统一认识、攻坚克难、锲而不舍抓好各项改革任务落实》。

法官遇到存疑案件也不得不作出裁判，故所谓法官"有能力发现事实真相"、法官"违背事实作出错误裁判"的命题很难成立。同时，法官判案所依据的是法律事实，而法律事实并不等于客观事实，法官只能对法律事实负责，而不能对客观事实负责。（2）认为错案标准模糊且极具争议。错案的命题意味着一个案件只能有一个唯一正确的判决，而事实上，唯一正确的判决结论是不存在的。同时，认定错案有的认为以认定事实不符合案件客观事实为标准，有的认为以适用法律错误为标准，有的认为以程序违法为标准，还有的认为以后一诉讼程序或上一审级作出相反的处理结论为标准，至今也没有一个统一的说法。既然错案的标准不统一且具争议，想准确追究责任就很困难。（3）造成错案的原因多种多样，有的主观上有过错，有的主观上并无过错，而是由于办案人非主观的原因所造成，如对错案追责，违反诉讼规律。（4）错案追责使法官与案件的裁判结果发生了直接的牵连，易使法官丧失裁判者应有的中立性和超然性，并造成法院内部人人自危、转移办案责任风险的后果，如违法调解，依赖庭长、院长、审委会定案，判前先向上级法院请示、探讨，或迁就于院长、庭长或上级法院的指示、暗示，从而影响法官依法独立审判，并催生一种服从主义的司法文化。有的上级法院还会为了避免下级法院法官被追责而维持下级错误的裁判，从而不利于错案的纠正。（5）案件裁判是法官内心确信的结果，对错案追责是对法官内心确信的惩罚而不是对法官不当行为的惩罚，这不仅不利于法官司法独立意识的养成，而且也无法达到惩罚的预期效果。（6）错案可以通过上诉、再审程序进行救济，还可通过国家赔偿制度获得经济赔偿，对法官追责没有多少必要。（7）西方法治发达国家一般实行司法责任豁免，对错案追责不符合法治发达国家的这种通例。①

应当说,这些质疑的观点和理由有些很有道理,有的却值得商榷。对错案,既不能一概追责,也不能一概不追责,而应综合考虑办案人的主观方面和客观行为,具体情况具体分析。为此,有必要先了解司法责任制度的历史演进情况,以便从中发现一些规律。

## 一、司法责任制度的历史演进

我国司法制度自古就有"重狱讼、慎刑罚"的传统,主张定罪量刑要准确和公正。为此,对诉讼中违法或办错案的法官追究严酷的刑事责任,是传统特点之一。早在周朝,法律就规定:"五过之疵,惟官、惟反、惟内、惟货、惟来、其罪惟均。"意思是说,司法官审判案件,如因倚仗权势(惟官)、私报恩怨(惟反)、受女人影响(惟内)、接受贿赂(惟货)、旧有往来(惟来),致影响案件正确处理的,要处以与所断之罪相同的刑罚。②封建社会的历朝历代,对司法官追责的模式主要是两种:一种是对违法办案的追究刑事责任,包括违法受理、违法管辖、违法逮捕、违法羁押、违法检验、违法刑讯、违法不回避、违法不躬亲鞫狱、违法不据证定

---

① 参见陈瑞华:《法官责任制度的三种模式》,载《法学研究》2015 年第 4 期;梁慧星:《错案追究叫停,法官弹劾上马》,载《民主与法制时报》2015 年 4 月 2 日第 7 版;李建明:《错案追究中的形而上学错误》,载《法学研究》2000 年第 3 期;谭世贵、孙玲:《法官责任豁免制度研究》,载《政法论丛》2009 年第 5 期;魏胜强:《错案追究何去何从?——关于我国法官责任追究制度的思考》,载《法学》2012 年第 9 期;沈杨、殷勤:《实施错案"终身追责"应注意区隔"责任豁免"》,载《人民法院报》2015 年 4 月 1 日第 8 版;李卫红、李莹莹:《法院错案追究制度的困境分析与重构》,载《河南公安高等专科学校学报》2007 年第 5 期;王晨光:《法律运行中的不确定性与"错案追究制"误区》,载《法学》1997 年第 3 期;张玉洁:《错案追究终身制的发展难题——制度缺陷、逆向刺激与实用主义重构》,载《北方法学》2014 年第 5 期。

② 参见《陈光中法学文选》(第 1 卷),中国政法大学出版社 2010 年版,第 95 页。

罪、违法淹禁不决、违法状外求罪、违法断罪、违法宣判、违法行刑等。①另一种是对出入人罪的追究刑事责任，其处理方法一般实行反坐原则，其中故意出入人罪，"全出全入"的，以全罪论（即对法官处以同等刑罚）；故意"从轻入重"或者"从重入轻"的，以所剩论（即以所增减的刑罚论）；过失出入人罪的，减等处罚。②这里需要说明的是，我国古代法律虽对出入人罪作了故意和过失的区分，似乎既非故意又无过失的就不要追责，其实不然，因为古代的"过失"跟现代的"过失"含义不同：据张斐《晋律注》："知而犯谓之故"，"不意误犯谓之过失"。这里的"不意"，即非出自本意，以区别于故意。因此，古代的"过失"一般作为与"故意"相对、主观上不具备犯罪意图且没有意识到这种行为可以造成某种危害后果的心理状态，它将意外事件包括在内。③故只要有出入人罪的结果存在，如非出于故意，即为过失，都要被追究刑事责任。正因为司法责任如麻且十分严酷，而判案又很容易出错，因而司法人员想"全身而退"和"善终"是很不容易的，致使"时人视秋曹为畏途"，"群相鄙弃"。④

在古代的外国，也实行错案追究制度。早在古罗马初期，就有错案追究制度，当时甚至允许不服判决的当事人同法官决斗。罗马帝政之后设立了上诉制度，上诉后一旦胜诉，原审法官多受刑事处分。古印度《摩奴法典》许多条文规定了审判者的责任，如第8卷第12条规定，"法庭上遇到正义为不义所伤，法官不能拔掉其芒刺时，法官本身亦为所伤"；第14条

---

① 参见巩富文：《中国古代法官责任制度的基本内容与现实借鉴》，载《中国法学》2002年第4期。

② 参见张晋藩：《中国法制史》，商务印书馆2010年版，第235页；《陈光中文选》（第1卷），中国政法大学出版社2010年版，第95页。

③ 参见张晋藩、王志刚、林中：《中国刑法史新论》，人民法院出版社1992年版，第305页、第311—312页。

④ 沈家本：《寄簃文存·法学盛衰录》，转引自干朝端、郭珣：《论我国法官豁免制度的建立》，载《法学适用》2003年第5期。

规定，"凡在法官眼前正义被不正义所毁灭，真实被虚伪所毁灭之处，法官亦同归于尽"。[①] 除了追究刑事责任，法官因判错案造成当事人经济损失的，无论英美还是法德，当事人都有权提起民事诉讼，要求法官承担民事赔偿责任。[②] 可见，在古代，无论中国还是外国，是单凭错案这一办案结果就追究责任的。

到资本主义社会，为了保证法官依法独立行使职权，防止因审判结果跟法官自身利益发生瓜葛而影响对案件依法裁判，摒弃了单纯凭办案结果的对错追究法官责任的做法。其中英国、美国建立了不以判决结果的对错而以不当行为为依据的法官惩戒制度。该制度的特点是对法官的不当行为进行惩戒，而不以判决的对错对法官进行评价，对判决对错的评价由司法程序包括上诉法院来完成。至于判断法官行为是否不当的标准，在于有无使公众对司法的信心造成损害。[③] 故在英美法系国家，并无所谓"错案追究制"。在德国、法国，实行的是不当行为和错误判决二元论作为法官惩戒事由的责任形式，其中"错误判决"必须主观上存在故意或重大过失。也就是说，法官裁判如确系根据其内心确信作出，谨慎履职且无恶意，即使被确定为错案，产生不良后果，也不应对法官施以惩戒；如法官裁判非依内心确信而是因为徇私枉法或玩忽职守等主观故意或重大过失所致，则

---

① 周枏：《罗马法原论》（下册），商务印书馆1994年版，第998页；《摩奴法典》，马香雪译，商务印书馆1982年版，第169页。转引自谭世贵、孙玲：《法官责任豁免制度研究》，载《政法论坛》2009年第5期。

② 参见陈雅丽：《豁免权研究——基于宪法的视域》，中国法制出版社2011年版，第33—35页。

③ 参见蒋银华：《法官惩戒制度的司法评价》，载《政治与法律》2015年第3期；怀效锋：《司法惩戒与保障》，法律出版社2006年版，第39页。

对法官施以惩戒。①

在对司法责任形式进行变革的同时，资本主义国家一般还建立了司法责任豁免制度。各国司法责任豁免的内容不尽相同，主要包括以下方面：

第一，法官非因法定事由、非经法定程序，不被免职、降职、辞退或者处分。

第二，法官不对错案或"无过错审判"而出现的错案承担责任。其中在英美国家，法官若无不当行为，无论有无造成错案，均不承担责任；在大陆法系国家，法官如无故意或重大过失，也不对错案负责。

第三，民事豁免。法官不因办错案给当事人或第三人造成经济损失而承担民事赔偿责任。当然，民事豁免只是免除了法官向案件当事人作民事赔偿的责任，如果国家对受害的当事人作出了国家赔偿，一些国家仍保留对法官追偿的权利。

第四，刑事豁免。如在美国，法官如触犯刑律，必须先向议会提出弹劾，在议会决定免除该法官职务前，不得对该法官进行刑事追诉；只有议会通过弹劾案、决定免除该法官职务后，才能进行刑事追诉。可见，刑事豁免是法官任职期间程序上的暂时豁免，而并不免除实体上的刑事责任，待法官职务免去后，仍应进行刑事追诉。同时，这种程序意义上的暂时的刑事豁免只有少数国家具有，多数国家却无此规定。②

这里需要说明的是，在西方国家，上述司法责任豁免除法官享有该权利外，检察官在履行准司法职责时，一般也享有该权利。③

---

① 参见蒋银华：《法官惩戒制度的司法评价》，载《政治与法律》2015年第3期；怀效锋：《司法惩戒与保障》，法律出版社2006年版，第39页；徐静村、潘金贵：《法官惩戒制度研究》，载浙江大学公法与比较法研究所编：《公法研究》（第2辑），商务印书馆2004年版。

② 参见陈雅丽：《豁免权研究——基于宪法的视域》，中国法制出版社2011年版，第136页。

③ 参见蓝向东：《美国检察官的民事责任豁免》，载《中国检察官》2008年第9期。

可见，司法责任豁免并不是免除法官的任何责任，它除了体现对法官职务保障外，主要免除的是法官无过错审判而出现错案的责任和因错误判决而对案件当事人作民事赔偿的责任；至于刑事责任，英美国家只是暂时的程序上的豁免，大陆法系国家则一般不予豁免。

无论是司法惩戒还是司法豁免，为什么英美国家都不使法官的责任跟案件判决结果的对错发生联系，而德法等大陆法系国家却一般把案件判决错误作为对法官追责的一个条件呢？笔者分析，其原因一是法律渊源与法官在法治中的作用不同。在英美国家，主要实行判例法，法官既是司法者，又是法律的创制者，法官判决只要不被上级法院推翻，其判例本身就是法律。大陆法系国家实行成文法制度，法官仅是法律的适用者，法官判决的对错和是否具有权威都要经受法律的检验。二是法官的选任标准不同。英美国家的法官是精英型法官，他们不仅要裁断纠纷，而且要创造和发展法律规范，因而选任标准较高。而大陆法系国家法官是职业型法官，法官只需严格地适用法律，因而精英化程度较低，选任标准也低于英美。[①]三是法官地位不同。英美国家法官地位比大陆法系国家受尊崇，待遇和职业保障也比大陆法系国家优厚。四是诉讼理念不同。英美国家偏重于追求程序正义，大陆法系国家偏重于追求实体真实。综合以上因素，英美国家对法官予以较多的法律信赖，只要法官严格按诉讼程序审理案件，其审判结果就认为应当予以尊重，因而不把判决的对错作为对法官评价和追责的一个依据。2006年笔者率中国检察代表团访问英国，双方在座谈时，我问该国副总检察长他们国家检察院起诉的一审刑事案件被法院判无罪的比例（因我国香港法院的刑事案件一审无罪判决率高达30%—40%，故提此问题）。该副总检察长回答："我们从来不统计该数据，否则，就会影响检

---

[①] 参见陈雅丽：《豁免权研究——基于宪法的视域》，中国法制出版社2011年版，第139—140页；左卫民：《最高法院若干问题比较研究》，载《法学》2003年第11期。

察官依法指控；只要检察院依法指控，法院依法判决，不管有多少案件判无罪，都是对的。"该理念也可从一个侧面说明，他们国家为什么不把案件处理的对错作为评价、惩戒检察官和法官的一个依据。而大陆法系国家法官的判决要受实体真实和成文法的双重检验，对法官的监督也比英美国家多，因而注重判决结果的对错并把错案作为追责的一个条件也就很自然的了。

综上所述，从古代既追究违法责任，又不加分析地一概追究错案责任，到现在仅追究不当行为责任而不考虑法官判决的对错（英美国家），或者主要追究不当行为责任，同时追究故意或重大过失所造成的错案的责任（大陆法系国家），它体现了人类社会对司法规律和司法工作特殊性认识的深化，也体现了司法的文明和进步。因为人类终于发现，司法权作为一种权力，也会被滥用、误用甚至导致腐败，因而必须通过责任追究等措施对司法权进行控制；同时，为了保障司法的独立和公正，又要通过司法责任豁免等制度对司法权进行必要的保障。责任追究和责任豁免，二者相辅相成，缺一不可。

## 二、我国的司法责任形式和错案责任构成要件

### （一）我国的司法责任形式

根据司法责任制度历史演进情况和我国实际，我国最高人民法院和最高人民检察院分别下发的《关于完善人民法院司法责任制的若干意见》和《关于完善人民检察院司法责任制的若干意见》（以下简称《若干意见》）都规定了三种司法责任：故意违反法律法规责任（以下简称故意违法责任）、重大过失责任和监督管理责任。这里有两个问题需要研究：

1. 监督管理责任是不是与故意违法责任、重大过失责任相并列的一种责任形式？《若干意见》规定的三种责任，其中故意违法责任不要求造成

严重后果;重大过失责任则必须造成严重后果才能构成;监督管理责任也必须具有故意或重大过失,并导致司法办案工作中出现严重错误的情况。[①]这三种责任是从两个角度来规定的:故意违法责任和重大过失责任是从主观方面来规定的;监督管理责任是从主体角度来规定的,旨在表明监督管理者也是司法责任主体。与监督管理者相对应的是直接办理者(或称"承办者"),由于本次司法责任制改革的目标之一是"让审理者裁判、由裁判者负责"和"谁办案谁负责、谁定案谁负责",因而直接办理者的责任不言自明,《若干意见》无须加以规定,而对负有责任的监督管理者追究责任则容易被疏忽。为了特别提醒各级司法机关注意,《若干意见》规定了监督管理责任,而没有规定直接办理责任。这就像刑法分则关于"明知"的规定大多属于"注意规定",旨在提醒司法人员注意;没有规定"明知"的,也不一定不以"明知"为条件。[②]基于同一原理,最高人民法院、最高人民检察院《若干意见》中关于监督管理责任的规定也属于"注意规定",其目的在于提醒各级司法机关注意:当追究故意违法责任和重大过失责任时,除追究直接办理者责任外,还要注意追究"因故意或重大过失怠于行使或不当行使监督管理权,导致司法办案工作中出现严重错误"[③]的监督管理者的责任。《若干意见》仅规定监督管理责任而没有规定直接办理责任,并不意味着对直接办理者可以不追究责任。如果认为监督管理责任是与故意违法责任、重大过失责任相并列的一种责任形式,那么,直接办理责任同样是与故意违法责任、重大过失责任相并列的一种责任形式。

---

① 参见时任最高人民检察院检察委员会专职委员张德利:《关于〈关于完善人民检察院司法责任制的若干意见〉的说明》,载最高人民检察院司法体制改革领导小组办公室编:《人民检察院司法责任制学习资料》,中国检察出版社2015年版,第81页。

② 参见张明楷:《刑法学》(第3版),法律出版社2007年版,第503页。

③ 最高人民检察院《关于完善人民检察院司法责任制的若干意见》第36条,最高人民法院的《关于完善人民法院司法责任制的若干意见》第27条也有基本相同的规定。

同时，追究监督管理责任仍应以行为人主观方面存在故意或者重大过失为前提。监督管理责任只是规定了故意违法责任和重大过失责任中监督管理者这种责任主体应负的司法责任，监督管理责任的责任形式仍属于故意违法责任或者重大过失责任。因此，故意违法责任、重大过失责任和监督管理责任这三种司法责任，实际上只有故意违法责任和重大过失责任这两种责任形式，监督管理责任并不是与故意违法责任、重大过失责任相并列的一种责任形式。对该问题，由于本文篇幅所限，笔者将在《论监督管理责任》一文中具体阐述。

2.为什么过错形式除"故意"外，刑事责任是"过失"，民事责任有的是"过失"，有的是严格责任或无过错责任，而司法责任却要"重大过失"？

其原因一是司法工作不同于一般工作的诸多特殊性（这些特殊性将在本文第四部分阐述），使得司法工作中的"过失"有时会跟意外事件很难区分。为了与意外事件明确区分开来，有必要提高过失的程度，只有"重大过失"才追究有关人员责任。二是为了与国家赔偿法关于行政人员职务侵权行为责任追究的过错规定相平衡。2012年修正的国家赔偿法第16条规定，行政机关及其工作人员在行使行政职权时，有该法律第3条规定的五种侵犯人身权情形、第4条规定的四种侵犯财产权情形的，[①]"对有故

---

[①] 国家赔偿法第3条规定的行政机关及其工作人员在行使职权时的5种侵犯人身权的情形为："（一）违法拘留或者违法采取限制公民人身自由的行政强制措施的；（二）非法拘禁或者以其他方法非法剥夺公民人身自由的；（三）以殴打、虐待等行为或者唆使、放纵他人以殴打、虐待等行为造成公民身体伤害或者死亡的；（四）违法使用武器、警械造成公民身体伤害或者死亡的；（五）造成公民身体伤害或者死亡的其他违法行为。"第4条规定的行政机关及其工作人员在行使职权时的4种侵犯财产权的情形为："（一）违法实施罚款、吊销许可证和执照、责令停产停业、没收财物等行政处罚的；（二）违法对财产采取查封、扣押、冻结等行政强制措施的；（三）违法征收、征用财产的；（四）造成财产损害的其他违法行为。"

意或者重大过失的责任人员，有关机关应当给予行政处分；构成犯罪的，应当依法追究刑事责任"。在这里，对行政责任人进行追责的主观要件是"故意或者重大过失"，而且法律规定的五种侵犯人身权、四种侵犯财产权的情形，其性质都是"违法"或"非法"。而司法权的行使与行政权的行使在某些方面却有明显区别，例如，司法权要解决的是过去的事，需要通过证据进行逆向认识和回溯证明，而行政权要解决的是现在的事，一般不需要逆向认识和回溯证明；司法机关处理案件往往需要借助科学技术设备等，而行政机关在行政管理中一般不需要借助科技设备；法律规定的行政机关及其工作人员侵犯人身权、财产权的九种情形都由行政机关及其工作人员直接造成，而司法中的错案却可由非司法人员自身的原因造成（将在本文第四部分论及）。因此，司法人员不办错案的难度，明显大于行政人员不实施国家赔偿法第 3 条、第 4 条规定的"违法""非法"行为的难度。据此，照理说，司法责任特别是错案责任中的过失程度，应当高于法律对行政人员所规定的"重大过失"。但是，高于"重大过失"，又很难作出准确表述，而从实际情况来看，冤假错案大多由过失造成，对过失造成错案的一概不追责又不合理，因此，只能借鉴国家赔偿法对行政机关及其工作人员职务行为进行追责的规定，以"故意违法责任"和"重大过失责任"作为司法责任的两种主要形式。但是，我们在对"重大过失"把握时，则应当从严而绝不能宽泛甚至降低标准。

（二）错案责任的构成要件

司法责任的种类多种多样，因错案构成的司法责任仅是其中的一种。故意违法责任、重大过失责任和监督管理责任这三种司法责任落实到错案上，就是对故意或重大过失造成错案的直接办理者和监督管理者追究责任。①

---

① 在追究错案责任时，要根据有关人员责任的有无和大小来确定责任，不一定每案都同时追究直接办理者和监督管理者的责任。

据此，错案责任的构成要件如下：

1. 发生了错案，即有"错案"这一结果存在。这是追究错案责任的前提。而要正确界定错案，必须搞清界定错案的标准和依据。

先探讨界定错案的标准。根据十八届四中全会《决定》中关于"坚持以事实为依据、以法律为准绳，健全事实认定符合客观真相、办案结果符合实体公正、办案过程符合程序公正的法律制度"的规定，也根据我国注重实体真实的司法理念和以往认定冤假错案的做法，所谓错案，通常是指案件的处理决定不符合案件客观事实（即案件客观真相）。根据这一标准，在刑事领域，错案从广义上来说，既包括认定事实不符合案件客观事实所造成的错案，也包括适用法律（包括实体法和程序法）不符合案件客观事实所造成的错案；既包括审判环节的错判或错放，也包括拘留、逮捕、移送审查起诉、起诉等环节处理决定的错误；既包括冤案，又包括假案和狭义上的错案；既包括冤错，又包括疑错，即将疑罪认定为有罪；既包括罪之有无上的错案，即将有罪错认定为无罪或将无罪错认定为有罪，也包括罪之多少、轻重以及刑之轻重上的错案，如将一罪认定为数罪或将数罪认定为一罪，将重罪认定为轻罪（包括少认定犯罪事实）或将轻罪认定为重罪（包括多认定犯罪事实），将重刑处为轻刑或将轻刑处为重刑，等等。可见，广义上的错案是一个较为宽泛的概念。

那么，错案责任中的"错案"是否指广义的错案呢？笔者认为不宜将二者画等号，而仅将罪之有无上的错案即在实体上将有罪认定为无罪或将无罪认定为有罪作为错案责任中的"错案"为宜。其理由一是罪之有无上的错误是质的错误，而罪之多少、轻重及刑之轻重上的错误仅是量上的错误，二者具有本质的区别。二是马克思主义认为，任何真理都是绝对真理与相对真理的统一。对案件的处理也然，正确的处理一方面能够跟案件事实相符，另一方面这种"相符"又具有相对的性质；与此相应，对案件错误的处理（即错案）也是绝对错误与相对错误的统一。罪之有无上的错误是绝对性较大的错误，罪之多少、轻重及刑之轻重上的错误是相对性较大的错误。把相对性较大的错误作为追责的依据，其过硬程度比不上罪之有无上的错误。根据这个原理，不同政法机关或不同审级法院对案件的不同处理决定，有的是正确与错误的对立，有的实际上只是合适与更合适、妥当与更妥当的差异。例如，某一刑事案件，一审法院对被告人判决有期徒刑三年，二审法院改判两年半。是不是一审判三年就是错案，二审改判两年半就是正确呢？可能也未必。因此，把罪之有无上的错误认定为错案，认识很容易统一，这几年平反纠正的冤假错案也都属于此类案件。如把罪之多少、轻重及刑的轻重上的错误认定为错案，认识就难以统一。三是如把广义的错案都进行倒查问责，会给司法人员造成不应有的压力，特别是把案件事实认定或量刑上的细微差异都当作错案来问责，会使司法人员产生动辄得咎、人人自危的惶恐心理，不利于其在职权范围内依法独立决断品格的养成，并会出现层层请示、上交矛盾、不敢负责、推诿卸责的不良状况。四是不将罪之多少、轻重及刑之轻重列入错案范围，不会影响对故意造成罪之多少、轻重及刑之轻重错误者的追究，因为对故意造成罪之多少、轻重及刑之轻重的，虽不追究其错案责任，但可追究其故意违法责任，因而不会造成对这种行为的放纵。综上，把无罪认定为有罪或有罪认定为无罪作为需要问责的错案，是较为适当的。

再来探讨界定错案的依据。即错案以什么依据来界定，由谁来界定。对此，有的认为只要后一诉讼程序作出了与前一诉讼程序完全相反的处理决定，前一诉讼程序的处理决定即可界定为错案；有的认为应以后一诉讼程序所作的完全相反的处理决定生效，作为界定前一诉讼环节处理决定为错案的依据；还有的认为要以审判监督程序改判为依据。

在刑事诉讼中，司法人员对案件的认识是随着诉讼程序的推进而不断深化并趋于客观准确的，前面诉讼程序作出的处理决定，仅是根据当时的事实、证据对案件所作的阶段性评价，其是否正确，需要接受后面诉讼程序审查和制约。部分案件前程序所作的决定被后程序部分否定以至完全否定，这是诉讼规律的体现，也是以审判为中心的价值所在。简单地以后一诉讼程序完全否定了前一诉讼程序的处理决定作为界定前一诉讼程序的处理决定是错案的依据，不符合诉讼规律。以后一程序生效的处理决定作为界定前一程序处理决定是错案的依据，而不考虑前后程序中案件事实、证据和法律有无变化，也有失偏颇。至于以审判监督程序改判为依据的观点，的确有些道理，但如照此观点，无论后程序或上一审级推翻了多少错误的处理决定，只要不发生审判监督程序改判的情况，那公、检、法办案人员就都不存在需要问责的错案，这又不适当地缩小了错案范围。

笔者认为，应以后程序在罪之有无上完全否定了前程序所作的处理决定，且后程序作出的处理决定已经生效，作为界定错案的依据。但以此为依据必须具备两个前提条件：一是案件事实、证据和法律及司法解释在前后程序中没有变化，或虽有变化但在罪与非罪上不影响案件定性。也就是说，通过重新审查前程序当时在案的事实和证据，发现当时的处理决定就是错误的。二是案件不在罪与非罪的"灰色地带"上。这是因为在罪与非罪之间，有时并不存在一条清晰可见、泾渭分明的直线，而可能存在"灰色地带"。对于在"灰色地带"上的案件，认定有罪或无罪都有一定的道理，一般按无罪处理较为主动，但按有罪处理也很难说就是错案。

为了正确界定错案，政法各单位都应该设立由业务专家组成的错案评鉴委员会，在后程序完全否定前程序意见且后程序的处理决定生效后，前程序所在单位就应责成错案评鉴委员会，就原作出的处理决定是否属于错案的问题进行审查研究、提出意见，报单位集体决策机构（如法院的审委会、检察院的检委会等）讨论提出意见。由于任何人都不能充当自己案件的法官，故为了防止前程序所在单位偏袒自己，作出不客观公正的判断，该单位集体决策机构提出的意见应当报上一级审定。上一级收到报告后也应先由错案评鉴委员会审查研究提出意见，然后报集体决策机构作出决定。集体决策机构确认为错案后，按干部管理权限由纪检监察机构就有关责任人是否存在应当追究错案责任的情形进行调查。

上面说的主要是界定刑事错案的标准和依据，对民事、行政错案，也应参照界定刑事错案的精神，以最终生效的裁判完全改变前审级的判决、前审级在性质判断上存在颠倒性错误（在刑事诉讼中表现为罪之有无上的错误），且案件的事实、证据及法律没有变化的，作为界定错案的标准，而不宜把裁判内容部分调整的案件界定为错案。如果说对案件的正确处理都是绝对正确与相对正确的统一的话，那民事、行政案件正确处理的相对性会更大一些，因为在刑事诉讼中，有负责查明案件事实的职能部门（侦查机关），而民事、行政诉讼则没有这样的职能部门，法官仅根据双方所举证据作出裁判，其证明标准也低于刑事诉讼，因而不同审级法院的不同裁判，不一定都属于正确与错误的对立，有些仅是合适与更合适的差异。如某侵权赔偿案，如果法院将本存在侵权事实并应当赔偿的认定为没有侵权事实，或将本不存在侵权事实的认定为有侵权事实并要求一方赔偿，且根据当时的事实、证据和法律就不应作出那样的判决的，则为错案；如果生效裁判跟前审级裁判只是赔偿数额上存在差异，则不应作为错案责任中的"错案"。

需要说明的是，这里所说的"错案"，是用于追究司法责任的"错案"，而不是指用于国家赔偿的"错案"，对后一"错案"，仍应按国家赔偿法规定的精神，予以正确界定。

2. 行为人实施了滥权失职等行为，且该行为与错案的发生存在因果关系。所谓"滥权行为"就是滥用职权类行为，如贪赃枉法、徇私舞弊、枉法裁判；故意不收集重要证据；涂改、隐匿、伪造、偷换证据材料；写审结报告或汇报案件时隐瞒重要事实、故意遗漏同案犯；监督管理者滥用监督管理权干预直接办理者办案，强令或授意按其意见处理案件等。所谓"失职行为"就是玩忽职守类行为，如因严重不负责任而遗漏重要犯罪嫌疑人；对证据中的重大矛盾视而不见，对犯罪嫌疑人的无罪辩解和律师的无罪意见置之不理；监督管理者怠于行使或不当行使监督管理权等。同时，上述滥权失职行为还直接导致了错案结果的发生，易言之，滥权失职行为与错案存在因果关系。

3. 责任主体是司法人员，包括案件直接办理者和监督管理者。司法人员在办案和定案系同一主体的情况下，责任主体就是办案人员；在办案和定案主体分离的情况下，责任主体还包括监督管理人员或集体决策人员。如在法院，其审案实行合议制、法官独任制和审委会讨论制，因而合议庭成员、独任制法官、审委会成员都可以成为责任主体；同时，对于《若干意见》第24条规定的四类案件，责任主体还可以包括行使监督权的院、庭领导人。

4. 行为人主观方面是故意或重大过失。这里的"重大过失"该如何理解和认定？笔者认为，过失的特点是违反注意义务。"重大过失"是相对于一般过失而言的，其特点有二：一是行为人严重违反了注意义务，而不是一般地违反注意义务，易言之，达到了严重不负责任或玩忽职守的程度；二是行为人对义务只要给予一般或一般以下的注意，其错案的结果就能避免，但行为人连这一点注意义务也没有尽到。只有符合这两个特点，才能认定行为人具有重大过失。如前所说，对"重大过失"要从严把握，要切实防止把一般过失认定为重大过失。

上述四个要件缺一不可，否则，就不能构成错案责任。

## 三、对故意或重大过失造成错案的予以追责的理由

前已说及，对故意或重大过失造成错案的，应当追究有关司法人员（包括直接办理者和监督管理者）的责任。之所以要追究他们的责任，主要有以下几方面原因。

（一）对故意或重大过失造成错案的予以追责符合我国国情

如前所说，英美国家不对错案追责，但大陆法系的法、德等国对故意或重大过失造成的错案是要追责的。我国的法律制度、司法理念等都跟大陆法系较为接近，如都以成文法为法律渊源，法官仅是司法者而非造法者；都注重对实体真实的追求；司法机关对案件的处理都要接受实体真实和成文法的双重检验，只有符合实体真实和成文法的处理才是正确的处理，才具有权威性，否则其正确性、权威性就会受到质疑。故大陆法系对故意或重大过失造成错案予以追责的做法，是可以借鉴来为我所用的。相反，如借鉴英美法系的做法，则与我国"水土"不服，他们所认为的"只要依法起诉、依法审判，不管有多少判无罪都是对的"的司法理念也难以被我国人民群众接受。同时，对故意或重大过失造成错案的予以追责，也符合我国"重狱讼、慎刑罚"的司法传统和一贯做法，符合"尊重和保障人权"的现代司法理念。

（二）对故意或重大过失造成错案的予以追责具有多方面的必要性和意义

首先，它有利于增强司法人员责任心，提高办案质量和司法公信力。产品的质量是产品的生命，而要保证产品质量，很重要的是要责任清晰。司法产品不同于一般产品，更应重视质量、明确责任。因为司法是社会公平正义的最后一道防线，它寄托着人们对社会公平正义的最后希望，老百姓也往往把司法机关视为公平正义的化身。如果司法产品出现了冤错，公众内心的公平正义信念就会坍塌，他们对国家和社会就有可能绝望，其结果轻则在法外谋求私力救济，重则铤而走险，对抗国家和社会。正像十八届四中全会《决定》和习近平总书记在对《决定》作说明时所说："司法公正对社会公正具有重要引领作用，司法不公对社会公正具有致命破坏作用。""一次不公正的审判，其恶果甚至超过十次犯罪。因为犯罪虽是无视法律——好比污染水流,而不公正的审判则毁坏法律——好比污染了水源。"当前,司法不公、司法腐败、冤假错案仍是人民群众反映强烈的一个问题,而司法不公、司法腐败往往不同程度地表现为冤假错案,冤假错案又是最大的司法不公。对故意或重大过失造成错案的予以追责,体现了问题意识,有利于促使司法人员增强责任心,以临渊履薄的态度对待每一个案件,全面收集、精心审查每一个证据,从而提高案件质量和司法公信力。

其次,它有利于彰显社会公平正义。错案严重侵犯当事人的合法权益,有些甚至使当事人妻离子散、家破人亡。此外,错案还严重损害司法公信力,损害法律的尊严和权威,损害人民群众对社会公平正义的信心。如不对故意或重大过失造成的错案予以追责,则难以体现社会公平正义。

最后,它有利于贯彻权责一致原则,推进司法体制改革的深入。权力和责任是统一的,既没有无责任的权力,也没有无权力的责任。司法人员既然享有办理和决定案件包括生杀予夺的权力,那么,当他们因主观重大过错而造成错案时,就应对错案承担相应的责任。因此,实行错案责任追究制度是权责一致原则的必然要求。当前,司法体制改革正在深入进行,在诸多改革中,司法责任制改革是核心,而错案责任既是司法责任制的重要内容,也是全面落实司法责任制的重要保证。如果对故意或重大过失造成错案的不予追责,那司法责任制改革就难以落到实处,其他的司法体制改革(如省以下司法机关人财物省级统管、司法人员分类管理、完善司法人员职业保障)等就难以深入。

(三)对故意或重大过失造成错案的予以追责,体现了主观过错、客观行为、危害结果三者的有机统一

首先,行为人具有主观过错。行为人所具有的故意或者重大过失的心理状态,表明行为人具有非难的可能性,并进而为有责性奠定基础、提供

根据。因为主观过错表明行为人对当事人法益的保护持背反态度,其中,故意,表明行为人对当事人法益持敌视或蔑视态度;重大过失,表明行为人对当事人法益持严重漠视态度,这就为非难与追责提供了科学的根据。

其次,行为人实施了滥权失职行为,且该行为与错案之间存在因果关系。因为行为人所具有故意或者重大过失的心理状态,总要通过一定的滥权失职行为(包括作为和不作为)表现出来,并由该行为造成了错案这一结果的发生,即司法人员的滥权失职行为是因,错案是果。因此,无论是故意还是重大过失造成错案,其客观要件除错案这一结果外,都必然有作为原因的滥权失职的实行行为,且该行为与错案存在因果关系。反过来,一定的滥权失职的实行行为又是检验和判断行为人是否具有故意或重大过失的依据。

最后,行为人的行为造成了错案这一危害社会的结果。

因此,对故意或重大过失造成错案的予以追责,体现了主观过错、客观行为、危害结果三者的有机统一。这样,因错案被追责的就不是错案本身,而是造成错案的故意或重大过失行为。如果说办案结果的对错有时不全由办案人掌控的话,那么,思想和行为却全由办案人自己掌控。这就可使司法人员坚信,只要管住自己的思想和行为,依法公正勤勉履职,即使案件出了差错,自己也不会被追究责任,从而解除顾虑、放心大胆地依法行使职权。这就使错案责任追究既可发挥其正面的作用,又可避免单纯以结果追责的弊端。

(四)质疑错案责任的某些观点值得商榷

质疑错案责任的许多观点是有道理的,有些正是证明不能单纯以错案追责的重要理由。但照搬英美国家的做法、一概地反对追究错案责任的观点也未必在理,只有廓清这些观点,才能统一认识,使错案责任制度得以确立。例如,以下观点就值得商榷:

1. 关于"先验的可知论误区"和"法官无法对客观事实负责"的观点。笔者认为,案件事实是客观的,它并不随人们的主观意志而转移。同时,马克思主义认为,凡客观存在的事物,在一定条件下经过努力是可以认识的。"就司法证明而论,司法人员要查清案件的全部事实情况,对任何案件都是不可能的,但是对于已破案、已查清的案件事实来说,基本犯罪事实或主要犯罪事实的认定是能够达到准确无误的地步的。"① 此其一。其二,法官的使命固然是裁判,但并非没有"查明案件事实"的一定的责任,因为"事实清楚"是裁判的前提,庭审设置法庭调查、质证、辩论程序的目的,就是使法官查明案件事实。在刑事诉讼中,虽有公安机关负责侦查,但法官仍要按照"以审判为中心"的要求,对事实、证据进行全面的实质性的审查。在民事、行政诉讼中,法官虽然主要依靠当事人举证,但仍有查明案件事实的一定责任。为此,刑事诉讼法第195条明确规定:"在被告人最后陈述后,审判长宣布休庭,合议庭进行评议,根据已经查明的事实、证据和有关的法律规定,分别作出以下判决……";民事诉讼法第153条规定:"人民法院审理案件,其中一部分事实已经清楚,可以就该部分先行判决";三大诉讼法还都规定:第二审人民法院对原判决认定基本事实不清的,可以"查清事实后改判",或者"发回原审人民法院重审"。总之,庭审"调查"是"查","审查"也是"查",不能说法官没有查明事实的职责,只不过其"查"的场所、方式和程度与侦查有所不同罢了。其三,客观事实与法律事实、客观真实与法律真实既有区别,又具有紧密的联系,"司法证明的目的(目标)是客观真实,标准是法律真实"②;十八届四中全会《决定》也把"事实认定符合客观真相"作为司法工作的重要目标。因此,法律事实不能脱离客观事实而存在,只有最大限度地与

---

① 陈光中主编:《刑事诉讼法学》,中国人民公安大学出版社、人民法院出版社2004年版,第199页。

② 参见何家弘:《短缺证据与模糊事实》,法律出版社2012年版,第297页。

客观事实相符的"法律事实",才是达到了证明标准的法律事实,才能作为定案的根据。况且,人类通过长期探索,早已找到了使法律事实与客观事实最大限度相符的科学途径,这就是使司法证明达到"排除合理怀疑""所得出的结论唯一"的程度(这里特指刑事诉讼)。在我国,这一证明标准是"案件事实清楚,证据确实充分"。因此,法律事实与客观事实并非截然两分,而是存在使二者最大限度相符的科学通道的,当司法证明真正达到法定标准的时候,案件的客观事实也就查明了。总之,认为案件客观事实不可知,否则就陷入"先验的可知论误区"的观点,认为"司法人员难以对案件客观事实负责"的观点,是值得商榷的。

2. 关于"错案标准模糊,因而难以对错案追责"的观点。笔者认为,该观点有一定道理。当前,认定错案的标准在有些方面的确较为模糊,但错案却又实实在在地存在,如湖北佘祥林案、河南赵作海案、安徽于英生案、浙江张高平叔侄案、内蒙古呼格吉勒图案等,又有谁会怀疑他们是错案呢?可见,错案标准在很多方面是清楚的,但有些方面还较为模糊。同时,明确错案标准又是现实的需要,无论是贯彻十八届四中全会《决定》还是落实最高人民法院、最高人民检察院的《若干意见》,都需要把错案标准搞明确。因此,眼下的任务是如何把错案认定标准还模糊的地方让它清晰起来。笔者提出把性质完全颠倒的处理(在刑事诉讼中表现为罪之有无上的错误)作为认定错案的标准,也是为了对此做些努力。只要有关方面共同努力,寻找最大公约数,是完全可以把错案认定标准搞清晰的。因此,错案认定标准在某些方面模糊不应成为对错案一概不予追责的理由。

3. 关于"错案可以通过法定程序和制度进行救济,再予追责没有多少必要"的观点。笔者认为,错案虽然可以通过司法程序纠正,还可通过国家赔偿制度获得赔偿,但其只有事后救济和补偿之功,而无促使司法人员增强责任心、防止错案再次发生之效,更无法实现彰显社会公平正义、体现司法人员权责一致、促进司法改革深入进行的价值。再从错案受害人角度来说，其失去的青春年华、自由、生命和造成的精神创伤，是无法用一纸改判文书和金钱补偿、抚平的。因此，对故意或重大过失造成错案的予以追责，无论从哪个角度来说，都并非没有意义，那种认为错案纠正了、赔偿了，就不必对司法人员追责了的观点，是很难站得住脚的。

### 四、我国错案责任豁免的范围及理由

"豁免"是指"不受某些法律后果约束或不适用某些法律规则的自由状态。"[①] 从国际法律文件和一些国家规定看，豁免主要有外交豁免、国家元首豁免、议员豁免、司法人员豁免、律师豁免、污点证人作证豁免等。在我国，法律有规定的豁免除外交豁免外，主要有人民代表豁免、律师豁免、特定人员出庭作证豁免等。对人民代表豁免，2015年修正的人民代表大会代表法第31条规定："代表在人民代表大会各种会议上发言和表决，不受法律追究。"第32条还规定："县级以上的各级人民代表大会代表，非经本级人民代表大会主席团许可，在本级人民代表大会闭会期间，非经本级人民代表大会常务委员会许可，不受逮捕或者刑事审判。"对律师豁免，2012年修正的律师法第37条规定："律师在法庭上发表的代理、辩护意见不受法律追究。但是，发表危害国家安全、恶意诽谤他人、严重扰乱法庭秩序的言论除外。"对特定人员出庭作证豁免，2012年修正的刑事诉讼法第188条规定："经人民法院通知，证人没有正当理由不出庭作证的，人民法院可以强制其到庭，但是被告人的配偶、父母、子女除外。"需要说明的是，"豁免"免除的是特定职责或身份的人员如果为普通公民所应负的法律上的责任或义务，其目的是保障其履行职责或维系其身份关系的需要；如果某行为或后果如果普通公民也无须承担什么法律责任或义务，则

---

① ［英］戴维·M.沃克：《牛津法律大辞典》，李双元等译，法律出版社2003年版，第546页。

不涉及对其豁免的问题。因此，要区分普通公民是"有责"还是"无责"，如果是普通公民就"有责"的，才需"豁免"，即使是普通公民也"无责"的，则不涉及"豁免"问题。

对故意或重大过失造成错案的予以追责，意味着对没有故意或重大过失而造成的错案（即一般过失和意外事件所造成的错案）予以责任豁免。[①]那么，为什么古代世界各国都对错案一概追责，而现代却仅对有重大过错所造成的错案追责？为什么当代在民事责任中对产品实行严格责任，即只要产品质量有问题并对消费者造成损害，不问生产销售者主观上有无过错，都要追究责任；而对更为重要的司法产品中的错案却不照搬产品的严格责任形式，只对故意或重大过失所造成的错案追究责任，而对没有故意或重大过失所造成的错案实行责任豁免呢？笔者认为，这主要是司法职业的特殊性和司法规律等使然。

（一）对无故意或重大过失所造成的错案予以责任豁免，是体现司法职业特殊性的需要

司法职业的特殊性主要表现为它是很容易出错的职业。

1. 认识案件不同于认识一般事物的特殊性，使得"确定事实是一个充满可能出现许许多多错误的困难过程"。[②]司法权主要是判断权，判断的前提是对案件作出正确认识。但是，人的认识能力是有限的，人的理性也是有限的，特别是认识案件还具有许多不同于认识一般事物的特殊性，这就

---

[①] 由于司法错案对当事人造成了不同程度的损害，在常人看来是需要追究责任的，且我国法律对产品实行的是严格责任，作为司法产品的错案，也容易被认为应一概予以追究责任。因此，本文把没有故意或重大过失所造成的错案列入"责任豁免"的范围。时任最高人民检察院检察委员会专职委员张德利在《关于〈关于完善人民检察院司法责任制的若干意见〉的说明》中也说道："司法办案工作中虽有错案发生，但检察人员履行职责中尽到了必要注意义务，没有故意或重大过失的，实行司法责任豁免。"

[②] ［美］罗斯科·庞德：《通过法律的社会控制》，商务印书馆1984年版，第29页。

使得办案很容易出错。认识案件的特殊性主要表现在：一是认识方式的间接性和逆向性。一般的事物都是当前的，能够直接、顺向予以认识的，而案件却都是过去的，司法人员根本没有看到过，只能通过证据间接地逆向地去认识，办案中任何一个环节出了问题，如犯罪嫌疑人毁灭、伪造证据，证人作证不客观真实，鉴定意见不准确，司法人员收集认定证据不全面，民事诉讼当事人提供证据不客观等，都会影响对案件事实的正确认识。二是认识对象的特殊性。司法人员认识的对象是包含着是非、曲直和真假的矛盾体，当事人双方对同一事由各执一词，提出不同的主张、理由和根据，案件事实往往扑朔迷离，要分清个中的是与非、曲与直、真与假，非常不易。同时，司法活动是一种判断活动，这种活动的特点是不能从总体上增加社会福利，而只能损此增彼，是一种校正的公正。[①]司法人员要在锱铢必较的双方当事人之间对权益进行正确的增、损，同样不易。特别是在刑事诉讼中，司法人员认识的对象是千方百计妄图逃避法律追究的犯罪人，他们总要毁灭伪造证据、制造假象，引诱司法人员陷入错误，这必然更增加认识的难度。三是认识技术的滞后性。认识案件常常要借助科学技术手段，但技术手段往往滞后于犯罪手段，技术手段的滞后性使得一些案件难以认识或作出错误认识。四是认识条件的受制约性。为了兼顾打击犯罪与保障人权的平衡、公正与效率的平衡、两造的平等，现代诉讼制度既赋予司法机关正确认识案件事实所必须的措施和手段，又规定了一系列限制性措施，而不允许司法人员不择手段、无限制地去认识案件客观事实，如追诉有时效，羁押有期限，诉讼也有期限，各种强制措施和强制性侦查措施的采取都规定了严格的条件。特别是在民事、行政诉讼中，案件事实不像刑事诉讼那样有侦查机关负责查明，而只能依据双方当事人举证，且当事人所举证据又难免真假混杂，裁判出错的可能更大。总之，认

---

① 参见谭世贵、孙玲：《法官责任豁免制度研究》，载《政法论坛》2009年第5期。

识案件比认识一般事物要艰难得多、复杂得多，因而，任何国家都有很多案件难以侦破，有些案件虽已"侦破"，但搞错了。

2. 非司法人员自身的原因，有时也会出现错案。如因案件事实、证据发生变化，法律或司法解释作了修正或政策作了调整，以及当事人过错等原因所造成的错案。这种错案对有关司法人员来说，非自身所能掌控，多少有"被错"的味道。

3. 虽系司法人员自身原因，但其既无过错又无滥权失职行为，也会造成错案。例如，有的案件事实、证据可作不同的分析判断；有的法律条文含义不明或学理上有多种学说，致使公、检、法对同一法律规定有时"各有各的理解，各有各的把握"。①因此，检察院的检委会、法院的审委会讨论有些案件往往众说纷纭，法学专家对同一案件也经常意见各异甚至大相径庭，②连美国联邦最高法院处理案件，9名大法官也经常以少数服从多数的方式作出裁判，而且意见有时完全对立。如美国联邦最高法院于2015年6月26日以5:4的投票结果裁定：同性婚姻合乎宪法。对这一判决，美国联邦最高法院首席大法官约翰·罗伯茨二世持不同意见，认为赞同同性恋婚姻的法官貌似"维宪"，实则"违宪"，因为赞同同性婚姻的法官一是越俎代庖，以法官身份做了立法机构应做的事；二是剥夺了各个州及选民关于同性恋婚姻的立法权；三是在判断同性婚姻是不是公民的一个基本权利问题上罔顾历史和传统。③这都说明，不同司法人员、不同部门、不同审级对有些案件的事实认定和法律适用是完全可能有不同认识和判断

---

① 参见沈德咏：《推进以审判为中心的诉讼制度改革》，载《中国法学》2015年第3期。

② 这样的例子不胜枚举，如许霆在ATM上盗窃一案，有的刑法学家认为构成盗窃罪，有的刑法学家认为不构成犯罪。

③ 参见陈立彤：《解读美最高院法官对"同性恋"判决异议》，载http://opinion.caixin.com/2015-06-28/100823159.html，最后访问时间：2015年7月27日。

的。我国台湾地区法律规定：法官司法职权内的司法行为不受追究，适用法律之见解，不得作为法官个案评鉴和惩戒的事由。对这种因认识不同而对案件作出不同的处理，如果认定为错案，也不能对有关司法人员追究错案责任。又如，由于司法人员业务素质、能力低等原因也会造成错案。随着司法考试制度的实施，随着司法人员学历、素质的不断提高，纯粹因素质、能力低等原因造成错案的情况已越来越少，但目前还不能说没有。对因素质、能力低造成错案，但既无主观过错、又无滥权失职行为的，可以调整其工作岗位或调离司法队伍，但不能追究其司法责任，因为无过错即无责任，无（违法）行为即无责任。

总之，司法职业是很容易出错的高风险职业，罗尔斯认为，在刑事审判中，即使法律被仔细地遵循，过程被公正地恰当引导，还是有可能达到错误的结果。[①] 还有文章认为："法官断案，如同一个水手，每天驾着一叶小舟航行在陌生的海域里，不知什么时候大海会风浪大作，顿生不测。法官每天都要面对不同的案件、不同的当事人，案件千奇百怪，案情错综复杂，稍有闪失，错判错断在所难免。"[②] 总之，司法职业比一般工作更容易出错是不争的事实。如果置司法产品制作的特殊性于不顾，沿袭古代对错案一概追责的做法，或简单照搬产品严格责任的归责方式，那必然会使司法人员人人自危，并"造就普遍的司法恐慌"[③]，从而严重挫伤他们的积极性。

（二）对无故意或重大过失所造成的错案予以责任豁免，是遵循司法规律、实现司法公正的需要

司法作为依据法律、以诉讼方式解决纠纷和冲突的一种机制，它以公

---

① ［美］约翰·罗尔斯：《正义论》，何怀宏等译，中国社会科学出版社1988年版，第79—82页，转引自宋英辉主编：《刑事诉讼原理》，法律出版社2003年版，第39页。
② 干朝端、郭珣：《论我国法官豁免制度的建立》，载《法律适用》2003年第5期。
③ 陈瑞华：《法官责任制度的三种模式》，载《法学研究》2015年第4期。

正为灵魂,以独立性、中立性、亲历性等为基本要求,离开了独立性、中立性和亲历性,公正就无法实现。如果对无故意或重大过失所造成的错案追责(即不予责任豁免),就会导致对这些基本规律的违反。

首先,它会导致对司法独立性的违反。司法独立性要求司法人员依法独立行使职权而不受权势、地位、金钱、人情及自身利益等因素的干扰。英国原上诉法院院长丹宁说:"所有法官都应该能够完全独立地完成自己的工作,而不需担惊受怕。决不能弄得法官一边用颤抖的手指翻动法书,一边自问:'假如我这样做,我要负赔偿损害的责任吗?'"①如果对无故意或重大过失所造成的错案追责,就会使司法人员首先考虑该判断会不会给自己带来风险,从而影响其心证的独立形成,并使裁判偏离事实和法律,这必然会影响司法的独立和公正。

其次,它会导致对司法中立性的违反。司法中立性要求司法人员自身跟当事人双方及案件的处理结果不存在任何牵涉。但对无故意或重大过失所造成的错案追责却使司法人员自身的利益"被迫与案件的裁判结果发生了直接的牵连"②,这就有可能导致其中立性和超然性的偏离。

最后,它会导致对司法亲历性的违反。司法亲历性要求司法人员亲自审案和断案,而如果对无故意或重大过失所造成的错案追责,那司法人员就会为规避自身的责任而采取请示汇报、提请检委会或审委会讨论、向上级司法机关探讨、无原则调解等方法来了结案件;为了防止所办案件的处理结论不被下一诉讼环节或上一审级否定,有的还会采取主动与兄弟政法机关和上级司法机关"意思意思""搞好关系"等方法,从而造成诉讼中横向配合有余、制约不足,纵向互相沟通、互相关照的不正常状况。这不仅违反司法的亲历性,降低诉讼效率,而且扭曲诉讼关系,影响案件质

---

① [英]丹宁勋爵:《法律的正当程序》,李克强等译,群众出版社1984年版,第56—57页。

② 陈瑞华:《法官责任制度的三种模式》,载《法学研究》2015年第4期。

量；一旦发生错案，还会因集体决策而影响司法责任制落实到人。这样，以强化司法人员责任和提高办案质量为目标的司法责任制改革，却会出现违反改革初衷的结果。此外，效率是公正的一个要素，"迟到的公正为非公正"。如果对无故意或重大过失所造成的错案追责，就会使司法人员在办案中为了规避自身风险而畏首畏尾、瞻前顾后、久拖不决，影响诉讼效率，从而损害司法公正。

（三）对无故意或重大过失所造成的错案予以责任豁免，是实现权力与责任相一致、权力控制与权力保障相统一的需要

权力与责任相一致是法治的一项重要原则。责任豁免表面上似乎破坏了权力与责任的一致性，其实不然，对某些特殊职业（职责），如不予豁免某些责任，就会出现责任大于权力的情况，从而影响该职责的正常履行。只有对部分责任予以豁免，才能在该职业中实现权力与责任的平衡。例如，人民代表在代表大会各种会议上发言和表决，是其履行职责、参与国家管理必不可少的方式，只有对其实行责任豁免，才能保障其履职需要，从而实现权责一致。否则，如果人民代表在人大会议上的发言也要被追究责任，人民代表就会噤若寒蝉而不敢发表意见，或虽发表意见也人云亦云，而不敢提出独立见解和主张。司法职业也是如此，由于该职业的特殊性和司法规律所要求，需要对司法责任予以有限度的豁免，才能保障司法职责的正常履行，从而实现权责一致。因此，"如果说权力与责任分置跷跷板的两端的话，那么豁免制度则是位于他们之间的支点，该支点根据每对权力与责任的具体情况，灵活调节支点的位置，以维持两端的平衡"；"豁免制度非但不会对权力与责任之间的平衡造成破坏，反而是维持二者平衡关系的一个必不可少的措施"。①

---

① 陈雅丽：《论豁免制度与法治的兼容性——兼论我国公职人员豁免制度的建立与完善》，载《政治与法律》2010年第12期。

与此同时，对权力还要实现控制与保障相统一。权力具有扩张性和自腐蚀性，不受监督的权力容易被滥用并导致腐败，因此，传统的权力治理理论比较重视对权力的控制。但是，仅仅强调权力控制，容易使公职人员不求有功、但求无过，导致权力畏缩、低效和缺乏活力。于是，在20世纪最后的几十年里，西方一些学者对过去单纯强调权力控制的思想进行反思，认为权力既要予以控制又要予以保障，从而使权力能够保持"能动进取精神"、正确高效地运行。因此，"从单纯控制国家权力发展到既控制国家权力，又保障权力，体现出一条普遍的行宪规律"[1]。而在实行责任追究的同时对某些职业实行一定范围的责任豁免，是对权力实施保障的措施之一。权力控制与权力保障相统一理论同样适用于司法权，一方面，司法权作为一种权力也具有自腐蚀性，因而必须对其实行包括司法责任追究在内的控制措施。但单纯地控制，又会导致司法人员不求有功、但求无过，畏首畏尾、拖拉低效；同时，司法权是判断权，判断的公正必须以司法人员意志的独立为前提，而意志的独立又受制于其基本的职业保障，如"基本的安全保障、良好的职业生态、必要的职业尊荣、较高的薪酬待遇"[2]，以及必要的责任豁免，从而保障和激励司法人员依法公正勤勉履职，义无反顾地坚持依法独立公正行使职权。

（四）对无故意或重大过失所造成的错案予以责任豁免，是贯彻现代刑罚理念的需要

错案责任追究的类型包括刑事责任在内的法律责任、行政责任、纪律责任等责任，这些责任都会对司法人员的生命、自由、名誉等人身权利造成损害，它与一般产品责任所追究的经济责任具有明显区别，因而，在研究错案责任的追究与豁免时，必须贯彻现代刑罚理念。

---

[1] 李龙、汪习根：《宪政规律论》，载《中国法学》1999年第4期。
[2] 贺小荣：《如何牵住司法责任制这个牛鼻子》，载《法务参考》2015年第19期。

随着人类社会的发展，刑罚目的从过去的威吓主义、报复主义逐步转变为预防犯罪，即对犯罪人通过刑罚惩罚实行特殊预防，并以此教育广大公民遵纪守法，实现普遍预防。而以预防为目的，就要使受错案责任追究的司法人员知道自己错在哪里、怎么改正、怎么防止错案再次发生，并使其他司法人员受到警示教育，防止自己也出错案。要达此目的，被追责的司法人员就必须对错案真正负有责任。然而，"没有过错就没有责任""没有（违法）行为就没有责任"，如对既无主观重大过错又无滥权失职客观行为但造成错案的司法人员予以追责而不予责任豁免，这种惩罚就既无科学根据，又起不到应有的教育、预防作用，因为它同惩罚不负刑事责任的精神病人没有本质区别。

综上所述，司法责任追究与责任豁免是司法责任中不可或缺的两个方面，它们相辅相成，共同组成司法责任的整体。因此，最高人民法院、最高人民检察院《若干意见》除规定责任追究方面的内容外，都规定了责任豁免的内容，其中最高人民检察院作的是原则规定，该《若干意见》第33条规定："司法办案工作中虽有错案发生，但检察人员履行职责中尽到必要注意义务，没有故意或者重大过失的，不承担司法责任"；最高人民法院作的是列举式的具体规定，该《若干意见》第28条规定：因下列情形之一，导致案件按照审判监督程序提起再审后被改判的，不得作为错案进行责任追究：（1）对法律、法规、规章、司法解释具体条文的理解和认识不一致，在专业认知范围能够予以合理说明的；（2）对案件基本事实的判断存在争议或者疑问，根据证据规则能够予以合理说明的；（3）当事人放弃或部分放弃权利主张的；（4）因当事人过错或客观原因致使案件事实认定发生变化的；（5）因出现新证据而改变裁判的；（6）法律修订或者政策调整的；（7）裁判所依据的其他法律文书被撤销或者变更的；（8）其他依法履行审判职责不应当承担责任的情形。

当然，最高人民法院、最高人民检察院分别以各自文件的形式规定司法责任豁免的内容和范围，其效力毕竟有限，且最高司法机关分别给自己的司法人员规定豁免事项也有不尽合适之处。因此，建议今后在修改法官法和检察官法时，对司法责任豁免的内容和范围作出明确规定。

## 五、追究错案责任要注意的问题

对故意或重大过失造成错案的追究错案责任，必须遵循司法规律，贯彻主观过错与客观行为相一致、责任与处罚相适应的原则，依据"两高"《若干意见》，审慎地作出决定。重点要注意以下几个方面：

（一）要慎重确定因重大过失造成错案者的责任

错案责任中的"重大过失""玩忽职守"，跟刑法中的"重大过失""玩忽职守"具有不同的意义和作用，在错案责任中，它们才达到追究责任的起点，而在刑法中，"过失""玩忽职守"就达到了刑事责任的起点，"重大过失"则已超过了刑事责任的起点，属于从重的一个情节。因此，绝不能"望文生义"，认为行为人有"重大过失"的主观过错和"玩忽职守"的客观行为，已完全符合刑法中渎职罪的构成要件，从而直接对行为人追究刑事责任。笔者总的看法，对因重大过失造成错案需要追究责任的，追究刑事责任要特别慎重，一般仅追究纪律责任或行政责任，只有在给予最重的纪律处分或行政处分仍不能罚当其过时，才能考虑进入刑事追诉程序。

（二）要正确确定数人参与办理、作出决定的错案中的责任

错案发生后，如果案件是由独任法官、独任检察官或主办侦查员承办并作出决定的，自然由独任法官、检察官或主办侦查员承担责任。但对于数人参与办理或作出决定的错案，特别是在办案与定案主体分离、监督管理者有介入或应介入的情况下造成的错案，确定错案责任就较为复杂，要

根据不同的办案组织、不同的决策方式、不同的监督管理方式以及办案组织内部各主体职权和责任大小来确定各自的责任,并把责任落实到人。

1. 由数人参与办理并作出决定的错案,要根据办案组织内部分工和决策机制来确定责任:由法院合议庭按少数服从多数原则作出决定的,由提出错误处理意见的多数法官承担责任;由检察官办案组或侦查员办案组承办、办案组负责人作出决定的错案,由办案组负责人承担责任,其他检察官、侦查员对自己的行为承担责任。

2. 由办案组织承办、① 单位领导人(如检察院检察长、公安机关负责人)或集体决策机构(如法院的审委会、检察院的检委会)作出决定的错案,办案组织对事实、证据负责,单位领导人或集体决策机构对决定事项负责,其中由集体决策机构决定的案件,需要追究责任的,根据机构内部各成员发表意见有无错误及错误程度,确定各成员应承担的责任;办案组织在汇报案件时隐瞒、歪曲事实、遗漏重要事实、证据或情节,导致单位领导人或集体决策机构作出错误决定的,由办案组织承担责任,单位领导人或集体决策机构根据错误决定形成的具体原因和主观过错情况承担部分责任或不承担责任。

3. 监督管理者因故意或重大过失,怠于行使或不当行使监督管理权所造成的错案,要分别情况处理:对监督管理者违反规定,滥用监督管理权,强令办案人员按其意见处理案件,因而造成的错案,一般由监督管理者承担责任;对监督管理者怠于行使监督管理权所造成的错案,一般应同时追究直接办理者和监督管理者的责任。

4. 办案组织执行单位领导人或集体决策机构明显违法的决定而造成的错案,由作出决定的单位负责人或集体决策机构和办案组织成员一并承担

---

① 这里的"办案组织"既包括独任制法官、独任制检察官、主办侦查员,也包括法院的合议庭、检察院的检察官办案组、公安机关的侦查员办案组。

责任，其中单位负责人或集体决策机构负主要责任，办案组织成员负次要责任。这是因为法律是任何人都不能触碰的底线，明显违法的指令谁也不能执行，对单位领导人下达的明显违法的指令，办案组织应当拒绝执行，否则，办案组织不因执行的是单位领导人或集体决策机构的决定而免除责任。该观点的法律依据是我国公务员法，该法第54条规定："公务员执行明显违法的决定或者命令的，应当依法承担相应的责任。"该法规定的"公务员"包括司法人员。最高人民检察院《若干意见》第10条也规定："检察官执行检察长（分管副检察长）明显违法的决定的，应当承担相应的司法责任。"

（三）要防止简单套用行政追责的方法

1. 追究错案责任除有特别规定外，一般不追究未参与案件决策的领导人的责任。在党政机关，根据《关于实行党政领导干部问责的暂行规定》，对于有"因工作失职，致使本地区、本部门、本系统或者本单位发生特别重大事故、事件、案件，或者在较短时间内连续发生重大事故、事件、案件，造成重大损失或者恶劣影响的"等七种情形之一的，要对党政领导干部实行问责，除追究直接责任人员的责任外，还要追究有关党政领导干部的责任，有的特大事故甚至要追究至省一级领导人。在党风廉政建设中，党组织要负主体责任，纪检部门要负监督责任。《关于实行党风廉政建设责任制的规定》规定，领导班子、领导干部违反或者未能正确履行规定的职责，有"对党风廉政建设工作领导不力，以致职责范围内明令禁止的不正之风得不到有效治理，造成不良影响的"等七种情形之一的，要追究领导班子、领导干部的责任。司法工作跟行政工作有明显区别，行政工作强调纵向隶属和上令下从，而司法工作强调依法独立，且实行"让审理者裁判、由裁判者负责"和"谁办案谁负责、谁决定谁负责"的原则，故对错案一般只追究裁判者、办案者、决策者的责任，而不追究没有参与决策的领导人的责任。对于没有参与决策的领导人因重大过失怠于行使司法监督职责造成错案，需要追究监督责任的，在法院，应仅限于《若干意见》第24条规定的四类案件，对该四类案件之外的案件，由于没有赋予领导人主动过问的权力，因而不涉及追究领导人监督责任的问题。在检察院，应仅限于检察官无权独立处理的案件和事项（根据现行法律规定，检察院处理案件的重要权力都在检察长或检委会，故只要检察官无权处理的案件和事项，都在检察长监督范围，这与法院处理案件的权力主要在独任制法官和合议庭明显不同）；而对于根据有关规定检察官有权处理包括已经委托检察官依法独立处理的案件或事项，即使出现严重错误，也仅追究有关检察官的责任，而不能追究领导人的责任。最高人民检察院《若干意见》第39条规定："对于检察官在职权范围内作出决定的事项，检察长（副检察长）不因签发法律文书承担司法责任"。可见，检察长对于自己签发法律文书的案件尚且不要承担司法责任，更何况自己没有经手且已委托检察官依法独立处理的案件呢？当然，这里需要特别指出的是，检察长委托检察官决定的案件和事项，必须事先有明确的规定或依据，而不能由检察长随心所欲临时口头决定。要防止极少数领导人事后以所谓"我已委托检察官决定"作为推诿卸职的挡箭牌和逃避监督责任的所谓"理由"。

2. 追究错案责任不能片面追求雷厉风行。在行政机关，在追究重大安全事故等责任时，为了回应舆论关切，或为了迅速平息事态和不满情绪，有时需要雷厉风行地对有关人员采取停职、免职等措施。但错案责任因有严格的构成要件，除存在错案这一结果外，还要查明造成错案的原因行为和办案人的心理状态，只有主客观各方面都符合构成要件的，才能追究责任，因此，追究错案责任既要坚决及时，又要准确无误，特别是对因过失造成错案的，更应"准"字当头，慎重把握，而不能片面追求雷厉风行，以防止在追究错案责任中产生新的错案。

（四）要正确理解和处理终身负责与时效制度的关系

十八届四中全会《决定》要求"实行办案质量终身负责制"。与此同时，在对错案追责时又应当遵守时效的规定，如果超过时效，则不能追究有关司法人员的错案责任。如何理解"终身负责"与追诉时效的关系？笔者认为，所谓"责任"，含义有二：一是身担其责（有责）；二是当发生不良后果且符合追责条件时予以追责（追责）。终身负责就是既"有责"，又"追责"。但在"追责"超过时效的情况下，就变成只"有责"，而不"追责"。同时，因超过时效不追究错案责任，仅是不追究其纪律责任、行政责任和法律责任，①但不能免除其在良知、道义、声誉等方面的责任，司法人员自身可能一辈子会自责或感到（对错案当事人）亏欠，公众也仍然可以对其提出批评，包括像南宋陷害岳飞的秦桧等人，虽已过去近千年，却仍被世人唾骂。因此，"终身负责制"和时效制是并行不悖的。我们既不能因"终身负责制"而排斥时效制度的适用，又不能因时效制度而怀疑"终身负责制"的合理性。

（五）追究错案责任要报经省级法官、检察官惩戒委员会审议

在西方国家，对法官惩戒要由较高的机构来决定，以体现其慎重。如在美国，联邦法官违反纪律的要先由联邦法官行为调查委员会调查，调查后认为需给予惩戒或者停止工作等处理的，报国会的一个委员会决定；如需剥夺法官资格，则必须根据弹劾程序，经参、众两院通过。在德国，对联邦法官违反纪律等行为进行惩戒须由联邦最高普通法院法官职务法庭裁判。在法国，对法官惩戒需由该国由最高法院院长任主席的最高司法委员

---

① 我国目前对刑事责任和民事责任有时效的规定，但违法违纪责任尚无时效规定，应当予以完善。

会决定。①借鉴外国的做法，我国因错案对司法人员追责，应先根据干部管理权限，由有关纪检监察机构调查，认为需要追究责任的，应当报请院长（检察长）决定，并报省级法官、检察官惩戒委员会审议。在审议的基础上，惩戒委员会应当提出无责、免责或给予惩戒处分的建议。省级惩戒委员会作为相对中立的机构，由其进行审议，一是有利于体现对司法人员处理的慎重；二是有利于惩戒处理的准确和公正，防止外界产生司法机关"偏私""袒护"等误解，提高惩戒处理的公信力；三是有利于对司法人员的处理在省级范围内进行平衡。在对司法人员进行调查和审议的过程中，司法人员有权进行陈述、举证、辩解、申请复议和申诉。

---

① 参见周道鸾：《外国法院组织和法官制度》，人民法院出版社2000年版，转引自陈雅丽：《论豁免制度与法治的兼容性——兼论我国公职人员豁免制度的建立与完善》，载《政治与法律》2010年第12期。

# 论"监督管理责任"①

2015年9月,最高人民法院、最高人民检察院分别下发了《关于完善人民法院司法责任制的若干意见》《关于完善人民检察院司法责任制的若干意见》(以下简称《若干意见》),这两个文件都规定了三种司法责任,即故意违反法律法规责任(以下简称故意违法责任)、重大过失责任和监督管理责任。其中的"监督管理责任"该如何理解和把握,是很值得研究的问题。本文试就此作些探讨。

## 一、为什么要规定监督管理责任

司法责任制改革是要实现"让审理者裁判,由裁判者负责"和"谁办案谁负责,谁决定谁负责",最高人民法院、最高人民检察院《若干意见》为什么还要规定"监督管理责任"?这是否自相矛盾?同时,在法院,现行法律并未赋予院、庭长主动过问案件的权力,以刑事诉讼为例,刑事诉讼法第180条规定:"对于疑难、复杂、重大的案件,合议庭认为难以作出决定的,由合议庭提请院长决定提交审判委员会讨论决定。"②可见,只有在合议庭对

---

① 原文刊载于《人民检察》2016年第7期。
② 这里的刑事诉讼法指2012年刑事诉讼法。

疑难、复杂、重大案件认为难以作出决定并提请院长时，院长才能被动性地将案件提交审判委员会讨论决定。而最高人民法院《若干意见》第24条第1款却规定："对于有下列情形之一的案件，院长、副院长、庭长有权要求独任法官或者合议庭报告案件进展和评议结果：（1）涉及群体性纠纷，可能影响社会稳定的；（2）疑难、复杂且在社会上有重大影响的；（3）与本院或者上级法院的类案判决可能发生冲突的；（4）有关单位或者个人反映法官有违法审判行为的。"最高人民法院的这一规定是否违反法律？

笔者认为，司法责任制改革在推动实现"让审理者裁判，由裁判者负责"和"谁办案谁负责，谁决定谁负责"的同时，规定"监督管理责任"是必要的。

（一）法院、检察院内部的司法监督管理权是客观存在，有权就应当有责任

在现代社会，凡有公权力存在的地方，一般就有对公权力进行监督管理的权力存在，司法机关也然。我国法官法第6条规定："院长、副院长、审判委员会委员、庭长、副庭长除履行审判职责外，还应当履行与其职务相适应的职责。"检察官法第7条也规定："检察长、副检察长、检察委员会委员除履行检察职责外，还应当履行与其职务相适应的职责。"这里的"与其职务相适应的职责"主要指对司法办案和司法行政的监督管理职责。而"职责"是权与责的统一，既然有监督管理权存在，那么，如果监督管理者因故意或重大过失，怠于行使或不当行使监督管理权，导致司法办案工作出现严重失误时，由其承担监督管理责任是理所应当的。

（二）在我国，院长、检察长客观上要对该院所办案件承担全部责任，他们就应享有相应的监督管理权

我国现行法律规定，依法独立行使审判权、检察权的主体是作为整体的法院、检察院，而法院、检察院的法人代表是院长、检察长，根据权责

一致原则，院长、检察长客观上就要对该院所办理的案件承担全部责任，现行的人民代表大会审议并投票表决法院、检察院工作报告的制度，也明显地具有这一意味。有观点曾认为，如果人民代表对最高人民法院、最高人民检察院工作报告的赞成票低于60%，院长、检察长就要引咎辞职。这也从一个侧面说明院长、检察长对该院工作应承担的责任。根据现行法律，在检察院，检察长统一领导检察院工作，检察长有权过问并审定所有案件，其权与责是一致的；而在法院，院长却无权主动过问案件的实体处理。如果严格照此办理，那么，院长即使发现某案可能有问题甚至重大错误，只要合议庭没有向其提请，他就不能过问，只能坐视不管，眼睁睁地看着错案的发生，最多只能在判决生效后启动审判监督程序，那就会造成"权力在法官、压力在法院、责任在院长"这种权责不一致的情况。况且，有些重大、有影响案件特别是关系国家利益的案件，办理中如果出了问题，一线法官是很难负起这个责的。因此，设置监督管理权并让监督管理者承担相应责任是必要的。

（三）突出法官、检察官办案主体地位与加强监督管理相结合，是司法责任制改革遵循的一项原则

司法责任制改革赋予一线法官、检察官在职权范围内决定案件的权力。但是，权力不受监督必然导致腐败。为了防止司法权的任性和滥用，在加大一线法官、检察官权力，实行"让审理者裁判，由裁判者负责"和"谁办案谁负责，谁决定谁负责"的同时，强化对办案的监督管理是必然之举，特别是在该项改革的初期，改革成效还有待观察，强化领导人和有关监督管理部门对办案的监督管理就更有必要。

（四）监督管理权必须规范行使，它与改革目标并不矛盾

在赋予监督管理者监督管理权的同时，最高人民法院、最高人民检察

院《若干意见》对监督管理权行使的范围、程序、方式又作了严格的限制，以免监督管理权不适当地侵分一线法官、检察官在职权范围内的权力。如最高人民法院《若干意见》第 23 条规定："院长、副院长、庭长的审判管理和监督活动应当严格控制在职责和权限的范围内，并在工作平台上公开进行。院长、副院长、庭长除参加审判委员会、专业法官会议外不得对其没有参加审理的案件发表倾向性意见。"第 24 条规定，院长、副院长、庭长有权要求独任法官或者合议庭报告案件进展和评议结果的仅限前述的四类案件，同时，"院长、副院长、庭长对上述案件的审理过程或者评议结果有异议的，不得直接改变合议庭的意见，但可以决定将案件提交专业法官会议、审判委员会进行讨论。院长、副院长、庭长针对上述案件监督建议的时间、内容、处理结果等应当在案卷和办公平台上全程留痕。"最高人民检察院《若干意见》也规定：检察长对办案工作的审核、审批应当在统一业务应用系统上进行，对案件的指令要书面化并归入卷宗，做到全程留痕。[①] 如果法院院长、副院长、庭长或检察院的检察长、副检察长违反该规定，不当行使监督管理权，造成错案等不良后果，也要被追究责任。因此，改革后的监督管理权与改革前存在明显区别，它与一线法官、检察官的权限作了严格的界分。规定监督管理权与司法责任制改革"让审理者裁判，由裁判者负责""谁办案谁负责，谁决定谁负责"的改革目标并不存在矛盾。

总之，在司法责任制改革中，在赋予一线司法人员依法处理案件权力的同时，加强对其监督管理是必要的，监督管理权与"让审理者裁判，由裁判者负责"和"谁办案谁负责，谁决定谁负责"是并行不悖的两个方面，二者相互结合，有利于保证司法权的正确运行，办准办好案件，实现司法公正。

---

① 参见最高人民检察院《关于完善人民检察院司法责任制的若干意见》第 10 条、第 24 条、第 25 条。

## 二、如何理解监督管理责任

（一）监督管理责任是不是与故意违法责任、重大过失责任相并列的一种责任形式

最高人民法院、最高人民检察院《若干意见》都规定了故意违法责任、重大过失责任、监督管理责任这三种责任，从表面上看，监督管理责任似乎是与故意违法责任、重大过失责任相并列的独立的一种责任形式，其实不然。

首先，监督管理责任与故意违法责任、重大过失责任并不是并列关系。最高人民法院、最高人民检察院《若干意见》所规定的三种责任，是从不同角度来规定的，其中，故意违法责任和重大过失责任是从主观方面来规定的，监督管理责任是从主体角度来规定的。同时，故意违法责任不要求必须造成严重后果；重大过失责任则要求必须造成严重后果；监督管理责任也是必须具有故意或者重大过失，并导致司法办案工作中出现严重错误的情况。①因此，监督管理责任跟故意违法责任、重大过失责任存在交叉。易言之，监督管理责任与故意违法责任、重大过失责任是交叉关系，而不是并列关系。由于监督管理责任主观方面同样要以故意或重大过失为前提，故对符合追究监督管理责任的监督管理者追究责任时，所追究的虽然是监督管理责任，但说到底仍然是故意违法责任或者重大过失责任。

其次，如果监督管理责任是独立的责任形式，那直接办理责任更应是一种独立的责任形式。监督管理责任旨在表明监督管理者也是责任主体，与监督管理者相对应的是直接办理者，且多数情况下，承担责任的是直接

---

① 参见时任最高人民检察院检察委员会专职委员张德利：《关于〈关于完善人民检察院司法责任制的若干意见〉的说明》，载最高人民检察院司法体制改革领导小组办公室编：《人民检察院司法责任制学习资料》，中国检察出版社2015年版，第93页。

办理者，在法院则更是如此。但《若干意见》却没有规定直接办理责任。如果监督管理责任是一种独立的责任形式，那么，直接办理责任更应是一种独立的责任形式。

最后，监督管理责任是"注意规定"。最高人民法院、最高人民检察院《若干意见》之所以没有规定直接办理责任而仅规定监督管理责任，是因为本次司法责任制改革的目标之一是"让审理者裁判，由裁判者负责"和"谁办案谁负责，谁决定谁负责"，因而直接办理者的责任不言自明，《若干意见》无须加以规定。而对负有责任的监督管理者追究责任则容易被疏忽。为了特别提醒人们注意，《若干意见》规定了监督管理责任，而没有规定直接办理责任。这就像刑法分则中关于"明知"的规定大多属于"注意规定"，旨在引起司法人员注意，同属一理。如刑法第171条规定的"出售、购买、运输假币罪"，法条规定："出售、购买伪造的货币或者明知是伪造的货币而运输，数额较大的，处……"从表面上看，似乎只有运输假币时才需要"明知是伪造的货币"，而出售、购买假币则不需要明知是伪造的货币。其实不然，由于该罪中的行为对象是假币这一特定对象，属于客观的构成要件要素，行为人对此必须明知，否则，就不构成该罪。但是，由于运输时不明知是假币的可能性较大，所以，为了提醒司法人员注意，特别写明"明知是伪造的货币而运输"；而出售、购买假币的，行为人通常明知是伪造的假币，因而没有必要特别提醒。①基于同一原理，笔者认为，最高人民法院、最高人民检察院《若干意见》中关于监督管理责任的规定也属于"注意规定"，其目的在于提醒人们注意：在追究直接办理者责任的同时，还要注意追究因故意或重大过失，怠于行使或不当行使监督管理权，导致司法办案工作中出现严重错误的监督管理者的责任。

总之，故意违法责任、重大过失责任、监督管理责任这三种司法责

---

① 参见张明楷:《刑法学》(第3版)，法律出版社2007年版，第503页。

任，实际上只有故意违法责任和重大过失责任这两种责任形式，监督管理责任并不是跟故意违法责任和重大过失责任相并列的一种独立的责任形式；它只是规定了故意违法责任和重大过失责任中监督管理者这种责任主体应负的司法责任。它提醒人们：当追究故意违法责任和重大过失责任时，除追究直接办理者责任外，还要注意追究"因故意或重大过失怠于行使或不当行使监督管理权，导致司法办案工作中出现严重错误"的监督管理者的责任。

（二）如何区分"监督责任"和"管理责任"

要区分"监督责任"和"管理责任"，关键在于区分"监督"与"管理"。根据词典解释："监督"的"监"是"从旁察看"；"监督"是"考察和督促"。"管理"，一指"负责某项工作使顺利进行"，如管理财务，管理国家大事；二指"保管和料理"，如管理图书，管理公园；三指"照料并约束（人或动物）"，如管理罪犯，管理牲口。[①]可见，"管理"有多个含义。而"监督"也有多个角度，既有纵向上对下的，如人大监督；又有纵向下对上的，如群众（对公职人员）的监督；还有横向平行主体之间的，如检察机关对其他政法机关及其人员的诉讼监督。因此，当"管理"作为第一种和第三种理解时，其内容往往包括"监督"，"监督"是"管理"的一种方式，如管理国家大事，其方式就往往包括监督；管理干部，其方式也往往包括监督。二者存在包含关系。同时，在"管理"和"监督"分别单独使用时，二者还存在一定程度的交叉、重叠以至混用的情况，例如，案件管理部门，其职责就包含了监督；最高人民检察院《若干意见》第2条规定的"司法责任制的基本原则之一是"坚持突出检察官办案主体地位与加强监督制约相结合"，这里的"监督"，其实又包含了"管理"，如案件质

---

① 中国社会科学院语言研究所词典编辑室编：《现代汉语词典》（第5版），商务印书馆2005年版，第662页，第504页。

量评查,它既是对案件质量的一种监督,又是对办案工作的一种管理;检察长对检察官所办案件的审批,也既是一种"监督",又是一种"管理"。

但是,当"监督"与"管理"并列使用,并把"监督管理责任"作为一种司法责任时,就不能让二者交叉和包含,其界限就需要进一步释明。笔者认为,监督既可来自权力,也可来自权利(如群众监督),而管理却只能来自权力,因而后者具有强制性;监督的"监"是"从旁察看",可见其包括横向关系,而管理却只包括纵向关系。可见"管理"的纵向关系和强制性比较明显,而"监督"却包括横向关系,有时也不具有强制性。据此,在司法机关,区分监督管理责任中的"管理"与"监督",关键看监督管理的主要是行政性事项还是司法性事项,跟监督管理相对方所体现的主要是上下隶属、上命下从关系还是彼此独立(含相对独立,下同)、相互制约关系。也就是说,如果监督管理的主要是行政性事项,跟相对方所体现的主要是上下隶属、上命下从关系,是"管理";如果监督管理的主要是司法性事项,跟相对方所体现的主要是彼此独立、相互制约关系,则是"监督"。之所以持此观点,是因为行政性事项是以上下隶属、上命下从为特征的,而司法性事项则是以依法独立和亲历等为特征的,两种事项性质不同,行使职权时所体现的关系自然不同。

需要说明的是,笔者在这里之所以都用了"主要"这个词(指"主要是行政性事务还是……主要是上下隶属、上命下从关系还是……"),是因为司法责任制和监督管理责任的适用范围仅指"司法办案工作",而不是司法机关一般的人财物管理,因而监督管理的无论是何种事项,都会有一定的司法属性,所体现的也都会有一定的彼此独立、相互制约关系,故当某事项既有行政属性又有司法属性,所体现的既有上下隶属、上命下从关系,又有彼此独立、相互制约关系时,就看其事项的主要性质和所体现的主要关系。

根据以上区分标准，现对司法机关监督管理主体所行使的一些主要职能分别予以分析说明：

1. 领导人员对司法办案中的行政性事务及司法机关内部纵向属性较强的司法程序性事项行使职权。无论是法院还是检察院，司法办案中都有一些行政性事务，如办案人员的分工组合，案件的分配，办案秩序、安全、作风、纪律管理，案件质量评估和办案人员办案业绩评价等，需要有关领导人员行使职权。同时，司法机关内部纵向属性较强的某些司法程序性事项，如当事人申请法官、检察官回避，案件的指定管辖等，也需要领导人员作出决定。这些事项行政属性较强，领导人员对这些事务或事项作出安排或决定，跟相对方所体现的主要是上下隶属、上命下从关系，因而属于"管理"。

2. 领导人员对某些案件的办理活动进行组织指挥协调。如在检察院，领导人员对重特大职务犯罪案件的侦查活动进行组织指挥协调，包括指明侦查方向、重点、原则和方法，调集侦查资源，沟通协调上下左右，指挥协调异地检察机关支持配合协同等。除了侦查工作之外，对于某些重大有影响案件，如集团性案件，涉及群体性纠纷、可能影响社会稳定的案件，涉及多省区需要协同的系列案件，疑难复杂且在当地有重大影响的案件，涉及国家利益或国际关系的重大案件，无论是法院还是检察院，领导人员都要对这些案件的办理活动做些组织协调工作，以保证办案活动正确顺利开展。办案活动体现办案过程，具有明显的过程性、行动性的特征，领导人员组织指挥协调的是办案的活动，而不是对案件的司法处理，它虽有司法属性，但行政属性更强一些，其下属应当服从，而不能以"依法独立"为由加以拒绝。这种组织指挥协调所体现的主要是纵向隶属、上命下从关系，因而属于"管理"。

3. 领导人员在职责范围内对司法业务行使职权。这里的"司法业务"，不同于上面的行政性事务和办案活动，是指对案件作出处理，如决定某证据是否采纳、采信，认定某案件是否已经事实清楚、证据确实充分，决定案件是否起诉、是否定罪判刑及如何定罪判刑等，它总体上强调依法独立（含相对独立）和亲历，强调"让审理者裁判、由裁判者负责"和"谁办案谁负责、谁决定谁负责"。由于审判权与检察权运行方式有所区别，现分别予以分析：

在法院，根据法律规定，案件由独任法官或合议庭作出决定，只有对疑难复杂重大案件，合议庭认为难以作出决定的，才能由合议庭提请院长决定提交审判委员会讨论决定。最高人民法院的《若干意见》第23条规定："院长、副院长、庭长除参加审判委员会、专业法官会议外，不得对其没有参加审理的案件发表倾向性意见。"对于最高人民法院《若干意见》第24条规定的院长、副院长、庭长有权要求独任法官或者合议庭报告案件进展和评议情况的四类案件，院长、副院长、庭长也只"可以决定将案件提交专业法官会议、审判委员会进行讨论"，而不得直接改变合议庭的意见。对于该四类案件之外的案件，则无权过问。因此，领导人员行使职权所涉事项是典型的司法业务事项，领导人员与审判人员之间在行政上虽有上下隶属关系，但在行使审判职能上却属于彼此独立、相互制约关系，而不属于上命下从关系，故有关领导人员对具体案件的司法处理行使与其职务相适应的职权属于"监督"。对此最高人民法院司改办原主任贺小荣在2015年9月21日的新闻发布会上就《若干意见》有关问题回答记者提问时也认为，法院的审判权和审判管理权之间是一种决定与服从的垂直关系；审判权与审判监督权之间是一种相互制约、彼此独立的平行关系。并指出："院长、副院长、庭长对特定案件行使审判监督权时，可以将案件提交专业法官会议、审判委员会进行讨论，但不得直接改变合议庭的意见，这是此次司法责任制改革突出特点，也是对传统审判权力运行机制的一次革命。"①

在检察院,则情况较为复杂,一是在性质上,它既有行政属性,又有司法属性,其行政属性要求上下一体、上命下从,其司法属性要求各检察院和各检察官依法相对独立。二是在职能上,有的职能行政属性较强,如侦查;有的职能司法属性较强,如审查批捕、审查起诉和司法救济。三是从发展前景看,我国检察机关是法律监督机关,又是司法机关,其司法属性在世界各国检察机关中是比较强的,但在以往的检察权运行机制和办案机制上却体现得很不够,故在当前的司法改革中已经采取了许多体现司法规律、突出司法属性的措施。随着司法改革的深入,预计在案件的司法处理方面,其行政属性会进一步淡化,司法属性会进一步增强;检察官的主体地位和相对独立性会进一步彰显,"谁办案谁负责、谁决定谁负责"原则会进一步得到落实,检察首长的指令权、职务收取、职务移转权也会予以一定的节制和规范,一些国家和地区对检察首长指令权规定底线和形式要件、指令权柔性化的做法,②也可能会不同程度地加以借鉴,从而实现检察首长指令权和检察官独立的平衡。综合以上三方面情况,笔者认为,检察首长对案件处理所进行的监督管理,既有对检察官办案进行管理的性质,又有监督制约的性质,故既可称其为"管理"也可称其为"监督"。但是,由于"管理"毕竟是行政色彩较浓的一个词,检察首长行使该职权所涉的完全是司法领域的司法事项,随着改革的深化,应更多地突出检察

---

① 参见最高人民法院新闻局编:《最高人民法院新闻发布会实录(2015)》,第517页。

② 检察首长指令权柔性化的做法,是指检察首长"主要运用审查、劝告、承认的方法行使指挥监督权"(龙宗智:《论依法独立行使检察权》,载《刑事法杂志》2002年第1期),当检察首长不同意办案检察官对案件的处理意见时,先跟检察官充分沟通,以求统一认识,如双方仍各持己见,检察首长认为有贯彻自己意见必要的,则行使职务收取、职务移转权。这样做,既尊重检察官的独立性,又没有妨碍检察长意见的贯彻,从而实现指挥监督权与检察官相对独立相协调。

官相对独立和亲历这一面，检察首长和检察官之间所体现的关系，虽有上下隶属、上命下从的一面，但应更多地体现监督制约和相对独立的一面，在当前正在进行的司法改革中，检察首长已经把多数案件的决定权授予检察官行使。对这些已授权的案件，检察首长仅保留随时可以抽查、审核的监督权而已，而不像过去那样每案必审、每案必批。因此，把检察首长在案件处理上所行使的职权定位为"监督"，比定位为"管理"可能更为妥当，因为它更有利于体现检察机关的司法属性和检察官在司法办案中的主体地位及相对独立性，也更有利于体现以公正、（依法）独立、亲历等为主要特征的司法规律。

4. 监督管理部门对业务部门的办案活动和司法业务进行监督管理。监督管理主体除领导人员外，还有对业务部门的办案活动和司法业务承担监督管理职责的有关部门的人员，如法院的审判监督部门的人员；检察院负责"监控办案流程、监督扣押冻结的款物、监督法律文书、评查办案质量"的案件管理部门的人员。这些部门的人员对业务部门的办案活动和司法业务履行监督管理职责，是一种横向的制约关系，而不是上下隶属、上命下从关系，因而属于"监督"。

当然，对监督管理责任中的"监督"和"管理"作上述区分，是就"监督"与"管理"并列使用时来说的，在二者不并列使用时，区分得不大清楚也无大碍。同时，如前所说，对监督管理者追究的无论是监督责任还是管理责任，都要根据其主观过错的形式和客观行为，分别追究故意违法责任或重大过失责任。但是，将监督管理责任区分为"监督责任"和"管理责任"，并划清二者的界限，并非没有意义，特别是对于法院来说，将监督责任与管理责任区分清楚，就更有必要。一是二者所涉事项的地位不同。"管理"的行政性事项总体上是为司法性事项服务的，即为了办准办好案件，实现司法公正。二是追求的价值不同。对行政性事项进行"管理"，归根结底是为了实现"公正"这一司法事项的最高目标，但其本身所追求的目标却侧重于效率。而对司法事项进行"监督"所追求的则主要是公正。三是与相对方体现的关系不同。"管理"体现的主要是上下隶属、上命下从关系,"监督"体现的主要是彼此独立(含相对独立)、相互制约关系。四是追责的范围不同。例如,对司法办案中的行政性事项,如果一线人员因故意或重大过失出了严重办案事故,负责直接管理该事项的管理人员就可能被追责(当然也要看是否符合责任要件),因为行政事项强调上下隶属,上级领导人员一般要对直接下级的问题承担责任。而对司法业务事项,如果一线办案人员在权限范围内行使职权造成错误被追究责任,对监督人员却一般不应追责,因为司法强调依法独立,监督人员不应对下属职权范围内作出的错误决定承担责任。

## 三、如何追究监督管理责任

追究监督管理责任,必须紧扣监督管理者的职责,贯彻主客观相统一的原则。重点要注意以下几个方面:

(一)明确构成要件

根据《若干意见》关于负有监督管理职责的人员因故意或重大过失怠于行使或不当行使监督管理权,导致司法办案工作出现严重错误的,应当承担相应的司法责任的规定,监督管理责任的构成要件为:

首先,责任的客观方面是行为人实施了怠于行使或不当行使监督管理权的行为。这里的"怠于行使"主要指不作为,"不当行使"主要指乱作为。在法院,"怠于行使"假设如某副院长对某重大案件要求合议庭报告评议结果后,明知合议庭意见错误,但因案件关系人向其说过情,而不提请审判委员会讨论纠正;"不当行使"假设如某副院长对《若干意见》第24条规定的可以主动过问的四类案件以外的案件乱加干预,并要求按其意见处理该案。在检察院,"怠于行使"假设如某副检察长对应由其对某案承办人上报的审结报告和处理意见进行审查而未作审查或不好好审查就签字同意,从而造成处理错误;"不当行使"假设如某副检察长基于徇私动机,指令职务犯罪侦查人员把已逮捕的犯罪嫌疑人改变强制措施,并不再深入侦查。

根据《若干意见》,怠于行使或不当行使监督管理权的行为还要"造成严重后果",其中最高人民检察院《若干意见》第36条规定的是"导致司法办案工作出现严重错误",最高人民法院《若干意见》第27条规定的是"导致裁判错误并造成严重后果"。据此,监督管理责任似乎都应是严重结果责任。但笔者认为,根据故意违法责任不要求造成严重后果、重大过失责任必须造成严重后果才能构成的原则,既然监督管理责任必须因故意或重大过失怠于行使或不当行使监督管理权才能构成,那么,当行为人故意怠于行使或不当行使监督管理权时,就完全有可能故意违法违规,而故意违法责任是不要求必须造成严重后果的。假设如法院某副院长因接受案件当事人的请托并收受礼物,明知该案不属于《若干意见》第24条规定的自己可以主动过问的案件的范围,却对该案乱加干预,对承办人发表带有倾向性的意见,并暗示承办人按其意见处理该案。后幸该案承办人坚持依法办案,才避免了判决不公结果的发生。在该案中,该副院长的行为既违反了法律(法律并未授予庭长主动过问案件的权力),又违反了《若干意见》中关于副院长过问案件的范围、程序、方式的规定,笔者认为,应追究其监督责任(具体为故意违法违规责任)。而如果按照最高人民法院《若干意见》第27条关于"导致裁判错误并造成严重后果"才能构成监督管理责任的规定,那对该副院长就难以追究司法责任。这显然不适当,与《司法机关内部人员过问案件的记录和责任追究规定》中对违反规定干预办案行为的处理也显失公平。又假设如,某案犯罪嫌疑人家属为求得案件从宽处理,分别向检察院的承办人、分管副检察长、检察长说情并送礼,其中检察长予以拒绝。案件承办人接受说情后,将明知应当起诉的案件提出作存疑不诉处理，分管副检察长审查后也顺水推舟签字"同意"。但检察长多了个心眼，在分管副检察长签字"同意"后，亲自审查案件，发现案件事实清楚、证据确实充分，应该起诉，从而避免了错案的发生。在该案中，对承办人应追究故意违法责任，对分管副检察长显然应追究监督责任（具体也是故意违法责任）。但如按照《若干意见》，由于该案最终因检察长把关而没有出现严重错误，因而分管副检察长不构成监督责任。这同样是不适当的，与承办人所承担的责任也显失公平。因此，笔者认为，监督管理者因重大过失怠于行使或者不当行使监督管理权的，必须造成严重后果才能构成监督管理责任；因故意怠于行使或者不当行使监督管理权的，则不应以"出现严重错误"或者"导致裁判错误并造成严重后果"作为构成监督管理责任的条件。为此，建议最高人民法院、最高人民检察院在《若干意见》实施一段时间后，对有关内容予以修改完善。

其次，责任主体是监督管理人员。它主要包括两类人员：一类是司法机关的有关领导人员，如检察院的正副检察长、中层领导人员等；法院的正副院长、庭长等。另一类是负责监督管理的职能部门的人员，如检察院负责案件管理部门的人员。假设如，某检察人员徇私枉法，利用职务之便制作了要求把业已逮捕在押的犯罪嫌疑人改变强制措施的材料，未经领导审批，即送案件管理部门要求开具变更强制措施的对外法律文书。案件管理人员马虎大意，未予审查即予开具，造成了违法释放已捕犯罪嫌疑人的恶果。对该案的承办人应当追究故意违法责任，对案件的管理人员则应追究监督责任（重大过失责任）。

最后，责任主观方面是故意或重大过失。至于对"重大过失"的理解和把握，笔者本书的《错案责任追究与豁免》一文中已作阐述，这里不再赘述。

（二）正确区分直接办理责任和监督管理责任

区分直接办理责任和监督管理责任，有两个角度：一个是主体的区分；另一个是责任的区分。主体的区分较为简单，主要看责任人在办案中行使的是直接办理的职能还是监督管理的职能，行使直接办理职能的人所承担的是直接办理责任；行使监督管理职能的人所承担的是监督管理责任。责任的区分则较为复杂，主要应明确以下几点：

1. 直接办理者对所认定的事实、证据负责，除非监督管理者改变了案件的事实、证据。

2. 直接办理者和监督管理者都分别对自己职权范围内对案件提出的处理意见承担责任；监督管理者改变直接办理者意见的，监督管理者对改变的部分承担全部责任。

3. 直接办理者有权依法决定无须监督者介入的案件，由直接办理者承担全部责任，监督者不存在什么责任。如在法院，独任法官和合议庭有权定案，凡《若干意见》第24条规定的四类案件之外的案件，独任法官和合议庭对自己的决定承担全部责任，而不涉及监督管理责任。在检察院，凡已授权检察官决定的案件，检察长不承担责任，即使该案的法律文书是由检察长签发的，检察长也"不因签发法律文书承担责任"。[①]

4. 直接办理者汇报案件时故意隐瞒、歪曲、遗漏事实、证据或情节，导致监督者决策错误的，由直接办理者承担责任；监督管理者根据错误形成的原因和主观有无过错等情况决定是否承担责任。

5. 监督管理者该监督管理而不监督管理，导致不良后果的，直接办理者和监督管理者都应承担责任，并根据责任大小确定各自的责任；监督管理者对监督管理事项乱监督管理，造成不良后果的，由监督管理者承担责任，直接办理者根据不良后果形成的原因和主观有无过错等情况决定是否承担责任；领导人员对自己无权监督管理的事项乱插手干预，造成不良后果的，由领导人员承担责任，直接办理者一般不承担责任，但如果领导人

---

① 参见最高人民检察院《关于完善人民检察院司法责任制的若干意见》第39条。

员的意见违法，直接办理人员予以执行的，根据公务员法第54条的有关规定，直接办理人员也应承担相应责任。

（三）不能简单套用行政追责办法来追究监督管理责任

在行政机关，由于上下隶属、上命下从，因而上级一般要对直接下级的过错承担责任；出现重大错误、重大事故的，还要越级甚至越数级追究上级有关人员的责任。但在司法工作中，则要区分是行政管理事项还是司法监督事项。对行政管理事项，可借鉴行政追责的办法，当直接下级因故意或重大过失而造成重大办案安全事故等严重后果时，有关管理者一般要承担管理责任。但对于司法监督事项，由于强调依法独立，监督者只能对自己的职责和行为承担责任，它主要包含两种情形：一是对该监管的案件不尽职责；二是对不负有监管职责的案件乱加干预。当然，由于检察机关兼具司法和行政双重属性，既强调依法独立，又强调上下一体、上命下从，因而，监督责任的内容、范围等方面跟法院存在一定的区别：在检察院，根据原来规定，定案权都在检察长，故除有新规定（如规定授权检察官依法决定部分案件）外，检察长都应当承担责任。在法院，由于定案权在独任法官和合议庭，故除有特别规定（如《若干意见》第24条规定院长、副院长、庭长可以主动过问的四类案件）外，领导人员一般不承担责任。

# 对人财物省级统管所涉问题的思考[①]

当前，完善司法人员分类管理、完善司法责任制、健全司法人员职业保障、推动省以下地方法院检察院人财物统一管理（以下简称人财物省级统管）等四项改革试点的框架意见（以下简称《改革框架意见》）已经中央深化司法体制改革委员会同意，上海、广东、吉林、湖北、海南、青海6省市的试点工作也在陆续展开。[②] 这四项改革联系紧密，目的都是保障司法权依法独立公正行使。笔者试就其中的省以下法院、检察院人财物省级统管所涉问题，谈几点思考意见。

## 一、要重视人财物省级统管可能带来的法院、检察院内部行政性强化的问题

人财物省级统管有利于排除地方利用人财物管理权对司法机关执法办

---

[①] 2014年5月6日下午，时任全国政协主席俞正声主持召开以"深化司法体制改革，确保依法独立公正行使检察权、审判权"为主题的双周专题协商会，笔者应邀参加会议并发言。本文根据发言整理、扩充而成，原标题为《对司法体制改革的几点思考》，载《法学杂志》2014年第12期。出版本书时把与"人财物省级统管"有关的内容抽取出来独立成篇，改为现名，并把与题目无关的内容移到其他文章之中。

[②] 参见《坚持顶层设计与实践探索相结合，积极稳妥推进司法体制改革试点工作——访中央司法体制改革领导小组办公室负责人》，载《法制日报》2014年6月16日。

案的不当干预,防止司法权地方化,对于保障司法权依法独立行使,促进司法公正,具有重大意义。人财物省级统管后,根据党管干部原则,人事由省级党委及组织部管理,经费由省级政府财政部门统一管理。①但由谁协助省级党委、政府管理,当前有多种主张:有的主张在中央和省级成立国家和省级司法委员会,与党委政法委合署办公,"一套人马、两块牌子",对外作为国家的一个机构,由该机构负责管理该省司法机关的人财物;有的主张在省人大常委会设立司法委员会(或依托目前的内司委)负责管理;有的主张由省级政府的司法行政部门负责管理;有的主张由省级法、检协助管理,具体由省级法、检共同或分别成立事务管理局从事这一工作。②笔者认为,上述主张都有一定道理,但如由与省委政法委合署办公的司法委员会管理,会使得政法委集监督指导司法机关执法办案与管理人财物于一身,恐有不利于司法机关依法独立行使职权之虞;如由省人大常委会下的司法委员会管理,则与人大作为权力机关且监督法院、检察院工作的职责定位不尽相符;如由政府的司法行政部门管理,则与司法机关依法独立行使职权,不受行政机关干涉的宪法原则不符。由省级法、检协助管理,具有对基层司法机关的经费和人才需求、对法官、检察官的素质能力较为了解的优势,有利于贯彻管人与管事相一致原则,且目前省级法、检实际上就具有一定的人财物管理职责,故由其管理可能性较大。

但是,由省级法、检协管(含市、地级法、检承担相应的协管之责,下同)必然会强化法、检系统内部的行政化,如不采取防范措施,就有可能出现以下三个方面风险:

---

① 参见《坚持顶层设计与实践探索相结合,积极稳妥推进司法体制改革试点工作——访中央司法体制改革领导小组办公室负责人》,载《法制日报》2014年6月16日。

② 参见徐汉明:《中国法治发展与社会治理咨询报告——深化司法改革,加快建设公正高效权威的社会主义司法制度若干问题》;蒋惠岭:《未来司法体制改革面临的具体问题》,载《财经》2013年第34期。

一是利用人财物协管权干预下级检、法依法办案的风险。上级司法机关拥有人财物协管权后，就使人财物协管权和司法业务监督（领导）权二者结合起来。众所周知，人事权关涉人的政治前途，政治学原理告诉我们，权力授受关系是决定公职人员行为取向的决定性因素，即权力由谁授予，就对谁负责；财权则关系机关的生存和运行，"就人类天性之一般而言，对某人的生活有控制权等于对其意志有控制权"。[①]当上级利用这种事关政治前途和生存运行的协管权对下级司法业务进行不当干预时，下级慑于权势违心屈从就难以完全避免。分析以往对司法不当干预的来源，主要有三个方面：其一，来自地方党政机关；其二，来自司法系统内部包括上级司法机关和司法人员；其三，来自社会。当人财物由省级统管，地方党政领导人利用人财物管理权不当干预司法的渠道被切断后，一些地方党政领导人对司法的干预会由原来的直接干预转为间接干预，即通过向上级司法机关领导人打招呼进行干预，这样，由外转内、来自本系统上级的干预就可能增多。以往，对地方党政领导人利用人财物管理权干预司法的问题，尚可通过司法系统纵向的报告、协调机制予以制衡；人财物省级统管后，对上述由外转内、由上而下的干预如何防范和应对，就很值得重视。

二是法院审级制度被破坏的风险。人财物省级法、检协管与检察系统的体制是协调的，但与法院系统的审判监督关系却不协调，因为检察机关上下级是领导关系，而法院上下级是审判监督关系。法院的审判监督是以严格的审级制度为前提的，它要求各级法院依法独立审判，不受有关方面包括上级法院的干预；上级法院则非经当事人上诉（申诉）或检方抗诉，就不得主动过问下级法院的具体案件。而人财物省级统管后，如前所述，上级法院干预下级的情况可能增多，干预的威力也会增大。在这种情况

---

① ［美］亚历山大·汉密尔顿、约翰·杰伊、詹姆斯·麦迪逊：《联邦党人文集》，程逢如等译，商务印书馆1982年版，第398页。

下,上级法院对案件处理的任何一个意思表示,都有可能使案件"一锤定音",从而使审级制度遭受破坏,当事人上诉(申诉)和检方抗诉及二审、再审徒具形式,审级制度所具有的各审级依法独立行使职权、给当事人以救济机会、维护司法公正的功能,就会受到严重影响。

三是利用人财物协管权谋私的风险。为了争取经费和提拔使用,有的基层司法机关和司法人员有可能搞不正之风甚至送钱送物,协管者则有可能以权谋私。这种情况在省级统管前也存在,只不过统管前一般发生于地方司法机关、司法人员与同级党政人员之间,统管后则可能转而发生于司法机关内部。

以上说明,司法权行政化和司法权地方化都不利于司法机关依法独立公正地行使职权。为了防范司法权行政化所可能产生的上述风险,建议采取以下措施:

第一,实行人财物管理与司法业务相分离。

"司法行政与司法业务相分离是现代司法行政管理的基本原则,也是西方国家通行的体制安排。"[1]为了保障司法权依法独立行使,防止人财物管理权对司法权造成影响,一些国家(地区)一般实行人财物管理(或称司法行政管理)与司法业务相分离的制度。以法院为例,人财物管理大多由司法部负责,如在德国,法院行政管理权由司法部行使,负责提请任命联邦法院法官和联邦检察院检察官;管理联邦法院、联邦检察院经费;负责联邦法院的资产购置、设备管理、财务管理、司法助理员和书记员管理等行政事务。联邦普通法院、行政法院的经费由司法部与法院协商后提出预算,报议会批准。在法国,司法部统一负责法院系统的行政组织、人事调动、经费预算编制和管理等方面的事务。在英国,法院的行政管理经历

---

[1] 谢鹏程:《司法行政事务省级院统管路径研究》,载《人民检察》2014年第8期。

了大法官事务部到宪法事务部到司法部的转变，2007年后，由司法部法院管理署负责管理。①在我国台湾地区，法院的人财物由"司法院"管理，检察院的人财物由"法务部"管理。除了由法院外部的司法行政等部门管理之外，也有的采取司法机关内部分离的方式，即由法院内部非业务部门管理。如在美国，法院的行政管理原较多地由国会下属的联邦司法委员会负责，1939年联邦法院司法行政管理局建立后，法院行政管理职能就逐步转移给该局，现该局基本上负责联邦法院的日常运行，包括制定并向国会提交联邦法院预算，审核并分配法院的经费，接受法院书记官和其他法院辅助人员的报告并对他们进行监督等。此外，美国法院的建筑和办公设施的购置和维修则由全国总务行政管理局负责。②

除了人财物管理与司法业务相分离外，外国（地区）一般还实行人财物具体管理与人财物决策相分离。在经费方面，一般由具体管理部门协同财政部门编制独立预算，报议会批准，财政部门拨付，然后由具体管理部门监督管理。也就是说，经费管理权归具体管理部门和财政部门，决策权则在议会。在人事管理方面，日常管理由管理部门负责，但决策权则在由法律共同体代表和社会贤达组成的相对独立的社会性机构。以我国台湾地区为例，该地区的"司法院"设法官人事审议委员会、法官遴选委员会和法官评鉴委员会，其中人事审议委员会由"司法院院长"和有关方面经严

---

① 参见梁三利、郭明：《法院管理模式比较研究——基于对英国、德国、法国的考察》，载《长江师范学院学报》2010年第1期。

② 参见何家弘主编：《中外司法体制研究》，中国检察出版社2004年版，第116—117页。

格程序产生的代表共 27 人组成，<sup>①</sup>负责审议法官任免、转任、解职、迁调、考核、奖惩、专业法官资格认定或授予、"法院院长""庭长"延任等事项；遴选委员会由"司法院院长""考试院"代表、法官检察官律师代表、学者及社会公正人士共 19 人组成，负责法官遴选；评鉴委员会由法官、检察官、律师代表和学者及社会公正人士共 11 人组成，负责对法官违法违纪行为的评鉴并提出处分意见，报由"司法院"移送"监察院"审查或交付"司法院"人事审议委员会审议。与"司法院"相适应，台湾"法务部"也设立检察官人事审议委员会、检察官遴选委员会和检察官评鉴委员会。外国（地区）之所以分别由议会和相对独立的社会性机构来决定法院经费和法官人事问题，一是为了防止人财物管理权对司法的干预，因为在管理权中，决策权比日常具体的管理权重要得多，由议会和相对独立的社会性机构行使决策权，有利于防止人财物具体管理部门及人员对司法的干预；二是无论是议会还是社会性机构，其成员人数众多，产生程序严格，即使有个别人接受了说情甚至被收买，也不致对结果产生大的影响，有利于司法经费和司法人事决策的公正；三是由相对独立的社会性机构审议、决定法官人事问题，体现了管理的社会化和民主化，有利于防止少数人暗箱操作和凭个人好恶决定人事问题，有利于法官坚持原则、秉公执法、依法独立公正行使职权而不受任何人包括人事具体管理人员和法院领导人的不当干预。

---

① 据我国台湾地区"法官法"第 4 条规定，该 27 人构成如下："司法院"院长；"司法院"院长指定 11 人；法官代表 12 人，其中"最高法院"法官代表 1 人，"最高行政法院"法官及"公务员惩戒委员会"委员代表 1 人，"高等法院"法官 2 人，"高等行政法院"及"智慧财产法院"法官代表 1 人，地方法院及"少年及家事法院"法官代表 7 人，由各级法院法官选举产生；学者专家 3 人，由"法务部""律师公会全国联合会"各推荐检察官、律师以外之人 3 人，送"司法院"院长遴聘。"司法院"院长为该委员会主席。另外，法律还规定："'司法院'为向'司法院'人事审议委员会提出人事议案所设置之各种委员会，其委员会成员应有法官、学者专家、律师或检察官代表参与。"

借鉴国外（地区）的做法，我国也应实行人财物管理与司法业务相分离。对此，党的十六大报告就已提出："逐步实行司法审判和检察同司法行政事务相分离。"笔者认为，这个分离的措施主要包括横向分离和纵向分离两个方面：横向分离是人员分离和职能分离，即由不同人员分别负责人财物管理和司法业务，双方不得混岗，不得插手、过问对方事务。这个分离可结合人员分类管理予以落实。纵向分离是指切断上级法院主动过问下级法院案件和下级法院请示案件的渠道，以防上级法院利用人财物管理权干预下级法院办案。其途径主要是严格规范上级过问案件和下级请示案件的制度，明确规定除极个别全国有重大影响或涉及国防、外交等国家重大利益的案件外，其他案件上级法院及工作人员一律不得主动过问，下级一律不得请示，以保证下级法院依法独立审判而不受上级干预。

在实行人财物具体管理与人财物决策相分离方面，我国在人事管理上已经实现了一定的分离，例如，省管干部，由省级法、检党组协助省级党委组织部负责日常管理，省级党委负责决策；省级法、检党组管的干部，由省级法、检政治部负责日常管理，省级法、检党组负责决策。建议借鉴国外（地区）的做法，引入相对中立的社会性机构参与管理的机制，即由法律共同体代表和社会公正人士组成有关机构，对人事日常管理部门提出的方案进行审议并提出意见。根据党管干部原则，人事的决定权在党委（党组），故该机构的职责是审议提出意见，报党委（党组）决定，而与国外（地区）主要行使决策权而有所区别。目前，《改革框架意见》已决定成立法官（检察官）遴选委员会，负责对法官（检察官）遴选。但遴选只是人事管理中的部分工作，建议还要探索设立有关的社会性机构，用于审议法官（检察官）任免、迁调、奖惩等事宜和法官（检察官）惩戒事宜。在经费管理上，建议借鉴国外通行的司法经费由议会决定预算、财政负责拨付的做法，加强省级人大对法、检经费的预算管理，即由省级法、检协助省级财政部门编制法院、检察院独立的经费预算，报省人大批准后，由财政予以拨付。也就是由省级财政部门和省级法、检行使建议权和日常管理权，省人大行使决策权。该思路不仅符合我国的政治制度安排，而且有利于司法经费管理的制度化、规范化，保证经费的稳定提供和增长；有利于司法机关减弱对省级财政部门的依赖，促进司法机关依法独立行使职权不受行政机关干涉的宪法原则的落实。

第二，实行人财物管理标准化、规范化和透明化[①]。

这也是防止前述"三个风险"的重要措施。要在探索、实践和总结研究的基础上，逐步实现人财物管理"三化"目标。一是标准化。明确不同地区司法机关经费的保障标准，明确各级各类司法人员和职责岗位的使用条件和标准，最大限度压缩管理人员自由裁量权空间。二是规范化。用制度的形式对人财物管理的方法、程序等明确加以规定，防止主观随意性。三是透明化。把各种标准、制度以及人财物管理的重要事项、重要环节和结果等最大限度地予以公开，提高透明度和公开性，保障广大司法人员的知情权、参与权和监督权，防止暗箱操作和设租寻租。

第三，规范"检察一体、上命下从"体制，防止上级检察机关和人员利用领导地位和人财物管理权干预下级依法办案。

检察机关上下级是领导关系，遵循"检察一体、上命下从"原则，由省级检察院协管人财物符合该体制。但长期以来，检察机关行政属性本就较强，司法属性体现得不够。人财物省级统管后，行政属性会进一步增强。故检察机关也要谨慎地防止行政属性增强后可能带来的弊端，特别要规范"检察一体、上命下从"体制，防止上级利用该体制包括人财物管理权干预下级依法办案。一是上级检察院和领导人对案件的指示要一律采用书面形式并附理由，以便事后检查和明确责任，并防止以公权塞私货；二

---

① 参见谢鹏程：《司法行政事务省级统管路径研究》，载《人民检察》2014年第8期。

是规定下级检察院或检察官在不认同上级指示时提出异议的办法和程序，以使上级违法、错误的指示能通过法定程序得到纠正；三是遵循"法律高于'上命下从'"的原则，对明知上级指示违法仍予执行的，要依照公务员法第54条的规定，一并追究上级和执行者的责任；四是规范上级检察院职务收取、职务移转等权力，明确其条件和程序，防止上级利用这些权力干预下级依法办案。至于具体内容，笔者在《检察官客观公正义务及其在中国的发展完善》一文中作过阐述，①这里不予细述。

第四，推进审务、检务公开。

利用人财物管理权干预司法的行为最终都表现为对案件不公正地处理，故推进审务、检务公开是防止腐败、保证司法公正的重要措施。要通过网上公开办案信息，强化法院裁判文书、检察院终结性法律文书说理并推动上网，完善人民陪审员制度和改革人民监督员制度以加强民众参与和监督司法等措施，提高司法工作的透明度和公信度。在英美法系国家，不仅裁判文书要公开，而且合议庭各成员对所审案件的意见都直接写在判决书上并予公开，这就把每个参审者对案件的意见和理由都置于阳光之下，并接受案件当事人和社会公众的评判和考问，我国在条件具备时也可借鉴这一做法。

## 二、司法人员的工资待遇要承认地区差异，不"削峰"只"填谷"

《改革框架意见》关于"经费上收省级管理时，要考虑各地经济社会发展实际，使各地办公经费、办案经费和人员收入不低于现有水平"的规定，明确了经费保障的两个原则：一个是"要考虑各地经济社会发展实

---

① 朱孝清:《检察官客观公正义务及其在中国的发展完善》，载《中国法学》2009年第2期。

际"原则,或曰承认差异原则;另一个是"不低于现有标准"原则。其中,前一个原则是基点,后一个原则是底线。之所以要承认差异,而不是全省实行同一个保障标准,其理由:一是差异是客观存在,有些省份在本省范围内经济社会发展水平、物价消费水平差异明显,特别是房价差距甚大。我们是唯物主义者,必须承认客观存在,应以此为基点进行改革。二是司法人员在当地生活,接受的是当地的物价和消费水平,如果一省实行同一个保障标准,对原保障水平较高的予以"削峰",那经济发达地区司法人员的工资待遇就会低于现有标准,从而与"不低于现有标准"的原则相悖。三是司法人员入职门槛明显高于公务员,工作的要求和难度也大于许多部门的公务员,如果全省法院、检察院的司法人员实行同一个工资标准,就会使省内经济发达地区的司法人员不是高于而是低于当地公务员,他们就会产生严重的挫败感和不平衡心理,一些骨干就会向党政部门或律师职业流动,从而影响积极性的发挥和骨干队伍的稳定。这样,经济发达地区法院、检察院工作的发展进步就会成为一句空话,"走在前列"也就无从谈起。

但是"承认差异",并不意味着维持欠发达地区司法人员工资待遇的低水平而不予改善。欠发达地区司法人员工作艰苦,法官、检察官断层情况本就突出,特别是律师职业相对丰厚的收入和流动较为方便的实际,给司法队伍的稳定带来严峻的挑战。没有欠发达地区的小康就没有全国的全面小康,没有欠发达地区的法治就没有全国的法治。为了经济欠发达地区司法队伍的稳定和司法工作的发展,需要给欠发达地区司法人员以更多的关心和支持,给其收入"提低填谷"至该省中等以上水平,使他们能相对体面地有尊严地生活,这既是促进欠发达地区经济社会发展和法治进步的需要,也是保证欠发达地区司法人员廉洁公正司法的需要。否则,如果欠发达地区司法人员收入过低,就会促使一些骨干向发达地区流动,包括跳槽去外地当律师,这些地区司法工作的进步和经济社会的发展就无从谈起。

### 三、人财物统管后，省级法、检正副职人选的提名权应作相应调整

人财物省级统管，等于把原来分散在省以下各级党委、政府的管理权统一到了省里，这样，省级的权力更大、更集中了。如果司法权行使中遇到省级地方利益与国家全局利益相矛盾的情况，省级有关方面同样有可能运用人财物统管的权力来维护地方利益，抗衡全局利益，而且用以抗衡的筹码会比人财物统管前大，所造成的消极作用也有可能比统管前大。因为统管前其权力还主要限于省本级，统管后就关系到全省。当然，省级领导机关和领导干部的政治素质、法制水平比基层要高得多，因而以言代法、以权压法的情况要比基层少得多，但"屁股指挥脑袋"的情况恐难完全避免，以前在工作中也不鲜见。故人财物统管后，司法权被省级地方化的风险是存在的。根据现行规定，省级法院、检察院正副职人选的提名权以省级党委为主，最高人民法院、最高人民检察院（以下简称"两高"）党组为辅，这不利于法、检机关对省级有关党政领导以言代法、以权压法的抵制和抗衡。为此，除了前述的要规范省级统管的办法、程序，使之标准化、规范化和透明化外，还要将省级法院、检察院正副职人选的提名权由原来的以省级党委为主、"两高"党组为辅，调整为以"两高"党组为主、省级党委为辅，以便强化中央和"两高"对省级司法权行使情况的监督。

# 第五部分　刑事诉讼制度改革与适用研究

论"以审判为中心"

认罪认罚从宽制度研究

论律师向犯罪嫌疑人、被告人核实证据

再论律师向犯罪嫌疑人、被告人核实证据

刑事诉讼法中的若干问题研究

重复性供述是否排除之我见

排除非法证据新规定的理解与执行

# 论"以审判为中心"[①]

推进以审判为中心的诉讼制度改革,是党的十八届四中全会通过的《中共中央关于全面推进依法治国若干重大问题的决定》(以下简称《决定》)提出的要求,它对于改革诉讼制度,完善诉讼结构,保障诉讼参与人的合法权益,提高办案质量,实现司法公正,都具有重大意义。本文试从诉讼理论上对此加以论述,并侧重于检察工作角度,对如何因应"以审判为中心"提出建议。

## 一、为什么要"以审判为中心"

审判之所以是刑事诉讼的中心,这是由刑事诉讼的规律和现实需要决定的。具体地说,是因为:

(一)在职能上,审判是决定诉讼结局的环节,侦查、起诉的成果都要接受审判的审查和检验

任何案件都只有经过审判,才能对被告人认定有罪并处以刑罚。刑事

---

[①] 笔者在《人民检察》2015年第1期发表了《略论"以审判为中心"》一文;尔后,在国家检察官学院讲《"以审判为中心"与检察工作》一课时,对原论文做了些补充修改。本文根据论文和讲稿整合而成。

诉讼法第 12 条也明确规定："未经人民法院依法判决，对任何人都不得确定有罪。"同时，对起诉的案件，侦查机关和检察机关所收集、固定、审查、认定的证据是否具有证据资格和能力，所认定的案件事实是否符合客观真相，都要接受审判的审查，并由法庭作出裁判。

（二）在诉讼地位上，侦查、起诉、执行都围绕审判并服务于审判

刑事诉讼是实现国家刑罚权的活动，它由侦查、起诉、审判和刑罚执行四个环节组成，该四个环节都围绕"实现国家刑罚权"这一目标进行各自的职能活动。其中"侦查是为审判进行准备的活动，起诉是开启审判程序的活动，执行是落实审判结果的活动"。[①]可见，侦查、起诉、执行都围绕审判并服务于审判，审判在整个刑事诉讼程序中处于中心地位。正因为如此，有些国家的刑事诉讼法典把侦查、起诉都规定在"第一审程序"中，而没有与"第一审程序"并列，其理由就是侦查、起诉都是为审判作准备的。

（三）在证据上，侦查、起诉阶段收集、固定、审查、运用证据，都要与审判关于证据的要求和标准相一致

证据是诉讼的核心，诉讼的过程就是收集、固定、审查、认定、运用证据的过程。虽然法律对有罪案件的事实、证据标准作了明确的规定，但各诉讼阶段往往各有各的理解和把握。由于侦查、起诉的事实、证据都要接受法院的审查和法律的检验，只有符合裁判要求的证据才能被法院作为认定案件事实的根据，这就决定了侦查、起诉阶段收集、固定、审查、运用证据都要与审判关于证据的要求和标准相一致。

---

① 参见张建伟：《以审判为中心的实质内涵与实现途径》，载《中外法学》2015 年第 4 期。

（四）在条件上，审判具备程序正义的最完整形态，因而有条件作为刑事诉讼的中心

在刑事诉讼中，审判与其他诉讼环节相比具有许多优势，它除了以侦查、审查起诉这两个诉讼环节和律师辩护为基础之外，还具备程序正义的最完整形态，因而最有利于实现司法公正：(1)审判具有"控辩对抗、法官居中裁判"这一最典型的诉讼构造，有利于法官在充分的对抗中查明事实真相，正确适用法律。而在侦查阶段，只有侦查方与被侦查方的双方关系，不具有三方构造；在审查起诉阶段，存在以侦查机关为控方、犯罪嫌疑人及其律师为辩方、检察机关居中作出是否起诉决定的"小三角形"诉讼构造，但它没有审判阶段的诉讼构造那么典型，且当作出起诉决定、检察官出庭公诉时，检察官又成为控方。(2)审判是最中立的环节，有利于不偏不倚、客观公正地处理案件。而侦查阶段，侦查人员不可能中立；在审查起诉阶段，检察官是中立的，但在出庭时，又不中立了。(3)审判是最公开透明的环节，它不仅有利于防止暗箱操作、发生刑讯逼供、暴力取证、贿买证人等妨碍司法的问题，而且有利于各诉讼参与人意志自由地参与诉讼、回答问题、表达意见，而较少受外力干扰。而在侦查阶段，侦查基本上是秘密和相对封闭的；审查起诉阶段也不可能像审判阶段那样公开透明。(4)审判是最内含对抗制约因素的环节，如控辩之间的对抗，被告人与被害人之间的对抗，证言与证言之间的制约，鉴定人与有专门知识的人之间的制约等，这有利于使"事实越辩越清、理越辩越明"，从而在对抗制约中实现"兼听则明"。而在侦查、起诉阶段，虽然要听取犯罪嫌疑人辩解和律师的意见，但与审判阶段面对面的对审听证尚有明显区别。(5)审判是诉讼参与人最多的环节，通过众多诉讼参与人对案件事实和证据的相互辩驳、相互校正、相互补充，有利于法院对案件的认识趋于客观全面。而在侦查、起诉阶段，侦查官、检察官虽然也要接触有关人员，但

都是个别进行，而不可能像庭审那样集中和面对面。总之，审判除了以侦查、起诉、辩护为基础之外，还具有最典型诉讼构造、最中立、最公开透明、最内含对抗制约因素以及诉讼参与人最多等一系列体现程序正义的特点，比其他诉讼环节更有利于客观全面地认识案件事实，正确适用法律，从而实现司法公正，因而具备作为诉讼中心的条件。当然，审前比在法庭上更能获得真实证言的情况有时也是存在的，对于证人在法庭上的证言与审前证言不一致的，根据有关司法解释，并非简单地以法庭上的证言为准，而是根据"印证原则"，采信能够得到其他证据印证的证言。因此，审前比在法庭上更能获得真实证言情况的存在，也不影响"审判比其他诉讼环节更有利于客观全面地认识案件事实，正确适用法律，从而实现司法公正"这一观点的成立。

（五）在目的上，"以审判为中心"有利于提高办案质量，防止冤假错案

"以审判为中心"是针对司法实践中存在的"以案卷为中心""以侦查为中心"和庭审形式化而提出来的。传统的刑事诉讼实行案卷笔录中心主义，检察机关审查批捕、审查起诉时，主要审查案卷，以案卷中的事实和证据作出是否批捕、起诉的决定；法院审判时，证人和律师出庭率都不高，因而也主要审查公诉人提举和出示的案卷中的事实和证据，并据此作出裁判。案卷上所记载的一些非法证据、虚假证据较难通过庭审发现。有的甚至"未审先定"。这种诉讼方式影响了案件质量甚至产生冤假错案。对这种诉讼方式，法学界称之为"以案卷为中心"。而案卷是侦查机关收集、制作的，因而"以案卷为中心"实际上就是"以侦查为中心"。显然，这种实际存在的诉讼方式难免会影响办案质量甚至产生冤假错案。"以审判为中心"，就是针对这种情况提出来的。因此，"以审判为中心"，是强化人权司法保障、确保办案质量、防止冤假错案、实现司法公正的需要。

综上所述，"以审判为中心"是诉讼规律的必然要求，也是针对现实

中存在的问题，提高办案质量、防止冤假错案、实现司法公正的需要。

## 二、如何理解"以审判为中心"

对"以审判为中心"要全面、准确地加以理解。

（一）"以审判为中心"实质上是以审判职能为中心

在上述证明审判是刑事诉讼中心的五个理由中，最重要的是第一个理由即审判职能，因为对于需要定罪判刑、实现国家刑罚权的案件来说，只有审判这一职能，才能决定刑事诉讼的结局，使刑事诉讼目的最终得以实现；也正是因为只有审判才能决定刑事诉讼的结局，所以决定了侦查、起诉与审判是服务与被服务的关系，决定了审判在证据要求和标准上的地位，决定了刑事诉讼法必然要赋予审判一系列有利于查明案件事实和证据的条件，还决定了"以审判为中心"在提高办案质量、防止冤假错案中的重要现实意义。因此，"以审判为中心"实质上是以审判职能为中心。易言之，哪个环节执掌裁判职能，哪个环节就是刑事诉讼的中心。

（二）"以审判为中心"归根结底是以符合审判要求和标准的证据为核心

刑事诉讼是围绕证据进行的：侦查是发现和收集证据；审查批捕、审查起诉是审查证据，并作出是否批捕、起诉的决定；出庭公诉是运用证据，指控和证明犯罪；法院审判也主要是审查、认定证据，并以认定的事实、证据作出裁判。因此，证据是刑事诉讼的核心。由于侦查、起诉阶段收集、移送的证据都要经过法院的审查和鉴别，只有符合审判要求和标准的证据才能用来证明案件事实，因此，"以审判为中心"，归根结底是以证据为核心，准确地说，是以符合审判要求和标准的证据为核心。当然，审判关于证据的"要求和标准"，必须依据法律，符合法律规定。

（三）"以审判为中心"不是降低而是加重了审前程序的重要性和责任

侦查是整个刑事诉讼的基础，侦查任务完成得好坏、侦查质量的高低，直接关系到起诉、审判的质量。起诉是连接侦查与审判的纽带，它既是对侦查的监督和过滤，使案件事实和证据符合审判要求；又启动审判之门，限定审判范围。因此，没有起诉就没有审判，起诉的质量直接关系到审判的质量。"以审判为中心"要求侦查、起诉的事实、证据必须符合审判要求，否则就是白费力气；还要求检察机关在法庭上履行好支持公诉职责，以充分的事实、证据证明犯罪，否则所起诉的意见就难以得到法院的支持。因此，"以审判为中心"不仅没有降低侦查、起诉的重要性和责任，而且是加重了侦查、起诉的重要性和责任。

（四）"以审判为中心"不是法院一家的事

审判程序为所有诉讼参与人参与审判、发表意见，搭建了一个平台。在审判这个平台上，各诉讼参与人都不可或缺，其中控、辩、审三方是主角。只有各诉讼参与人特别是主角依法履行好自己的职责，法院才能依法作出公正的裁判。

（五）"以审判为中心"与公、检、法在诉讼中相互配合、相互制约原则及检察机关对审判活动实行法律监督原则并行不悖

公、检、法在刑事诉讼中分工负责、相互配合、相互制约，是宪法和刑事诉讼法规定的基本原则；人民检察院依法对包括审判活动在内的刑事诉讼、民事诉讼和行政诉讼实行法律监督，是三大诉讼法规定的基本原则。《决定》在规定"以审判为中心"的同时，重申了相互配合、相互制约原则和检察监督原则，要求"健全公安机关、检察机关、审判机关、司法行政机关各司其职，侦查权、检察权、审判权、执行权相互配合、相互制约的体制机制"，从而把执行权纳入相互配合、相互制约的主体范

围；把法治监督体系作为中国特色社会主义法治体系中五大体系之一，并把检察监督作为法治监督体系的重要组成部分，要求"加强对司法活动的监督"，"完善检察机关行使监督权的法律制度，加强对刑事诉讼、民事诉讼、行政诉讼的法律监督"。习近平总书记在党的十八届四中全会上对《决定》作说明时还说："我国刑事诉讼法规定公检法三机关在刑事诉讼活动中各司其职、互相配合、互相制约，这是符合中国国情、具有中国特色的诉讼制度，必须坚持。"这说明，"以审判为中心"与公、检、法、司相互配合、相互制约，与检察机关的法律监督，是并行不悖的。它们共存于刑事诉讼之中，共同为实现刑事诉讼的目的发挥作用。当然，由于种种原因，过去对相互配合相互制约原则存在配合有余、制约不足的问题，"以审判为中心"有利于弥补这一不足，强化相互制约，特别是强化审判对侦查、起诉的制约。因此，"以审判为中心"是对相互配合、相互制约原则的补充和完善。

（六）"以审判为中心"是从应然的角度来说的，而不是从实然的角度来说的

在实然上，"以案卷为中心""以侦查为中心"殷鉴不远。法院如果未审先定，以案卷所载的事实、证据定案；如果受权力、人情等庭外因素干扰，而不理会案件事实、证据；如果不能以法庭查明的事实、证据裁判；等等，那么，应然的"以审判为中心"就没有落实为实然的"以审判为中心"。因此，不能认为不管怎么诉讼、怎么审判，审判都是诉讼的中心。

（七）"以审判为中心"是对"以侦查为中心"的否定，检察机关审查批捕、审查起诉也要谨防"以侦查为中心"

"以审判为中心"的命题警示检察机关：审查批捕和审查起诉决不能仅凭侦查机关（部门）移送的案卷材料和证据就作出是否批捕、起诉的决定，否则，也落入"以案卷为中心""以侦查为中心"的窠臼。当然，由

于诉讼阶段不同和客观条件限制，检察机关不可能像法院庭审那样采取对审听证的方式来决定案件，但在认真审阅侦查机关（部门）移送的案卷材料和证据的基础上，要加强亲历性审查，对能够采取直接言词方式进行审查的，要尽量采取直接言词方式，如讯问犯罪嫌疑人、听取律师意见、核实重要证据；必要时还可进行诉讼性审查，如进行对审听证，以便发现案卷材料和证据中的非法证据、不实证据以及侦查中的违法行为，从而对案件作出是否批捕、起诉的准确判断，并为侦查监督提供依据。

### 三、检察机关如何因应"以审判为中心"

"以审判为中心"必然给检察机关在思想理念、制度机制、业务工作等方面带来重大而深刻的影响，必须高度重视，认真因应。

（一）树立正确的理念

理念是行动的先导，要因应"以审判为中心"带来的挑战，必须理念先行。一要树立以审判为中心，侦查、起诉都要围绕审判、对接审判、符合审判要求的理念。二要树立尊重审判独立性、维护审判权威与强化审判监督相统一的理念。要尊重并支持法院依法独立行使审判权，兼顾维护审判权威与加强审判监督这二者的协调统一，既不能强调审判监督而忽视维护审判权威，又不能为维护审判权威而忽视审判监督。三要树立客观公正履职的理念，防止片面追诉思想，全面关注对犯罪嫌疑人、被告人有利、不利的方面，既依法追诉犯罪，又依法维护其合法权益。因为只有客观公正履职，所认定的事实、证据才能符合审判要求。

（二）发挥审前程序的主导作用，引导和监督侦查机关提高侦查质量

1. 依法规范职务犯罪侦查，使事实、证据符合审判要求。在职务犯罪侦查中，一要全面收集、固定、移送有罪、罪重、无罪、罪轻的各种证

据，防止随意取舍、选择取证。二要提高取证水平。不仅要提取到证据，还要着眼于取到的证据能经得起证人在庭上直接言词作证，以及被告人及其律师的辩驳、对质。三要严禁刑讯逼供。刑讯逼供是冤假错案的元凶大恶，职务犯罪侦查中如果刑讯逼供，其危害犹甚。因为：（1）普通刑事犯罪大多有物证，单凭口供难以定罪；而职务犯罪特别是其中的贿赂犯罪主要靠言词证据定案，只要行受贿双方的口供对上，犯罪就基本成立。如果口供系刑讯逼供所得，就可能造成冤错。（2）有些无辜的普通刑事犯罪嫌疑人，可以通过"我没有作案时间""我没有到过犯罪现场"等理由为自己辩解；而职务犯罪嫌疑人很难提出这些辩解理由。（3）普通刑事犯罪如果冤了，还可寄希望于"死者生还""真凶出现"而获得平反；而职务犯罪嫌疑人如果冤了，却没有这种希望。因此，要严格执行对讯问过程全程同步录音录像制度，坚决杜绝刑讯逼供。四要针对言词证据易变的特点，锁死证据链条，使之不留缝隙和漏洞。

2. 强化对公安侦查的引导、监督，保证侦查质量。对公安机关侦查，一方面要加强引导。通过个案引导、类案引导、综合引导、统一执法尺度和证据标准等方式，引导公安机关提高侦查质量，使所取证据符合审判要求。另一方面，要强化侦查监督，重点加强对刑讯逼供、暴力取证、非法插手经济纠纷、选择性收集移送证据、不移送无罪证据等严重违法行为的监督，促进依法侦查、文明办案。

（三）严把起诉关，防止案件带病起诉

1. 认真审查、核实证据。要实行四个方面转变：一是审查范围从审查在卷证据，转变为审查在案证据，以防止侦查环节有证不取、有供不录、取证不客观全面、有证不移送。二是审查方式从书面审查，转变为既重视书面审查，又加强亲历性审查。三是审查重点从偏重于口供，转变为既重视口供，更重视物证等客观性证据，评断在案证据能否建立起以客观性证据为支撑、以主观性证据为补充的证据体系。四是审查内容从偏重于审查证据的真实性,转变为既重视审查证据的真实性,又重视审查证据的合法性;从偏重于审查与定罪(定性)有关的证据,转变为既重视审查与定罪(定性)有关的证据,又重视审查与量刑有关的证据。

2. 坚决排除非法证据。对非法证据要立足于早发现早排除,因为它有利于及时清除证据中的定时炸弹,保证证据质量;有利于及早采取补救措施,补充完善证据;有利于避免公诉人在法庭上的被动和尴尬;有利于彰显检察机关公正执法的良好形象。因此,要认真落实犯罪嫌疑人入看守所体检时在场、重大案件侦查终结前对讯问合法性核查等制度,使非法证据排除在侦查机关移送审查起诉之前。要通过审阅案卷材料、听取犯罪嫌疑人和律师意见、受理控告申诉等途径,发现刑讯逼供线索,一经发现就盯住不放,认真核查,确有刑讯逼供等非法取证行为的,坚决依法纠正,并排除非法证据。

3. 依照法定标准起诉,坚持疑罪从无。疑罪从无,是指对于事实不清、证据不确实、充分的案件依法作无罪处理。疑罪之所以要从无,首先,这是法律的明确规定。刑事诉讼法规定的定罪判刑的条件是"犯罪事实清楚,证据确实、充分",疑罪不符合定罪的法定条件,故在审查起诉阶段应当存疑不诉,① 审判阶段应当作出"证据不足、指控的犯罪不能成立的无罪判决"。② 其次,这是守住防止冤假错案的底线,保障公民权利的必然要求。冤假错案严重侵犯当事人合法权益,严重损害司法机关形象和公信。"一个错案的负面影响,足以摧毁九十九个公正裁判积累起来的良好形象。执法中万分之一的失误,对当事人就是百分之百的伤害。"如果疑罪从无原则贯彻不到底,防止冤假错案的底线就无法守住,公民的权利就

---

① 2012年刑事诉讼法第171条第4款。
② 2012年刑事诉讼法第195条第3项。

难以保障。再次，这是趋利避害的必然选择。疑罪从无，如果错了，最多一个错（漏掉罪犯）。疑罪如果从有，就可能两个错（冤枉无辜、放过真凶）。贯彻疑罪从无原则虽然有可能漏掉罪犯，但只能怪政法机关自己没有本事取到足以证实犯罪的证据。这种依法不得已的漏，是国家为了保障人权所必须付出的代价。因为漏了还可以在发现证据后再行追诉，错了就会造成无可挽回的伤害。更重要的是，一个国家的司法制度必须使无辜公民始终有安全感。疑罪如果从有，就会使每一个公民都陷入随时可能被错误追诉的风险和惶惶不安之中，从而造成普遍的司法恐慌。这是疑罪从有最大的危害；易言之，保障所有无辜公民的司法安全感，是疑罪从无的最大价值所在。两害相权，只能取其轻。

（四）强化对证人、鉴定人、侦查人员出庭的准备

随着"以审判为中心"的贯彻落实，提高证人、鉴定人的出庭率是大势所趋。因为它是贯彻直接言词原则、使庭审实质化的需要。但证人、鉴定人出庭就可能增加证据的变数，且证人、鉴定人在审前侦查人员与之接触后，检察人员可能从未与之接触，而辩方却可能频繁接触，这更可能增加证据的变数。因此，检察机关要做好可能出庭的证人、鉴定人的工作，掌握其思想动态，消除其顾虑，鼓励其依法出庭实事求是作证和说明鉴定情况，并在庭上妥当应对各种复杂局面，防止出现违背案件客观真相的翻证和不正常地改变原鉴定意见。要鼓励、支持人民警察出庭作证和侦查人员出庭说明情况。

（五）强化出庭支持公诉

既然审判是诉讼的中心，庭审又是审判的中心，那么，法庭就是公诉人决战的战场。随着"以审判为中心"的落实，庭上对抗性会进一步增强，案卷上所载证据的变数也将大大增加。因而检察官必须提高五个方面

能力：一是分析预测律师辩点的能力。可通过分析案件在事实、证据和适用法律上可能存在的不同认识、与律师沟通、庭前会议上交流等途径，来预测了解。二是分析预测言词证据在庭上可能发生变化的能力。随着证人、鉴定人出庭增多，言词证据发生变化的可能性也会随之增加。为此，要加强庭前接触，了解有关人员的思想动态，鼓励他们依法实事求是出庭作证，实事求是说明鉴定意见，正确应对有专门知识的人对鉴定意见的质疑。三是应变能力。通过加强庭前预测和树立底线思维、做好翻证的最坏准备这两个方面，正确应对人证的变化和律师的质证、辩论。要从过去"搬家式"的举证、质证、辩论（把证据从案卷中搬到法庭上，把质证、辩论提纲从纸上搬到法庭上）转变为"随机应变式"的举证、质证、辩论。四是运用证据证明犯罪和说服法庭的能力。通过举证、质证、论证和辩论，使在案证据转化为被法庭采纳采信、证明定罪量刑的证据。五是独立处置问题的能力。为了应对庭上的变数，检察官必须提高该能力；检察长也应充分授权，明确检察官在庭上可相机决定的事项。

与此同时，还要提高出庭的艺术，讲究策略方法。一要客观全面地阐明有罪、无罪、罪重、罪轻的事实和情节，特别是要主动讲无罪、罪轻的事实和情节，这样做，不仅能体现检察机关实事求是、客观公正，而且能节省辩论时间，提高庭审效率；二要突出重点、抓大放小，不纠缠细枝末节；三要坚持依法、文明、理性、平和，以彰显检察机关的良好形象。

（六）强化审判监督

"以审判为中心"的根本目的在于确保办案质量，实现司法公正。它与检察机关的审判监督相辅相成。因此，要强化审判监督，防止极少数法官因对"以审判为中心"存在不正确理解而自以为是、主观擅断，从而监督法官谨慎用权、依法公正裁判。在审判监督中，必须突出重点，主要对裁判明显错误或者有典型意义的案件进行抗诉，对审判中严重的违法行为实行监督。

（七）强化繁简分流、难易分流

"以审判为中心"所要求的庭审实质化难免影响庭审效率，增加司法成本，从而使一些地方案多人少矛盾更加突出。"迟到的公正为非公正"，检察机关要依法节约司法资源，提高诉讼效率。一要在检察环节加大案件分流的力度，对符合不诉（含附条件不诉）条件的，特别是对未成年人犯罪案件、刑事和解案件等案件中符合不诉条件的，依法作不诉处理。二要对符合快速处理条件的案件依法快速处理，如对符合适用简易程序的案件要依法建议法院适用简易程序；要与有关方面认真总结正在进行的速裁程序试点经验，适时予以普遍推广；要围绕《决定》提出的"认罪认罚从宽制度"，会同有关部门加强研究论证，在坚守司法公正的前提下，探索快速处理的办法。三要简化简易案件及与侦查机关认识一致案件的审结报告等法律文书的制作，防止无谓的繁琐。

# 认罪认罚从宽制度研究 ①

党的十八届四中全会通过的《中共中央关于全面推进依法治国若干重大问题的决定》(以下简称十八届四中全会《决定》)提出"完善刑事诉讼中认罪认罚从宽制度"后,法学、法律界对该问题作了广泛而深入的研究,全国人大常委会通过了《关于授权"两高"在部分地区开展刑事案件认罪认罚从宽制度试点工作的决定》(以下简称全国人大常委会《决定》),最高人民法院、最高人民检察院、公安部、国家安全部、司法部颁布了《关于在部分地区开展刑事案件认罪认罚从宽制度试点工作的办法》(以下简称"两高三部"《办法》),认罪认罚从宽制度试点工作也已有序展开。本文试就认罪认罚从宽制度中若干问题特别是认识还不一致的问题作些研究。

## 一、如何理解认罪认罚从宽

认罪认罚从宽的制度,是指犯罪嫌疑人、被告人自愿如实供述自己的

---

① 在认罪认罚从宽制度改革过程中,笔者先后写了三篇文章:《认罪认罚从宽制度中的几个问题》,载《法治研究》2016年第5期;《认罪认罚从宽制度中的几个理论问题》,载《法学杂志》2017年第9期;《侦查阶段是否可以适用认罪认罚从宽制度》,载《中国刑事法杂志》2018年第1期。本文由该三篇文章归并而成。

罪行，对指控的犯罪事实没有异议，同意量刑建议，签署具结书的案件，可以依法从宽处理的法律制度。但对认罪认罚从宽应如何理解，目前认识还不那么一致。

（一）关于"认罪"

当前，法学界比较一致的看法是，"认罪"是指犯罪嫌疑人、被告人自愿如实供述自己的罪行，对指控的犯罪事实没有异议，也就是要"认事"。但对是否要承认自己行为的性质是犯罪、是否要同意政法机关认定的罪名，认识还不一致。有观点认为，犯罪嫌疑人认了"事"，说明他有主动认罪的态度，政法机关也就减轻了证实犯罪的难度，至于对行为性质和罪名的承认，属于规范层面的问题，不应作过高要求。

笔者认为，"认罪"除了"认事"之外，还应承认自己行为的性质是犯罪。因为如不承认其性质是犯罪，那他就要作无罪辩护，法院作出有罪判决后他会上诉，这不好说已经"认罪"。当然，犯罪嫌疑人不承认自己行为的性质是犯罪，有两种情况：一种是犯罪嫌疑人对自己行为的性质有误解，如认为只违法不犯罪或既不违法更不犯罪，但经过办案人员或律师解释说明后承认是犯罪，这也是"认罪"；另一种是经解释说明和法制教育后，犯罪嫌疑人仍坚持认为自己的行为不是犯罪，特别是有些"信念犯"，如某些危害国家安全犯罪、宗教极端主义犯罪、邪教犯罪等，甚至认为自己的行为是正义的。这种情形，不属于"认罪"，因为他没有放弃无罪辩护，对刑事追诉和有罪判决会心存抵触。当然，对这种情况，由于犯罪嫌疑人认了"事"，也应依法酌情从宽处理，但与认罪从宽的程度应当有所区别。

如果犯罪嫌疑人承认自己的行为是犯罪，但不承认司法机关确定的罪名，则不影响"认罪"的成立，因为确定罪名属于法律适用问题，连法律人对同一案件应适用什么罪名，有时认识也不一致，故不能苛求犯罪嫌疑人。

（二）关于"认罚"

有观点认为，"认罚"是指愿意接受刑事处罚，具体地说，是指犯罪嫌疑人、被告人在认罪的基础上自愿接受所认之罪带来的刑罚后果。这观点没有错，但仅作此理解似乎还不够，因为有些犯罪嫌疑人、被告人对自己可能判处的刑罚会有一个预期，如果法院实际判处的刑罚超出了预期，他就会不服法院判决并提出上诉，"认罪认罚"就会变成只认罪不认罚。

还有观点认为，根据全国人大常委会《决定》，"认罚"是指"犯罪嫌疑人同意检察机关的量刑建议并签署具结书"。该观点也没错，但是也有值得推敲之处。因为第一，据此观点，犯罪嫌疑人在签署具结书之前包括侦查阶段和审查起诉前期就不存在"认罚"的情况了；第二，据此观点，犯罪嫌疑人只要同意检察机关的量刑建议并签署具结书，即使事后反悔甚至不服法院裁判并提出上诉，也不会影响"认罚"的成立。这显然是不符合诉讼实际情况的。

笔者认为，刑事诉讼全过程都有认罪认罚的问题，"认罚"的概念，应该能够适用于刑事诉讼全过程，而不能仅适用于审查起诉环节。"认罚"有以下三个特点：

特点之一，犯罪嫌疑人、被告人"认罚"与法院"从宽"（处罚）互为前提：一方面，只有犯罪嫌疑人、被告人"认罚"，法院才能"从宽"（处罚）；另一方面，只有法院"从宽"（处罚），犯罪嫌疑人、被告人才能真正地"认罚"。但是，在法院判决前，犯罪嫌疑人、被告人对法院能否对其从宽、宽到什么程度是不知道的，对尚不知道的判决内容，就要犯罪嫌疑人、被告人事先予以认可，这是不现实的。故为了使犯罪嫌疑人、被告人能最终接受法院的判决，就需要检察机关在审查起诉时，根据犯罪嫌疑人认罚的原则态度（即愿意接受刑罚罚处），提出从宽处罚的量刑建议。如果犯罪嫌疑人同意这一量刑建议，案件起诉后法院也认可该量刑建议并据此判决，那被告人最终就会认可法院的判决。

特点之二，"认罚"需要犯罪嫌疑人、被告人与办案职能部门经历一个互动的过程：首先，犯罪嫌疑人对"认罚"有个原则的态度，即愿意接受刑罚处罚；然后，检察机关根据案件事实、情节和犯罪嫌疑人认罚的原则态度，在起诉时向法院提出经犯罪嫌疑人同意的从宽处罚的量刑建议；再后，法院按照或基本按照检察机关的量刑建议作出判决；最终，被告人服判并表示不上诉。在这一互动过程中，犯罪嫌疑人接受所认之罪带来的刑罚后果是前提；检察机关提出从宽处罚的量刑建议且犯罪嫌疑人同意该建议是核心；法院同意检察机关的量刑建议并作出判决是关键；被告人服从法院的判决是落脚点。

特点之三，"认罚"在不同的诉讼环节有不同的内容，易言之，"认罚"的内容是随着诉讼程序的推进而逐步具体、明晰的：在侦查和审查起诉环节，表现为愿意接受刑罚处罚；在起诉环节，表现为同意检察机关的量刑建议；在审判后，表现为服从法院的判决。

综合上述三个特点，"认罚"是指犯罪嫌疑人、被告人在认罪的基础上自愿接受所认之罪带来的刑罚后果，并最终接受法院判处的刑罚。

（三）关于"从宽"

在"从宽"的内容上，包括实体从宽和程序从宽："实体从宽"，就是依法从轻、减轻或者免除处罚，包括检察机关从宽处理（作相对不诉、附条件不诉处理）和法院从宽判刑；此外，还包括公安机关、检察机关对极少数具备特定条件的案件经过严格的审批程序予以特别从宽处理。① "程序从宽",一指强制措施从宽,即采取宽缓的强制措施;二指诉讼程序从简从快,如适用速裁程序、简易程序或普通程序简化审理,因为它有利于减轻犯罪嫌疑人、被告人讼累。在"从宽"的适用上,一是依法从宽,无论是从轻、减轻或免除处罚,都要严格依法,于法有据。要严格依据罪刑法定、罪责刑相适应原则,根据认罪认罚的不同情况,如认罪认罚是否主动、供述是否彻底、认罪认罚所处的诉讼阶段及降低政法机关追诉难度所起的作用、主动供述的迟早、退赔退赃情况以及有无向被害人赔礼道歉、赔偿损失等情况,来确定从宽的程度。二是一般应当从宽,即只要没有特殊理由,都应"从宽"。三是并非一律从宽,如对极少数犯罪性质恶劣、犯罪手段残忍、危害十分严重的犯罪分子,认罪认罚不足以从宽的,则不予从宽。至于从宽的理由,一是认罪认罚表明犯罪嫌疑人、被告人主观恶性和社会危险性的降低;二是通过退赔退赃、赔礼道歉、赔偿损失,缓解了与被害人的紧张关系,使社会危害性减小;三是认罪认罚使政法机关追诉犯罪的难度降低,节约了司法成本。

## 二、如何把握认罪认罚从宽案件的证明标准

对认罪认罚案件的证明标准如何把握问题,当前存在不同认识:一种观点认为可以降低证明标准。因为如果适用"犯罪事实清楚,证据确实、充分"证明标准,认罪认罚"协商"(指控辩双方协商,后文论及)的空

---

① 最高人民法院、最高人民检察院、公安部、国家安全部、司法部《关于在部分地区开展刑事案件认罪认罚从宽制度试点工作的办法》第9条规定:"犯罪嫌疑人自愿如实供述涉嫌犯罪的事实,有重大立功或者案件涉及国家重大利益,需要撤销案件的,办理案件的公安机关应当层报公安部,由公安部提请最高人民检察院批准。"第13条规定:"犯罪嫌疑人自愿如实供述涉嫌犯罪的事实,有重大立功或者案件涉及国家重大利益的,经最高人民检察院批准,人民检察院可以作出不起诉决定,也可以对涉嫌数罪中的一项或者多项提起公诉。"

间不大，不利于诉讼效率的提高。另一种观点认为，对认罪认罚案件降低证明标准，与现行刑事诉讼法的规定不符，刑事诉讼法规定的证明标准应适用于所有刑事案件，不应把认罪认罚案件排除在外。① 还有观点认为，对速裁案件，全国人大常委会《关于授权"两高"在部分地区开展刑事案件速裁程序试点工作的决定》提出的证明标准是"事实清楚、证据充分"，而不是"证据确实、充分"；最高人民法院、最高人民检察院、公安部、司法部（以下简称"两高两部"《纪要（二）》）联合印发的《刑事案件速裁程序试点工作座谈会纪要（二）》第7条也指出："被告人自愿认罪，有关键证据证明被告人实施了指控的犯罪行为的，可以认定被告人有罪。"这说明速裁案件的证明标准已有所放低。② 认罪认罚案件与速裁案件，都以认罪认罚为前提，所不同的仅是前者包括所有认罪认罚案件，后者仅指某些犯罪中可能判处一年以下有期徒刑、拘役、管制或单处罚金的案件。因此，对认罪认罚案件的证明标准也可以适当放低。

应当肯定，认罪认罚案件的证据情况一般会明显好于不认罪案件。因为犯罪嫌疑人认罪认罚，有利于以供促证，即侦查人员可根据犯罪嫌疑人供述所提供的线索，收集到尽可能多的证据包括隐蔽性很强的证据。但研究认罪认罚案件的证据标准问题并非没有意义，因为有些人会受"重口供、轻其他证据"这一错误理念的影响，自觉或不自觉地降低证明标准。

笔者认为，认罪认罚案件的证明标准仍应是刑事诉讼法规定的"案件事实清楚，证据确实、充分"，其主要理由是：

---

① 参见张相军、顾永忠、陈瑞华：《检察环节认罪认罚从宽制度的适用于程序完善》，载《人民检察》2016年第9期。

② 参见曹红虹、鲍键：《刑事案件速裁程序试点相关问题的思考——以公诉环节为视角》，载陈国庆主编：《刑事司法指南》（2016年第1集，总第65集），法律出版社2016年版，第62页。

（一）降低证明标准缺乏法律依据

"案件事实清楚，证据确实、充分"这一证明标准是由我国刑事诉讼法明确规定的，认罪认罚案件作为刑事案件的一部分，自然应当适用这一标准，而无另行降低标准的理由。

（二）全国人大常委会《决定》和"两高两部"《纪要（二）》并没有降低速裁案件的证明标准

虽然全国人大常委会《决定》规定速裁案件的证明标准是"事实清楚、证据充分"，"两高两部"《纪要（二）》规定"被告人自愿认罪，有关键证据证明被告人实施了指控的犯罪行为的，可以认定被告人有罪"，但不能据此认为速裁案件的证明标准低于法律规定的标准。因为证据的"确实"与"充分"是相辅相成的，前者表示证据的质，后者表示证据的量，证明标准是质与量的有机统一。如果离开了质上的"确实"，量上的"充分"就可能不是真正的"充分"。试想，如果证据是假的，那再多的证据也难以证明犯罪事实。因此，全国人大常委会《决定》中的"证据充分"，是以"证据确实"为前提的，不能据此认为速裁案件的证据就不需要"确实"了，证明标准就降低了。至于"两高两部"《纪要（二）》的规定，则是为了释明速裁案件的证据在何种情况下符合法律规定的"案件事实清楚，证据确实、充分"的证明标准，从而认定被告人有罪。易言之，它是对法定证明标准在速裁案件中的释明，而不是对法定证明标准的降低。"两高"类似的规定，在其他司法解释中也存在，如最高人民法院《关于适用〈中华人民共和国刑事诉讼法〉的解释》第105条规定，"没有直接证据，但间接证据同时符合下列条件的，可以认定被告人有罪"①；第106条规定："根据被告人的供述、指认提取到了隐蔽性很强的物证、书证，且被告人的供述与其他证明犯罪事实发生的证据相互印证，并排除串供、逼供、诱供等可能性的，可以认定被告人有罪。"这些规定，都是对法定证明标准在特定情况下的具体释明，而不是对法定证明标准的降低。

这里需要说明的是，对"案件事实清楚，证据确实、充分"这一证明标准，是可以根据犯罪嫌疑人、被告人是否认罪的情况和案件可能判处刑罚的轻重分层次加以把握的，它与降低证明标准是两码事。其中对于认罪案件和不认罪的轻刑案件，只要基本（或主要）事实清楚，基本（或主要）证据确实、充分，就可以定罪和判处刑罚；但对不认罪的重刑案件，则要把握得高一点严一点，特别是可能判处死刑的案件，则要"实行最严格的证明标准"。因为根据马克思主义认识原理，任何真理都是绝对真理和相对真理的统一。基于同一原理，司法人员对案件的正确认识也是绝对正确和相对正确的统一：一方面，它能与案件客观真相相符，并达到准确无误的程度；另一方面，司法人员由于种种原因，又不可能把案件的全部事实都查清楚，把全部证据都收集起来，故"正确"又具有相对性。特别是对案件的认识还有其特殊性。一是认识方式的逆向性和间接性。刑事案件都是犯罪在前、侦查在后，司法人员对犯罪事实根本没有看到过，他们要认识的是业已成为过去的案件事实，因而这种认识方式是逆向的。同时，司法人员只能通过对收集到的证据碎片进行"拼接""组合"，间接地去"回复"和"再现"案件事实。这种由现在到过去、由结果到原因的逆向认识和以证据为中介间接认识案件事实的过程，有点像考古，非常艰

---

① 该条共规定了5个方面的情形：（1）证据已经查证属实；（2）证据之间相互印证，不存在无法排除的矛盾和无法解释的疑问；（3）全案证据已经形成完整的证明体系；（4）根据证据认定案件事实足以排除合理怀疑，结论具有唯一性；（5）运用证据进行的推理符合逻辑和经验。

难，要受时间间隔、气候、能见度、案犯狡猾程度，证人感知能力、记忆能力、表达能力及客观公正程度，司法资源充分程度和装备水平，司法人员的素质能力水平等主客观多方面因素的制约。二是认识对象的特殊性。在刑事诉讼中，认识对象不是死的物，而是活体的千方百计逃避追究的人。他会采取各种手段掩盖、毁灭、伪造证据，制造假象，诱使司法人员陷入错误，并与侦查人员进行激烈的攻防和对抗，这必然增加对其认识的难度。三是认识技术的滞后性。认识案件往往需要技术手段，而技术手段又往往滞后于犯罪手段。技术手段相对于犯罪手段的滞后性，使得一些案件难以侦破或者难以正确认识。四是认识条件的受制约性。现代刑事诉讼制度不允许专门机关不择手段、不受限制地去追求案件的客观真相，而只能在法定期限内依照法定程序追求客观真相，如追诉有时效，羁押有期限，各种侦查措施和强制措施都有严格的条件，被追诉人及其辩护人享有一系列法定的诉讼权力等，从而实现惩治犯罪与保障人权的统一、公正与效率的统一、实体公正与程序公正的统一。这也会制约司法人员对案件客观真实的认识。①

因此，何家弘教授在《短缺证据与模糊事实》一书中说："人们对每一个具体案件和具体证据的认识都不是百分之百的'属实'，而只能是不同程度的'属实'。"②由陈光中教授主编、宋英辉教授执行主编的《刑事诉讼法学》也指出："不论一般认识或司法证明，都是相对真理与绝对真理的辩证统一。就司法证明而论，司法人员要查清案件的全部事实情况，对任何案件都是不可能的，但是对于已破案、已查清的案件事实来说，基本犯罪

---

① 具体阐述见朱孝清：《刑事诉讼法实施中的若干问题研究》，载《中国法学》2014年第3期。

② 何家弘：《短缺证据与模糊事实》，法律出版社2012年版，卷首语和第127页。

事实或主要犯罪事实的认定是能够达到准确无误的地步的。"① 由郎胜主编的《中华人民共和国刑事诉讼法修改与适用》在解释刑事诉讼法第172条的"犯罪事实已经查清"时说:"'犯罪事实'是指犯罪的主要事实,对犯罪主要事实已经查清,但一些个别细节无法查清或没有必要查清,不影响定罪量刑的,也应当视为犯罪事实已经查清。"②

认识案件的上述特点,决定了世界上任何国家都有相当比例的刑事案件难以侦破;在已侦破的案件中,司法人员也不可能查清全部犯罪事实,不可能收集到所有的证据。因而理解和把握司法证明标准,就不能要求查清犯罪的全部事实,而只能要求查清基本事实;不能要求收集到犯罪留下的全部证据并使之确实、充分,而只能要求收集到基本的证据并使之确实、充分。这里的"基本事实"和"基本证据",也可称为"主要事实"和"主要证据",它指的是跟定罪量刑有关的事实和证据。

但是,对于不认罪案件中可能判处重刑特别是死刑的案件,为了确保质量,司法机关在把握"案件事实清楚,证据确实、充分"这一证明标准时,要求就应当高一些、严一些,特别是对其中可能判处死刑的案件,要"实行最严格的证明标准"。这是因为处刑越重,当事人付出的代价越大,处刑的准确性就应该越高,司法证明也就越应该严密,而不允许有丝毫的闪失。

(三)擅自降低证明标准危害甚大

对认罪认罚案件,如果擅自降低证明标准,就不仅构成违法,而且会为"疑罪从有""疑罪从轻"大开方便之门,控辩协商就会越过底线,并

---

① 陈光中主编、宋英辉执行主编:《刑事诉讼法学》,中国人民公安大学出版社、人民法院出版社2004年版,第199页。
② 郎胜主编:《中华人民共和国刑事诉讼法修改与适用》,新华出版社2012年版,第311页。

由此产生破窗效应。其结果，认罪认罚从宽制度所带来的就可能不是福音而是灾难。

当然，对于法定证明标准以后是否需要修改的问题，则完全可以而且应当进行研究，如著名刑事诉讼法学家陈光中教授多年前就认为，应当构建层次性的刑事证明标准：第一个层次的标准是"确定无疑"，即证据确实、充分，排除其他可能性。这既是有罪判决的最高证明标准，也是一般的证明标准。第二个层次的标准是"排除合理怀疑"，即指"高度盖然性""最大限度真实性"。它主要适用于：（1）危害大、取证难的刑事案件，如贿赂案件；（2）对案件犯罪构成的主观要件的证明；（3）对被告人自愿认罪的轻罪或较轻罪案件的证明；（4）对某些有利于被追诉人而又需要证明的事实的证明。第三个层次的标准是"有确实证据的推定"；并主张适当扩大推定适用范围，还可由立法明确规定一些推定，以减轻追诉机关的证明负担。[①] 该观点适应了不同类型案件司法证明的特点，有利于分层次实现打击犯罪与保障人权、公正与效率的平衡，笔者深以为然。但在法律没有修改前，我们没有理由自行降低认罪认罚案件的证明标准。

## 三、认罪认罚从宽制度为什么要设置听取意见和签署具结书程序

"两高三部"《办法》第 10 条规定，人民检察院在审查起诉过程中，应就指控的罪名及适用的法律条款，从轻、减轻或者免除处罚的建议，认罪认罚后案件审理适用的程序，以及其他需要听取意见的情形，听取犯罪嫌疑人及其辩护人或者值班律师（以下简称辩方）的意见，犯罪嫌疑人自愿认罪，同意量刑建议和程序适用的，应当在辩护人或者值班律师在场的

---

① 陈光中：《构建层次性的刑事证明标准》，载陈光中、江伟主编：《诉讼法论丛》（第七卷），法律出版社 2002 年版，第 3—10 页。

情况下签署具结书。对此,一些同志心存不解,认为认罪案件一直以来都有,为什么过去没有该程序而认罪认罚案件却设置了改程序,并以此作为适用认罪认罚从宽制度的条件?

笔者认为,其主要原因有四。

(一)"认罚"的必然要求

如前所述,"认罚"的第一个特点就是"认罚"与法院"从宽"互为前提。要使犯罪嫌疑人在诉讼初期所认之"罚"(实际上是犯罪嫌疑人自己预期的"罚")与法院判决之"罚"相对接,就需要在诉讼中承上启下的检察机关向法院提出经犯罪嫌疑人同意的量刑建议,法院也一般按照检察院的量刑建议来判决。因此,要使"认罚"落到实处,就不可避免地要求检察机关就量刑建议等事项听取辩方意见,并要犯罪嫌疑人在同意的基础上签署具结书。

(二)犯罪嫌疑人认罪认罚自愿性和真实性的程序保证

将检察机关就量刑建议等事项听取犯罪嫌疑人的意见、犯罪嫌疑人签署具结书等事项,规定为办理认罪认罚案件的必经程序,并要求律师参与此过程,有利于从诉讼程序上保证犯罪嫌疑人认罪认罚的自愿性和所具结内容的真实性。否则,如果检察机关提出的量刑建议及适用从简程序等内容仅是检察机关单方的行为,犯罪嫌疑人认罪认罚的自愿性和真实性就无法从诉讼程序上得到保证,在后续的程序(如一审、二审)中也缺乏证据证明。

(三)保证量刑建议精准、公正的需要

对于认罪认罚案件,由于"两高三部"《办法》要求法院"一般应当采纳人民检察院指控的罪名和量刑建议",因此,检察机关的量刑建议在相当程度上决定了法院判决的内容。这就要求检察机关的量刑建议必须精准、公正。设置听取意见和签署具结书程序，有利于检察机关在听取犯罪嫌疑人及其律师意见的基础上，把量刑建议提得更为恰当，从而保证量刑建议的精准和公正。

（四）体现了控辩双方对案件处理的一种协商（后文论及）

## 四、适用认罪认罚从宽制度是否可以控辩协商

（一）认罪认罚从宽制度是否包含控辩协商

对此，中央政法委领导同志持肯定态度。孟建柱同志在2016年1月全国政法工作上就提出，要在借鉴辩诉交易等制度合理元素的基础上，抓紧研究提出认罪认罚从宽制度试点方案，经全国人大常委会授权后，选择有条件的地方开展试点。法学、法律界不少人也持肯定态度，如陈光中教授认为，该制度"对美国的辩诉交易和西方的恢复性司法有所借鉴"[1]；陈瑞华教授认为，"认罪认罚从宽制度包含着控辩双方就量刑问题的协商和讨价还价的成分"；[2]顾永忠教授认为"我国在完善认罪认罚从宽制度中吸收了美国辩诉交易的合理成分"[3]。

然而，无论是全国人大常委会《决定》还是"两高三部"《办法》，都既无关于"控辩协商"的表述，更未对控辩协商机制作出明确的制度安排。于是，认罪认罚从宽制度是否包含控辩协商，职能部门在办理认罪认罚案件中是否可以与犯罪嫌疑人进行协商，就成了需要研究并作出回答的问题。

---

[1] 陈光中、唐彬彬：《深化司法改革与刑事诉讼法修改的若干重点问题探讨》，载《比较法研究》2016年第6期。

[2] 陈瑞华：《认罪认罚从宽制度的若干争议问题》，载《中国法学》2017年第1期。

[3] 顾永忠：《关于完善"认罪认罚从宽制度"的几个问题》，载《当代法学》2016年第6期。

笔者认为，认罪认罚从宽制度包含了控辩协商，这可以从以下三个方面加以说明：

1. 把"及时有效惩治犯罪、维护社会和谐稳定"作为设立认罪认罚从宽制度的首要目的，说明该制度包含了控辩协商。最高人民法院周强院长在代表最高人民法院、最高人民检察院向全国人大常委会就开展认罪认罚从宽制度试点作说明时指出："实施认罪认罚从宽制度，是及时有效惩治犯罪、维护社会和谐稳定的需要；是落实宽严相济刑事政策，加强人权司法保障的需要；是优化司法资源配置，提升司法公正效率的需要；是深化刑事诉讼制度改革，构建科学刑事诉讼体系的需要。"[1] 他把"及时有效惩治犯罪、维护社会和谐稳定"作为设立认罪认罚从宽制度的首要目的，而不是把其他内容如"落实宽严相济刑事政策"或者"提升司法公正效率"作为首要目的，说明认罪认罚从宽制度包含了控辩协商。这是因为：一方面，我国现阶段仍处于犯罪高发期，而且犯罪手段越来越狡猾、隐蔽和翻新，打击犯罪的任务越来越繁重，难度也越来越大。但另一方面，随着"尊重和保障人权"被规定入宪法和刑事诉讼法，以及以审判为中心的诉讼制度改革特别是庭审实质化的推进，司法证明越来越严格和规范，对程序正义的要求也越来越高。这就使得司法资源有限性与诉讼需求不断增加之间的矛盾更加突出，惩治犯罪与保障人权之间的矛盾更加突出，政法机关人少案多的矛盾也更加突出。这就迫切需要采取一些既有利于惩治犯罪，又有利于提高诉讼效率的措施。认罪认罚从宽制度中的控辩协商就是重要措施之一，它有利于对犯罪嫌疑人进行政策攻心，以承诺从宽处理为条件，来吸引一些犯罪分子交代犯罪事实，走认罪认罚从宽之路，从而破解一些案件的侦查困境，降低惩治犯罪的难度。

---

[1] 参见李海洋：《18 城市开展刑事案件认罪认罚从宽制度试点》，载《中国商报》2016 年 9 月 27 日第 1 版。

2.听取意见、签署具结书程序的规定,说明认罪认罚从宽制度包含了控辩协商。因为所谓"协商",是指"共同商量以便取得一致意见"①。而根据全国人大常委会《决定》和"两高三部"《办法》中关于检察机关就案件拟处理意见听取辩方意见,犯罪嫌疑人如同意则签署具结书的规定,就体现了控辩双方"共同商量以便取得一致意见"的精神。因为:第一,检察机关听取意见的有关内容,在通常情况下是不需要告诉辩方并听取他们意见的,法律也无此类规定。对认罪认罚案件之所以要这样做,就是为了使控辩双方在案件的处理上通过协商取得一致意见。第二,"听取意见"体现的是控辩之间的沟通。一方面,检察机关向辩方告知拟处理意见不是检察机关单方通知、"我说你听",而是为了"听取意见",因此,辩方是有权提出自己的意见和要求的。另一方面,检察机关"听取意见"不是为听取而听取,听过了事,而是为了使拟处理意见考虑得更加全面,更加客观公正,即辩方意见如果有理,即予采纳,并修正拟处理意见;辩方意见如果无理或站不住脚,则予解释说明。故检察机关"听取意见"的过程,是控辩双方围绕案件的处理进行协商的过程。第三,犯罪嫌疑人签署具结书所体现的是控辩协商的成果。它实际上是控辩双方就案件的处理在协商的基础上所达成的一种协议(检察机关提出要约,犯罪嫌疑人予以承诺)。该具结书一经签署,就对控辩双方产生一定的约束力:除非发生足以影响案件处理的情形,控方应按拟处理意见处理,辩方应按具结的意见接受处理。总之,从检察机关"听取意见"到犯罪嫌疑人"签署具结书",完整地体现了控辩双方就案件的处理进行协商并取得一致意见的过程。

3.特别从宽的规定,也说明认罪认罚从宽制度包含了控辩协商。"两

---

① 中国社会科学院语言研究所编:《现代汉语词典》,商务印书馆2005年版,第1506页。

高三部"《办法》第9条、第13条关于特殊案件予以特别从宽的规定,①更典型地体现了控辩协商的精神,因为如此大尺度地从宽,有利于吸引某些案件的当事人认罪认罚,并实施重大立功或者维护国家重大利益的行为。

总之,认罪认罚从宽制度包含了控辩协商,而且刑事诉讼法的有关规定还明确了控辩协商的以下四方面内容:(1)控辩协商的主体是控辩双方;(2)控辩协商的诉讼阶段是审查起诉阶段(侦查阶段也可以控辩协商,但需要签署具结书的这种协商只能在审查起诉阶段);(3)控辩协商的范围主要是量刑协商和程序适用协商(特别从宽案件除外);(4)控辩协商的法律效果是"人民法院依法作出判决时,一般应当采纳人民检察院指控的罪名和量刑建议"。

(二)认罪认罚从宽制度为什么要控辩协商

1.控辩协商有利于使犯罪嫌疑人对"从宽"的内容和程度看得见摸得着,从而下决心走认罪认罚从宽之路。过去,公安司法机关也常常以"坦白从宽"等政策教育犯罪嫌疑人,但到底怎么从宽、能宽到什么程度,办案人员除了介绍法律规定之外,往往难以具体表态,否则,就有许愿之嫌。由于对"从宽"看不见、摸不着,更无以为凭,犯罪嫌疑人对这种政策教育往往半信半疑甚至心存警惕,他们可能更相信社会上所流传的"坦白从宽、牢底坐穿,抗拒从严、回家过年",这难免影响政策教育的效果。如今,通过控辩协商,犯罪嫌疑人在诉前就能对认罪认罚所带来的"从

---

① 最高人民法院、最高人民检察院、公安部、国家安全部、司法部《关于在部分地区开展刑事案件认罪认罚从宽制度试点工作的办法》第9条规定:"犯罪嫌疑人自愿如实供述涉嫌犯罪的事实,有重大立功或者案件涉及国家重大利益,需要撤销案件的,办理案件的公安机关应当层报公安部,由公安部提请最高人民检察院批准。"第13条规定:"犯罪嫌疑人自愿如实供述涉嫌犯罪的事实,有重大立功或者案件涉及国家重大利益的,经最高人民检察院批准,人民检察院可以作出不起诉决定,也可以对涉嫌数罪中的一项或者多项提起公诉。"

宽"好处看得见、摸得着，且有具结书为凭，这必然有利于促使其下定"走认罪认罚从宽之路"的决心。

2. 控辩协商有利于体现犯罪嫌疑人的诉讼主体地位和控辩平等。在控辩协商中，控方以比较平等的姿态与犯罪嫌疑人协商，以比较明确的利益来换取犯罪嫌疑人认罪认罚，其效果比控方以居高临下的姿态所进行的政策教育要好。

3. 控辩协商有利于犯罪嫌疑人改过自新，回归社会。控辩协商使得案件的处理结果是犯罪嫌疑人自己通过协商认可的，比司法机关强加给他的更容易接受；同时，控辩协商有利于促使犯罪嫌疑人向被害人赔礼道歉、赔偿损失，从而减少对抗、修复社会关系。这都有利于犯罪嫌疑人改过自新，回归社会。[①]

4. 控辩协商是国家治理体系和治理能力现代化在刑事诉讼领域的一个体现。控辩协商在认罪认罚从宽制度中的包含和运用，意味着我国80%左右的刑事案件可以通过控辩双方协商而不是对抗来了结，并实现案结事了，其意义不可低估。因为在和平年代，犯罪是社会对抗的主要方面，现在，这里的大部分案件可以通过对立双方合作、协商的方式来解决，而不是强行裁判的方式来解决，这是国家治理体系和治理能力现代化在刑事诉讼领域的一个体现，也是司法制度现代化的一个表征。

（三）控辩协商的源流及理论基础

1. 控辩协商借鉴了美国的辩诉交易，但与辩诉交易又有本质区别。辩诉交易最早产生于19世纪的美国，但直至1970年美国联邦最高法院才以判例的形式承认该制度符合宪法。辩诉交易的基本特征是，检察官以降低指控为条件，换取被告人的有罪答辩，法官审查认可后不需要开庭即确定

---

[①] 魏晓娜：《完善认罪认罚从宽制度：中国语境下的关键词展开》，载《法学研究》2016年第4期。

被告人的罪行和刑罚。催生辩诉交易的直接动因主要有三个:一是为了有效惩治犯罪。因为当事人主义的诉讼方式更注重人权保障,加上陪审团审判的结果较难预料,因而一定程度影响了惩治犯罪。为此,检察官就通过辩诉交易来逃避冗长的庭审程序和陪审团审判。米兰达规则确立被告人沉默权后,检察官又以辩诉交易来促使被告人开口承认犯罪,以便抵消沉默权对惩治犯罪带来的消极影响。二是为了提高诉讼效率。当事人的诉讼方式效率低下,难以适应遏制高涨犯罪的需要。三是控辩协商有利于实现控与辩、国家与社会一定程度的互利共赢,即控方降低了指控难度,辩方降低了辩护难度,被告人得到量刑以至定罪优惠;国家节省了司法资源,社会减少了对抗因素。

同时,美国的法律文化和司法制度也为辩诉交易提供了条件:一是当事人主义的诉讼文化使契约观念在刑事诉讼中得以体现,从而赋予了当事人刑事处分权;二是检察官在案件起诉上享有很大的自由裁量权;三是在证据制度上只要被告人认罪,即使没有其他证据也能定罪。

正因为辩诉交易有诸多好处,美国联邦最高法院于1970年在"布来迪"案的判决中首次肯定辩诉交易符合宪法。如今,在美国,有90%以上的案件是通过辩诉交易处理的。美国联邦最高法院前首席大法官伯格曾说:"如果有罪答辩的百分比发生很小的变化,那就可能带来严重的后果。有罪答辩从90%减至80%,便要求两倍的司法人员和设施——法官、法庭报告员、法警、书记官、陪审员和审判庭。如果降至70%,则需要三倍的司法人员和设施。"[①] 也正因为辩诉交易有上述价值,而"二战"后各国都遇到了犯罪高发的问题,因而英美法系的一些国家,以及传统诉讼理论与之

---

① 王以真主编:《外国刑事诉讼法学》(新编本),北京大学出版社2006年版,第375—377页。

格格不入的大陆法系的德国、意大利等国以及我国台湾地区的法律,[①]都对其作了不同程度的借鉴,先后引入了"认罪协商"等协商性案件处理机制。

但是,对辩诉交易的争议一直都没有停止过。美国的刑事司法委员会在1973年的一个报告中还曾建议"至迟在1978年以前废除辩诉交易"。美国对辩诉交易的反对意见主要是:(1)辩诉交易极易对案件造成不公正的处理结果。(2)检察官有可能滥用权力,出入人罪;还会使一些被告人屈服于检察官的威胁、引诱、欺骗而违心认罪,造成冤假错案。前些年,美国"无辜者计划"这个民间组织通过DNA技术纠正的347件冤假错案中,通过辩诉交易被错误定罪处理的有33件,将近占10%;[②](3)辩诉交易有可能使律师为降低辩护难度而不顾委托人的正当权益。可见,美国的辩诉交易是利弊共存的。

由于美国的辩诉交易存在积极作用,因而我国有加以借鉴的必要。但在借鉴时,我国称其为"控辩协商"或"认罪协商"。这是因为在中国人的观念中,"交易"一词一般用于商业领域,而不用于政治、司法及社会领域,否则,就带有贬义。更重要的是,我国控辩协商与美国的辩诉交易具有本质区别:一是在理论根据上,美国的辩诉交易基于当事人主义的诉

---

① 所谓"传统诉讼理论与辩诉交易格格不入",台湾学者林钰雄的说法最有代表性,他在《干预处分与刑事证据》一书(北京大学出版社2012年版,第168页)中写道:对于协商程序,"不能仅从'新增一种简化的审判方式'来理解,这是'契约取向'对'原则取向'刑事诉讼构造的本质性颠覆,其水火不容程度犹如把柴油加到汽油引擎。19世纪以来,构建法治国刑事诉讼的诸多调查、审判与构造原则,都有可能产生质变,冲击的审判相关原则包括直接、言词、公开审理原则及参与原则、自由心证原则、法官保留原则;影响的主要证据原则包括证据裁判、无罪推定、罪疑惟轻、不自证己罪、自白之任意性与真实性法则;其他还包括法官中立性、检察官客观性和法定性义务、法定原则、平等原则、实体真实原则、诉讼权之核心保障等,皆有可能动摇。此外,甚至连实体法的构成要件理论、罪责原则及罪行相当要求,都被波及"。

② 参见美国纽约大学法学院亚美法研究所执行主任柏恩敬:《美国冤错案件的预防和纠正》,载《人民检察》2017年第2期。

讼文化和契约观念，当事人对自己的刑事案件如同民事案件那样拥有处分权。而我国的控辩协商是以职权主义为传统的诉讼制度和诉讼文化基础上的协商，这种协商，既借鉴了国外辩诉交易的合理因素，更植根于我国的协商文化和合作型司法的思想（后文论及），具有较多的本土资源。二是在制度定位上，美国的辩诉交易是控辩双方当事人为避免诉讼风险，在讨价还价的基础上共同对案件作出处分。而我国的控辩协商是司法机关依法办案前提下的协商，它总体上没有超出"依法办案"的框架。三是在价值追求上，美国的辩诉交易在案件能够定罪的前提下偏重于追求效率，对公正有较多的损害。我国的控辩协商在公正的前提下最大限度地追求效率。四是在办案依据上，美国的辩诉交易只要被告人认罪，即使没有其他证据，也能定罪。而我国的控辩协商必须坚持以事实为根据、以法律为准绳，贯彻罪行法定、罪责刑相适应、证据裁判原则，坚持"案件事实清楚，证据确实、充分"的证明标准。五是在协商范围上，美国的辩诉交易包括罪名交易、罪数交易和量刑交易，其范围很广。而我国控辩协商的范围除极个别特殊案件外，主要限于量刑协商和适用程序协商[①]。六是在法院审查上，美国法院对辩诉交易案件一般仅作形式审查。而我国法院对认罪认罚和控辩协商要作实质审查，主要审查认罪认罚的自愿性，认罪认罚具结书内容的真实性、合法性，案件事实、证据的可靠性。

2. 控辩协商源于我国的协商文化。"协商"在我国有较为深厚的文化土壤和渊源：一是民本思想。即"民惟邦本、治国为民"。如孟子的"民贵君轻"，荀子的"民水君舟"。既然民是本，那统治者就要倾听百姓呼

---

① 有文章认为：控辩协商"并不等于赋予犯罪嫌疑人、被告人讨价还价的权利，犯罪嫌疑人除了享有程序选择权外，对指控的罪名及法律适用、从宽处罚的量刑建议等事项并不存在协商的空间"。（见北京高级人民法院刑一庭：《刑事案件认罪认罚从宽制度综述》，载《人民法治》2017 年第 1 期）。但笔者认为，控辩双方是可以在法律规定的处刑幅度内进行量刑协商的。

声,有事与百姓商量。二是天下为公思想。既然都是为公,就应协商办事。三是兼容并蓄思想。要求善于听取各方意见,博采众长,这就包含了沟通协商意思。四是求同存异思想。君子"和而不同",要求在承认差异的前提下,通过沟通协商,寻求最大公约数。因此,习近平总书记2014年9月21日在庆祝中国人民政治协商会议成立65周年大会上说:"社会主义协商民主,是中国社会主义民主政治的特有形式和独特优势,是中国共产党的群众路线在政治领域的重要体现,它源自中华民族长期形成的天下为公、兼容并蓄、求同存异等优秀政治文化,源自近代以后中国政治发展的现实进程,源自中国共产党领导人民进行革命、建设、改革的长期实践,源自新中国成立后各党派、各团体、各民族、各界人士在政治制度上的不断创新,具有深厚的文化基础、理论基础、实践基础、制度基础。"他还要求"坚持有事多商量,遇事多商量,做事多商量,商量得越多越深入越好"。控辩协商虽不属于"民主政治"的范畴,却是"协商"这种方式在司法领域的具体运用,也是控辩平等理念的生动实践。

3.控辩协商是合作型刑事诉讼模式的一种表现形式。对刑事诉讼模式有多种划分,有的划分为犯罪控制模式与正当程序模式;有的划分为弹劾模式与纠问模式。[①]陈瑞华教授提出了对抗型司法与合作型司法这两种刑事诉讼模式。[②]前者以不认罪案件为标志;后者以认罪案件为标志。因为在认罪案件中,被告人放弃了无罪辩护,在是否有罪的问题上与控方持合作态度。

在我国,合作型司法一直存在,如投案自首、坦白、认罪,都体现了犯罪嫌疑人、被告人与司法机关一定程度的合作;刑事和解则体现了犯罪

---

[①] 参见宋英辉等:《刑事诉讼原理》(第三版),北京大学出版社2014年版,第158—166页。

[②] 陈瑞华:《司法过程中的对抗与合作——一种新的刑事诉讼模式理论》,载《法学研究》2007年第3期。

嫌疑人、被告人与被害人的合作。因此，认罪认罚从宽制度就是合作型司法的一种表现形式，它表明，犯罪嫌疑人、被告人与司法机关在案件的定罪与处罚上都持合作态度。

综上所述，我国的控辩协商，植根于我国的协商文化，源于合作型刑事诉讼模式，也借鉴了美国的辩诉交易制度的合理因素。

（四）进行控辩协商要注意的问题

既然认罪认罚从宽制度包含控辩协商，且控辩协商在我国具有制度渊源，那么，为什么全国人大常委会《决定》和"两高三部"《办法》都没有此类表述和直接规定呢？笔者分析，主要基于三方面原因：一是我国刑事诉讼制度具有明显的职权主义色彩，而无当事人主义的司法文化传统；二是我国强调罪行法定、起诉法定、罪责刑相适应，在全面推进依法治国的大背景下，更强调严格执法、公正司法，社会各界对政法机关的自由裁量权监督很严。特别是在当前司法不公、司法腐败时有发生、司法公信力不高的情况下，人民群众要求对自由裁量权强化监督制约而不是予以扩大。三是当前社会上对认罪认罚从宽制度本就存在各种各样的担心，如担心打击不力，担心冤假错案，担心不利于保护被害人的合法权益，特别是担心司法不公、权钱交易。在这一背景下搞控辩协商，社会上的担忧可能会更多。因此，全国人大常委会及有关部门可能心存顾虑，怕少数办案人员看不到我们的控辩协商与美国辩诉交易的本质区别，滥用协商权力，从而既搞乱思想，又损害司法的公正性，影响认罪认罚从宽制度试点工作的健康顺利进行。

因此，为了消除上述疑虑，必须正确把握控辩协商，以保证认罪认罚从宽制度试点工作健康顺利进行。

1.要在严格依法办案的前提下进行协商。坚持严格依法办案，是从我国实际出发借鉴辩诉交易并使其存利祛弊的关键。要坚持以事实为根据，以法律为准绳，遵循罪刑法定、起诉法定、罪责刑相适应、证据裁判等原则，坚持"案件事实清楚，证据确实、充分"的证明标准，贯彻宽严相济刑事政策，防止越过法律底线进行协商。对于需要特别从宽处理的案件，必须从严把握：在实体上，必须是有"重大立功"或"案件涉及国家重大利益"；在程序上，公安机关如要撤案，要由公安部提请最高人民检察院批准；检察院如要不诉或对涉嫌犯罪中的一项或多项起诉，要层报最高人民检察院批准，故在协商时不能随意许愿。

2. 要认真履行检察官客观公正义务。如前所述，由于检察机关的量刑建议在相当程度上决定了法院判决的内容，因而检察官在控辩协商中应履行好客观公正义务，不偏不倚地履行职责，全面关注对犯罪嫌疑人有利与不利的各种情节，切实防止片面控诉倾向。要详解法律政策，使犯罪嫌疑人明白协商和认罪认罚的性质和法律后果，防止搞"愚民政策"；要坚持平等协商，防止以强凌弱；要坚持自愿，防止威胁、引诱、欺骗，以保证犯罪嫌疑人认罪认罚的自愿性，具结书的真实性、合法性和案件事实证据的可靠性。

3. 要在律师参与和监督下进行协商。控辩双方实力悬殊，控辩协商如无律师参与，就很难保证协商的自愿和公正。因此，要及时告知犯罪嫌疑人聘请律师和申请法律援助律师的权利；对于符合提供法律援助律师条件的，依法通知法律援助机构指派律师提供辩护；对于没有辩护人的，应当通知值班律师提供法律帮助。要让律师参与协商的过程，并在律师在场的情况下签署具结书，以保障协商的平等、合法和公正。

4. 要督促犯罪嫌疑人与被害人和解。对有被害人的案件，检察机关要督促犯罪嫌疑人向被害人赔礼道歉、赔偿损失，以取得被害人的谅解，进而达成和解，从而为从宽处理创造有利的条件。检察机关在提量刑建议时，要把犯罪嫌疑人向被害人赔礼道歉、赔偿损失以及被害人谅解、和解等情况作为重要情节加以考虑，但不以被害人谅解、和解为从宽处理的必要条件。在协商前，检察机关也要主动听取被害人的意见。

5.要强化监督制约。除了强化律师监督制约外,一要制定控辩协商办法,完善量刑指导意见,规范控辩协商和量刑建议行为。二要强化检察机关内部的监督制约,特别要运用大数据技术对个案量刑建议情况进行巡查。三要强化法院对事实证据可靠性、认罪认罚自愿性、具结书内容真实性与合法性以及量刑建议适当性的实质性审查,对于不符合认罪认罚条件或不宜适用认罪认罚从宽制度的,不适用认罪认罚从宽制度;对于具有"两高三部"《办法》第20条规定的五种情形之一的,[①]不采纳检察机关指控的罪名和量刑建议;认为量刑建议明显不当或者被告人、辩护人对量刑建议提出异议的,可以建议检察机关调整量刑建议,检察机关不同意调整或者调整后被告人、辩护人仍有异议的,法院依法作出判决。通过强化上述监督制约,保障控辩协商的依法、公正,防止司法腐败。

## 五、侦查阶段是否可以适用认罪认罚从宽制度

对侦查阶段是否可以适用认罪认罚从宽制度问题,法学界认识不一。第一种观点认为,侦查阶段不能适用认罪认罚从宽制度。其理由是:(1)认罪认罚的前提是"事实清楚,证据确实、充分",侦查机关只有侦查取证,才能达此目的,因此,侦查阶段的主要任务是取证而不是认罪协商。(2)若许可侦查机关促成犯罪嫌疑人认罪协商,则可能导致侦查人员放弃法定查证职责,不去收集能够证明犯罪嫌疑人无罪的各种证据,过分依赖获取犯罪嫌疑人有罪的各种证据,过分依赖获取犯罪嫌疑人的口供定罪,冤枉无辜。(3)由于侦查机关公权力的天然优势、侦查活动的秘密性等,一旦侦查机关在办案过程中承担此项职责,可能会出于减轻办案压力或者其他

---

① 第20条规定的5种情形是:"被告人不构成犯罪或者不应当追究刑事责任的;被告人违背意愿认罪认罚的;被告人否认指控的犯罪事实的;起诉指控的罪名与审理认定的罪名不一致的;其他可能影响公正审判的情形。"

目的,而采取威胁、引诱等方式迫使犯罪嫌疑人认罪认罚,进而成为造成冤假错案的诱因。① 第二种观点认为,侦查阶段可以适用认罪认罚从宽制度,只是不能进行认罪协商。其理由是:(1)认为认罪认罚从宽制度不能适用于侦查阶段的观点实际上是把认罪认罚从宽制度视同于认罪认罚协商从宽制度,但实际上,认罪认罚从宽制度是包含了实体与程序一系列法律制度和诉讼程序的集合性法律制度,认罪认罚协商从宽制度只是其中一项制度。(2)我国现有的当事人和解的公诉案件的诉讼程序实际上也是认罪认罚从宽制度中的一项具体制度,适用于侦查阶段。(3)认罪认罚从宽制度的适用主要是指犯罪嫌疑人、被告人何时作出认罪认罚表示才能获得法律的承认或具有法律效力。认罪认罚当然是越早越好,早的认罪认罚一般发生于侦查阶段,如自首,就肯定发生于侦查阶段。② 第三种观点认为,认罪认罚从宽制度不仅适用于侦查阶段,而且"应当建立公安司法机关同被追诉人协商的制度"。其理由是:"为节省司法资源和提升诉讼效率,应当鼓励被追诉人尽早认罪认罚";认罪认罚作为宽严相济刑事政策的直接体现,"存在于侦查、审查起诉、审判和执行的整个阶段";与此相适应,"应当赋予被追诉人在各个诉讼阶段的程序启动权和变更权,这不仅符合认罪认罚从宽制度的协商色彩,也是尊重被追诉人程序主体地位的体现";③"认罪认罚从宽制度的功能之一在于破解特定案件中的侦查困境,发挥认罪的激励作用。"④

笔者比较赞同第三种观点,认为侦查阶段不仅可以适用认罪认罚从宽

---

① 陈卫东:《认罪认罚从宽制度研究》,载《中国法学》2016年第2期。
② 顾永忠:《关于"完善认罪认罚从宽制度"的几个理论问题》,载《当代法学》2016年第6期。
③ 陈光中、马康:《认罪认罚从宽制度若干重要问题探讨》,载《法学》2016年第6期。
④ 魏晓娜:《完善认罪认罚从宽制度:中国语境下的关键词展开》,载《法学研究》2016年第4期。

制度，而且可以进行认罪认罚从宽制度所包含的认罪协商。

（一）侦查阶段为什么可以适用认罪认罚从宽制度

1. 侦查阶段适用认罪认罚从宽制度不仅客观存在，而且有明确的准法律规范依据。认罪认罚从宽制度虽是十八届四中全会《决定》首次提出，但体现认罪认罚从宽制度精神的刑事政策、法律制度、法律实践活动早已有之。如刑事政策中的宽严相济、坦白从宽；法律制度中的对自首从轻、减轻、免除处罚制度，对如实供述自己罪行（即坦白）的从轻、减轻处罚制度，对行贿人在被追诉前主动交代行贿行为的从轻、减轻、免除处罚制度，对刑事和解的公诉案件在实体上从宽处理、在程序上适用特别程序的制度；至于对自首、坦白等予以从宽处理的司法实践活动则更是大量存在。正因为如此，十八届四中全会《决定》规定的是"完善认罪认罚从宽制度"，而不是"建立认罪认罚从宽制度"。① 而上述体现认罪认罚从宽制度精神的政策、制度的贯彻落实，自然包括在侦查阶段的贯彻落实，例如，自首、坦白的行为大多发生于侦查阶段；犯罪嫌疑人、被告人与被害人和解也有不少发生在侦查阶段。对于侦查阶段自首、坦白或与被害人达成和解的，侦查机关一般采取比较宽缓的强制措施，并建议检察机关依法从宽处理。

在认罪认罚从宽制度提出并实施后，犯罪嫌疑人认罪认罚也大多在侦查阶段。因为根据刑事诉讼法规定，只有"犯罪事实清楚，证据确实、充分"的案件，侦查机关才能移送检察机关审查起诉。在移送审查起诉的案件中，多数是犯罪嫌疑人认罪认罚的，拒不认罪、侦查机关凭口供以外的证据证实犯罪的不占多数。因此，凡认罪认罚案件，多数是在侦查阶段就认罪认罚的。对于侦查阶段认罪认罚的案件，审查起诉阶段固然需要审查，有的还要巩固、完善，并在此基础上签署具结书，但认罪认罚行为主

---

① 参见顾永忠：《关于"完善认罪认罚从宽制度"的几个理论问题》，载《当代法学》2016年第6期。

要在侦查阶段是无可否认的。既然犯罪嫌疑人在侦查阶段认罪认罚了，那就要落实从宽处理的政策措施，其中有些从宽措施在侦查阶段就可落实，如不采取羁押性强制措施，已经采取羁押性强制措施的变更为轻缓的强制措施；建议检察机关依法从宽处理并适用从简的诉讼程序。更多的从宽措施虽在审查起诉、审判阶段才能最终落实，但只要体现了认罪认罚越早、从宽幅度越大的精神，对分别在侦查、起诉、审判阶段认罪认罚的案件，实行处理优惠、量刑优惠递减的原则①，就应认为认罪认罚从宽制度适用于侦查阶段。因此，有大量案件在侦查阶段认罪认罚，并被得到从宽处理是无可置疑的客观事实。

与此同时，经全国人大常委会授权，"两高三部"《办法》中有些内容明确规定可以适用于侦查阶段认罪认罚案件，有些甚至是专门为侦查阶段认罪认罚案件规定的。前者如第5条关于犯罪嫌疑人认罪认罚的，公安机关应当通知值班律师为其提供法律帮助的规定；第6条关于公安机关应当将犯罪嫌疑人认罪认罚作为其是否具有社会危险性的重要考虑因素以决定适用何种强制措施的规定等。后者如第8条第1款关于"在侦查过程中，侦查机关应当告知犯罪嫌疑人的诉讼权利和认罪认罚可能导致的法律后果，听取犯罪嫌疑人及其辩护人或者值班律师意见，犯罪嫌疑人认罪认罚的，记录在案并附卷"的规定；同条第3款关于"对拟移送审查起诉的案件，侦查机关应当在起诉意见书中写明犯罪嫌疑人自愿认罪认罚情况"的规定；第9条关于"犯罪嫌疑人自愿如实供述涉嫌犯罪的事实，有重大立

---

① 现行的法律制度、司法文件已一定程度体现了这一精神，如刑法第383条第3款规定：犯贪污罪、受贿罪，"在提起公诉前如实供述自己的罪行、真诚悔罪、积极退赃，避免、减少损害结果发生，有第一项规定情形的，可以从轻、减轻或者免除处罚；有第二项、第三项规定情形的，可以从轻处罚"。又如，《最高人民法院关于常见犯罪的量刑指导意见》规定："当庭自愿认罪的，根据犯罪的性质、罪行的轻重、认罪程度以及悔罪表现等情况，可以减少基准刑的10%以下"，而"自愿如实供述自己罪行的，可以减少基准刑的20%以下"。

功或者案件涉及国家重大利益，需要撤销案件的，办理案件的公安机关应当层报公安部，由公安部提请最高人民检察院批准"的规定等。可见，侦查阶段适用认罪认罚从宽制度不仅客观存在，而且有明确的准法律规范依据①。

2. 侦查阶段适用认罪认罚从宽制度，这是由我国现阶段的侦查水平决定的。与经济社会发展水平相适应，我国现阶段的侦查水平总体上还不是很高，口供在诉讼中仍然占重要地位，侦查模式总体上是"由供到证"，即侦查人员通过现场勘查和外围调查，以一定的证据确定了犯罪嫌疑人后，即对其讯问以获取口供，待口供突破后，再循着口供去收集物证、书证及其他证据。这种侦查模式有侦查资源较为节省、侦查效率较高的优势，但因过于依赖口供，容易产生以拘代侦、以捕代侦、刑讯逼供、暴力取证等问题。虽然，法学界有识之士早就提出要实行侦查模式的转变，即从"由供到证"转变为"由证到供"，但总体上尚未实现这种转变。因为侦查模式并不是侦查人员主观上想转变就能转变的，它要受国家经济社会发展阶段的制约，这是由于"由证到供"的侦查模式要求把侦查的重点放在外围调查和口供之外证据特别是物证的获取上，这就必然使侦查时间拉长，并要求侦查装备现代化程度明显提高、侦查经费投入显著增加和侦查人员素质水平明显提高。以物证为例，它往往依靠一定的技术设备去发现和提取；提取后还要运用一定的技术设备进行鉴定，以揭示其所蕴含的信息；同时，侦查技术设备要靠人去操作，鉴定意见要靠人去研究作出，作出的鉴定意见又要靠人正确地用于分析判断案件，这都要求侦查人员素质水平进一步提高。总之，侦查模式的转变需要以国家的经济、文化、科技

---

① 黄京平教授认为，最高人民法院、最高人民检察院、公安部、国家安全部、司法部《关于在部分地区开展刑事案件认罪认罚从宽制度试点工作的办法》应定位于"准法律性质"的刑事法律规范，并为此作了充分论证。参见黄京平：《认罪认罚从宽制度的若干实体法问题》，载《中国法学》2017年第5期。

等方面的进一步发展为基础和条件。

"由供到证"的侦查模式和我国法律对侦查终结、移送审查起诉所规定的较高的证明标准,①决定了侦查终结、移送审查起诉的案件,多数是犯罪嫌疑人在侦查阶段就交代了犯罪事实并认罪认罚的,拒不交代犯罪事实,全靠外围证据证实其有罪的只能是少数。

3. 侦查阶段适用认罪认罚从宽制度(含其中的控辩协商)是及时有效地惩治犯罪、维护社会和谐稳定的需要。前已述及,最高人民法院周强院长代表最高人民法院、最高人民检察院就开展认罪认罚从宽制度试点问题向全国人大常委会作说明时,阐述了实行认罪认罚从宽制度四个方面的价值。要实现该四个方面价值,认罪认罚自然是越早越好,越早价值越大。特别是周强院长将"及时有效惩治犯罪、维护社会和谐稳定"列为首要价值,就更说明了将认罪认罚从宽制度包括其中的控辩协商制度适用于侦查阶段的必要性。

首先,从社会大背景来看。如前所述,我国现阶段仍处于犯罪高发期,而且犯罪手段越来越狡猾、隐蔽和翻新,打击犯罪的任务越来越繁重,难度也越来越大。但另一方面,随着"尊重和保障人权"被规定入宪法和刑事诉讼法,随着以审判为中心的诉讼制度改革特别是庭审实质化的推进,司法证明越来越严格和规范,对程序正义的要求也越来越高。使得司法资源有限性与诉讼需求不断增加之间的矛盾更加突出。这就迫切需要采取一些既有利于惩治犯罪,又有利于提高诉讼效率的措施。认罪认罚从宽制度就是重要措施之一,它有利于促使犯罪嫌疑人认罪认罚,配合政法机关查明案件事实,补充完善证据,其中就特别需要侦查机关通过政策攻心和控辩协商,以承诺从宽处理为条件,来吸引或换取一些犯罪分子交代

---

① 我国规定的案件侦查终结的证明标准,与检察院起诉、法院审判的标准相一致,都是"犯罪事实清楚,证据确实、充分"。

犯罪事实，走认罪认罚从宽之路，从而降低揭露和证实犯罪的难度。

其次，从各诉讼阶段的职责任务来看，侦查、起诉、审判、刑罚执行这四个诉讼阶段虽都负有"及时有效惩治犯罪、维护社会和谐稳定"的职责任务，但侦查阶段无疑负有更大的责任。因为收集到足以证明犯罪的证据，查获犯罪嫌疑人，是侦查机关的职责。审查起诉和审判阶段的任务主要是对在案证据特别是侦查机关收集的证据进行审查、核实和认定，并把国家的刑罚权落实到具体的犯罪嫌疑人或被告人。如果侦查阶段不能收集到足以证明犯罪的证据，不能查获犯罪嫌疑人，起诉和审判就无从谈起。因此，要实现认罪认罚从宽制度"及时有效惩治犯罪、维护社会和谐稳定"这一首要价值，就不能不对侦查阶段给予更多的期待。

最后，从认罪认罚案件的构成来看。认罪认罚案件一般可分三类：第一类是犯罪嫌疑人主动认罪认罚，如投案自首、主动坦白等；第二类是教育认罪认罚，即通过办案人员政策教育攻心，促使犯罪嫌疑人认罪认罚；第三类是协商认罪认罚，即司法人员通过政策攻心，以从宽处理为条件促使或换取犯罪嫌疑人交代犯罪事实、认罪认罚。① 上述三类认罪认罚案件，主动认罪认罚是少数，教育认罪认罚和协商认罪认罚是多数。至于认罪认罚所在的诉讼阶段，主动认罪认罚必然在侦查阶段，因为如果不在侦查阶段而在后续的审查起诉或审判阶段，那侦查机关已凭口供之外的确实、充分证据证明犯罪嫌疑人构成犯罪，在这种情况下，如果犯罪嫌疑人才认罪认罚，那就不属于"主动"认罪认罚了。教育认罪认罚和协商认罪认罚，则有些在侦查阶段，有些在审查起诉阶段，极少数也可能在审判阶段，但审查起诉或审判阶段的认罪认罚，周强院长所说的"及时有效地惩治犯罪、维护社会和谐稳定"的作用并不突出，因为对这些案件，由于侦查机

---

① 教育认罪认罚与协商认罪认罚有时较难区分，因为"教育"中往往包含坦白从宽、认罪认罚从宽教育，而"协商"也首先需要教育。

关已收集到确实、充分证据，犯罪嫌疑人、被告人如果不认罪认罚，一般也能对其起诉并定罪判刑。因此，真正具有"及时有效地惩治犯罪、维护社会和谐稳定"作用的认罪认罚，在很大程度上需要通过侦查阶段，即侦查机关以一定的事实、证据为基础，通过思想教育、政策攻心或与犯罪嫌疑人协商，来促使、换取犯罪嫌疑人认罪认罚。如果认为认罪认罚从宽制度包括控辩协商不适用于侦查阶段，那"及时有效地惩治犯罪、维护社会和谐稳定"这一认罪认罚从宽制度的首要价值在很大程度上就会落空。

4. 认罪认罚从宽制度适用于侦查阶段，是优化司法资源配置、提升司法公正效率的需要。"优化司法资源配置，提升司法公正效率"，是周强院长阐述的认罪认罚从宽制度的第三个价值。"公正效率"中的"公正"是司法的最高价值追求，公、检、法、司等机关都围绕这一价值目标进行侦查、起诉、审判、刑罚执行等诉讼活动，任何一个诉讼阶段出问题，司法公正就难以实现。但是，如要实现全面的公正，即做到不错不漏、不枉不纵和"事实认定符合客观真相，办案结果符合实体公正，办案过程符合程序公正"，从而"使人民群众在每一个司法案件中感受到公平正义"，首先需要侦查阶段把侦查工作做到位，然后起诉、审判等阶段共同接力。否则，对于客观上确实有罪的案件，如果侦查不到位，该查的事实没有查清，该收集的证据没有收集起来，这样的案件，即使勉强移送审查起诉或诉至法院，那检察机关也只能依法不诉，法院也只能依法判决无罪，从而实现底线的公正，即只能做到"不错"，而不能做到"不漏"。对这样的案件，被害人就难以感受到司法的公平正义。因此，就认罪认罚案件来说，要想实现"提升司法公正"的价值，也首先需要侦查阶段的努力。

效率是司法另一个价值追求，就认罪认罚案件来说，通过程序从简处理，有利于提高司法效率。如果侦查阶段就认罪认罚，其对司法效率的提升明显会高于审查起诉、审判阶段的认罪认罚。因为侦查阶段就已认罪认罚的案件，诉讼程序分流从侦查阶段就可开始，侦、诉、审三阶段都可实现快办快结。

（二）如何保证侦查机关正确适用认罪认罚从宽制度

有些同志之所以反对侦查阶段适用认罪认罚从宽制度特别是其中的认罪协商制度，是顾虑侦查机关因此而放弃法定查证职责，不去收集能够证明犯罪嫌疑人无罪的各种证据，而过分依赖口供定罪，并采取威胁利诱等方式迫使犯罪嫌疑人认罪认罚，造成冤假错案。笔者认为该顾虑不无道理，因而必须从事前防范、事中规制、事后救济等方面，来保证侦查阶段正确适用认罪认罚从宽制度。

1. 明确调查取证与认罪认罚的关系，把侦查着力点放在调查取证上。侦查的主要任务是收集证据、证实犯罪、查获犯罪嫌疑人。就犯罪嫌疑人来说，除少数自动投案者外，出于趋利避害的本能和逃避法律追究的目的，总要进行激烈的反侦查活动，如破坏犯罪现场、隐匿毁灭伪造证据、订立攻守同盟、躲避逃逸等；归案后，又对抗讯问，能拒供就拒供，能少供就少供，只有当其认为拒供无济于事，反而会招致更重处理时，才会供述犯罪事实。因为供述犯罪事实，就意味着可能沦为罪犯、遭受刑罚之苦，很多还会失去人身自由以至生命，家庭也可能因此而衰败。因此，认罪认罚是犯罪嫌疑人趋利避害、艰难选择的结果。就多数犯罪嫌疑人来说，要其认罪认罚绝非易事，必须以相当的事实、证据为基础，并对其造成"兵临城下"之势。古往今来，凡"出城投降"的战例，几乎都是在大兵压境、如不投降就会"玉石俱焚"的情况下才出现的。党的十八大以来查处腐败案件的事实也证明了这一点，在查处的440多名省军级党员干部及其他中管干部中，绝大多数不是自动投案的，而是调查取得大量证据、采取"两规""两指"、拘留逮捕等过硬措施，并与其正面激烈交锋后，才交代违纪违法事实的。因此，侦查人员必须明确调查取证与犯罪嫌疑人认罪认罚的关系，把侦查的着力点放在调查取证上，扎扎实实地调查收集证据，对犯罪嫌疑人形成"兵临城下"之势，在此基础上，再进行政策攻心和认罪协商，切不可抱不切实际的幻想，把希望寄托在犯罪嫌疑人自动认罪认罚上。

2. 规范认罪协商行为。侦查阶段进行认罪协商，必须坚持依法讯问，告知犯罪嫌疑人享有的诉讼权利和认罪认罚的法律后果和有关规定，绝不能威胁、引诱、欺骗。对认罪认罚案件从宽处理的表态，除侦查机关自身能够决定的内容外，要留有余地，而不能太过具体。因为：一是从诉讼阶段来看，侦查机关对证据和案件事实的认定，还要经过起诉、审判这两个诉讼环节的审查和律师的辩驳，变数还比较大。二是从诉讼构造来看，典型的诉讼构造是控辩对抗、第三方居中裁判，这是使诉讼结果准确公正的必要保证。但在侦查阶段，律师虽有权介入但无权阅卷，其作用尚难充分发挥。故侦查阶段所认定的事实、证据和作出的法律适用判断主要是侦查机关单方面的意见，这同样会影响侦查阶段对案件事实、证据的准确认定和对法律适用的准确判断。三是从职能主体来看，侦查人员总体上是行动官员而非法律官员，他们往往精于分析推理、敏于行动、长于侦查，但对法律的理解和适用，与作为法律官员的检察官、法官相比，总体上有一定差距，因而在与法律理解适用密切相关的案件定性处理问题上，也会影响其判断的准确性。四是从兑现从宽规定的阶段看，多数要在起诉特别是审判阶段才能兑现，侦查阶段无法兑现。因此，侦查机关不宜把从宽处理的意见说得太过具体。否则，一旦所提意见得不到检察院、法院的认可，难免影响侦查机关的公信力和权威性，有些犯罪嫌疑人还会产生"被唬弄""被忽悠""上当受骗"的感觉，并对侦查机关产生不满，有的还可能因此而推翻原来所作的认罪认罚。

3. 不签署载有协商结果的协议或具结书，但有关内容应当记录在案。"两高三部"《办法》第10条第2款规定："犯罪嫌疑人自愿认罪，同意量刑建议和程序适用的，应当在辩护人或者值班律师在场的情况下签署具结书。"可见，检察机关与犯罪嫌疑人之间在审查起诉阶段就量刑建议和程序适用问题达成一致意见的，是应当由犯罪嫌疑人签署具结书的，并以此作为犯罪嫌疑人认罪认罚的一个凭据。但对侦查机关与犯罪嫌疑人之间就案件处理的建议和程序适用达成一致意见的，由于影响侦查机关对案件事实、证据和处理意见准确判断的上述若干原因，不宜由犯罪嫌疑人签署具结书。但是，对犯罪嫌疑人认罪认罚的情况以及侦查机关所作的给予犯罪嫌疑人依法从宽处理的承诺，必须记录在案。

4. 要信守承诺。因为侦查人员如不信守和兑现承诺，即违反了司法诚信。其危害一是损害社会诚信体系；二是损害侦查机关的公信力；三是损害侦查活动的长期效益。因此，侦查人员的承诺必须信守。① 对于不信守承诺的，犯罪嫌疑人在侦查人员承诺下所作的认罪认罚，检察机关应予认真核实。

5. 强化律师辩护和法律帮助。强化律师辩护和法律帮助对于保证侦查阶段正确适用认罪认罚从宽制度具有十分重要的意义。要认真落实刑事诉讼法有关侦查阶段律师辩护权的规定，确保律师的会见权、通信权、提供法律帮助权、了解涉嫌罪名和了解案件情况权等诉讼权利。检察机关对律师提出的侦查机关及其工作人员妨碍其行使诉讼权利的申诉或者控告要及时审查，情况属实的要监督纠正。要认真落实"两高三部"《办法》第5条、第8条为侦查阶段新增的法律援助值班律师为犯罪嫌疑人提供法律帮助的权利，履行侦查人员告知犯罪嫌疑人享有的诉讼权利和认罪认罚的法律后果、听取犯罪嫌疑人及其辩护人或者值班律师意见的义务，确保犯罪嫌疑人在了解认罪认罚的性质和法律后果的前提下自愿认罪认罚。

6. 认真落实严格排除非法证据的规定。最高人民法院、最高人民检察院、公安部、国家安全部、司法部于2017年6月下发了《关于办理刑事

---

① 龙宗智：《检察官客观义务论》，法律出版社2014年版，第186页。

案件严格排除非法证据若干问题的规定》(以下简称《规定》)。该《规定》在刑事诉讼法有关规定和最高人民法院、最高人民检察院有关司法解释的基础上,进一步完善了排除非法证据的范围,明确了公、检、法机关和律师在排除非法证据中的职责(权利),完善了各诉讼阶段排除非法证据的程序。认真落实该《规定》,有利于防止侦查阶段的非法取供行为,正确适用认罪认罚从宽制度,保证犯罪嫌疑人认罪认罚的自愿性。一是侦查机关要规范讯问行为,并履行好自行发现和排除非法证据的职责。二是律师要认真协助犯罪嫌疑人申请排除非法证据,对刑讯逼供、非法取供情形代理申诉、控告。三是人民检察院要强化侦查监督,认真落实看守所收押犯罪嫌疑人时在场、重大案件侦查终结前进行讯问合法性核查、审查批捕审查起诉讯问犯罪嫌疑人时告知有权申请排除非法证据、及时受理、核查关于排除非法证据的申请并予书面回复等职责,一旦发现非法证据,坚决予以排除,并监督纠正侦查机关的非法取供行为。四是人民法院要认真审查取证合法性争议,通过庭前会议和庭审调查,作出公正裁判。

7. 强化人民检察院、人民法院对侦查阶段认罪认罚案件的审查。人民检察院、人民法院对侦查阶段认罪认罚案件要分别履行审前监督、过滤和裁判把关职责,认真审查讯问取供的合法性、证明标准的符合性、认罪认罚的自愿性等事项,以保障和促进侦查阶段正确适用认罪认罚从宽制度。尤其是人民检察院作为法律监督机关,更要履行好监督、过滤职责:要认真履行权利告知义务,使犯罪嫌疑人了解自己的诉讼权利和认罪认罚的法律后果;要通过讯问犯罪嫌疑人和听取律师意见,了解侦查机关讯问时文明办案情况、认罪认罚前后律师有无提供法律帮助;对于犯罪嫌疑人推翻原认罪认罚供述的,要查明原因,发现侦查人员威胁、引诱、欺骗的,要依法监督纠正,对该排除的非法证据要坚决依法排除;要全面审阅案卷材料,并对重点证据加强亲历性审查。对于公安部提请批准的拟撤销的案件,最高人民检察院要根据规定的条件认真审查、从严把握。

## 六、办理认罪认罚案件应否坚持"以审判为中心"

十八届四中全会《决定》在提出"完善认罪认罚从宽制度"的同时，还提出"推进以审判为中心的诉讼制度改革"。法学界一般认为：以审判为中心的核心在于庭审实质化[1]；"以审判为中心的核心是以庭审为中心"[2]。《最高人民法院印发〈关于全面推进以审判为中心的刑事诉讼制度改革的实施意见〉的通知》也提出，推进以审判为中心的诉讼制度改革"要以庭审实质化改革为核心，以强化证人、鉴定人、侦查人员出庭作证和律师辩护为重点"。而认罪认罚案件一般适用速裁或简易程序，即使适用普通程序也实行简化审理，与作为"以审判为中心"的"核心"的"庭审实质化"有相当距离。于是，一些同志对办理认罪认罚案件是否仍应坚持"以审判为中心"提出质疑，如有观点认为："严格意义上的'以审判为中心'应当主要适用于被告人不认罪的重大、复杂、疑难案件"[3]；"当前最高法院正在推动速决程序，期望使案件在审判中分流，实质化审判其中部分案件，对于另一部分案件则简化其庭审过程，这是一种相当自我矛盾现象……可以肯定，审判不具有实质性，就无法确立自己的诉讼重心或诉讼中心的地位，审判中心地位也就沦为一句空话"[4]。在实务界，也有一些司法人员包括检察人员认为，在认罪认罚从宽制度中，作为"核心"的庭审实质化

---

[1] 陈光中、唐彬彬：《深化司法改革与刑事诉讼法修改的若干重点问题探讨》，载《比较法研究》2016年第6期；熊秋红：《认罪认罚从宽的理论审视与制度完善》，载《法学》2016年第10期。

[2] 樊崇义：《刑事速裁程序：从"经验"到"理性"的转型》，载《法律适用》2016年第4期。

[3] 杨宇冠、杨依：《"以审判为中心"的若干问题研究》，载《西北大学学报（哲学社会科学版）》2016年第3期。

[4] 张建伟：《以审判为中心的实质内涵与实现途径》，载《中外法学》2015年第4期。

都不要求了，审判还是诉讼的中心吗？再从实际运作来看，办理认罪认罚案件，检察机关不仅工作量大，而且法院"一般应当采纳人民检察院指控的罪名和量刑建议"，也就是说，检察院在客观上已经一定程度上行使了部分审判职能，而法院开庭却往往只有几分钟，这还能叫"以审判为中心"吗？

与此同时，又有观点认为："以审判为中心并不意味着所有案件都必须经过严格的法庭审理程序，通过普通的规范的审理程序裁判的案件应当仅占全部受审案件的一小部分"①；"案件分流并非对'以审判为中心'的否定，而是保障'以审判为中心'的顺利进行"②；"以审判为中心的诉讼制度与认罪认罚从宽制度实质上是刑事诉讼中对办案机关及办案人员办理案件的应然要求与实然需求的关系……在以审判为中心的诉讼制度中，实质上包含了认罪认罚从宽制度"③。

可见，"以审判为中心"是否适用于认罪认罚案件的办理程序，或者说，办理认罪认罚案件是否应坚持"以审判为中心"，是一个需要进一步在理论上厘清的问题。

笔者认为，从应然的角度来说，认罪认罚从宽制度与"以审判为中心"并不矛盾，办理认罪认罚案件应坚持"以审判为中心"。

（一）"以审判为中心"是诉讼规律的必然要求，也是提高办案质量、防止冤假错案的现实需要，不因法院适用何种程序审理而受影响

审判之所以是刑事诉讼的中心，是因为：一是在职能上，审判是决定诉讼结局的环节，侦查、起诉的成果都要接受审判的审查，任何案件都只

---

① 陈卫东:《以审判为中心：解读、实现与展望》，载《中国刑法学研究会第二次代表大会暨2016年年会论文集》，第15页。
② 杨宇冠、杨依:《"以审判为中心"的若干问题研究》，载《西北大学学报（哲学社会科学版）》2016年第3期。
③ 顾永忠:《关于"完善认罪认罚从宽制度"的几个理论问题》，载《当代法学》2016年第6期。

有经过审判，才能对被告人确定有罪并处以刑罚。二是在诉讼地位上，侦查、起诉、执行都围绕审判并服务于审判，审判在整个刑事诉讼程序中处于中心地位。三是在证据上，证据是诉讼的核心，诉讼的过程，实际上就是收集、固定、审查、认定、运用证据的过程。由于审判要对侦查、审查起诉阶段收集、固定并移送的证据进行审查，决定证据是否具有能力和证明力，并决定诉讼最终结局，因而必然要求侦查、起诉阶段收集、固定、审查、运用证据，要与审判关于证据的要求和标准相一致。四是在条件上，审判具备程序正义的最完整形态，是诉讼中最具备"控辩对抗、法官居中裁判"这一典型的诉讼构造、最中立、最公开透明、最内含对抗制约因素、诉讼参与人最多的环节，因而最有利于实现司法公正，故具备作为"诉讼中心"的条件。五是在目的上，传统的刑事诉讼存在"以案卷为中心""以侦查为中心"以及庭审形式化等问题，因而影响了办案质量，甚至产生了一些冤假错案。"以审判为中心"就是针对这些问题提出来的，其目的就是提高办案质量、防止冤假错案，实现司法公正。[①]因此，"以审判为中心"是诉讼规律的必然要求，也是提高办案质量、防止冤假错案、实现司法公正的现实需要。它不因被追诉人是否认罪、法院依法适用何种程序审理而受影响，也不因各诉讼阶段依法办理所需时间、所花精力的多寡而受影响，因为在时间上，可能多数案件侦查所需时间长于起诉、审判；在精力上，可能侦查、起诉所花精力不会比审判少。总之，只要上述五个方面原因存在，审判都应是诉讼的中心。

当然，这里需要说明的是，"以审判为中心"是从应然角度来说的，而不是从实然角度来说的。在审理认罪认罚案件中，审判人员如果不尽职守，对被告人认罪认罚的自愿性、认罪认罚具结书内容的真实性和合法

---

① 证明审判是刑事诉讼中心的五个理由，详见本书《论"以审判为中心"》，这里不再展开论述。

性，以及案件事实证据的可靠性，不作认真审查就贸然采纳检察机关指控的罪名和量刑建议；如果发现应排除的非法证据不予排除，仍把它作为认定案件事实的重要依据；如果未审先定，检察人员、审判人员按照有关方面事先确定的处理意见分头走程序予以落实；如果审判受权力、人情等外部因素干扰，不能做到依法独立，等等，那么，应然的"以审判为中心"就没有落实为实然的"以审判为中心"。因此，不能认为不管怎么诉讼、怎么审判，审判都是诉讼的中心。

（二）"庭审实质化"在不同审理程序中的要求是分层次的，对认罪认罚案件仍要进行一定程度的实质审理

庭审实质化是针对庭审形式化而提出来的，其目的是实现诉讼证据出示在法庭、案件事实查明在法庭、诉辩意见发表在法庭、裁判结果产生于法庭，从而使庭审在查明事实、认定证据、保护诉权、公正裁判中发挥决定性的作用。庭审实质化有狭义和广义之分，狭义的庭审实质化又称"典型的庭审实质化"，是指庭审要依据司法亲历性的原理，实行直接、言词审理，案卷中的言词笔录原则上不能进入法庭作为裁判的根据；其重点在于强化证人、鉴定人、侦查人员出庭作证和律师辩护。狭义的庭审实质化主要就不认罪案件特别是疑难复杂案件的一审普通程序而言。广义的庭审实质化要求对案件事实、证据进行实质性审理，并按照法庭查明的事实作出裁判，但对较为简单的案件，在法官亲历、直接言词审理乃至法庭调查、法庭辩论等方面的要求可以有所降低。也就是说，广义的庭审实质化在刑事诉讼的不同审理程序中，其要求是分层次的：在审理不认罪案件特别是其中的疑难、复杂案件的一审普通程序中的要求最高，是庭审实质化的典型形态；在审理认罪认罚案件的普通程序中的要求次之，允许某些环节实行简化审理；在审理认罪认罚案件的简易程序中的要求再次之，允许不受法律规定的讯问被告人、询问证人、鉴定人、出示证据、法庭辩论程

序的限制；在审理认罪认罚案件的速裁程序中的要求最低，一般不进行法庭调查、法庭辩论。这里需要特别指出的是，即使在认罪认罚案件的速裁程序中，法庭仍要对案件的重点内容进行实质审理，如对被告人认罪认罚的自愿性、认罪认罚具结书内容的真实性和合法性、检察机关量刑建议的妥当性，以及案件事实证据的可靠性，进行实质性审查；控辩双方如有不同意见仍可充分发表；在判决宣告前要听取辩护人的意见和被告人的最后陈述意见。因为法院要对事实、证据和案件处理负最终责任。由于庭审实质化在不同审理程序中的要求分层次，因而"以审判为中心"在不同审理程序中就有不同的实现形式。

庭审实质化在不同审理程序中的要求之所以分层次，是因为：

首先，这是满足当事人多样化需求的需要。任何被追诉人都有获得正当程序审判的权利。而正当程序审判的典型形态，就是典型的庭审实质化。但是，正当程序审判既然是一项诉讼权利而不是诉讼义务，那么被追诉人根据自己案情和需求就有权自愿放弃，选择采用简化的诉讼程序如速裁、简易程序对其审判，并在法定范围内获得"好处"。在不同诉讼程序中对庭审实质化提出不同层次的要求，是满足不同案件当事人多样化需求的需要。

其次，这是实现刑事诉讼"公正优先、兼顾效率"价值目标的需要。公正是刑事诉讼最高的价值目标。为此，各国的诉讼制度都设置了包括典型的庭审实质化在内的一系列正当程序，以保证查明案件事实，正确适用法律，实现司法公正。但在追求公正的同时，刑事诉讼也要兼顾效率，因为"迟到的公正是非公正"。于是各国在规定普通程序的同时，都设置了不同形式的简化程序，并使这种程序既大大提高效率，又能满足最低限度的公正要求。因此，为了实现刑事诉讼"公正优先、兼顾效率"的价值目标，就需要对"庭审实质化"在不同程序中提出分层次、有区别的要求，而不宜一刀切，不加区分。

再次，这是节约司法资源、实现诉讼经济的需要。为了实现司法公正，任何国家都必须为司法提供必要的资源。但司法资源是有限的，诉讼需求却无止境，任何国家哪怕是最富有的国家，也不允许不计成本地任意地耗费司法资源。"在一国的刑事审判程序中，普通程序其实是一种'看上去很美'的程序，但其真正适用的范围，只能是少量的案件，而不可能成为刑事审判程序的常态，否则刑事司法将难堪重负"①。为了节约司法资源，实现诉讼经济，各国都通过诉讼程序的分类，对不同的案件进行繁简分流、难易分流，实行"繁案精审、简案快办"。庭审实质化在不同程序中区分层次，就是"繁案精审、简案快办"的措施之一，它有利于建立普通程序、简易程序、速裁程序既有序衔接又繁简分流、各行其道的多层次诉讼制度体系，从而把优质司法资源集中到处理疑难、复杂案件上来，使"以审判为中心"在不同审理程序的诉讼中得到不同形式的落实。因此，不能因为认罪认罚案件庭审实质化程度没有像不认罪案件那么高和典型，就认为根本不具有实质审理，进而对"以审判为中心"产生怀疑。

（三）"庭审实质化"与"以审判为中心"有密切联系，但二者并不能画等号

"以审判为中心"是相对于刑事诉讼中侦查、起诉、刑罚执行诸职能而言的，它要回答的是在刑事诉讼诸职能中谁是中心的问题。"庭审实质化"是相对于其他庭审方式而言的，所要解决的是司法实践中实际存在的庭审形式化如未审先定、裁判结论受庭外因素干扰、普通程序中证人、鉴定人出庭率低、律师辩护率低或不能有效辩护等问题，它是实现"以审判为中心"的重要途径和措施，但并非"以审判为中心"本身。因此，不能因为在认罪认罚案件中庭审实质化的程度放低，而对"以审判为中心"产

---

① 汪建成：《以效率为价值导向的刑事速裁程序论纲》，载《政法论坛》2016年第1期。

生怀疑和动摇。

综上所述，不论适用何种程序审理，审判都应是刑事诉讼的中心，不能因为庭审实质化在不同审理程序中作分层次的要求，"以审判为中心"在不同审理程序中有不同的实现形式，而怀疑认罪认罚案件的诉讼程序仍应"以审判为中心"。

（四）要将应然的"以审判为中心"落实为实然的"以审判为中心"

如上所述，办理认罪认罚案件应坚持"以审判为中心"的观点，是从应然的角度来说的。要将应然的"以审判为中心"落实为实然的"以审判为中心"，法院在审理此类案件过程中就必须坚持但不限于以下几个方面：一是必须开庭审理。在速裁程序试点中，一些试点法院每案开庭所需时间为十分钟左右，有鉴于此，一些法官、检察官主张速裁案件可以书面审理。① 在研究认罪认罚从宽制度中，一些同志又提出了速裁程序审理的认罪认罚案件可以书面审理的意见。笔者认为，以速裁程序审理的第一审认罪认罚案件，断不可实行书面审理。因为书面审理缺乏"控辩对抗、法官居中裁判"这一基本的诉讼构造，法官也缺乏最低限度的亲历性，不要说庭审实质化，就连庭审形式化也没有了，这就缺乏最低限度的程序公正性，也难以查明认罪认罚的自愿性等内容，从而难免影响实体公正。公正是诉讼的首要价值，绝不能以牺牲公正为代价去追求效率。二是无论庭审如何简化，都要对案件的重点内容进行实质审查。要结合庭前阅卷审查，庭审要重点查明被告人认罪认罚的自愿性，认罪认罚具结书内容的真实性、合法性，检察机关量刑建议的妥当性，以及案件事实、证据的

---

① 2016年7月，最高人民法院邀请中国政法大学课题组对刑事速裁程序的试点效果进行评估时，在收回的有效问卷中，有41%的法官、54%的检察官赞同对部分案件实行书面审理。参见《最高人民法院关于报送〈刑事速裁程序试点工作总结〉的报告》附件4：《刑事案件速裁程序试点问卷调查情况》，最高人民法院法〔2016〕280号。

可靠性。唯有如此，才能防止被告人因办案人员威胁、引诱、欺骗或律师不当咨询而违心认罪认罚，防止事实、证据不够格的案件作有罪处理，从而保证司法公正。三是必须坚持二审终审制。据职能部门统计，在 2014 年至 2016 年的刑事速裁程序试点期间，全部速裁案件被告人的上诉率为 2.01%，检察机关的抗诉率仅为 0.01%。在此背景下，一些法官、检察官主张对速裁案件实行一审终审制。① 在研究认罪认罚从宽制度中，一些同志又提出了以速裁程序审理的认罪认罚案件实行一审终审制的建议。笔者认为，保留被告人对此类案件一审裁判的上诉权和检察院的抗诉权，坚持二审终审，有利于对被告人非自愿认罪认罚、案件不符合司法证明标准、法院裁判不当等情况进行救济，从而确保司法公正。况且，从以往速裁程序试点情况看，坚持二审终审所带来的工作量也不大。对这种好处很多，带来的工作量不大的审级制度，我们没有必要加以修改。四是必须坚持依法独立审判。如果不依法办案或者审判受其他因素干扰，那必然会影响审判在刑事诉讼中的中心地位。以往之所以存在"以侦查为中心"的问题，没有做到依法独立审判是原因之一。以前的教训值得记取。

---

① 前述的中国政法大学课题组对刑事速裁程序试点效果评估，在收回的有效问卷中，有 75% 的法官、61% 的检察官、62% 的警官赞同对刑事速裁案件实行一审终审制。

# 论律师向犯罪嫌疑人、被告人核实证据[①]

刑事诉讼法第37条第4款规定:"辩护律师……自案件移送审查起诉之日起,可以向犯罪嫌疑人、被告人核实有关证据。"[②] 如何理解这里的"核实证据",当前主要有五种观点:第一种观点认为,它表明辩护律师可以"将案内有关证据的内容,特别是与犯罪嫌疑人、被告人陈述不一致甚至有较大出入的内容告知犯罪嫌疑人、被告人"。[③] 持该观点的主要理由是:律师将其查阅、摘抄、复制的有关证据材料及自行调查收集的有关证据材料通过告诉犯罪嫌疑人、被告人的方式进行核实,是其确定证据材料的可靠性,履行辩护职责所需;同时,审查起诉时案件已经侦查终结,案件事实已经查清,主要证据已经固定,辩护律师核实证据不致影响侦查活动顺利进行。第二种观点认为,该规定"等于认可了犯罪嫌疑人、被告人的阅

---

[①] 本文是笔者在《中国法学》2014年第3期发表的《刑事诉讼法实施中的若干问题研究》的第一部分,原文的标题为《"核实证据"的理解问题》。

[②] 这里的"刑事诉讼法"指2012年刑事诉讼法。

[③] 顾永忠:《律师"会见难"、"阅卷难"基本解决》,载《检察日报》2012年3月26日第3版。

卷权"。① 其理由是，辩护律师在人民检察院对案件审查起诉之日起，可以查阅、摘抄、复制本案案卷材料。既然律师可以把案内有关证据告诉犯罪嫌疑人、被告人，那律师也就可以把其复制的案卷材料给犯罪嫌疑人、被告人阅看，因为向犯罪嫌疑人、被告人告诉证据与让其看证据材料并无实质区别。第三种观点认为，律师向犯罪嫌疑人、被告人核实证据，并不表明可以将有关证据告知犯罪嫌疑人、被告人，更不"等于认可了犯罪嫌疑人、被告人的阅卷权"。其理由是，司法人员核实证据是不能把有关证据告诉核实对象的，否则，就涉嫌诱供诱证、帮助串供串证或徇私枉法；审查起诉时侦查虽已终结，但犯罪嫌疑人、被告人的陈述仍可改变，其他的某些证据也有跟着改变的可能，且无论何种证据都要经过庭审质证并查证属实，才能作为定案的证据，如果把内容不同的证据告诉犯罪嫌疑人、被告人，或者让犯罪嫌疑人、被告人阅卷，就容易使犯罪嫌疑人、被告人在逃避法律追究心理的驱使下，重新作出有利于自己但背离案件真相的陈述，从而与"核实"的初衷相悖。第四种观点是将上述第一、二种观点跟第三种观点折中，认为可以将实物证据告诉犯罪嫌疑人、被告人，而言词证据则不能告诉。其主要理由是实物证据客观性、稳定性较强，告诉犯罪嫌疑人、被告人后，证据朝着背离案件真相方向改变的风险较小，却有利于维护犯罪嫌疑人、被告人合法权益。第五种观点认为，刑事诉讼法第37条规定，辩护律师会见犯罪嫌疑人、被告人不被监听。律师向犯罪嫌疑人、被告人核实证据不管是否将其复制的案卷材料让犯罪嫌疑人、被告人看，是否将有关证据告诉对方，办案机关都无从知悉和掌控，故讨论该问题没有多少实际意义。

对该问题，笔者的认识如下：

---

① 晏向华：《刑诉法修改对检察工作既是机遇又是挑战——访北京大学法学院教授陈瑞华》，载《检察日报》2012年5月30日第3版。

## 一、"核实证据"并未表明"可以告知案内相关证据"

辩护律师能否把相关证据告诉犯罪嫌疑人、被告人的问题，笔者认为应把证据区分为言词证据和实物证据，对言词证据，如同案犯罪嫌疑人、被告人陈述、证人证言、被害人陈述以及录制这些言词性证据所形成的录音录像等，不能告诉犯罪嫌疑人、被告人。① 对实物证据，如物证、书证、鉴定意见、勘验、检查、辨认、侦查实验笔录，电子数据等，则要区分是有罪证据还是无罪证据，对其中的无罪证据，不能告诉犯罪嫌疑人、被告人；对有罪证据，可以告诉犯罪嫌疑人、被告人。总之，除有罪的实物证据律师可以告诉犯罪嫌疑人、被告人外，其他的证据即言词证据和无罪的实物证据都不能告诉。也就是说，要以不能告诉案内相关证据为原则，以可以告诉特定证据为例外。

（一）要以不能告诉案内相关证据为原则

1.告诉案内相关证据违反"自由陈述"原则，涉嫌诱导陈述。无论是司法人员还是辩护律师，讯问或会见犯罪嫌疑人、被告人，都要遵循让其"自由陈述"的原则。所谓"自由陈述"，是指让犯罪嫌疑人、被告人在意志自由的条件下陈述。它包括两方面内容：（1）在其讲不讲的问题上不得强制（强迫）；（2）在其讲什么的问题上不得诱导。司法人员如果违反了前者，就是逼供；违反了后者，就是诱供。为了防止前者，各国刑事诉讼法大多规定了不得强迫自证其罪原则，并把以刑讯等非法方法进行逼供的行为规定为非法，不仅所取得的证据要排除，而且要追究刑讯者的责任；为了防止后者，各国刑事诉讼法一般都禁止诱供。为了划清诱供与运用谋略的界限，侦讯人员要严守一条界限：在犯罪嫌疑人交代犯罪事实之前，侦查人员不得提示涉案事实，更不能把其他犯罪嫌疑人或证人证明其

---

① 这里的"言词证据"，是指除犯罪嫌疑人、被告人本人口供之外的言词证据。

犯罪的证言读给他听。如果守住了这条界限，犯罪嫌疑人的口供是自然形成的，其可信度就高；如果越过了这条界限，即侦讯人员先于犯罪嫌疑人说了犯罪事实或犯罪事实片段，犯罪嫌疑人的口供由于受到了外部的影响，其可信度就低。当然，侦查人员讯问犯罪嫌疑人时，为了打掉其侥幸心理，促使其实事求是交代问题，必要时要采取"使用证据"的方法，但"使用证据"必须遵循一定的规则，如第一次讯问一般不得使用证据；所使用的只能是个别证据，而不是所有的有关证据或案件事实；使用证据必须真实、经济、递进、适时等。① 总之，"使用证据"的目的是使犯罪嫌疑人意识到侦查机关已掌握证据，从而形成震慑，而不是为了把证据告诉犯罪嫌疑人，使其口供与所告诉的证据相一致。故"使用证据"这种讯问方法与自由陈述原则总体上并不矛盾。此外，法律之所以规定讯问犯罪嫌疑人、询问证人必须个别进行，也是为了遵循自由陈述（作证）原则，防止被讯（询）问人受他人陈述（证言）的影响。司法人员讯问犯罪嫌疑人、被告人要坚持"自由陈述"原则，辩护律师向犯罪嫌疑人、被告人核实证据同样要坚持"自由陈述"原则，而不得对其施加外部影响。如果辩护律师将阅卷或取证中发现的与犯罪嫌疑人、被告人陈述的内容不同或相反的证据告诉犯罪嫌疑人、被告人，就有违反"自由陈述"原则之嫌。

2. 告诉案内相关证据违反证据保密原则，不仅涉嫌违法犯罪，而且会导致不正常翻供。妄图逃避法律追究是犯罪分子的本能，根据趋利避害原则决定是否交代、怎么交代，是犯罪分子的共性。为了逃避法律追究，犯罪分子往往要串供毁证、抗拒抵赖、推诿卸责、避重就轻。在初受审时，犯罪嫌疑人往往要向侦讯人员试探摸底，以便摸清侦查机关究竟掌握了多少证据，从而按照趋利避害原则确定其对策。当他认为不交代、少交代有利时，他就选择不交代或少交代；只有当他认为侦查机关已经掌握相当

---

① 参见朱孝清：《职务犯罪侦查教程》，中国检察出版社2006年版，第148—149页。

的证据,如不交代只会带来不利后果的时候,他才会交代犯罪事实。交代后,他又千方百计试图翻供;只有当他认为在案证据如铁,翻供无济于事,还会招致从重处理时,他才不翻供。故在案证据状况,是犯罪嫌疑人、被告人最想获悉的内容,也是决定其是否交代、交代到什么程度、交代后是否翻供的最主要依据。因此,在审前程序中,为了保障刑事诉讼顺利进行,案件办理情况包括在案证据,对犯罪嫌疑人、被告人都要严格保密,无论是司法人员还是辩护律师都有义务严格遵守;如果犯罪嫌疑人、被告人在押,则必须严格看守所监管,严防外界及犯罪嫌疑人、被告人亲属跟在押的犯罪嫌疑人、被告人串通;严防同案各犯罪嫌疑人、被告人之间互相串通。在这种情况下,司法人员(包括办案人员、看守所监管人员)如果向犯罪嫌疑人、被告人泄露在案证据或其他涉案秘密,就涉嫌泄密;如果出于私情私利,利用职务之便传递涉案信息或泄露在案证据,就涉嫌徇私枉法。司法实践中,查处此类案件已不在少数。与此相应,如果辩护律师把案内不同或相反的证据告诉犯罪嫌疑人、被告人,那同样涉嫌泄露案件秘密、通风报信、帮助串供串证等违法犯罪。因为采取这种方法"核实证据",实际上已不是让犯罪嫌疑人、被告人自由地、客观如实地陈述案件事实,而是诱导犯罪嫌疑人、被告人在获悉不同或相反证据这些案件秘密后,根据趋利避害原则作出对其有利的供述。这样,不正常的翻供势必纷纷发生,以还原案件真相为目的的"核实证据",就可能产生背离案件真相的结果。特别是主要以言词证据定案的贿赂等案件和共同犯罪案件更是如此。在贿赂案件中,如果允许律师把行受贿一方的陈述告诉另一方,那任何一方翻供都有可能导致另一方跟着翻供。在共同犯罪案件中,各共同犯罪人往往又互为证人,如果允许律师把不同证据告诉犯罪嫌疑人、被告人,那只要有一名共同犯罪人拒供或率先作背离案件真相的翻供,该情况通过各律师的依次告诉、传导,就会导致所有同案犯罪人翻供。

3. 告诉案内相关证据不符合刑事诉讼构造的特点，有悖于刑事诉讼原理。刑事诉讼构造的一个重要特点是，侦诉方和被侦诉方在庭审前都围绕案件事实和证据，背靠背进行激烈的攻防：一方要发现、收集、固定证据，揭示案件事实真相；另一方要遮蔽、毁灭、伪造证据，掩盖案件事实真相，双方都严格保守住己方的秘密包括案内证据，而严防向对方泄露。只有当庭审时，控方掌握的证据才全部跟被告人见面，向其出示，交其辨认、质证，并听取其辩护意见。"一切都到法庭上见"，便是这一特点的简要表述。况且，即便在庭审中，对有数名被告人的案件，讯问被告人也要单独进行，而不允许数名被告人都在法庭上，这一方面是为了保证被告人在庭上自由陈述，避免相互干扰；另一方面是为了保守各被告人陈述的秘密，避免庭上串供。近年来，法学界要求"庭审实质化"，最高人民法院提出"以庭审为中心"，要求事实证据调查在法庭、定罪量刑辩论在法庭，裁判结果形成于法庭。据此，各种证据包括内容相反的证据理应在法庭上才跟被告人见面，而不应在开庭前乃至审查起诉时由律师告诉犯罪嫌疑人、被告人，否则，就有悖于刑事诉讼原理。当然，修改后刑事诉讼法规定，为了节省庭审时间，明确庭审重点，"在开庭前，审判人员可以召集公诉人、当事人和辩护人、诉讼代理人，对回避、出庭证人名单、非法证据排除等与审判相关的问题，了解情况、听取意见"。而这里所涉的都是"程序性争议问题"，[①]如严格按法律规定理解，当事人并不需要在发表意见前知悉案内相关证据。以非法证据排除为例，当事人如果遭到了刑讯逼供，他是刻骨铭心的，完全能够在不知悉案内证据的情况下，提出要求排除有关讯问笔录的意见。在司法实践中，有些法院召开的庭前会议也对某些实体问题听取控辩双方的意见，对于双方没有争议的证据，不再在庭

---

[①] 郎胜主编：《中华人民共和国刑事诉讼法修改与适用》，新华出版社2012年版，第327页。

上出示和调查。为此，需提前让当事人了解案内某些证据。但这也只能发生于审判阶段，并不意味着在审查起诉阶段律师就可以把案内证据告诉犯罪嫌疑人。

4. 告诉案内相关证据不符合"核实证据"的要义，可能导致背离案件真相的结果。前面几点侧重于从诉讼原理及告诉案内相关证据的危害的角度进行分析，接下来需要研究"核实证据"的要义。笔者认为：(1)核实证据的主体是司法人员或律师，而不是犯罪嫌疑人、被告人。"核实证据"是核实主体与核实对象之间对证据的核实，核实主体在听取核实对象提供的案件有关情况的基础上，对证据的合法性、关联性和真实性作出判断，而不是把各种证据交给核实对象自行"核实"。如果律师（核实主体）把内容不同甚至相反的证据告诉犯罪嫌疑人、被告人（核实对象），由其在分析各个证据的基础上提出自己看法、主张或进行陈述，那实际上是由犯罪嫌疑人、被告人自行对内容不同的证据进行"核实"，而这种"核实"实际上已不是"核实"，而是根据趋利避害原则对证据进行选择。这样，核实证据的主体就由律师演变成了犯罪嫌疑人、被告人。如某伤害案，犯罪嫌疑人曾供述打过被害人，但案中6位证人却说法不一，其中2人证明犯罪嫌疑人打过，2人证明没有打，2人说没看见有没有打。律师如把该6人作证情况告诉犯罪嫌疑人，犯罪嫌疑人经权衡利弊，就很可能推翻原来的供述，作出"我没有打"的陈述。在这种情况下，核实证据的主体实际上已演变为该犯罪嫌疑人。(2)核实证据的原则是"存疑于心"，而不应把致疑的证据告诉犯罪嫌疑人、被告人。在对某些证据存在疑问的情况下，"核实证据"应当是核实主体把疑问放在心里，即"存疑于心"，然后带着疑问向核实对象提出问题，① 让其自由地、实事求是地回答，必要时也

---

① 核实证据还可以有其他方式，如组织辨认、重新鉴定、重新勘验、再次询问证人等，但这里重点讨论律师用会见提问的方式向犯罪嫌疑人、被告人核实证据。

可以做些帮助核实对象回忆的工作。例如，某案犯罪嫌疑人交代在一个满天星斗的夜晚拦路抢劫了一过路人人民币 2000 元，但根据被害人陈述和气象部门记载，该被害人被抢的这一天是中秋节的次日，当晚下小雨，这就使该犯罪嫌疑人抢劫的是否该被害人的财物存在疑问。于是，司法人员就以中秋节为记忆点，向犯罪嫌疑人提出"抢劫的时间跟中秋节是否靠近""是中秋节前还是中秋节后""所说的'满天星斗'是否准确"等问题帮助其回忆。后该犯罪嫌疑人经回忆，这一天是中秋节次日，什么天气记不清了，以前之所以说是"满天星斗"，是因为作案多起，既有满天星斗的，也有刮风下雨的，搞混了。这就排除了原先的疑问。试想，如果办案人员将该被害人陈述告诉犯罪嫌疑人，该犯罪嫌疑人就很可能作出"我记错了，这一次抢劫是没有的"辩解。因此，"存疑于心"，带着疑问进行核实，而不是把疑问及产生疑问的证据情况和盘托出交给对方，由对方自行选择，应当是"核实证据"应遵循的一项原则。（3）核实证据的基本途径①是让犯罪嫌疑人、被告人实事求是陈述，而不是让其选择证据。犯罪嫌疑人、被告人对自己有没有犯罪、犯的什么罪、怎么犯罪等都十分清楚，辩护律师只要要求其实事求是陈述，就能对证据的合法性、关联性和真实性作出判断，从而达到核实证据的目的，而根本不需要把内容不同甚至相反的证据告诉犯罪嫌疑人、被告人。因此，要求犯罪嫌疑人实事求是陈述，是向其核实证据的基本途径，司法人员和律师都没有必要把内容不同甚至相反的证据告诉犯罪嫌疑人、被告人。（4）核实证据的目的是揭示或还原案件事实真相，而不是背离案件事实真相。无论是司法机关还是律师，核实证据的目的都是揭示或还原案件事实真相。如前所述，如果律师把案内相关证据告诉犯罪嫌疑人、被告人，就有可

---

① 这里的"基本途径"是指刑事诉讼法第 37 条第 4 款规定的律师核实证据的基本途径。

能违反核实证据的初衷，造成背离案件事实真相的结果。

（二）对有罪的实物证据要作为"例外"，允许辩护律师告诉犯罪嫌疑人、被告人

1. 实物证据稳定性较强。与言词证据不同，实物证据一般不会像言词证据那样随犯罪嫌疑人、被告人陈述的改变而改变；有罪的实物证据跟无罪的实物证据也不同，无罪的实物证据被犯罪嫌疑人、被告人知道后，犯罪嫌疑人、被告人陈述向无罪方向改变的可能性很大，况且无罪的实物证据并不能保证都客观、准确，在司法实践中，鉴定、辨认搞错的并不在少数，这种不客观、不准确的无罪证据一旦告诉犯罪嫌疑人、被告人，其陈述不是向背离案件真相方向改变，就是更坚定了其拒供的决心。而有罪的实物证据告诉犯罪嫌疑人、被告人，其抵赖、翻供的可能性要小得多。

2. 这是保障犯罪嫌疑人、被告人合法权益的需要。把有罪的实物证据告诉犯罪嫌疑人，让其辨认，听其供述和辩解，有利于发现证据可能存在的问题，查清案件真相，从而达到"核实证据"的目的。当然，把有罪的实物证据告诉犯罪嫌疑人、被告人，犯罪嫌疑人、被告人故意作出与证据内容相反陈述的可能性同样存在，但如前所述，由于实物证据一般不会像言词证据那样随犯罪嫌疑人、被告人陈述的改变而改变，因而影响案件正确处理的风险相对较小，该"害"与维护犯罪嫌疑人、被告人合法权益之"利"相比，后者更为重要，因而可以允许律师告诉。

3. 某些有罪的实物证据如果司法人员没有告诉犯罪嫌疑人、被告人，辩护律师也应当告诉。这些证据主要包括：（1）在案证据表明犯罪嫌疑人、被告人曾经经手并作为犯罪事实组成部分的实物证据，如犯罪工具（凶器等）、某些犯罪方法（如经犯罪嫌疑人、被告人伪造、涂改后虚报冒领公款的单据）等，如果司法人员没有让犯罪嫌疑人辨认，律师如认为必要，则可让犯罪嫌疑人辨认。如果侦查机关取证有误，通过辨认有利于及时发

现并纠正。(2) 矛头直指犯罪嫌疑人、被告人的实物证据,如在犯罪现场发现的犯罪嫌疑人指纹、写有犯罪嫌疑人名字的小物品等,这些证据,可能是犯罪嫌疑人、被告人作案时所留,也可能是犯罪嫌疑人在他人作案之前到过该地,还有可能是被栽赃陷害等,告诉犯罪嫌疑人或让其辨认,有利于及时听取其供述或辩解以及反证。

## 二、"核实证据"并不等于"认可了犯罪嫌疑人、被告人阅卷权"

既然律师向犯罪嫌疑人、被告人核实证据原则上不能告诉案内有关证据,那么,认为"认可了犯罪嫌疑人、被告人阅卷权"的观点就失去了理论依据。同时,笔者不认同"等于认可了犯罪嫌疑人、被告人阅卷权"的观点,理由还在于:(1) 法律规定的是"辩护律师可以向犯罪嫌疑人、被告人核实有关证据",而没有规定"犯罪嫌疑人、被告人可以阅卷",且遍寻刑事诉讼法法条,也没有发现哪一条有"犯罪嫌疑人、被告人可以阅卷"的意思。(2) 律师阅卷是履行辩护职责所需,律师在刑事诉讼中虽受委托于当事人,但并不依附于当事人,而具有独立的地位;律师"提出犯罪嫌疑人、被告人无罪、罪轻或者减轻、免除其刑事责任的材料和意见,维护犯罪嫌疑人、被告人的诉讼权利和其他合法权益"是有前提的,这个前提就是"根据案件事实和法律"。律师法也明确规定:"律师执业必须以事实为根据,以法律为准绳","律师应当维护当事人合法权益,维护法律正确实施,维护社会公平和正义"。因此,律师具有阅卷权,并不等于犯罪嫌疑人、被告人也具有阅卷权。(3) 刑事诉讼法对辩护律师的诉讼权利与不是律师的辩护人的诉讼权利尚且作出有区别的规定,包括辩护律师可以向犯罪嫌疑人、被告人核实证据的权利,法律也没有赋予不是律师的辩护人,因此,不能认为辩护律师具有阅卷权,犯罪嫌疑人、被告人就具有阅卷权。

## 三、研究"核实证据"的方式并非没有意义

前述第五种观点认为，由于刑事诉讼法规定"辩护律师会见犯罪嫌疑人、被告人时不被监听"，因而即使律师把复制的案卷材料给犯罪嫌疑人、被告人阅看，或者把在案证据告诉犯罪嫌疑人、被告人，办案机关都无从知悉和控制，故讨论律师能否把复制的证据材料给犯罪嫌疑人、被告人看，能否把内容不同甚至相反证据告诉犯罪嫌疑人，都没有实际意义。笔者认为，辩护律师能否让犯罪嫌疑人、被告人阅看复制的案卷材料或向其告诉在案证据，与能否知悉和控制律师让犯罪嫌疑人阅卷或向其告诉相关证据，是两个不同层次的问题。它像规定是非标准与如何分清是非是两个不同问题一样，我们不能因为分清是非有时比较困难，就认为没必要规定是非标准。研究律师核实证据的方式和权限范围也是如此，如果明确辩护律师不得让犯罪嫌疑人阅卷，原则上不能告诉有关证据，那一旦发现某辩护律师违反，该律师就违反了职业道德、职业纪律，有的还可能违反保密义务甚至触犯刑律，应当依照有关规定给予批评教育以至必要的处分。因此，不能因为法律规定律师会见犯罪嫌疑人、被告人不被监听，司法机关较难发现律师不当行为，而否认研究该问题的意义。

# 再论律师向犯罪嫌疑人、被告人核实证据①

2012年修改后的刑事诉讼法第37条第4款规定："辩护律师……自案件移送审查起诉之日起,可以向犯罪嫌疑人、被告人核实有关证据。"对这里的"核实有关证据"如何理解,颇有分歧。笔者曾对较具代表性的两种观点即"阅卷论"(认为该规定"等于认可了犯罪嫌疑人、被告人的阅卷权")和"告知证据论"(认为该规定表明辩护律师可以"将案内有关证据的内容特别是与犯罪嫌疑人、被告人陈述不一致甚至有较大出入的内容告知犯罪嫌疑人、被告人")提出质疑,进而提出了辩护律师可以将有罪的实物证据告知犯罪嫌疑人、被告人,但不能告知言词证据和无罪的实物证据的观点。②此后,有学者提出了与笔者相近的观点,主张"辩护律师可以向犯罪嫌疑人、被告人核实物证、书证等客观性证据,但不能核实除犯罪嫌疑人、被告人供述或辩解以外的言词证据"。③也有若干学者对笔者

---

① 原文刊载于《中国法学》2018年第4期。
② 参见朱孝清:《刑事诉讼法实施中的若干问题研究》,载《中国法学》2014年第3期。
③ 孙谦:《关于修改后刑诉法执行情况的若干思考》,载《国家检察官学院学报》2015年第3期。

的观点提出质疑或反驳,其中有的主张"告知案内相关证据是核实证据的内在要求",只要辩护律师存疑的证据都可以告知犯罪嫌疑人、被告人[1];较多的则主张应对告知的证据加以合理限制,如有的虽主张无论是实物证据还是言词证据律师都可以向犯罪嫌疑人、被告人核实,但核实的时机应有所区别,即在审查起诉阶段可以核实实物证据,在提起公诉后可以核实言词证据,并需对核实证据的范围作适当限制,即辩护律师不能将"披露给当事人可能会影响其他案件侦破、妨碍证人作证、干扰被害人如实陈述或可能对证人、被害人及其亲属实施打击报复"的案卷材料披露给当事人[2];也有的主张辩护律师有权向犯罪嫌疑人、被告人核实与指控犯罪的定罪量刑有关的各种证据包括人证,但应"限制将某些被害人、证人的身份等个人信息告知当事人",并"限制可能导致嫌疑人、被害人违背事实而翻供以及其他可能影响司法公正的信息告知"[3]。可见,在质疑笔者观点的文章中,同样包含了一些与笔者相近的观点。

笔者认为,对刑事诉讼法关于辩护律师可以向犯罪嫌疑人、被告人核实证据的理解,应将法律的实然规定与应然规定严格区分开来,而绝不能将作者自己对法律应然规定的期待作为法律实然规定的含义;犯罪嫌疑人、被告人有限制的阅卷权可以从其他的角度加以证明,并建议立法机关在今后的立法中加以规定,但难以从现行的"律师可以向犯罪嫌疑人、被告人核实有关证据"的规定中直接导出。故从法律的实然规定来看,笔者原观点除个别具体观点外并无不当;但从法律的应然规定来看,笔者还需补充新的观点,作为对辩护律师向犯罪嫌疑人、被告人核实证据问题及其延伸的有关问题研究的继续。

---

[1] 参见顾永忠:《以审判为中心背景下的刑事辩护突出问题研究》,载《中国法学》2016年第2期。

[2] 参见韩旭:《辩护律师核实证据问题研究》,载《法学家》2016年第2期。

[3] 龙宗智:《辩护律师有权向当事人核实人证》,载《法学》2015年第5期。

## 一、对"阅卷论""告知证据论"的进一步质疑

"阅卷论"和"告知证据论"是互相关联和贯通的,既然认为律师可以让犯罪嫌疑人、被告人阅卷(复制的案卷),那律师就自然可以把案内各种不同证据告知犯罪嫌疑人、被告人;反之,既然认为律师可以把案内各种不同证据告知犯罪嫌疑人、被告人,那律师就自然可以把复制的案卷提供给犯罪嫌疑人、被告人阅读。

笔者认为,根据法律关于"核实证据"的实然规定,对上述两种观点有进一步质疑的必要。由于"阅卷论"与"告知证据论"互相贯通,故笔者一并加以分析。

### (一)从国家立法机关的态度来看

早在 2012 年刑事诉讼法对律师向犯罪嫌疑人、被告人核实证据问题作出规定之前,我国就有一些学者对犯罪嫌疑人、被告人阅卷权问题加以研究,2012 年刑事诉讼法对律师向犯罪嫌疑人、被告人核实证据问题作出规定后,又有一些学者参与其中。[①] 这些学者的基本观点是:"为维护被告人的辩护者角色,确保被告人有效行使辩护权,未来的刑事诉讼立法应当确立被告人的庭前阅卷权。"[②] 为了给刑事诉讼法修改提出建议,全国律协于 2011 年向立法机关提出的《律师会见规范》建议稿中,就有"自审查起诉之日起,辩护律师可以向犯罪嫌疑人、被告人宣读、出示案卷材料,

---

[①] 参见韩旭:《刑事诉讼中被追诉人及其家属证据知悉权研究》,载《现代法学》2009 年第 5 期;吴纪奎:《被追诉人阅卷权研究》,载《中国刑事法杂志》2010 年第 8 期;杨波:《被追诉人阅卷权探究——以阅卷权属为基点的展开》,载《当代法学》2012 年第 2 期;刘作玲、刘学敏:《论被追诉人本人的阅卷权》,载《法学论坛》2012 年第 5 期;陈瑞华:《论被告人的阅卷权》,载《当代法学》2013 年第 3 期。

[②] 陈瑞华:《论被告人的阅卷权》,载《当代法学》2013 年第 3 期。

核实证据"①的表述；在刑事诉讼法修改草案仅规定"辩护律师可以向犯罪嫌疑人、被告人核实有关证据"，而未规定可以向犯罪嫌疑人"宣读、出示案卷材料"后，一些律师在立法讨论中又"一直坚持应当加上'可以向犯罪嫌疑人、被告人出示案卷材料'这句话"②，但立法机关没有采纳全国律协及一些律师关于"辩护律师可以向犯罪嫌疑人、被告人宣读、出示案卷材料"的建议，而仅规定"可以向犯罪嫌疑人、被告人核实有关证据"。这就清楚地表明，立法机关对犯罪嫌疑人、被告人阅卷和辩护律师向犯罪嫌疑人、被告人告知证据问题持慎重态度，刑事诉讼法规定的"律师可以向犯罪嫌疑人、被告人核实证据"，并不包含"律师可以向犯罪嫌疑人、被告人宣读、出示案卷材料、告知证据"或"犯罪嫌疑人、被告人可以阅卷"的意思。

2012年修改的刑事诉讼法颁布后，一些学者和律师就试图对"核实证据"作扩张性解读，从而把犯罪嫌疑人、被告人阅卷权和律师可以向犯罪嫌疑人、被告人告知证据的意思硬生生地嵌入其中，但这未免过于牵强，实际上是混淆了法律规定的实然与应然的界限。因此，应当把法律规定的实然与应然严格加以区分，而不能将二者混为一谈，更不能认为以后应当在法律上作出规定的内容在现行的法律规定中就已经包含。

（二）从阅卷权的权利来源来看

在世界刑事诉讼理论中，阅卷权的权属确有不同的理论和认识，有的认为阅卷权是辩护人固有的权利，而不属于被追诉人；有的认为阅卷权的权利主体是被追诉人，而权利行使主体则是辩护人；还有的认为辩护律师的辩护权来源于被追诉人，既然辩护律师有阅卷权，那被追诉人理所当然

---

① 付杰：《被告人阅卷权问题初探》，载《浙江检察》2017年第9期。
② 张军、姜伟、田文昌：《新控辩审三人谈》，北京大学出版社2014年版，第50—51页。

应有阅卷权。①但笔者认为，从我国法律的实然规定看，律师的阅卷权来源于法律的直接赋予。因为案卷是诉讼历程的记载和诉讼证据的汇集，它既是诉讼的重要成果，又是诉讼的基础性材料和重要资源。在诉讼中，无论是有关职能机关还是辩护人，阅卷权都由法律赋予。例如，人民检察院、人民法院在审查起诉、审判中的阅卷权，来源于刑事诉讼法关于"审查案件"的规定，即审阅案卷包含于"审查案件"之中，是"审查案件"的重要内容；对辩护律师的阅卷权和非律师的辩护人的阅卷权，刑事诉讼法也作了区别规定。②但是法律并未对犯罪嫌疑人、被告人的阅卷权作出规定。试想，非律师的辩护人阅卷除法律授权外，尚且还要"经过人民法院、人民检察院许可"，难道法律未予授权的犯罪嫌疑人、被告人还可以自行阅卷吗？

我国现行法律之所以仅赋予辩护律师及非律师的辩护人阅卷权（后者阅卷还需经人民法院、人民检察院许可），而没有赋予犯罪嫌疑人、被告人阅卷权，是因为律师虽受委托于当事人，是为当事人提供法律服务的执业人员，但与当事人在刑事诉讼中的法律地位、性质和职责、活动原则、权利义务以及与案件利害关系等方面均有很大不同。在法律地位上，律师有自己的独立性，并不像民事活动代理人那样完全随民事委托人的意志而转移，也与民事诉讼中的代理律师存在一定区别；在性质和职责上，律师是社会主义法治工作者，具有政治性、法律性、专业性、公益性等属

---

① 参见熊秋红：《刑事辩护论》，法律出版社1998年版，第187页；林钰雄：《刑事诉讼法》（上册），中国人民大学出版社2005年版，第132页；林钰雄：《刑事被告人的阅卷权——欧洲法与我国法发展之比较与评析》，载台湾《政大法学评论》2009年第110期；吴纪奎：《被追诉人阅卷权研究》，载《中国刑事法杂志》2010年第8期。

② 2012年修改后的刑事诉讼法第38条规定："辩护律师自人民检察院对案件审查起诉之日起，可以查阅、摘抄、复制本案的案卷材料。其他辩护人经人民法院、人民检察院许可，也可以查阅、摘抄、复制上述材料。"

性，①"带有公共利益的色彩，担当一定的公法机能"②，因而除维护当事人合法权益外，还应当维护法律的正确实施，维护社会公平和正义；③ 在活动原则上，律师执业必须以事实为根据，以法律为准绳，必须恪守执业道德和执业纪律；④ 在权利义务上，律师负有保守在执业活动中知悉的秘密包括委托人和其他人不愿泄露的有关情况和信息的义务，但是，委托人或其他人准备或已在实施危害国家安全、公共安全以及严重危害他人人身安全的犯罪事实和信息除外；⑤ 在与案件利害关系上，办案结果无论胜败输赢，都与律师自己切身利益没有直接的关系；等等。正因为律师是公民合法权益和社会公平正义的重要维护者，在国家民主法治建设中发挥着重要作用，且律师与当事人存在上述诸多区别，因而我国法律把刑事诉讼中的阅卷权直接赋予律师，无论哪位当事人委托其辩护，律师就把法律赋予他的阅卷权用来为该当事人服务。因此，在我国，认为律师的阅卷权来源于被追诉人的观点，是颠倒了权利源流的关系。对此，我国台湾地区学者也认为："由被告人阅卷，与由其辩护人阅卷，也基于功能、利益的不同的角度，应慎重考虑，而非等量齐观。"⑥

有观点认为，公权力法无明文规定即禁止，私权利法无禁止即可为，犯罪嫌疑人、被告人阅卷权不属于国家公权力，因而不适用法律保留原

---

① 此系司法部副部长熊选国的观点，参见蒋安杰：《近千名律师倾听"老朋友"谈心里话》，载《法制日报》2018年1月16日第1版。
② 林钰雄：《刑事诉讼法》（上册），中国人民大学出版社2005年版，第161页。
③ 参见2017年修正后的《律师法》第2条。
④ 参见2017年修正后的《律师法》第3条。
⑤ 参见2017年修正后的《刑事诉讼法》第46条。
⑥ 颜厥安、林钰雄主编：《人权之跨国性司法实践：欧洲人权裁判研究》（一），台湾元照出版公司2007年版，第122页。

则。① 笔者认为，阅卷权的公与私，并非取决于阅卷者身份的公与私，而是取决于司法案卷的公与私。如前所述，案卷作为记载诉讼过程和证据的载体，是由有关诉讼机关严格保管的，诉讼中任何单位、个人如要查阅，必须严格依据诉讼法规定；诉讼终结后如要查阅，也要严格遵照档案法及案卷保管单位的有关规定。绝不能认为被追诉人作为私人，在法无明文的情况下就有阅卷权。

（三）从犯罪嫌疑人、被告人的特点来看

研究律师能否给犯罪嫌疑人、被告人阅卷或告知不同证据，首先需要明确告知案卷材料或证据对象的特点。如果告知案卷材料或证据的对象是像"鉴宝专家"那样中立的、凭自己专业知识为公众服务的人，那律师当然可以将案卷材料或不同证据请其鉴定何者为真、何者为假；如果告知案卷材料或证据的对象是看到犯罪全过程且与案件及犯罪嫌疑人没有利害关系的现场目击者，那律师也不妨将案卷材料或案内不同证据告知他，让他看看哪个证据符合他所目击的实际情况。但是，律师将案卷材料或证据告知的对象并非"鉴宝人"或与诉讼结果无涉的中立的现场目击者，而是与诉讼结果有直接利害关系的犯罪嫌疑人、被告人。犯罪嫌疑人、被告人有如下特点：一是对自己有没有犯罪、犯的什么罪、怎么犯的罪（包括时间、地点、行为、手段、经过、结果、动机、目的等），比参与办理此案的所有司法人员和律师都清楚；二是案件的处理与其有直接且重大的利害关系，即直接关系其人格尊严、自由权利乃至生命，直接关系其家庭的荣辱兴衰；三是毁灭伪造证据、制造假象、翻供串供、订立攻守同盟、避重就轻等，是其常用手法，故在诉讼中，总是根据趋利避害原则而不是实事求是原则来决定自己的诉讼行为，包括决定是否交代、怎么交代、交代到

---

① 参见张俏睿、孔祥承：《论侦查阶段被追诉人的阅卷权》，载《知与行》2015年第5期。

什么程度、交代后是否翻供。故在案证据情况,是犯罪嫌疑人、被告人最想获悉的内容,也是其决定是否交代、怎么交代、交代到什么程度、交代后是否翻供的最主要依据。① 犯罪嫌疑人、被告人的上述第一个特点,决定了无论是司法人员还是辩护律师,都往往要向他核实证据;上述的第二、第三个特点,又决定了向他核实证据时不能不有所顾忌,防止不适当的核实方式为其翻供串供、逃避法律追究提供信息依据和条件。

(四)从"阅卷"和"告知证据"可能导致的消极后果来看

根据犯罪嫌疑人、被告人的上述特点,辩护律师如给犯罪嫌疑人、被告人阅卷或告知不同证据,有时会对刑事诉讼顺利进行产生积极作用,例如,犯罪嫌疑人原不承认犯罪事实,当知悉在案证据情况后,发现证据充分,抵赖无济于事,于是改变原拒供态度,承认犯罪事实。但更多的是可能产生不正常翻供串供或其他可能影响司法公正的情况,从而给刑事诉讼带来消极后果。陈瑞华教授是主张"在未来的刑事诉讼立法中确立被告人阅卷权"的,但他在《论被告人阅卷权》一文中,以相当大的篇幅论述了"被告人行使阅卷权的消极后果"。摘要其观点:一是阅卷容易诱使被告人翻供。犯罪嫌疑人阅卷后,了解了公诉方证据的"底牌",当发现控方证据不足,或者证据间存在矛盾时,会存侥幸心理,容易推翻原来所作的有罪供述。尤其是看到其他被告人的供述笔录与自己原来所陈述的内容不完全相符时,被告人更会产生推翻有罪供述的想法。可以说,被告人庭前了解控方证据越多,就越有可能推翻原来的有罪供述,这确实是一个不争的事实。二是阅卷可能影响供述的真实性。被告人一旦接触本案的证据,就有可能根据这些证据的情况调整自己的供述,避重就轻,从而作出不真实的供述和辩解。被告人即便不推翻原来的有罪供述,而仅是改变一些有关

---

① 参见朱孝清:《刑事诉讼法实施中的若干问题研究》,载《中国法学》2014 年第 3 期。

案件事实细节的陈述，就足以对公诉方的追诉活动造成程度不同的妨碍。三是阅卷给被告人报复证人、被害人提供了机会。被告人了解到那些足以令其受到定罪判刑的证言和陈述内容，就容易对证人、被害人产生怨恨甚至报复的心理，再加上案卷笔录中经常有证人、被害人身份、职业、住址、联系方式等信息的记录，被告人就有更多的机会实施报复行为。四是阅卷为被告人伪造证据、串供、唆使证人作伪证提供了便利。被告人熟悉了控方证据情况，有可能伪造变造证据，也有可能亲自或者通过亲属对被害人进行威胁、引诱，使其改变证言或陈述，或者找到同案被告人建立"攻守同盟"，特别是在共同犯罪案件中，律师一旦将控方证据交由被告人查阅，最有可能带来的是串供的现实危险。"①陈瑞华教授在这里所说的虽然是阅卷可能带来的负面作用，但律师向犯罪嫌疑人、被告人告知证据同样有可能带来这些负面作用，因为律师告知证据是包括将其复制的案卷交由犯罪嫌疑人、被告人查阅这种方式的。龙宗智教授虽然主张"辩护律师有权向当事人核实人证"，但同时认为"应当限制可能导致犯罪嫌疑人、被告人违背事实的翻供、串供以及其他可能影响司法公正的信息告知"。②可见，他也认为告知有些证据信息是有可能导致违背事实的翻供、串供和其他影响司法公正的消极后果的。而且"经验表明，案件的性质越严重，被追诉人阻止控方起诉的动机就越强烈，相应地，其采取违法行为的可能性也就越大。在这样的案件中，让被追诉人及早、全面阅卷或向其开示证据，风险是比较大的"。③也正因为如此，在规定了犯罪嫌疑人、被告人有权阅卷或向其开示证据的国家，都无例外地对阅卷或开示证据作出种种限制。

有关专家和笔者本人之所以担忧让犯罪嫌疑人、被告人阅卷或告知证

---

① 陈瑞华:《论被告人的阅卷权》，载《当代法学》2013 年第 3 期。
② 龙宗智:《辩护律师有权向当事人核实人证》，载《法学》2015 年第 5 期。
③ 吴纪奎:《被追诉人阅卷权研究》，载《中国刑事法杂志》2010 年第 8 期。

据可能导致违背事实的翻供、串供以及其他影响司法公正的消极后果，主要顾虑在言词性证据即"人证"上。因为言词性证据如证人证言、被害人陈述、共同犯罪人的供述和辩解等，相对于实物性证据的最大区别：一是客观性差，不真实的可能性比较大；二是稳定性差，说变就变。如果律师把案内不同的言词性证据出示或告知犯罪嫌疑人、被告人，犯罪嫌疑人、被告人知悉后，必然要对这些证据进行对自己利弊的分析，然后根据趋利避害原则作出下一步是否供述、是否翻供、是否与他人串供串证的决策。故出示、告知言词性证据容易使犯罪嫌疑人、被告人跟着客观性、真实性差但对他有利的证据走，或者在他翻供后通过外力的信息传导使本就稳定性差的言词性证据跟着他翻，从而可能使"核实"证据越核实越迷糊、越核实越背离真相。特别是告知以下两类案件的言词性证据，其消极作用就更为明显：一类是主要靠言词性证据认定的案件，如贿赂案件。如果律师把行受贿双方不同的口供出示或告知犯罪嫌疑人、被告人，那势必导致原承认有罪或犯罪数额较大的一方的口供，向原不承认犯罪或虽承认有罪但犯罪数额较小的另一方的口供靠拢。这种靠拢，有的可能使认定的事实符合客观真相，但更多的是使认定的事实背离客观真相。另一类是共同犯罪案件。在共同犯罪案件中，各共同犯罪嫌疑人往往互为证人，如果律师把不同证据出示或告知犯罪嫌疑人、被告人，那只要有一名共同犯罪嫌疑人拒供或率先作背离真相的翻供，该情况通过各律师的告知及有关人的传导，就很可能导致所有同案犯罪嫌疑人的翻供。正如有学者所说："在共同犯罪中，辩护律师把其他被告人的口供透露给他的委托人，等于在共犯供述之间搭起了一个桥梁，似有串供之虞。"①

有观点认为，律师在审查起诉阶段才能查阅、复制案卷，然后才能向

---

① 王新环：《律师不宜向被告人披露同案犯口供》，载《检察日报》2010年4月2日第3版。

犯罪嫌疑人出示案卷或告知案内证据，而审查起诉阶段案件已经侦查终结，案件事实已经查清，主要证据已经固定，辩护律师出示案卷材料或告知案内证据后，犯罪嫌疑人、被告人即使翻供也不致影响对案件事实的认定；况且翻供是犯罪嫌疑人、被告人的权利。笔者认为，侦查阶段的"案件事实已经查清、主要证据已经固定"往往具有很大的相对性，许多案件事实的"查清"和主要证据的"固定"是在审查起诉阶段通过补充完善证据而得以完成的，故在审查起诉结束时，这些案件的事实才算查清，证据才算固定。况且，审判是刑事诉讼的中心，所有证据包括侦查和审查起诉阶段已经固定的证据，都要经过法庭查证属实，才能作为定案的根据，犯罪嫌疑人翻供大多会使证据复杂化，有时还会使原本能够认定的案件客观事实不能认定，从而产生司法不公正的结果。

（五）从刑事诉讼法对全面示证程序规定的时机来看

我国刑事诉讼法把全面示证（含证人作证、公诉人举证）、质证的程序安排在庭审阶段，并在被告人就起诉书指控的犯罪进行陈述，公诉人、被害人、附带民事诉讼的原告人和辩护人、诉讼代理人、审判人员向被告人发问或讯问之后。法律之所以这样规定，第一，这是以审判为中心的必然要求。以审判为中心，就要求"诉讼证据出示在法庭，诉辩意见发表在法庭、案件事实查明在法庭、裁判结论产生于法庭"。第二，这是防止被告人全面获知证据后翻供串供、毁证串证等可能影响司法公正行为的必然要求。因为被告人刚刚已经作了陈述和回答提问（讯问），当他通过法庭全面示证获知各种证据后，即使想翻供也已很难，因为其退路已被自己堵死，如果翻供，就可能跟自己刚才当庭的陈述和对提问（讯问）的回答相矛盾；且各种证据都已出示，裁判在即，再去串供、串证、毁证既不可能也没有意义。这说明，向被告人全面示证质证的时机是大有讲究并由法律明确规定的，并非谁想提前就可以随便提前的。而律师如果在自己阅卷后就向犯罪嫌疑人、被告人出示案卷材料或告知案内证据，实际上是将本应在庭审阶段才能进行的全面示证随意提前，这是违反法律规定的。

（六）从核实证据的方式来看

有观点认为："如果律师所知的案内证据与犯罪嫌疑人向他陈述的事实不一致，而且有重大出入，如果律师不把需要核实的证据告诉犯罪嫌疑人，甚至必要时把物证、书证的照片或复印件出示给对方进行辨认，何以进行核实？"①据此观点，告知案内不同证据似乎是核实证据的必要方式。其实，核实证据可以有提问式、提示启发式、笼统说明差异式、告知不同证据式等多种方式（后文将具体论述），那种认为核实证据就必然要告知案内不同证据的观点，是有失偏颇的。

有论者举例说明向犯罪嫌疑人、被告人告知案内不同证据的必要性和正当性：第一个例子是犯罪嫌疑人在侦查阶段供认实施了犯罪，但在审查起诉阶段检察人员讯问时不再承认实施了犯罪，检察人员势必会以其之前所作的认罪供述追问其以前为何认罪；第二个例子是被告人否认其参加过对其定罪有至关影响的一次会议，但案内有一份记有被告人参加此次会议并显示有其本人签字确认的会议记录，对此，律师如不将证据告知被告人并让其辨认以其名义的签字是否属实，就无法有效核实证据；第三个例子是最高人民法院《关于适用〈中华人民共和国刑事诉讼法〉的解释》第220条规定："法庭对证据有疑问的，可以告知公诉人、当事人及其法定代理人、辩护人、诉讼代理人补充证据或者作出说明；必要时，可以宣布休庭，对证据进行调查核实。对公诉人、当事人及其法定代理人、辩护人、诉讼代理人补充的和法庭外调查核实取得的证据，应当经过当庭质证才能作为定案的根据。但是，经庭外征求意见，控辩双方没有异议的除外。"

---

① 顾永忠：《以审判为中心背景下的刑事辩护突出问题研究》，载《中国法学》2016年第2期。

这里的"当庭质证"和"庭外征求意见",前提是要把相关证据告诉甚至提交有关人员包括被告人。①笔者认为,第一个例子告知的是犯罪嫌疑人本人之前的口供。对此,检察人员或律师当然可以告知犯罪嫌疑人,因为该口供来自犯罪嫌疑人本人,且2012年修改后的刑事诉讼法第120条明确规定:"讯问笔录应当交犯罪嫌疑人核对,对于没有阅读能力的,应当向他宣读。如果记载有遗漏或者差错,犯罪嫌疑人可以提出补充或者改正。"这说明该口供笔录之前就经过犯罪嫌疑人过目并且同意,检察人员或律师在核实证据时自然可以将其告诉犯罪嫌疑人。笔者反对告知的是"同案犯罪嫌疑人、被告人的陈述",并不包括犯罪嫌疑人、被告人本人的陈述。第二个例子告知犯罪嫌疑人并出示让其辨认的是证明其参加了该会议的书证。书证是实物性证据,笔者也主张可以告知犯罪嫌疑人。第三个例子告知被告人案内证据的时空条件是庭审质证过程中,告知的证据是经庭审质证,法庭对证据有疑问而要求有关人员提供的新证据和法庭休庭后调查核实取得的证据。庭审质证的前提是示证,在法庭示证、质证过程中,向被告人告知案内证据是必然要求,笔者认为"一切都到法庭上见",指的就是示证、质证。因此,该三种情形下的证据告知都是笔者所主张的②,故不能用来作为反驳笔者观点的论据,也不能证明律师可以告知案内不同证据的必要性和正当性。

还有观点认为,刑事诉讼法并未对律师向犯罪嫌疑人、被告人核实证据的方式作任何限制,律师核实证据的方式取决于个案需要,因此,认为律师不能告知案内证据的观点没有法律依据。笔者认为,如前所述,向犯罪嫌疑人、被告人全面示证的时机是由法律规定的,辩护律师如果告知案内各种不同证据,实质上是向其作全面而有重点的示证,这是不符合法律

---

① 顾永忠:《以审判为中心背景下的刑事辩护突出问题研究》,载《中国法学》2016年第2期。

② 参见朱孝清:《刑事诉讼法实施中的若干问题研究》,载《中国法学》2014年第3期。

规定的；同时，根据律师法的有关规定，律师作为社会主义法律工作者，在决定核实证据的方式时，除了考虑怎样更有利于最大限度地维护当事人的合法权益，还要兼顾所采取的方式是否坚持了"以事实为根据、以法律为准绳"原则，是否会导致当事人不正常翻供串供并进而导致不正当脱罪等司法不公后果的发生，而不能只顾一端不顾其余。

综上所述，认为律师向犯罪嫌疑人、被告人核实证据时可以让犯罪嫌疑人、被告人阅卷或者向他告知案内证据（特别是言词证据）的观点，是缺乏根据的，也是不符合有关法律规定的。

## 二、现行法律规范下对"律师向犯罪嫌疑人、被告人核实有关证据"的解读

既然"阅卷论"和"告知证据论"都难以成立，那么，在现行法律规范下，该如何理解辩护律师向犯罪嫌疑人、被告人核实有关证据（以下简称核实证据）呢？笔者在上一篇文章中已作了初步阐述，本文再作些补充和梳理。

### （一）核实证据的目的是使认定的证据属实、可靠，而不是对犯罪嫌疑人、被告人有利

立法人员对"核实证据"作了如下释义："为了更好地准备辩护，包括向人民检察院提出辩护意见和在法庭上行使辩护职能，进行质证等，辩护律师均需要对其查阅、摘抄、复制的有关证据及自行调查收集的有关证据材料向犯罪嫌疑人、被告人进行核实，以确定证据材料的可靠性。"[①] 可见，律师向犯罪嫌疑人核实证据的目的是使认定的证据"属实"和"可靠"。在这里，"属实"是"可靠"的前提，"可靠"是"属实"的结果。这里有

---

① 郎胜主编：《中华人民共和国刑事诉讼法释义》（最新修正版），法律出版社2012年版，第75—76页。

两个问题需要加以辨析：

第一，"属实""可靠"的标准问题。证据的"属实""可靠"是否应当有客观的标准？笔者觉得应当有，否则，如果司法人员是一个标准，律师又是另一个标准，那就无所谓"属实""可靠"了。根据证据法原理和党的十八届四中全会通过的《中共中央关于全面推进依法治国若干重大问题的决定》关于"坚持以事实为根据、以法律为准绳，健全事实认定符合客观真相、办案结果符合实体公正、办案过程符合程序公正的法律制度"的要求，证据的"属实"是指证据是案件客观事实（客观真相）的真实反映，而非歪曲的反映，也即证据符合案件客观事实（客观真相）。具体地说，是指证据符合"三性"（客观性、关联性、合法性）和"两力"（证据能力和证明力），证据所证明的事实符合案件客观真相。因为只有使认定的证据和事实符合客观真相，才有可能实现司法公正。因此，证据在合法的前提下符合客观真相，是检验证据"属实""可靠"的根本标准。无论是司法人员还是律师，核实证据都应朝着使其符合客观真相的方向去努力。当然，律师不需要对司法机关承担客观性义务，其核实证据后如果发现属实的证据对犯罪嫌疑人、被告人不利，他没有义务将此情况告诉司法机关。例如，律师核实证据后发现A、B两个相矛盾的证据中A证据属实，B证据不实，但A证据对犯罪嫌疑人、被告人不利，那律师基于其身份和职责，可以不跟司法机关说A证据属实，但不能再以"A、B两个证据存在矛盾"作为证明犯罪嫌疑人、被告人无罪或罪轻的辩护理由。

同时，律师不是公权力机关，有些存疑的证据并不是律师凭一己之力就能完全核实的，有些案件、有些证据连公安司法机关也难以查清和核实，最终只能按照"罪疑从无、刑疑从轻"的原则处理。①因此，律师对

---

① 办案的过程，往往也是核实证据的过程，包括法院庭审，其重要任务之一就是核实证据，即在合议庭或独任法官的主持下，通过控辩对抗的方式，来核实检察机关指控的证据，或者说，是在控、辩、审三方共同参与下核实检察机关指控的证据。

于通过法律允许的方式努力核实之后仍然存疑的证据，是完全可以根据律师的职责提出有利于被告的辩护意见的，长期以来律师也都是这样做的。

第二，如何理解律师的"维护当事人的合法权益"？"维护当事人的合法权益"是律师的首要职责，但律师维护的当事人权益必须以合法为前提、为限度。其一，对当事人的合法权益，律师必须千方百计尽最大努力去维护，否则，就是失职，也就谈不上"维护法律正确实施，维护社会公平和正义"；其二，律师维护当事人合法权益应当遵循"以事实为依据、以法律为准绳"的原则，应当兼顾"维护法律正确实施、维护社会公平和正义"的职责和使命；其三，律师维护当事人权益应当以"合法"为限度，对当事人合法权益之外的利益如非法利益、非分利益，律师不应帮助其去追求和维护。① 因此，在律师辩护包括核实证据上，既要防止不尽职责，对当事人合法权益不去努力维护；又要防止逾越职责，去追求和维护合法权益之外的利益，如背离事实真相、违反法律规定的利益。那种认为怎样核实对当事人有利，律师就可以怎样去核实证据的思想是不妥当的。

总之，对上述两个问题统一思想认识，对于统一律师核实证据的目的乃至统一核实证据的理解是有意义的。如果律师在审查起诉阶段把复制的案卷材料或案内不同证据特别是言词性证据提供、告知犯罪嫌疑人，那客观上是为犯罪嫌疑人根据趋利避害原则在不同证据中选择对己有利的证据提供了条件，这对犯罪嫌疑人来说是有利的，但这种"利"不一定是合法的；就核实证据目的的达成来说，可能不仅无助于使证据符合客观真相，而且还有可能使证据复杂化，甚至导致案件处理不公正，从而背离核实证据的初衷。

---

① 这里的"维护"仅指积极作为的维护，而不包括消极不作为的维护，如对执业活动中知悉的委托人较轻的犯罪活动知情不举。因为后者为律师职业保障所需，也为法律所允许。

（二）核实证据的主体是律师，而不是犯罪嫌疑人、被告人

在核实证据中，对证据存疑的是律师，核实的主体也是律师，犯罪嫌疑人、被告人仅是核实的对象。律师围绕案内存在矛盾或疑问的证据，通过与犯罪嫌疑人、被告人之间的问答交流，依靠自己的法律知识、专业素养和职业经验，对证据是否符合"三性""两力"和是否"属实""可靠"形成自己的心证，作出判断。据此，判断证据是否属实、可靠的主体是律师。如果律师将复制的案卷材料或案内不同证据提供或告知犯罪嫌疑人、被告人，让其回答何者为真、何者为假、何者为实、何者为虚，那作判断的是犯罪嫌疑人、被告人，当犯罪嫌疑人、被告人作出回答后，律师也就无从再予核实了。这样，所谓的律师核实证据，也就演变成犯罪嫌疑人、被告人根据趋利避害原则选择证据，从而造成核实证据主体与核实证据对象的错位。

（三）核实证据的范围是律师存疑的证据

根据立法者对2012年修改后的刑事诉讼法第37条第4款的"释义"，笔者认为，只要律师存在疑问且能够通过向犯罪嫌疑人、被告人核实的证据，都可以列入核实证据的范围。如果不允许律师向犯罪嫌疑人、被告人核实，似既不妥当，也不符合立法精神。因此，需要予以限制的不应是核实证据的范围，而是核实证据的方式，即通过向犯罪嫌疑人、被告人提供案卷材料或告知不同证据来核实证据的这种方式。[①] 但这里需要指出的是，并非存疑的证据律师都能核清楚，因为如前所述，律师不是公权力机关，有些证据凭一己之力是难以核实清楚的；同时，对犯罪嫌疑人、被告人全面示证的时机是由法律规定的，而非律师可以随意提前。因此，对于通过法律允许的方式进行核实之后仍然存疑的证据，律师是完全可以根据法定

---

① 朱孝清：《刑事诉讼法实施中的若干问题研究》，载《中国法学》2014年第3期。

的职责提出有利于被告人的辩护意见的。

（四）核实证据的方式主要是存疑于心，向犯罪嫌疑人、被告人提出问题并要求其实事求是回答，只有特定范围的不同证据才可以告知犯罪嫌疑人

所谓"存疑于心"，就是律师应当把自己对证据的疑问放在心里，而不能把致疑的不同证据向犯罪嫌疑人和盘托出。因为律师如把致疑的不同证据向犯罪嫌疑人、被告人和盘托出，那如前所述，律师核实证据就演变成了由犯罪嫌疑人、被告人选择证据，从而造成核实证据主体与核实证据对象的错位，这是不符合"核实证据"的含义和初衷的。

核实证据可有多种方式，而并非只有"阅卷"或"告知不同证据"一种途径：

1. 提问式。即围绕疑点，向犯罪嫌疑人、被告人提出问题，要其实事求是地回答。犯罪嫌疑人、被告人如果没有作案，对律师的提问定能作出明确回答；如果偶尔作案或作案不多，也能留下深刻的记忆。因而通过提问一般就能达到核实证据的目的。如某局长张某受贿案，张某交代为包工头王某承包工程提供帮助而收受王某 80 万元，但王某却只交代送给张某 60 万元。侦查部门经侦查，行受贿双方交代的送、收款的时间、地点均吻合；请托、谋利的情况也属实；张某银行存款显示，在张某收款之日后的第十日以张某女儿名义在张某家附近的两个储蓄所各存款 40 万元；王某还有其他行贿问题。据此，侦查部门侦查终结时认为"就低"认定张某收受 60 万元缺乏依据，倾向于认定张某受贿 80 万元移送审查起诉。该案受贿人交代的金额多于行贿人交代，侦查部门的意见虽有一定道理，但证据并不充分，故审查起诉时检察人员和律师都有对其核实的必要。为此，检察人员或律师可向犯罪嫌疑人提出以下问题：交代的收受王某的金额是否准确，有无差错；王某请托时有没有说好处费的数额及其占工程款

的比例；王某所送之款的包装物的种类、形状及大小（以分析 80 万元是否装得下）；所收之款有无家人经手；收款后有无清点、由谁清点；所收之款的去向。如果张某交代所收之款存银行了，则可进一步问是否全部存银行，存银行时有无留下一部分钱或加进其他的钱；等等。听取张某回答后，再决定是否采取其他核实措施。① 如果律师采取把王某仅交代行贿 60 万元的证据出示或告知张某，要张某回答哪个数字是事实，那张某很可能说："我记错了，我收的是 60 万元，存银行时加进了家里的 20 万元。"这样，行受贿双方证据间的矛盾表面上似乎消除了，行受贿的金额似乎也核"实"了，但却存在背离事实真相的可能，因为根据原口供，张某或王某交代的金额有误的可能性都不能排除，而核实的结果，却把王某交代有误的可能性排除在外了。

2. 提示启发式。作案与发案间隔时间较长的案件，犯罪嫌疑人、被告人的记忆有可能趋于模糊；多次作案、一贯作案的案件，犯罪嫌疑人、被告人对每次作案的情况也有相互混淆的可能。对这类案件，一般可以在采取前一种核实方式的基础上，对某些可能对犯罪嫌疑人、被告人留下较深刻记忆的记忆点加以提示，以帮助犯罪嫌疑人、被告人回忆的方式进行核实。这种记忆点如节假日、犯罪嫌疑人、被告人及其家人的生日，节气、较特殊的天气、与核实的内容有紧密联系的事件、事实等。如陈某抢劫案，其中一次的抢劫事实是：犯罪嫌疑人交代在一个明月当空的夜晚在某地拦路抢劫一过路女性人民币 5000 元。但根据查到的女性被害人陈述，被抢的这一天是中秋节次日，当晚下小雨。据当地气象部门记载，中秋节次日的晚上的确下小雨。由于犯罪嫌疑人交代的当日天气与被害人陈述的当日天气存在较大差异，陈某是否抢劫了该被害人的财物、该次抢劫

---

① 检察人员或律师还可做其他的核问工作，但根据论题，这里只讨论向犯罪嫌疑人核实的问题。

事实能否认定就成了疑问。于是,司法人员在对陈某作一般讯问后,就以中秋节为记忆点,向犯罪嫌疑人陈某提出"抢劫的时间跟中秋节是否靠近""是中秋节前还是中秋节后""所说的'明月当空'是否准确"等问题,帮助其回忆。陈某经回忆,这一天是中秋节次日,什么天气记不清了,以前之所以说是"明月当空",是因为抢劫多起,既有明月当空的,也有刮风下雨的,搞混了。这就排除了原先的疑问。笔者认为,律师向犯罪嫌疑人、被告人核实证据,同样可以采用提示启发式询问的方式。

3. 笼统说明证据差异式。以上述张某受贿案为例,司法人员或律师向犯罪嫌疑人核实受贿金额时,也可笼统地说明"你交代的金额与王某交代的金额有差异(但不讲差异的具体数据和谁交代得多谁交代得少)",并要其再回忆回忆,作出实事求是的回答。这时,犯罪嫌疑人往往会问:是我交代得多还是他交代得多?对此,司法人员或律师可要求其"不管谁交代得多谁交代得少,你都要坚持实事求是",而不宜说"你比他交代得多";相反,如果犯罪嫌疑人交代的金额比行贿人交代的金额少,倒可以向其说明"你比他交代得少"。因为这是针对犯罪嫌疑人趋利避害心理所应采取的策略:在前一种情况下,如果犯罪嫌疑人得知自己交代的金额多于行贿人交代后,即使其受贿金额的确是 80 万元,他也很有可能一边看着司法人员或律师的表情神态,一边试探式地一步步减少金额:"70 万元? 65 万元? 60 万元?"这会使司法人员或律师越听越存疑,从而起不到核实的效果;在后一种情况下,如果犯罪嫌疑人收受的金额的确少于行贿人交代的金额,他就会提出一系列理由来证明自己所交代金额的真实性,这有利于司法人员或律师采信犯罪嫌疑人所交代的金额。

4. 告知不同证据式。对某些特定的情形,律师也可以把案内不同的证据告知犯罪嫌疑人、被告人。这些情形的证据有:(1)鉴定意见。2012 年修改后的刑事诉讼法第 146 条规定:"侦查机关应当将用作证据的鉴定意见告知犯罪嫌疑人、被害人,如果犯罪嫌疑人、被害人提出申请,可以补充鉴定或者重新鉴定。"法律之所以规定用作证据的鉴定意见告知犯罪嫌疑人,而没有规定其他证据需告诉犯罪嫌疑人,这是因为"用作证据的鉴定意见直接关系到对案件事实的认定,对犯罪嫌疑人有着直接的利害关系",① 犯罪嫌疑人如有不同意见,可以通过申请补充鉴定或重新鉴定加以救济。既然用作证据的鉴定意见在侦查阶段职能部门就应告知犯罪嫌疑人,那律师在审查起诉、审判阶段当然可以将其告知犯罪嫌疑人、被告人,以便听取其意见。(2)犯罪嫌疑人、被告人本人以前的供述或辩解。对此,笔者已在前文阐述,此处不再重复。(3)其他的实物性证据,包括物证、书证、勘验检查笔录、辨认笔录、侦查实验笔录、电子数据等。实物性证据较之言词性证据客观性、稳定性都比较强,向犯罪嫌疑人、被告人告知实物性证据后,即使犯罪嫌疑人、被告人不正常翻供,实物性证据也不致于随着改变。因此,从维护犯罪嫌疑人、被告人辩护权和合法权利出发,律师可以将其告知犯罪嫌疑人、被告人。这里需要说明的是:笔者之前主张无罪的实物性证据不能告知犯罪嫌疑人、被告人。② 当时之所以提出该主张,是考虑到实物性证据如鉴定意见、辨认意见也有搞错的可能,根据笔者对一批冤假错案的分析,因鉴定错误致错的占16%,因辨认错误致错的占25%。鉴定意见、辨认笔录等实物性证据既然可以向有罪方向错,同样也可以向无罪方向错。如一起有名的投毒杀人案,鉴定人员对死者心包血第一次鉴定时并未发现有毒,时隔数月后第二次鉴定才检出剧毒物质。此类案件,犯罪嫌疑人如从律师那里获悉无罪的鉴定、辨认

---

① 郎胜主编:《中华人民共和国刑事诉讼法释义》(最新修正版),法律出版社2012年版,第323页。

② 参见朱孝清:《刑事诉讼法实施中的若干问题研究》,载《中国法学》2014年第3期。

意见，原来拒供的会更坚决地拒供，原来已作有罪供述的也可能翻供，从而使证据复杂化，给惩治犯罪带来困难。后经思考，如果鉴定意见、辨认笔录否定犯罪嫌疑人作案，侦查机关一般会再次鉴定、辨认或者撤销案件，而难以认定有罪并移送检察机关审查起诉；即使移送检察机关审查起诉，律师也可直接依据该无罪的鉴定意见作"被告人无罪"或"案件事实不清、证据不足"的辩护，而一般没有必要为核实证据而将无罪的鉴定意见、辨认笔录出示或告知犯罪嫌疑人。故笔者在此对之前的这一观点加以修正。

对于通过以上方式核实后仍然存疑的证据，律师可以提请法庭注意该问题，并根据法定职责提出自己的辩护意见。

### 三、赋予无辩护人的犯罪嫌疑人、被告人有限制的阅卷权的立法建议

"阅卷论"和"告知证据论"都超越了实然法的含义。但是，从应然角度来看，赋予无辩护人的认罪认罚案件的犯罪嫌疑人、不认罪认罚案件的被告人有限制的阅卷权，[①]对于维护犯罪嫌疑人、被告人有效辩护的权利，保障控辩双方平等武装，实现司法公正，确有必要。虽然赋予犯罪嫌疑人、被告人阅卷权或允许律师告知案内证据有可能造成消极后果，但是，刑事诉讼法本来就是平衡的艺术，当几个方面发生矛盾或冲突时，往往不能只顾一方面而不顾另一方面，而应注意几个方面的平衡与兼顾，如控制犯罪与保障人权的平衡、追求实体真实与追求程序正义的平衡、公正与效率的兼顾等。"人类长期的经验表明：利益之争的解决之道在于谋求调和而非片面牺牲。"[②]因此，在是否赋予犯罪嫌疑人、被告人阅卷权问题

---

① 以下简称"赋予无辩护人的犯罪嫌疑人、被告人有限制的阅卷权"。
② 吴纪奎：《被追诉人阅卷权研究》，载《中国刑事法杂志》2010年第8期。

上，也应兼顾控制犯罪与保障人权这两个方面，使之达至平衡。正是从这个原理出发，笔者建议赋予无辩护人的犯罪嫌疑人、被告人以有限制的阅卷权。

（一）赋予无辩护人的犯罪嫌疑人、被告人有限制的阅卷权的理由

凡主张赋予犯罪嫌疑人、被告人阅卷权的论著，其证明的理由一般都包括以下几个方面：①（1）阅卷权是犯罪嫌疑人、被告人作为刑事诉讼程序主体应当具有的权利。犯罪嫌疑人、被告人是刑事诉讼程序的主体，应当有充分的机会参与刑事裁判的制作过程。为此，应当具有请求资讯权、请求表达权、请求注意权。②而阅卷权是资讯权的重要内容。（2）阅卷权是实现有效辩护的制度保证。因为要实现有效辩护，就要事先进行有效的准备。联合国《公民权利和政治权利国际公约》第14条第3款规定，在判定对他提出的刑事指控时，被告人享有的"最低限度的保证"之一，就是"有适当的时间和便利准备他的辩护并与他自己选择的律师联络"。对此，联合国人权事务委员会明确指出："这里的'便利'必须包括辩方能够获得文件和其他必要的证据。"③（3）阅卷权是实现控辩平等的必然要求。因为要实现控辩平等，就需要平等武装，而通过阅卷获悉控方指控的证据，是实现平等武装的内在要求。

除了上述一般原理外，我国赋予无辩护人的犯罪嫌疑人、被告人有限制的阅卷权，还具有以下现实必要性，同时也符合多数国家（地区）的通常做法。

---

① 参见韩旭：《刑事诉讼中被追诉人及其家属证据知悉权研究》，载《现代法学》2009年第5期；刘作玲、刘学敏：《论被追诉人本人的阅卷权》，载《法学论坛》2012年第5期；陈瑞华：《论被告人的阅卷权》，载《当代法学》2013年第3期。

② 林钰雄：《刑事诉讼法》（上册），中国人民大学出版社2005年版，第132页。

③ 韩旭：《刑事诉讼中被追诉人及其家属证据知悉权研究》，载《现代法学》2009年第5期。

第一，赋予无辩护人的犯罪嫌疑人、被告人有限制的阅卷权，是使70%左右案件的犯罪嫌疑人、被告人实现"平等武装"、提高"控辩协商"或自行辩护质量的需要。在经济比较富裕，法治比较完备的国家，律师在刑事诉讼中的辩护除委托辩护外，还有较完备的指定辩护、强制辩护制度。除了为没有聘请律师的盲、聋、哑人，限制行为能力人、经济困难人指定辩护外，还规定对可能判处一定行罚以上但无律师辩护的案件指定律师予以辩护。以指定辩护或强制辩护所适用的可能判处的最轻刑为例，美国是拘役①，瑞典是 6 个月监禁②，日本是 3 年惩役或监禁③，韩国是 3 年惩役或禁锢④。也就是说，凡可能判处上述刑种、刑期以上刑罚的案件，无辩护人的，必须指定辩护人为其辩护。因此，在这些国家，大多数刑事案件均有律师为其提供辩护。而在我国，律师辩护的案件（包括委托辩护和指定辩护）仅占刑事案件总数的 20%—30%。⑤这些案件大多集中在普通程序的重罪案件和作无罪辩护的案件之中，轻罪案件和认罪认罚案件律师辩护率更低，据对全国 18 个速裁程序试点城市的抽样调查，速裁案件有律师辩护的仅占 8%。对于认罪认罚案件，虽然最高人民法院、最高人民检察院、公安部、国家安全部、司法部《关于在部分地区开展刑事案件认罪认罚从宽制度试点工作的办法》（以下简称《认罪认罚从宽制度试点办法》）

---

① 参见付杰:《被告人阅卷权研究》，载《浙江检察》2017 年第 9 期。
② 参见瑞典《司法程序法典》第 21 章第 3a 条，载《世界各国刑事诉讼法》编辑委员会:《世界各国刑事诉讼法》（欧洲卷·中），中国检察出版社 2017 年版，第 1309 页。
③ 参见《日本刑事诉讼法》第 289 条，宋英辉译，中国政法大学出版社 2000 年版，第 66 页。
④ 参见《韩国刑事诉讼法》第 282 条，马相哲译，中国政法大学出版社 2004 年版，第 82 页。
⑤ 参见左卫民:《中国应当构建什么样的法律援助制度》，载《中国法学》2013 年第 1 期。

规定，对没有委托律师辩护或不符合法律援助律师辩护条件的案件，值班律师可以为其提供法律咨询、程序选择、申请变更强制措施等法律帮助，但值班律师无阅卷权，因而很难提供实质性的辩护。最高人民法院、司法部还联合下文在八省市进行刑事案件律师辩护全覆盖试点，但普遍推广尚需相当长的过程，且该文件所指的"律师辩护全覆盖"，是将仅提供法律帮助的值班律师包括在内的。因此，如何使占刑事案件70%左右无辩护人案件的犯罪嫌疑人、被告人，通过有限制地阅卷，获得平等武装，提高自我辩护质量，从而得到公正审判，是必须高度重视、认真对待的问题。

对于认罪认罚案件，根据《认罪认罚从宽制度试点办法》的规定，检察机关在审查起诉过程中，应当就指控的罪名和适用的法律条款，从轻、减轻或者免除处罚等从宽处罚的建议、案件审理适用的程序等事项听取犯罪嫌疑人及其辩护人或者值班律师的意见，犯罪嫌疑人如果同意，则应签署具结书。该具结书一经签署，对控辩双方就具有一定的约束力，检察机关应以犯罪嫌疑人同意的意见向法院起诉，法院审理后一般应当采纳人民检察院指控的罪名和量刑建议。对于检察机关听取犯罪嫌疑人意见、犯罪嫌疑人签署具结书的过程，一些学者称为"控辩协商"。检察机关听取意见、犯罪嫌疑人签署具结书的程序（控辩协商程序），对犯罪嫌疑人来说十分重要，直接关系到对他的处理。为了保证犯罪嫌疑人、被告人认罪认罚的自愿性、控辩协商的平等性和具结书内容的真实性，防止犯罪嫌疑人在协商中因检察人员威胁、引诱、欺骗而违心认罪认罚和签署具结书，一些学者建议对无辩护人的案件设立强制辩护制度。但要想对所有无辩护人的认罪认罚案件实行强制辩护，必然受律师资源、财政经费等方面的制约，恐非短时所能实现。当前比较现实的思路是，对无辩护人的认罪认罚案件的犯罪嫌疑人，在值班律师提供法律帮助的同时，赋予其有限制的阅卷权，使其在了解证据"底牌"的基础上，与检察机关就案件的实体处理和程序适用进行协商，从而提高控辩协商的质量和公正性。

第二，赋予无辩护人的被告人有限制的阅卷权，是消减言词笔录和"打包"举证对公正审判可能带来的消极影响的需要。我国正在进行以审判为中心的诉讼制度改革，该改革要求适当阻断"侦、审连结"，实行直接言词原则和庭审实质化，做到事实证据调查在法庭、控辩意见发表在法庭、裁判结论产生于法庭。但是，由于历史的惯性和我国某些诉讼观念（如厌讼、证人不愿出庭作证等）的积淀，实行直接言词原则和庭审实质化的进程会比较缓慢。因此，在较长时间里，案卷内侦查机关收集的言词笔录仍会较多地进入法庭，经举证、质证后作为定案的依据。而为了提高庭审效率，对犯罪事实、证据较多的案件，检察机关又往往采取分组"打包"举证、质证的办法，难以做到一证一举、一证一质。这必然影响无辩护人的被告人对指控他的各个证据的了解、审视和质辩，从而可能一定程度地影响事实的正确认定和案件的公正处理。因此，赋予被告人在庭审前有限制的阅卷权，是现阶段既不过多地增加国家司法资源负担、又能一定程度地消解上述问题的比较可行的办法。①

第三，赋予无辩护人的被告人有限制的阅卷权，是节约司法资源、提高诉讼效率的需要。根据刑事诉讼法设计的法院审理案件的普通程序，被告人就起诉书指控的犯罪进行陈述并接受有关人员发问（讯问）后，才进入举证（包括证人出庭作证）、质证程序，这时，被告人才全面知悉指控他的证据。但是，如果严格按照刑事诉讼法这一标准的程序设计进行审理，势必使一些案件的庭审时间冗长，这在犯罪高涨的形势下，无疑会使司法资源有限性与司法需求不断增加之间的矛盾更加突出。为了节约司

---

① 庭审实质化也需要无辩护人的被告人庭前有限制地阅知案内证据，因为庭审实质化首先需要辩护实质化，如无实质性的辩护和控辩对抗，庭审实质化无从谈起。但庭审实质化还能使被告人直接了解指控他的证据，并对证据发表自己的意见（质证），而卷内言词笔录直接进入法庭和分组打包举证，却可能使被告人难以知悉公诉人所举的所有证据并发表质证意见。故后者是更需要重视和解决的问题。

法资源，提高诉讼效率，不得不进一步推进繁简分流，即使是适用普通程序审理的案件，有些也要召开庭前会议，以便为庭审扫清程序性问题的障碍，明确庭审重点。对此，最高人民法院《关于适用〈中华人民共和国刑事诉讼法〉的解释》第 184 条规定，召开庭前会议，审判人员除了就回避、出庭证人名单、非法证据排除等问题了解情况、听取意见外，还可以就"是否申请调取在侦查、审查起诉期间公安机关、人民检察院收集但未随案移送的证明被告人无罪或者罪轻的证据材料""是否提供新证据"等问题了解情况、听取意见；为了明确庭审重点，"审判人员可以询问控辩双方对证据材料有无异议"，以便对有异议的证据在庭审时重点调查，对无异议的证据在庭审时简化举证、质证。这就必然要求辩方在庭前会议之前阅览案卷材料和证据。对此，有辩护人的案件因辩护人在检察机关对案件审查起诉之日起即可阅卷，做起来并无大碍，但对无辩护人的案件而言，就必然要求赋予被告人在庭前会议前有限制的阅卷权。

第四，赋予无辩护人的被告人有限制的阅卷权，是多数国家（地区）的一般做法。如前所述，由于联合国《公民权利和政治权利国际公约》规定被刑事指控的个人应"有适当的时间和便利准备他的辩护"，且该"便利"包括"获得文件和其他必要的证据"，故多数国家对被告人的阅卷权或证据开示权都有不同程度的规定。如《法国刑事诉讼法典》第 279 条规定，在重罪法庭预审程序中，"足以证明犯罪的笔录、书面证言和鉴定报告，其副本应无偿发给每一名被告人。"[①] 德国 1999 年修正后的《刑事诉讼法典》第 147 条第 7 款规定："无辩护人的犯罪嫌疑人可以在必要的辩护所需的范围内，依申请获取案卷中的信息或者影印件。"[②]《俄罗斯刑事诉讼

---

[①]《法国刑事诉讼法典》，余叔通、谢朝华译，中国政法大学出版社 1997 年版，第 117 页。

[②] 陈卫东主编：《刑事辩护与代理制度——外国刑事诉讼法的有关规定》，中国检察出版社 2017 年版，第 95 页。

法典》第 47 条规定:"刑事被告人有权在审前调查终结时了解刑事案件的全部材料并摘抄其中任何材料的任何部分。"① 我国台湾地区 2007 年修改后的"刑事诉讼法"第 33 条第 2 款规定:"无辩护人之被告于审判中得预纳费用请求付予卷内笔录之影本。"②《瑞典司法诉讼法典》规定,一旦作出起诉决定,嫌疑人有权经申请获得侦查期间的记录或笔记的复印件。③ 美国实行证据开示制度,其《联邦刑事诉讼规则》规定的证据开示的权利主体就是被告人,第 16 条规定,根据被告人的申请,政府方应当将其掌握的被告人陈述、对被告人先前的犯罪记录、文件和有形物品、检查、科学测验或实验报告、专家证人等证据,向被告人开示。④

(二)赋予无辩护人的犯罪嫌疑人、被告人有限制的阅卷权的具体设计

1.阅卷时机。根据我国实际,借鉴域外立法,不认罪认罚案件无辩护人的被告人的阅卷时机宜从人民法院受理案件之日起;认罪认罚案件无辩护人的犯罪嫌疑人的阅卷时机宜在犯罪嫌疑人认罪认罚之后、⑤检察机关就案件处理意见听取犯罪嫌疑人及其辩护人或者值班律师意见之前。下面对此分别予以论证。

不认罪认罚案件无辩护人的被告人的阅卷时机之所以在人民法院受理案件之后,而不是辩护律师阅卷的"人民检察院对案件审查起诉之日起",

---

① 《俄罗斯刑事诉讼法典》,黄道秀译,中国政法大学出版社 2003 年版,第 44 页、第 165 页。

② 林朝荣、林云漕编著:《两岸六法》,台湾志光教育文化出版社 1998 年版,【F1】第 7 页。

③ 参见《瑞典司法诉讼法典》,刘学军译,中国法制出版社 2008 年版,第 83 页。

④ 参见《世界各国刑事诉讼法》编辑委员会:《世界各国刑事诉讼法》(美洲卷),中国检察出版社 2017 年版,第 627-628 页。

⑤ 这里的"认罚",仅指犯罪嫌疑人在认罪的基础上愿意接受刑事处罚,即愿意接受所认之罪带来的刑罚后果,而不包含"同意检察机关的量刑建议"或"接受法院判处的刑罚"。

其理由是：

首先，这是由证据在诉讼中的运行规律和被告人双重诉讼角色在不同诉讼阶段的侧重点决定的。在刑事诉讼中，侦查阶段的主要任务是收集证据；审查起诉阶段的主要任务是核实证据，使案件的事实、证据符合审判要求。但侦查和审查起诉阶段都是审前阶段，其任务都是为审判做事实、证据的准备；同时审查起诉阶段是补充、完善证据的重要阶段，因为欲对案件事实是否清楚、证据是否确实充分作出较为准确的判断，往往需要多主体、多角度地对案件的事实和证据进行审视。对公安机关移送审查起诉的案件，往往经过检察机关审查，才能发现案件证据中的某些缺陷，从而对证据进行补充和完善，使之符合审判的要求。这也是在诉讼程序中设置审查起诉程序的重要原因之一。也正因为如此，世界上多数国家的法律规定，辩护人在案件诉至法院后才能全面阅卷（后文论及）。再从犯罪嫌疑人、被告人的双重诉讼角色即在刑事诉讼中既是言词证据提供者、又是自我辩护者这一特点来看，其双重角色在审前和审判阶段的侧重点是有区别的，"审前阶段，在尊重被告人自白任意性（自愿性）的前提下，重视其作为证据来源的作用；而在审判阶段，则需首先尊重和保障被告人辩护权"。① 因此，以法院受理案件为时间节点，对诉讼程序作审前和审判的阶段划分，并赋予不认罪案件中无辩护人的被告人在该时间节点后的阅卷权，是符合刑事诉讼中证据的收集、固定、运用规律的，也是符合犯罪嫌疑人、被告人在刑事诉讼中双重诉讼角色特点的。

其次，这是对被告人阅卷的利弊进行平衡的结果。如前所述，律师与当事人在刑事诉讼中的法律地位、性质、职责、活动原则、权利义务以及与案件利害关系等方面均有很大不同，故被告人阅卷的时机与律师应当有所区别。同时，被告人阅卷有可能产生不正常翻供串供等影响司法公正的

---

① 龙宗智：《辩护律师有权向当事人核实人证》，载《法学》2015 年第 5 期。

消极后果，这是很多法学家的共识，也是毋庸置疑的。但是，尊重和保障人权、保障被告人有效辩护，也是刑事诉讼的一项重要任务，故赋予无辩护人的被告人以阅卷权有其必要性。但在赋予被告人阅卷权时，又必须尽可能抑制其对诉讼和司法公正所可能带来的消极影响。世界上凡规定被告人可以阅卷的国家（地区），之所以都对阅卷的时机、范围等作出种种限制，就是为了平衡被告人阅卷的利和弊。在我国，法律规定辩护律师阅卷的时机是"人民检察院对案件审查起诉之日起"，被告人作为直接的利害关系人和诉讼结果的直接承担者，其阅卷的时机较之律师后移至"人民法院受理起诉之日起"，有利于防止和减少被告人阅卷对证据可能产生的消极影响，压缩被告人进行不正常翻供串供等妨碍证据活动的时间和机会。特别是非认罪认罚案件，犯罪嫌疑人、被告人阻止刑事追究的动机十分强烈，阅卷的时机越早，其进行妨碍证据活动的可能性也就越大，故在审判阶段让其阅卷，有利于减少因阅卷导致的消极后果。

最后，被告人（包括辩护人）在法院受理案件后阅卷是多数国家（地区）的通例。从域外刑事诉讼立法来看，辩护律师或犯罪嫌疑人、被告人阅卷的时机有的规定在案件侦查终结之后，如《俄罗斯刑事诉讼法典》第47条第4款规定，刑事被告人有权"在审前调查终结时了解刑事案件的全部材料并摘抄其中任何材料的任何部分"。第217条规定："在完成本法典第216条的要求后，侦查员应将装订成册并编注页码的刑事案件材料提交给刑事被告人及其辩护人，但本法典第166条第9款规定的情形除外。"① 但更多的国家（地区）是规定在检察院起诉之后。因为在多数国家的刑事诉讼程序特别是复杂案件、重罪案件的诉讼程序中，法院在对检察院起诉的案件正式开庭前，通常要经过一个具有案件分流功能和旨在保证庭审顺

---

① 《俄罗斯刑事诉讼法典》，黄道秀译，中国政法大学出版社2003年版，第44、165页。

利进行的预备性审查和准备阶段,如德国的"中间程序",法国重罪案件的"预审程序"、日本的"准备程序"、英国的"移送审查程序"等,而阅卷或证据开示是这一阶段的重要任务,通过阅卷或证据开示,使控辩双方在庭审时防止证据突袭,并对他方的证据进行有效的攻击和防御。① 如《德国刑事诉讼法典》第 147 条第 1 款规定:"辩护人有权查阅已经移送法院的案卷,或者在提起公诉情况下应移送法院的案卷,且有权查看官方保管的证据。"②《法国刑事诉讼法典》第 3 编"预审法庭"中的第 114 条规定,预审法官"在每一次讯问受审查人或听取民事当事人的陈述之前,最晚 4 个工作日,即应当将诉讼案卷提交律师查用。受审查人在第一次到案或听取民事当事人的陈述之后,案卷亦在所有工作日随时提交律师查用,但应当保证预审室的正常运作。""在当事人第一次到案之后,或者第一次接受讯问或询问之后,各当事人的律师,或者没有律师时各当事人自己,均可请求提供案卷材料和文书的全部或一部的副本,并自付费用。"③《日本刑事诉讼法》第 40 条规定:"辩护人在提起公诉以后,可以在法院阅览和抄录与诉讼有关的文书及证物。但抄录证物,应当经审判长许可。"④ 我国台湾地区"刑事诉讼法"第 33 条规定:"辩护人于审判中得检阅卷宗及证物并得抄录或摄影。无辩护人之被告人于审判中得预付费用请求付予卷内笔录之

---

① 参见宋英辉:《刑事诉讼原理导读》,中国检察出版社 2008 年版,第 244—246 页。
② 《世界各国刑事诉讼法》编辑委员会:《世界各国刑事诉讼法》(欧洲卷·上),中国检察出版社 2017 年版,第 283 页。
③ 《世界各国刑事诉讼法》编辑委员会:《世界各国刑事诉讼法》(欧洲卷·上),中国检察出版社 2017 年版,第 583 页。法国的预审程序具有正式侦查职能,但处在检察院及司法警官初步调查之后、法院正式审判之前,因而总体上属于审判前的准备程序。
④ 《世界各国刑事诉讼法》编辑委员会:《世界各国刑事诉讼法》(亚洲卷),中国检察出版社 2017 年版,第 323 页。

影本。"① 美国、英国的证据开示也都始于审判的预审阶段。②

当然,也有些国家让辩护人在侦查阶段查阅"不致危及侦查目的"的极有限的证据。如《德国刑事诉讼法典》第147条第3款规定:"在程序的任何阶段,都不允许拒绝辩护人查阅对被告人的讯问笔录,查阅准许辩护人在场或者本应准许其在场的法院调查活动笔录,以及查阅鉴定意见。"③但就较全面地阅卷或开示证据而言,多数国家、地区是在案件起诉之后。

关于认罪认罚案件无辩护人的犯罪嫌疑人的阅卷时机,笔者之所以主张在犯罪嫌疑人认罪认罚之后、检察机关就案件拟处理意见听取犯罪嫌疑人及其辩护人或者值班律师意见之前,是因为:(1)犯罪嫌疑人已经认罪认罚,其阅卷后不正常翻供串供等妨碍证据的可能性已大为降低,故阅卷的时机可早于不认罪认罚案件的被告人。(2)如前所述,根据《认罪认罚从宽制度试点办法》的规定,在审查起诉期间,人民检察院要就案件拟处理意见包括指控的罪名及适用的法律条款,从轻、减轻、免除处罚等从宽处罚的建议,案件审理适用的程序等事项,听取犯罪嫌疑人及其辩护人或者值班律师的意见,犯罪嫌疑人如果同意检察机关的意见,要签署具结书。嗣后,检察机关就按照犯罪嫌疑人同意的意见向法院提出量刑建议,法院判决时"一般应当采纳人民检察院指控的罪名和量刑建议"。故检察机关"听取意见"、犯罪嫌疑人签署具结书的程序对犯罪嫌疑人来说非常重要,它很大程度上决定了对他的处理。故应当在该程序前让犯罪嫌疑人阅卷,以便其在了解证据、有所准备的基础上,对检察机关提出的案

---

① 林朝荣、林云澧编著:《两岸六法》,台湾志光教育文化出版社1998年版,【F1】第7页。

② 参见孙长永:《探索正当程序——比较刑事诉讼法专论》,中国法制出版社2005年版,第326页。

③ 《世界各国刑事诉讼法》编辑委员会:《世界各国刑事诉讼法》(欧洲卷·上),中国检察出版社2017年版,第283页。

件处理意见提出自己的意见,更好地维护自己的合法权益,从而提高控辩协商的质量,使案件的处理客观公正。(3)无辩护人的被告人虽有值班律师可以为其提供法律咨询、程序选择、申请变更强制措施等法律帮助,并在"听取意见"程序中在场,但值班律师并无阅卷权,在不了解案件事实、证据、情节的情况下,是较难对案件的处理提供实质性的辩护和帮助的,让犯罪嫌疑人在"听取意见"程序之前阅卷,有助于犯罪嫌疑人就其阅知的事实、证据向值班律师咨询,从而提高值班律师咨询服务的针对性和质量。

2. 阅卷范围。虽然多数国家都赋予被告人阅卷权或取得开示证据的权利,但有关国家都十分注意对被告人合法权益的保护与诉讼程序顺利进行及其他利益保护之间的平衡。"因为被追诉人程序主体地位的提升只能改变各国在利益权衡时赋予被追诉人利益保护的比重,而并未也不可能将被追诉人的利益保护凌驾于其他利益保护之上。因此,即使是再强调被追诉人利益保护的国家,也会基于其他利益的考量而对被追诉人探知控方掌握的资讯的权利进行一定的限制。"[1]特别是英美法系国家,"证据开示程序主要适用于由于被告人不认罪而进入正式审判的案件,在被告人作出有罪答辩以前,只有预审程序带有明显的证据开示功能,而预审阶段所开示的证据仅限于支持控诉的基本证据,而不包括任何有利于被告人的证据,即使是控诉证据的开示也是不全面的"。"证据开示制度发展至今,尚无哪一个采取彻底的当事人主义的国家明确要求控方向辩护方完全公开自己掌握的全部资料。"[2]更何况对犯罪嫌疑人、被告人本人?因此,域外各国(地区)都对犯罪嫌疑人、被告人阅卷的范围有所限制,多数国家限制的内容主要包括:涉及秘密(国家秘密、商业秘密)、他人隐私的证据材料;证人、

---

[1] 吴纪奎:《被追诉人阅卷权研究》,载《中国刑事法杂志》2010年第8期。
[2] 孙长永:《探索正当程序——比较刑事诉讼法专论》,中国法制出版社2005年版,第326、322页。

被害人、鉴定人、口译人、笔译人、隐匿身份侦查人员的身份信息,如姓名、住址、工作地点、联系方式等;技术侦查的方法;其他案件的线索。除此之外,有些国家限制的内容还包括:(1)阅卷可能危及本案或其他案件侦查目的的证据信息。如《德国刑事诉讼法典》第147条第7款规定,犯罪嫌疑人依申请获取案卷中的信息或者影印件,不得危及该刑事程序或者其他刑事程序的侦查目的。①(2)阅卷后可能影响对第三人权利保护的证据信息。如《德国刑事诉讼法典》第147条第7款规定,犯罪嫌疑人依申请获取案卷中的信息或者影印件,不得与第三方更具优势的应予保护的利益相抵触。②(3)阅卷或证据开示后有可能带来被动的证据,如证人证言。如《美国联邦刑事诉讼规则》第16条规定,被告人经申请可获得开示的仅是开示后不会引起内容改变的证据,③而不包括证人证言。对此,有学者作如下解释:一是相对于其他证据,证人证言的开示更有利于被追诉人编造辩护事由;二是在美国,实行传闻证据排除规则,审前证人证言仅具有弹劾作用,证人原则上应当出庭,在审判时开示便足以满足这一目的的实现;三是审前如开示证人证言很可能导致警察或检察官(为防止证据被开示给被告人)而不对证人证言进行记录,而是仅进行简短的记载或者诉诸记忆,这不利于在证人的记忆比较鲜活的情况下固定证据。④(4)阅卷后可能危及国家安全或其他公共利益的证据信息。如欧洲人权法院的判例认为:"对相关证据的开示并非一种绝对的权利,出于维护国家安全、保

---

① 《世界各国刑事诉讼法》编辑委员会:《世界各国刑事诉讼法》(欧洲卷·上),中国检察出版社2017年版,第284页。

② 《世界各国刑事诉讼法》编辑委员会:《世界各国刑事诉讼法》(欧洲卷·上),中国检察出版社2017年版,第284页。

③ 参见宋英辉:《刑事诉讼原理导读》,中国检察出版社2008年版,第254页。

④ Yale kamisar, *Modern Criminal Procedure* ( Saint Paul: West Publishing Company, 1990 ), pp.1146-1147. 转引自吴纪奎:《被追诉人阅卷权研究》,载《中国刑事法杂志》2010年第8期。

护证人不受报复、防止侦查犯罪的方法被泄露等公共利益的需要，以及保护另一个人的基本权利，可以对证据开示的权利加以限制，但这种限制必须是'严格必须的'。"①英国《2003年刑事审判法》第37条第（8）款规定："如果根据控方的申请，法院认为开示控方材料不符合公共利益并且作出相应命令时，不得按照本条的规定开示该材料。"②

借鉴域外立法及判例，并结合我国现阶段实际，建议对以下内容不列入无辩护人的被告人阅卷的范围：（1）不属于证明被告人罪行的国家秘密、商业秘密、他人隐私的材料；（2）阅卷后被告方有可能实施不法侵害行为的有关人员（如举报人、证人、被害人、鉴定人、隐匿身份的侦查人员）的身份信息，包括姓名、住址、工作地点、联系方式等；（3）技术侦查的方法；（4）阅卷后可能导致翻供串供、串证毁证等妨碍证据行为从而影响司法公正的某些言词证据，如贿赂案件中行受贿犯罪嫌疑人的供述、共同犯罪人的口供等；（5）阅卷后可能影响其他案件侦查的证据。

上述5个方面予以限制的内容，其中前3个方面当然地予以限制；第（4）（5）方面的限制需根据具体案件决定，检察机关在起诉时认为需要限制的，应把限制的具体内容及理由书面告知人民法院，由人民法院就是否予以限制作出决定，以防检察机关因片面控诉倾向而予以不适当地限制。对于以上限制阅卷的内容，应当列入办案秘密管理。

3.取得案卷的程序。取得案卷的程序主要讲述两方面内容：一是启动。借鉴德国、瑞典、美国及我国台湾地区的做法，在诉讼中，人民检察院、人民法院应告知无辩护人的犯罪嫌疑人、被告人有申请阅卷的权利。犯罪嫌疑人、被告人要求阅卷的，需分别向人民检察院、人民法院提出申

---

① 孙长永：《探索正当程序——比较刑事诉讼法专论》，中国法制出版社2005年版，第402页。
② 《世界各国刑事诉讼法》编辑委员会：《世界各国刑事诉讼法》（欧洲卷·下），中国检察出版社2017年版，第1916页。

请，即认罪认罚案件的犯罪嫌疑人向人民检察院提出申请，其他案件的被告人向人民法院提出申请。犯罪嫌疑人、被告人可以申请阅览案卷的全部或一部。复制案卷的费用由犯罪嫌疑人、被告人承担。二是具体操作。借鉴一些国家的做法，犯罪嫌疑人、被告人提出申请后，人民检察院、人民法院应采取对需限制的内容涂黑、删除、抽取或者对案卷进行节录等方法复制案卷，然后提供给犯罪嫌疑人、被告人。

（三）赋予有辩护人的犯罪嫌疑人、被告人相应的阅卷权

赋予无辩护人的犯罪嫌疑人、被告人阅卷权后，对有辩护人的犯罪嫌疑人、被告人也应赋予相应的阅卷权，否则，似有违公平原则。具体可参照前述无辩护人的犯罪嫌疑人、被告人阅卷的时机、范围和程序办理。对阅卷需限制内容中的第（4）（5）两项内容，辩护人如对检察机关提出的限制意见有异议，可向人民法院提出，由人民法院作出决定。人民检察院、人民法院复制案卷后，可由辩护人转交犯罪嫌疑人、被告人。犯罪嫌疑人、被告人也可不申请阅卷，而申请由辩护人告知案内证据。接受申请的机关应将犯罪嫌疑人、被告人的申请情况书面通知辩护律师，作为其向犯罪嫌疑人、被告人告知案内证据的依据。辩护人告知案内证据的时机、范围、程序等要严格遵照规定，违反规定的，应视情节予以惩戒。

# 刑事诉讼法中的若干问题研究[①]

2012年刑事诉讼法颁布以来,法学、法律界对该法中的多数问题都作了广泛深入的研究,达成了许多共识,但不少问题认识还不一致甚至很不一致。笔者试就其中的三个问题发表些看法,参与讨论,并就教于同仁。

## 一、讯问过程录音录像问题

刑事诉讼法第121条规定:"侦查人员在讯问犯罪嫌疑人的时候,可以对讯问过程进行录音或者录像;对于可能判处无期徒刑、死刑的案件或者其他重大犯罪案件,应当对讯问过程进行录音录像。录音或者录像应当全程进行,保持完整性。"对此,有三个问题需要进一步研究:

### (一)讯问过程录音录像是否属于证据

对该问题,当前主要有三种观点:第一种观点认为,讯问过程录音录像所能证明的只是讯问过程,而不是案件事实,而根据刑事诉讼法第48条关于证据定义的规定,"可以用于证明案件事实"是证据的必要条件,

---

[①] 本文由三篇文章整合而成,该三篇文章是:《询问录音录像三题》,载《人民检察》2014年第12期;《庭前会议的定位、权限和效力》,载《检察日报》2014年8月13日第3版;《违法所得没收程序的几个问题》,载《人民检察》2014年第15期。

既然讯问录音录像不能证明案件事实,因而不是证据。第二种观点认为,讯问录音录像不仅客观记录了侦查中讯问的过程,而且其所记载的犯罪嫌疑人口供的内容与讯问笔录是一样的,因而它应当属于证据。第三种观点对上述两种观点作了折中,认为录音录像只能用来证明侦查人员有无非法讯问,而不能来证明案件事实。因此,对于犯罪嫌疑人涉嫌的犯罪事实而言,它不是证据,但对于侦查人员是否涉嫌非法取证的事实而言,它又是证据。①

笔者认为,讯问过程录音录像属于刑事诉讼证据。

首先,从法律关于证据的定义来看。刑事诉讼法第 48 条规定:"可以用于证明案件事实的材料,都是证据。"据此,只要是可以用于证明案件事实的材料,无论该材料能用于证明犯罪嫌疑人有罪、罪重还是无罪、罪轻,也无论该材料是客观性较强的实物还是主观性较强的言词,还无论该材料是否真实地反映了案件事实,它都是刑事诉讼中的证据。需要特别指出的是,2012 年刑事诉讼法扩大了刑事诉讼证据的范围,它不仅包括与案件事实有直接关联、能够证明犯罪有无和轻重的材料,而且包括与案件事实仅有间接关联、但与办案程序有直接关联、能够证明取证合法性的材料。因为后者虽与案件事实不存在直接的关联,但它却能证明所取证据是否合法,并进而决定所取证据能否进入刑事诉讼程序用来证明案件事实。讯问录音录像所记载的犯罪嫌疑人口供(即供述和辩解)与案件事实有着直接的关联;所记载的侦查人员讯问是否合法的内容,则与办案程序有直接关联,二者都"可以用于证明案件事实",因而其应当属于刑事诉讼证据。

其次,从讯问录音录像与讯问犯罪嫌疑人笔录的关系来看。讯问犯罪嫌疑人取得的供述和辩解,既可以用笔录的形式加以固定,也可以用录音

---

① 参见戴福:《讯问犯罪嫌疑人同步录音录像的证据地位与司法审查》,载《人民法院报》2014 年 1 月 1 日第 6 版。

录像的形式加以固定。过去，由于科学技术手段和办案装备水平所限，犯罪嫌疑人的供述和辩解一般用笔录的形式加以固定，并把它作为法定的证据形式；如今，由于科学技术手段的发展、侦查装备的改善以及法律的跟进，录音录像也已用于记录并固定犯罪嫌疑人的供述和辩解，而且它所固定的供述和辩解，比笔录更全面完整、准确真实和形象逼真，证明的效果也更好（对此，笔者将在后文具体阐述）。既然用笔录固定的犯罪嫌疑人供述和辩解是证据，那用录音录像记录并固定且效果优于笔录的犯罪嫌疑人供述和辩解同样应当属于证据。我们对证据表现形式的理解不能拒绝科技进步、止步不前，而应与时俱进。

最后，从司法实践情况来看。近几年来，特别是2012年刑事诉讼法实施以来，讯问录音录像不仅用于证明侦查人员讯问活动是否合法，而且有很多案件都在法庭上直接用于证明犯罪事实的有无和轻重。如在薄熙来受贿、贪污、滥用职权案，其妻薄谷开来供述其与薄熙来共同受贿、贪污的录音录像，用来证明薄熙来的受贿罪、贪污罪；在一大批受贿案件中，行贿人供述的行贿犯罪事实的录音录像用来证明受贿人犯罪；在法庭上翻供的有些案件中，被告人审前供述犯罪事实的录音录像用来反驳其在庭上的不实翻供；等等，都取得了较好的效果。不能设想，司法实践中已大量地用来证明案件事实且已被有关人民法院采信的这些录音录像，竟然还不是证据！

有观点认为，刑事诉讼法规定侦查人员讯问时可以或者应当录音录像，不是为了证明案件事实，而是为了规范侦查行为，防止刑讯逼供，并在必要时证明讯问过程的合法性。故录音录像不是证明当事人涉嫌犯罪的证据，而是证明讯问过程是否合法的证据。[①] 笔者认为，录音录像的主要

---

① 高嘉蓬:《准确理解录音录像的法律属性》，载《检察日报》2014年3月23日第3版。

目的确如上述,但它所具有的固定犯罪嫌疑人供述、辩解或证词的功能同样不能忽视,只看到其规范侦查行为功能、看不到其固定证据功能的认识是片面的。全国人大常委会法工委副主任郎胜主编的《中华人民共和国刑事诉讼法释义》(最新修正版)在解释该条内容时写道:"这一制度的设立,进一步规范了侦查讯问工作,有利于保证讯问活动依法进行,保障犯罪嫌疑人的合法权利;也有利于固定和保存证据,防止被告人在庭审时翻供,甚至诬告办案人员刑讯逼供,对侦查人员身身也是一种保护。同时,这一规定也将为新设立的非法证据排除制度服务,提供讯问过程是否合法的证明。"[1] 该解释也说明,讯问过程录音录像是证据,它不仅能固定、保存证据,以证明讯问活动是否合法,还能固定、保存证据,以证明犯罪有无和轻重。因此,上述观点不仅缺乏理论依据,也不符合活生生的司法实践。

综上所述,侦查人员讯问时录音录像应当属于刑事诉讼证据,不仅其所记载的用于证明讯问活动合法性的内容是证据,而且其所记载的用于证明犯罪有无和轻重的犯罪嫌疑人供述和辩解也是证据。

(二)讯问过程录音录像属于何种证据

录音录像既然是证据,那属于法定证据种类中的何种证据呢?当前主要有两种观点:一种观点认为属于视听资料;另一种观点认为应根据其内容和司法证明作用具体分析。笔者同意后一种观点:当录音录像以其记载的犯罪嫌疑人口供来证明其犯罪的有无和轻重时,属于犯罪嫌疑人供述和辩解;当录音录像以其记载的犯罪嫌疑人的同案犯或其他人犯罪事实的内容来证明同案犯或其他人的犯罪事实时,属于证人证言;当录音录像以其记载的侦查人员讯问过程来证明讯问活动是否合法时,属于视听资料。

这里需要说明的是,我国刑事诉讼法所规定的"视听资料",是指通

---

[1] 见郎胜主编:《中华人民共和国刑事诉讼法释义》(最新修正版),法律出版社2012年版,第244页。

过录音录像、电子计算机及其他电磁方式记录储存的信息来证明有关事实的资料,它以直接记录待证事实为特征,如某贩毒案,电子监控设备录下了毒品交易双方洽谈价格、交付毒品和价金的过程。在这里,甲乙双方交易毒品的事实是待证事实,由于该录音录像直接记录了待证事实,因而是视听资料。反之,如果录音录像记录的是侦查讯问时犯罪嫌疑人交代的自己与对方交易毒品的事实,那该录音录像在证明该犯罪嫌疑人贩毒事实时是犯罪嫌疑人供述;在证明交易对方的贩毒事实时是证人证言;在证明讯问过程是否合法时是视听资料。因为只有后者是直接记录讯问是否合法这一待证事实的。可见,就待证事实而言,视听资料与讯问录音录像有以下不同:一是与待证事实的关系不同。视听资料直接记录待证事实,而录音录像不直接记录待证事实,所记录的是犯罪嫌疑人在接受讯问时叙述出来的待证事实。二是记录的时间不同。视听资料记录于犯罪活动或侦查活动进行时,而录音录像却只记录于侦查讯问时。三是记录的针对性不同。视听资料既可事先预设、直接针对某特定的人而记录,如控制下交付毒品中事先预设、届时记录下来的交易毒品情况;也可并不针对某一特定的人,而是作案人自己撞到监控网上来,如公共场所监控设备记录的某二人交易毒品的情况。而讯问录音录像则是针对特定犯罪嫌疑人而记录的。四是证明案件待证事实的价值不同。视听资料是直接记录案件待证事实的,因而真实性大,证明案件待证事实的价值也大;而讯问录音录像是通过犯罪嫌疑人口供的内容来证明案件待证事实,犯罪嫌疑人口供既可能真也可能假或半真半假,因而其证明案件待证事实的价值就相对小一些。①

这里还要说明的是,当讯问录音录像用来证明讯问活动是否合法时,"讯问活动是否合法"就是待证事实,该录音录像直接记录了该待证事实,

---

① 参考张兆松:《讯问犯罪嫌疑人同步录音录像制度的困境和对策》,载《四川警察学院学报》2010年第3期。

因而它就成了视听资料,并具有前述的视听资料不同于录音录像的四个方面的特点。因此,根据讯问时录音录像所记录的内容和所证明的对象及作用来分别确定其证据种类的观点,是站得住脚的。

(三)讯问过程录音录像应否随案移送

对讯问录音录像是否应当随案移送的问题,最高人民法院、最高人民检察院、公安部、国家安全部、司法部、全国人大法工委(以下简称"六机关")《关于实施刑事诉讼法若干问题的规定》第19条规定:"侦查人员对讯问过程进行录音或者录像的,应当在讯问笔录中注明。人民检察院、人民法院可以根据需要调取讯问犯罪嫌疑人的录音或者录像,有关机关应当及时提供。"据此,录音录像可以根据需要调取,而不需随案移送。

如果说,"六机关"是考虑到修改后刑事诉讼法初次规定了侦查讯问录音录像制度,该制度实施到位还会有个过程,随案移送也还缺乏经验,以及侦查人员的思想负担等实际情况,因而暂不要求随案移送,则有一定道理,但如从证据和诉讼制度来说,不随案移送则不具有合理性。

首先,录音录像既然是证据,就应随案移送。证据是办理案件的依据。根据修改后刑事诉讼法的规定,在诉讼阶段变更时,都应随案移送证据,刑事诉讼法第160条、第172条都对此作了规定,[①] "六机关"《关于实

---

[①] 刑事诉讼法第160条规定:"公安机关侦查终结的案件,应当做到犯罪事实清楚,证据确实、充分,并且写出起诉意见书,连同案卷材料、证据一并移送同级人民检察院审查决定;同时将案件移送情况告知犯罪嫌疑人及其辩护律师。"刑事诉讼法第172条规定:"人民检察院认为犯罪嫌疑人的犯罪事实已经查清,证据确实、充分,依法应当追究刑事责任的,应当作出起诉决定,按照审判管辖的规定,向人民法院提起公诉,并将案卷材料、证据移送人民法院。"

施刑事诉讼法若干问题的规定》第 24 条也对此作了重申。① 因此，只要是证据，就要随案移送。录音录像既然属于证据，那无论是提请批捕、移送起诉还是起诉时，都应将其与其他证据一起随案移送，那种认为"刑事诉讼法没有规定录音录像应当随案移送，因而随案移送没有法律依据"的观点，是站不住脚的；同时，一方面承认录音录像是证据，另一方面又规定不必随案移送而只在必要时调取，也是自相矛盾的。

其次，随案移送是人民检察院、人民法院依职权主动发现并排除非法证据的需要。排除非法证据程序的启动有公、检、法机关依职权主动启动和依犯罪嫌疑人、被告人及辩护人申请而被动启动的区别。2012 年刑事诉讼法是要求公、检、法机关主动发现并排除非法证据的。该法第 54 条第 2 款规定："在侦查、审查起诉、审判时发现有应当排除的证据的，应当依法予以排除，不得作为起诉意见、起诉决定和判决的依据。"从理论上讲，公、检、法机关主动排除非法证据，一是有利于及时保护当事人的合法权益；二是有利于及时清除证据中的"定时炸弹"，保证案件质量；三是有利于在发现并排除非法证据后及时补救相关证据；四是有利于避免被动启动非法证据排除程序所带来的被动和尴尬，并有利于节约诉讼资源。因而公、检、法机关要依职权主动发现并排除非法证据，而不是被动等待犯罪嫌疑人、被告人及辩护人提出申请后再启动程序予以审查和排除，有些案件是要主动审查随案移送过来的讯问过程录音录像的。

最后，随案移送是促使侦查机关把刑事诉讼法关于录音录像的规定落到实处的需要。刑事诉讼法第 121 条规定了"可以录音录像"和"应当录音录像"两种情况，前者属于授权性规范，后者属于强制性规范。要把该

---

① "六机关"《关于实施刑事诉讼法若干问题的规定》第 24 条规定："人民检察院向人民法院提起公诉时，应当将案卷材料和全部证据移送人民法院，包括犯罪嫌疑人、被告人翻供的材料，证人改变证言的材料，以及对犯罪嫌疑人、被告人有利的其他证据材料。"

法律规定特别是强制性规范落到实处，不能仅仅依赖于侦查机关的自觉，而必须有过硬的措施包括强制性的诉讼机制。在国外，不少国家和地区为了把讯问录音录像的规定落到实处，在法律中规定了如不依法录音录像就要排除讯问笔录证据能力的制度。① 在我国，明确规定讯问录音录像应当随案移送，有利于通过诉讼机制促使侦查机关把法律关于录音录像的要求落到实处。应当承认，对讯问重大案件的过程进行录音录像作为一项新的法律制度，要把它落到实处确会遇到某些困难，特别是侦查人员思想观念方面的障碍。正因为有困难，才更需要花大力气去推动落实，包括通过建立公、检、法机关之间在随案移送讯问录音录像上的制约机制，即如果上一诉讼环节不随案移送录音录像，下一诉讼环节有权不予受理案件的机制，来推动录音录像制度的落实。如《人民检察院刑事诉讼规则（试行）》第 310 条第 2 款就规定："人民检察院直接受理立案侦查的案件，侦查部门在移送或报请审查逮捕时，应当向侦查监督部门移送全部讯问犯罪嫌疑人的录音、录像，未移送或移送不全的，侦查监督部门应当要求侦查部门补充移送。经要求仍未移送或未全部移送的，应当将案件退回。"

至于录音录像随案移送后的使用及录音中涉及国家秘密、商业秘密、个人隐私或者其他不宜公开的内容如何保密的问题，《人民检察院刑事诉讼规则（试行）》第 75 条已作出规定："在法庭审理过程中，被告人或者辩护人对讯问活动的合法性提出异议，公诉人可以要求被告人及其辩护人提供相关线索或者材料。必要时，公诉人可以提请法庭当庭播放相关时段的讯问录音、录像，对有关异议或者事实进行质证。需要播放的讯问录音、录像中涉及国家秘密、商业秘密、个人隐私或者含有其他不宜公开的内容的，公诉人应当建议在法庭组成人员、公诉人、侦查人员、被告人及其辩

---

① 具体有绝对排除、权衡排除、不利推定等区别。参见董坤：《违反录音录像规定讯问笔录证据能力研究》，载《法学家》2014 年第 2 期。

护人范围内播放。因涉及国家秘密、商业秘密、个人隐私或者其他犯罪线索等内容，人民检察院对讯问录音、录像的相关内容作技术处理的，公诉人应当向法庭作出说明。"可见，在法庭上播放录音录像是播放"相关时段"的录音录像，而不是全部录音录像；对录音录像中涉密及其他不宜公开的内容，可采取两种办法办理：一种是人民检察院事先作技术处理，但应向法庭作出说明；另一种是不作技术处理，在诉讼有关参与人员中小范围播放，这种情况下，辩护人则需要签订保密协议。

（四）讯问过程录音录像与讯问笔录不一致时如何处理

在有的案件中，存在着讯问录音录像与讯问笔录不一致的情况。这种"不一致"，不是指在意思一致的前提下在字数、句式等形式方面的不一致，而是指意思不一致（如意思有差异、有出入，甚至相反）并影响到案件定性或者量刑。易言之，是实质内容上的不一致。在这种情况下，就要解决二者以何者为准的问题。

对此问题，当前有三种观点：第一种观点认为应以笔录为准，因为它是经犯罪嫌疑人核对认可并签字画押的；第二种观点认为应以录音录像为准，因为它比笔录更准确、真实；第三种观点认为应结合全案其他证据进行综合分析，以能够得到其他证据印证的为准，如果二者都不能得到其他证据印证，则二者都应予以排除。

笔者认为，在讨论该问题前，应先明确"二者不一致时以何者为准"中"以何者为准"的含义，以免违反同一律。这里的"以何者为准"，是指录音录像与笔录所记载的犯罪嫌疑人的供述和辩解中意思不一致的部分，以哪一个作为犯罪嫌疑人供述和辩解，而不是指司法机关应当采信哪一个供述和辩解。也就是说，这里是指何者作为犯罪嫌疑人的供述和辩解，而不是指何者符合案件的客观事实并予采信。

根据"以何者为准"的以上含义，笔者认为应以录音录像为准。

首先，录音录像比笔录更符合犯罪嫌疑人口供的原意。一是录音录像比笔录更全面完整。因为笔录的记录者无论记得多快，也不可能把犯罪嫌疑人的口供丝毫不差地记录下来，而往往需要对其意思进行归纳，并以自己的语言表达习惯和方式把它表述出来。有人说"讯问笔录是经过记录人主观认识过滤和重新表述后的产物"，①该说法不无道理。这就必然会使笔录在全面完整性上受到影响。二是录音录像比笔录更准确真实。笔录由于受记录人素质、执法理念及公正度等的影响，其客观准确性和真实性有时会受到影响，如有的偏重于记录有罪、罪重的供述，而忽视无罪、罪轻的辩解；有的可能对原意加以添加或减损，从而与原意不尽相符。而录音录像却是个"忠诚的奴仆"，能够做到准确真实。三是录音录像比笔录更形象逼真。录音录像具有较强的直观性，它不仅能准确记录声音，还能准确记录形象；不仅能准确记录犯罪嫌疑人口供的内容，而且能准确记录讯问场景、讯问人与被讯问人的动作、神态、表情、语速、语气等内容。②四是录音录像还具有可完整再现的特点，通过再现，给人以如临其境、如见其人、如闻其事的感觉，从而增强证明效果。录音录像这些优越性，既是其作为诉讼证据的重要理由，也是其与笔录不一致时应以录音录像为准的重要理由。

其次，有关司法解释对讯问笔录制作的主要要求是"与犯罪嫌疑人说的相符"，而录音录像的相符性更高。《人民检察院刑事诉讼规则（试行）》第199条规定："讯问笔录应当忠实于原话，字迹清楚，详细具体，并交犯罪嫌疑人核对……如果记载有遗漏或者差错，应当补正或者改正。犯罪嫌疑人认为讯问笔录没有错误的，由犯罪嫌疑人在笔录上逐页签名、盖章或者捺指印，并在末页写明'以上笔录我看过（向我宣读过），和我说的

---

① 参见陈勇：《对侦查卷宗法律本质的思考》，载《人民检察》2002年第2期。
② 参见赵培显：《侦查讯问录音录像的证据效力与适用》，载《人民检察》2014年第5期。

相符',同时签名、盖章、捺指印并注明日期。"可见,制作讯问笔录的最主要要求和标准就是"忠实于原话",犯罪嫌疑人核对后认为"和我说的相符"。而讯问录音录像则比笔录更"忠实于原话",与犯罪嫌疑人说的更"相符"。

最后,有的笔录犯罪嫌疑人虽予签字画押,但不一定真正认可。如有的犯罪嫌疑人对笔录的重要性和法律意义认识不清,不细看就予签字;有的因较长时间被讯问,身心俱疲而不愿认真核对;有的笔录被加进了一些有罪、罪重的内容而减损了某些无罪、罪轻的内容,犯罪嫌疑人核对后也知道与其原意不符,但为了表示自己态度好和争取从宽处理,而不予提出、不作改正,或虽经提出但由于讯问人或记录人"做工作"而不便坚持;等等。在笔者参与办案的经历中,上述情况都曾遇到过。因此,那种认为犯罪嫌疑人对笔录作了签字画押,就说明其认可该笔录的观点,从程序意义上说似乎并无不当,但实际上却不尽然。正因为笔录类证据有可能存在此类缺陷,因而 2012 年刑事诉讼法强化了律师在侦查阶段的辩护权,并在推进庭审实质化方面增加了不少规定,迈出了重要步伐。

有人可能会认为,讯问笔录是经过犯罪嫌疑人核对并签字画押的,而录音录像却未经其核对,也没有"和我说的相符"的签字,故笔录的效力应优于录音录像。笔者认为,讯问笔录之所以要让犯罪嫌疑人核对并签字画押,是由于笔录制作中存在不符合犯罪嫌疑人口供的可能性,而录音录像只要全程同步进行且未被剪辑、篡改,就不会存在与犯罪嫌疑人口供不符的可能。故不能因笔录经核对并有"和我说的相符"的签字,录音录像却未经核对并无此类签字,[①]就认为前者的效力优于后者。当然,对录音录像也要审查其是否真实,有无被剪辑、篡改,但这是另一层次的问题,

---

[①] 录音录像也有被讯问的犯罪嫌疑人签字的程序,但犯罪嫌疑人不需要对其内容进行核对并作"和我说的相符"的签字。

本文的讨论是以录音录像真实、笔录经犯罪嫌疑人核对并签字画押为前提的。

综上所述，在讯问录音录像与笔录不一致时，应当以录音录像为准，易言之，应以录音录像记载的犯罪嫌疑人口供作为犯罪嫌疑人的供述和辩解。

有人可能会认为，犯罪嫌疑人在核对笔录时，除了对记录中的遗漏或差错进行补充或改正外，也不排除认为记录虽然客观准确，但自己原先说得不准确甚至有误，从而要求对笔录作修改的情况。这就像写文章，打好草稿后还要对草稿进行修改。口供也是如此，犯罪嫌疑人如果发现自己原先说得不当，应当允许其修正。在这种情况下，修正后的笔录比已录的音像中记载的口供更符合犯罪嫌疑人本意，因而应以修改后的笔录为准。

笔者认为，笔录记载准确但犯罪嫌疑人在核对笔录时要求修改笔录的情况确实存在，如有的发现自己记忆不准确甚至有误，从而要求修改；有的明知自己原供述是实情，但核对笔录时因思想已冷静下来而想翻供，从而要求对原笔录作较大修改等。对这种情况，如果笔录做到了《人民检察院刑事诉讼规则（试行）》第199条所要求的"忠实于原话"，与犯罪嫌疑人说的相符，而犯罪嫌疑人要求对原口供作实质性的修改，即修改的内容影响案件定性或量刑的，则不应予以允许。因为办案的过程是客观的历史的过程，时间具有一维性，历史是不可逆的，只要原先的笔录客观准确，符合司法解释关于笔录制作的要求，就不能因犯罪嫌疑人后来的想法变了就对已经成为历史（尽管时间较短）的原笔录进行修正。同时，根据司法解释，允许犯罪嫌疑人"补正或者更正"的是"记载有遗漏或者差错"的笔录，而不是犯罪嫌疑人自己原先有遗漏或者差错的口供。因此，对犯罪嫌疑人要求修正自己原先的口供的，办案人员可让犯罪嫌疑人通过自书材料的方式对原笔录的相关内容加以修正并说明理由；如果犯罪嫌疑人自书材料有困难，也可由办案人员把其要求修正的内容及理由记录下来，然后让其核对并签字画押，这就既尊重了犯罪嫌疑人的意愿，又尊重了历史。当然，如果犯罪嫌疑人要求修改的内容仅是形式上的不一致，而不是实质上的"不一致"，则可允许其修改。

这里还要指出的是，讯问录音录像与讯问笔录不一致时以录音录像为准，并不意味着凡对讯问过程进行全程同步录音录像的案件，笔录就不重要甚至不必制作了。这是因为讯问录音录像容易被剪辑和篡改，且对其检验具有较大的难度。因此，讯问时即使已作了全程同步录音录像，也必须同时制作笔录，以便必要时对二者加以核对，使之互相鉴别。同时，全程同步录音录像所历时间往往较长，看笔录所需时间往往比看录音录像要短，因而，多数情况下办案人员可主要看讯问笔录，它有利于节省时间、提高效率。

## 二、庭前会议问题

刑事诉讼法第182条第2款规定："在开庭以前，审判人员可以召集公诉人、当事人和辩护人、诉讼代理人，对回避、出庭证人名单、非法证据排除等与审判相关的问题，了解情况，听取意见。"对该程序，法学界称之为"庭前会议"。笔者就庭前会议的权限和效力这两个认识不一的问题略抒管见。

（一）庭前会议的权限

这里所说的"庭前会议权限"，仅指审判人员处理庭前会议所涉程序性争议问题的权限，即有权以什么方式处理这些程序性争议问题。对该问题，当前主要有两种意见：一种意见认为审判人员可以裁决，当事人和检察机关如果不服，可以上诉和抗诉；另一种意见认为审判人员只能"了解情况、听取意见"，而不能裁决。

笔者认为，审判人员不能以裁决的方式处理所涉程序性争议问题，但可以引导控辩双方就争议问题达成合意。

审判人员之所以不能以裁决的方式处理所涉程序性争议问题，是因为：

首先，这是基于法律规定的精神。刑事诉讼法规定审判人员在庭前会议中的职责是"了解情况、听取意见"，并未赋予其裁决权。根据"公权力法无授权不得为"的原理，审判人员不能以裁决的方式处理所涉问题。由全国人大常委会法工委副主任郎胜主编的《中华人民共和国刑事诉讼法释义》（最新修正版）在解释刑事诉讼法第182条第2款时也说："这里规定的非法证据排除，只是听取意见，具体如何排除要根据第54条、第56条、第58条等的规定依法进行。"这也为我们正确理解审判人员权限提供了一个依据。

其次，这是正确划分庭前会议与庭审职责权限的结果。一方面，庭前会议应当尽可能处理好所涉程序性争议问题，以免庭审为解决这些问题而中断、拖延。另一方面，刑事案件的处理又应当以庭审为中心，做到事实证据调查在法庭，定罪量刑辩论在法庭，裁判结果形成于法庭，而禁止庭前、庭外定案。因此，要防止赋予庭前会议过大的权限而影响庭审在处理案件中的中心地位；防止为过于追求效率而对司法公正带来消极影响。庭前会议所处理的虽然大多是程序性问题，但这些程序性问题又往往与案件的实体处理相关，且程序公正也是司法公正的重要内容；庭前会议虽然具备诉讼的基本构造，但其完备性与庭审又存在明显差距，救济的程序目前还付之阙如。有鉴于此，如赋予庭前会议以裁决权，恐有因裁决不当而影响司法公正之虞。

最后，这是在初次规定庭前会议的情况下的稳妥选择。我国刑事诉讼法初次规定了庭前会议程序，控、辩、审三方对此都缺乏经验，需要在实践中摸索前行。在这种情况下，不赋予审判人员以裁决权，较为稳妥，有利于使该程序存利祛弊。

当然，审判人员不能裁决也有例外。对于控、辩一方向人民法院提出要求，人民法院毋需征求相对方意见而依法可以自行决定的事项，人民法院可直接作出决定。如根据最高人民法院有关司法解释，辩护律师在庭前会议中申请变更强制措施的；辩护律师在庭前会议中申请向被害人及其近亲属、被害人提供的证人取证的；辩护律师直接申请人民法院向证人或者有关单位、个人收集、调取证据材料，人民法院认为确有收集、调取必要，且不宜由辩护律师自行收集、调取的，人民法院应当依法作出决定；不同意申请的，应当告知申请人并说明理由。

审判人员在庭前会议上不能裁决，并不等于无所作为。审判人员在庭前会议中"了解情况、听取意见"必须紧紧围绕为庭审扫除程序障碍、保证庭审集中、有序、高效开展这一目标开展工作。再从刑事诉讼中解决问题的方式来看，刑事诉讼作为旨在实现国家刑罚权的诉讼活动，主要采取裁决的方式解决问题，但并不排除在某些情况下对某些问题采取合意的方式，即控辩双方通过沟通协商达成共识的方式，或者采取合意与裁决相结合的方式。因为人们越来越认识到，采取合意的方式往往更有利于减少对抗、消弭矛盾、促进社会和谐。一些国家的控辩协商（交易）、我国自诉案件的调解，某些公诉案件的刑事和解等，都是以合意方式或者合意与裁决相结合方式解决问题的例证。因此，审判人员不能行使裁决权并不意味着无所作为，他完全可以而且应当引导乃至促进控辩双方达成合意，以尽可能多地解决所涉问题，但必须以合法、自愿为原则，防止违反法律精神，或者把自己的意志强加于人。对于难以达成合意的问题，则留待庭审中去解决。

（二）庭前会议的效力

庭前会议的效力，是指庭前会议及其所产生的结果有无法律上的拘束力。对此问题，当前，主要有两种意见：一种意见认为庭前会议的主持者仅仅是"了解情况、听取意见",因而庭前会议很难产生什么结果,即使产生了结果,也没有法律效力;另一种意见认为,庭前会议上达成合意的内容,具有法律效力。

笔者认为,庭前会议作为法律规定的在庭前解决程序性争议问题的程序,所产生的结果应当具有法律效力,否则,庭前会议就难以发挥应有的作用。庭前会议的效力主要体现在两个方面:一是庭前会议上达成合意的内容,具有法律效力,无论何方都要受其拘束,除非发现新的情况,控辩双方都不得反悔和再次提出,即使反悔或再次提出,也属无效;二是对于依照刑事诉讼法和最高人民法院、最高人民检察院司法解释应当在庭前会议上提出解决的问题,如果没有在庭前会议上提出,庭前会议后包括庭审中不得提出,但新发现的问题除外。

当然,要使庭前会议中达成合意的内容具有法律效力,必须具备法律文书的形式要件。刑事诉讼法第182条第4款明确规定:"上述活动情形应当写入笔录,由审判人员和书记员签名。"除此之外,笔者认为,参加庭前会议的各方也应对笔录审阅后签名或者盖章。对于庭前会议所涉内容较多的,为了对会议情况进行梳理归纳,还可在笔录的基础上,制作庭前会议合意书,一并由各方签名或者盖章。该笔录和合意书一经签名或者盖章,即具有法律效力。

## 三、违法所得没收程序问题

2012年刑事诉讼法规定了犯罪嫌疑人、被告人逃匿、死亡案件违法所得没收制度。对该制度,有以下问题需要进一步研究:

(一)违法所得没收程序的性质

所谓"违法所得没收程序的性质",指的是该程序是刑事程序还是民事程序,抑或是刑事与民事混合程序。有人可能认为,该程序被作为特别程序规定于刑事诉讼法中，毫无疑问属于刑事程序，没有必要予以讨论、研究。其实问题并不如此简单，正像有的学者所说，一项程序是否由刑事诉讼法作出规定，并非判定该程序性质的唯一依据和标准，以刑事附带民事诉讼程序为例，虽然该程序由刑事诉讼法作出规定，但学界公认它属于民事诉讼程序而非刑事诉讼程序。①况且，程序的性质与诉讼中的证明标准等问题密切相关，故有深入研究的必要。

对违法所得没收程序的性质，当前主要有以下几种观点：第一种观点认为是"类属于民事诉讼程序而非刑事诉讼程序"。其理由主要是：从诉讼标的来看，刑事诉讼程序的标的是被告人的刑事责任，因而是对人的诉讼；民事诉讼程序的标的是财产或财产外的私人利益，主要是对物的诉讼。违法所得没收程序虽由犯罪行为所引起，但其标的是涉案财物的权利归属问题，本质上是一种对物的诉讼。再从比较法的角度看，在具有代表性的主要法治国家的立法或相关国际公约中，违法所得没收又被称为"民事没收"，它是一种民事性质的预防措施。②第二种观点认为是"设置在刑事审判之前的附带民事诉讼"，其主要理由是：虽然该程序被设置在刑事诉讼程序中，但它不构成对任何人的刑事审判，而是针对特定财物——违法所得的"对物之诉"，该程序紧紧围绕的中心只有一个：有关财物的来源或用途是否违法。③第三种观点认为是刑事、民事交织的混合程序。其主要理由是：它由人民检察院依据刑事追诉职权而提出申请，申请的根据是犯罪嫌疑人、被告人涉嫌贪污贿赂犯罪、恐怖活动犯罪等重大犯罪，申请没收的对象是犯罪所得、与犯罪活动相关的违法所得和其他涉案财产，这些都属于刑事诉讼的性质。但是，在人民法院审理过程中，犯罪嫌疑

---

① 万毅：《独立没收程序的证据法难题及其破解》，载《法学》2012年第4期。
② 万毅：《独立没收程序的证据法难题及其破解》，载《法学》2012年第4期。
③ 参见杨书文、杨宇冠、黄风、熊秋红：《违法所得特别没收程序司法适用与制度完善》，载《人民检察》2014年第9期。

人、被告人的近亲属和其他利害关系人可以提出上诉,这显然又属于民事诉讼的性质。① 第四种观点认为是带有保安处分属性的刑事诉讼程序。其主要理由是:我国刑法中存在刑罚与保安处分并存的隐形双轨制,其中特别没收通常被定性为保安处分,与之相对应,刑事诉讼法中所规定的未经定罪的没收也应定性为保安处分。修改后刑事诉讼法将"依法不负刑事责任的精神病人的强制医疗程序"与"犯罪嫌疑人、被告人逃匿、死亡案件违法所得的没收程序"一并作为特别程序予以规定,由于精神病人的强制医疗程序属于典型的保安处分程序,对违法所得特别没收程序也可作同样的理解。此外,对该程序定位为保安处分程序,顺应了世界范围内未经定罪的没收程序发展的总趋势,更加有利于对当事人权利的保护。②

笔者认为,违法所得没收程序是以适用保安处分措施为目的的特别刑事诉讼程序。

1.违法所得没收程序是刑事诉讼程序而非民事诉讼程序。首先,在与普通刑事诉讼程序的关系上,违法所得没收程序与之存在紧密的联系。根据 2012 年刑事诉讼法的规定,刑事诉讼程序可分为普通刑事诉讼程序和特别刑事诉讼程序。普通刑事诉讼程序是以追究一般案件的刑事责任为主要目的的程序;特别刑事诉讼程序是以追究特定案件(未成年人刑事案件和当事人刑事和解公诉案件)的刑事责任为目的和对特定的人(不负刑事责任的精神病人)或物(犯罪嫌疑人、被告人逃匿、死亡案件的违法所得及其他涉案财物)实行保安处分为目的的程序。我国的违法所得没收程序与普通刑事诉讼程序有着紧密的联系:(1)它以启动过普通刑事诉讼程序为前提。只有当贪污贿赂犯罪、恐怖活动犯罪等重大犯罪案件进入刑事诉

---

① 参见杨书文、杨宇冠、黄风、熊秋红:《违法所得特别没收程序司法适用与制度完善》,载《人民检察》2014 年第 9 期。

② 参见杨书文、杨宇冠、黄风、熊秋红:《违法所得特别没收程序司法适用与制度完善》,载《人民检察》2014 年第 9 期。

讼程序，即曾对其立案侦查乃至移送起诉或提起公诉，案件的主体成为犯罪嫌疑人或被告人时，才有可能适用该程序。（2）它以普通刑事诉讼程序遇到障碍为必要条件。这个"障碍"就是犯罪嫌疑人、被告人逃匿，在通缉一年后不能到案，或者犯罪嫌疑人、被告人死亡，普通刑事诉讼程序不得不予以中止或终止。（3）它服从于普通刑事诉讼程序。如果普通刑事诉讼程序的障碍消除，即"在逃的犯罪嫌疑人、被告人自动投案或者被抓获"，违法所得没收程序即行终止，并转为普通刑事诉讼程序。

在外国，违法所得没收在英美法系国家被规定为民事没收，在大陆法系国家则被规定为刑事没收。英美法系国家的民事没收，是针对与犯罪有关的财物提起的一种民事诉讼，它是与普通刑事诉讼脱离的，不受是否存在针对同一行为的普通刑事诉讼程序的限制，即使存在针对同一行为的普通刑事诉讼程序，也可以启动民事没收程序。它既可以在刑事起诉前提起，也可以在刑事起诉后提起，甚至在没有刑事起诉时也可以提起。在这种诉讼中，被告人是物而不是人。① 如在民事没收制度发源地的美国，法律明确规定：对于任何财产，无论是动产还是不动产，只要能证明该财产构成、起源或者来自于直接或间接通过犯罪所得的收益，即可单独地对之实行没收。② 美国等国家之所以对违法所得采用民事没收模式，是因为所在国对刑事被告人的权利有诸多宪法性的保障，如果在刑事诉讼中进行定罪前没收，有违宪法修正案中正当程序的基本要求，因此作了变通处理。③ 可见，英美法系国家也认为，违法所得没收本应属于刑事诉讼程序，只是

---

① 参见吴光升：《未定罪案件涉案财物没收程序之若干比较》，载《中国政法大学学报》2013年第2期。

② 参见《美国法典》第18编第981条（a）（1），转引自黄风：《论对犯罪收益的民事没收》，载《法学家》2009年第4期。

③ 参见陈卫东：《论新〈刑事诉讼法〉中的判决前财产没收程序》，载《法学论坛》2012年第3期。

为了规避刑事诉讼正当程序的要求,才不得已而适用民事没收模式。

其次,在目标指向上,违法所得没收程序指向的是犯罪,而非一般的民事违法。违法所得没收程序的诉讼标的虽是"物",却是与犯罪相关的物。在普通刑事诉讼程序中,这个物本可在对被告人定罪量刑的同时一并依法予以追缴和没收,现由于普通刑事诉讼无法进行,为了不使犯罪分子及其亲属因犯罪而在经济上占便宜,不使这些物成为再犯罪的资本和工具,而不得不采用特别没收程序。因此,在目标指向上,违法所得没收程序虽不对犯罪人定罪判刑,但其指向的是犯罪,而不是一般的民事违法,因为没收这些犯罪所得及其他涉案财产,是对犯罪进行及时有效打击的重要组成部分。

最后,在处理措施的属性上,违法所得没收存在一定的惩罚性,而非仅仅是补偿性。处理措施是具有惩罚性还是补偿性,既是区分刑事责任与民事责任的重要标志,又是区分刑事诉讼与民事诉讼的重要标志。例如,刑事附带民事诉讼,虽然它与刑事诉讼存在紧密联系,目标指向也是犯罪,但由于其处理措施仅是补偿被害人因犯罪行为而造成的物质损失,对犯罪嫌疑人、被告人不具有惩罚性,因而其性质属于民事诉讼。违法所得没收的内容包括违法所得、违禁品和供犯罪所用的本人财物。其中没收违法所得尚不具有惩罚性,因为它仅是使犯罪嫌疑人、被告人失去本不属于自己的财物。违禁品包括两类:一类是犯罪嫌疑人、被告人原本存在,但由于具有公共危险而禁止个人持有的物品,如行为人购买的枪支弹药等;另一类是由犯罪行为产生的,如伪造货币罪被伪造出来的货币,伪造有价证券罪中被伪造出来的有价证券等。无论没收哪一类违禁品都理所应当,但没收前一类违禁品,使犯罪嫌疑人、被告人失去自己支付了对价的物品,则是一种惩罚。没收供犯罪所用的本人财物,如走私用的船只,去外地盗窃用的汽车等,则明显具有惩罚性,因为"供犯罪所用的本人财物,原本属于犯罪嫌疑人、被告人所有,没收这种财物,无疑使犯罪分子丧失了原本属于自己的财物，因而是一种剥夺性的痛苦"。①因此，没收供犯罪所用的本人财物和某些违禁品都具有刑事惩罚性，而不属于民事的补偿性。因而，为适用该处理措施所适用的程序应当属于刑事诉讼程序。当然，由于该程序是对物的诉讼，有的还有犯罪嫌疑人、被告人近亲属和其他利害关系人参与其中并对物的所有关系提出抗辩，因而难免具有民事诉讼的某些特点。但从总体上说，该程序属于刑事诉讼程序。

2.违法所得没收程序是以适用保安处分措施为目的的特别刑事诉讼程序，而非以适用刑罚为目的的普通刑事诉讼程序。违法所得没收程序之所以是特别的刑事诉讼程序，其特别之处表现在：

（1）它不以追究犯罪嫌疑人、被告人的刑事责任为目的，而是以处理犯罪嫌疑人、被告人的违法所得和其他涉案财产为目的。当然，普通的刑事诉讼程序也要处理犯罪的违法所得及其他涉案财产，但它是由人及物，即主要目的在于处理人，同时一并处理物；而违法所得没收程序则是直接针对物，而不针对人。

（2）它不以适用刑罚为目的，而是以适用保安处分措施为目的。"刑事诉讼程序以适用刑罚或保安处分措施为目的"。②我国刑法虽然没有明文规定保安处分，但刑法学界的主流观点认为，刑法第64条关于"犯罪分子违法所得的一切财物，应当予以追缴或者责令退赔"，"违禁品和供犯罪所用的本人财物，应当予以没收"的规定，虽然被规定在"刑罚的具体运用"这一章的"量刑"这一节内，但它不属于刑罚，而是保安处分。因为我国刑法规定的刑罚种类只有管制、拘役、有期徒刑、无期徒刑、死刑五种主刑和罚金、剥夺政治权利、没收财产以及对外国人驱逐出境这四种附加刑。刑法规定的"没收"，可分为一般没收和特别没收，一般没收是指

---

① 张明楷：《论刑法中的没收》，载《法学家》2012年第3期。
② [法]贝尔纳·布洛克：《法国刑事诉讼法》（原书第21版），罗结珍译，中国政法大学出版社2004年版，第10页。

剥夺犯罪人的财产所有权并将其收归国有，而不问该财产与犯罪是否具有关联。在我国，一般没收是指2011年修正后的刑法第3章第8节规定的"没收财产"，该节第59条、第60条分别对没收财产的范围以及没收财产偿还正当债务这两个问题作出了规定，可见，一般没收属于刑罚。特别没收是指仅将与犯罪有密切关系的特定物收归国有。在我国，特别没收是指刑法第64条规定的"犯罪分子违法所得的一切财物，应当予以追缴或者责令退赔"；"违禁品和供犯罪所用的本人的财物，应当予以没收"。这里需要说明的是，该条刑法对违法所得的一切财物使用的是"追缴"或者"责令退赔"这两个词，似乎不属于没收，但张明楷教授经对刑法第64条规定的全文和前后逻辑关系进行研究后认为，根据刑法第64条的规定，追缴或者责令退赔的犯罪分子违法所得的一切财物，除了依法应当及时返还给被害人的以外，应当一律上缴国库，因此，追缴和责令退赔中实际上包含了部分没收。①

显然，刑法第64条规定的特别没收不属于我国刑法所规定的刑罚种类中的任何一种；同时，特别没收也不属于非刑罚的法律后果和非刑罚的处理方法，因为我国刑法规定的非刑罚的法律后果是指对行为人作有罪宣告但免除刑罚处罚；非刑罚的处理方法是指对免除处罚的犯罪人给予刑罚以外的实体上的处罚，具体种类包括训诫、责令具结悔过、责令赔礼道歉、责令赔偿损失、行政处罚与行政处分。因此，刑法第64条规定的特别没收，属于保安处分措施。

所谓"保安处分"，是指以特别预防为目的而设立的刑罚以外的刑法上的法律效果。它必须以实施刑法上的违法行为为前提，以将来再实施违法行为之虞为要件，以法院宣告为必要。②根据保安处分对象的性质，可

---

① 参见张明楷：《论刑法中的没收》，载《法学家》2012年第3期。
② 马克昌：《比较刑法原理——外国刑法学总论》，武汉大学出版社2002年版，第957页。

分为对人的保安处分和对物的保安处分。对人的保安处分，是指对具有一定犯罪危险性、可能危害社会的人实施的具有刑法强制力的预防措施。在外国，该措施一般包括监护处分、保安监禁、矫正处分、劳作处分、司法感化院收容、限制居住、禁止执业、保护观察、禁止出入特定场所等。对物的保安处分，是指以预防犯罪为目的而对与犯罪有关的特定物采取的保安处分，这些特定物包括被用于犯罪的物、犯罪所得的财产等。在外国，对物的保安处分的措施一般包括没收、关闭事务所、法人解散、禁止或停止营业、禁止贩卖等。① 张明楷教授在《论刑法中的没收》一文中，对没收违禁品、没收供犯罪所用的本人财物、没收犯罪分子的违法所得为什么是保安处分而不是刑罚，分别作了充分论证，② 本文在此不作重复。据此，我国刑法第 64 条规定的对犯罪分子违法所得、违禁品和供犯罪所用的本人财物的没收，属于对物的保安处分；我国刑事诉讼法第五编第三章规定的违法所得没收程序，属于以适用保安处分措施为目的的特别刑事诉讼程序。

（二）违法所得没收程序适用的案件范围

根据刑事诉讼法第 280 条第 1 款的规定，违法所得没收程序适用的案件范围是"贪污贿赂犯罪、恐怖活动犯罪等重大犯罪案件"。对此，当前有多种理解：《中华人民共和国刑事诉讼法释义》（最新修正版）一书的解释是："违法所得的没收程序在适用时应仅限于贪污贿赂犯罪、恐怖活动犯罪，不宜扩大适用到其他的重大犯罪案件，这是考虑到贪污贿赂犯罪、恐怖活动犯罪对社会稳定与安全、经济发展危害严重，且又是我国参加的国际公约和相关义务要求的，由于这一程序是新设置的，实践经验不足，且对这类被告人缺席的审理活动，更需要注意程序的正当性原则。因此，目

---

① 贾济东：《外国刑法学原理（大陆法系）》，科学出版社 2013 年版，第 498—500 页。

② 参见张明楷：《论刑法中的没收》，载《法学家》2012 年第 3 期。

前适用的范围不宜过大，在总结经验后再研究是否需要扩大适用范围。"①最高人民检察院《人民检察院刑事诉讼规则（试行）》和最高人民法院《关于适用〈中华人民共和国刑事诉诉讼法〉的解释》对犯罪嫌疑人、被告人逃匿的，其适用的案件范围与刑事诉讼法规定相一致，即"贪污贿赂犯罪、恐怖活动犯罪等重大犯罪案件"；公安部《公安机关办理刑事案件程序规定》所规定的是"恐怖活动犯罪等重大犯罪案件"。而对犯罪嫌疑人、被告人死亡的，最高人民法院、最高人民检察院和公安部的解释对其适用范围都未对犯罪种类作限制。此外，最高人民法院的解释还对"重大犯罪案件"作了解释，具体包括：(1)犯罪嫌疑人、被告人可能被判处无期徒刑以上刑罚的；(2)案件在本省、自治区、直辖市或者全国范围内有较大影响的；(3)其他重大犯罪案件。一些学者则认为，根据刑事诉讼法第280条第1款规定的"贪污贿赂犯罪、恐怖活动犯罪等重大犯罪案件"中的"等"字，其适用范围不应限于贪污贿赂、恐怖活动这两类犯罪，而应有所扩大。

对于上述理解，笔者存疑的是：

第一，《中华人民共和国刑事诉讼法释义》（最新修正版）一书关于"仅限于贪污贿赂犯罪、恐怖活动犯罪，不宜扩大适用到其他的重大犯罪案件"的理解是否符合法律本意？诚然，该书的作者都是直接参与刑事诉讼法修订的同志，他们最有资格对法律作出权威解释，且他们在书中阐述的一些理由也很有道理，但如作此解释，那法律为什么表述为"贪污贿赂犯罪、恐怖活动犯罪等重大犯罪案件"，而未表述为"贪污贿赂犯罪、恐怖活动犯罪中的重大犯罪案件"呢？同时，如果作此理解，那"贪污贿赂犯罪、恐怖活动犯罪等重大犯罪案件"中的"等"字，应当如何理解呢？

---

① 郎胜主编：《中华人民共和国刑事诉讼法释义》（最新修正版），法律出版社2012年版，第614页。

第二，最高人民法院、最高人民检察院和公安部的解释都对犯罪嫌疑人、被告人死亡的，其案件范围未作限制，即只要犯罪嫌疑人、被告人死亡的，都可适用该程序。这一理解是否符合法律本意？根据刑事诉讼法第280条第1款的文义，"贪污贿赂犯罪、恐怖活动犯罪等重大犯罪案件"一句，应当是涵盖"犯罪嫌疑人、被告人逃匿，在通缉一年后不能到案"和"犯罪嫌疑人、被告人死亡"这两种情形的，而不仅仅涵盖前一种情形。郎胜主编的《中华人民共和国刑事诉讼法释义》（最新修正版）也认为，违法所得没收程序的适用应当具备以下条件：（1）该程序必须适用于贪污贿赂犯罪、恐怖活动犯罪等重大犯罪案件；（2）犯罪嫌疑人、被告人必须是逃匿后通缉一年后不能到案的，或者犯罪嫌疑人、被告人死亡的；（3）依照刑法规定应当追缴违法所得及其他涉案财产的。可见，只有3个条件同时具备，才能适用该程序。据此，最高人民法院、最高人民检察院和公安部的这一解释，似有不妥。

针对上面的不同认识，笔者认为，违法所得没收程序的案件适用范围应不仅仅限于贪污贿赂犯罪、恐怖活动犯罪这两类犯罪中的重大犯罪案件（以下简称"两类案件"），而应把犯罪严重性与这两类犯罪相当的某些重大犯罪案件包括在内。其理由主要是：

1.适用范围限于两类案件不符合法律本意。刑事诉讼法第280条第1款在贪污贿赂犯罪、恐怖活动犯罪后面有个"等"字，需要我们准确加以理解。根据字典，在列举之后的"等"字，既可表示"列举未完"，如张同志、王同志等五人，煤、铁、铝等矿产都很丰富；也可表示"列举后煞尾"，如北京、天津、武汉、上海、广州等五城市。①然而，由于法律用词要求高度严谨、准确而防止歧义，法条中的"等"字一般表示列举未完，而不表示列举后煞尾。如刑事诉讼法第124条第1款规定："人民检察院、

---

① 参见《新华字典》，商务印书馆2004年版，第91页。

公安机关根据侦查犯罪的需要,可以依照规定查询、冻结犯罪嫌疑人的存款、汇款、债券、股票、基金份额等财产。"第152条规定:"依照本节规定采取侦查措施收集的材料在刑事诉讼中可以作为证据使用。如果使用该证据可能危及有关人员的人身安全,或者可能产生其他严重后果的,应当采取不暴露有关人员身份、技术方法等保护措施。"刑法第127条规定:"盗窃、抢夺枪支、弹药、爆炸物的,或者盗窃、抢夺毒害性、放射性、传染病病原体等物质,危害公共安全的,处……"以上规定中的"等"字,都表示列举未完。而在一些本可用"等"字来表示列举后煞尾的地方,法律却没有用"等"字,以免被人作"列举未完"的错误理解。如刑法第17条第2款规定:"已满十四周岁不满十六周岁的人,犯故意杀人、故意伤害致人重伤或者死亡、强奸、抢劫、贩卖毒品、放火、爆炸、投毒罪的,应当负刑事责任。"在这里,法律也可在爆炸、投毒后面加个"等"字,成为"爆炸、投毒等罪",以表示列举后煞尾,但法律却未用该字。再如,刑法第191条的规定也是如此,它规定:"明知是毒品犯罪、黑社会性质的组织犯罪、恐怖活动犯罪、走私犯罪、贪污贿赂犯罪、破坏金融管理秩序犯罪、金融诈骗犯罪的所得及其产生的收益……"。通过以上分析,笔者认为,为防止对"等"字的歧义,法律中的"等"字都表示"列举未完",而不表示"列举后煞尾"。刑事诉讼法第280条第1款中的"等"字,也应作此理解。因此,违法所得没收程序的适用范围不仅仅限于贪污贿赂犯罪、恐怖活动犯罪这两类犯罪,才符合立法本意。

2.适用范围限于两类犯罪不完全符合《反腐败公约》的有关规定。联合国《反腐败公约》第54条第1款第3项规定:"考虑采取必要的措施,以便在因为犯罪人死亡、潜逃或者缺席而无法对其起诉的情形或者其他有关情形下,能够不经过刑事定罪而没收这类资产。"与我国已加入的联合国《反腐败公约》相衔接,履行公约中上述规定的国际义务,是我国刑事诉讼法规定违法所得没收程序的动因之一。根据《反腐败公约》第3章第

15条至第23条的规定，贿赂本国公职人员、贿赂外国公职人员或者国际公共组织官员、公职人员贪污、挪用或者以其他类似方式侵犯财产、影响力交易、滥用职权、资产非法增加、私营部门内的贿赂、私营部门内的侵吞财产、对犯罪所得的洗钱行为、窝赃、妨害司法，均属于腐败或与腐败有关的犯罪，均是公约要求打击的对象。可见，根据公约规定，除贪污贿赂犯罪外，需要将洗钱等涉财性的严重犯罪纳入违法所得没收程序的适用范围。

3. 适用范围限于两类犯罪会影响该程序功效的发挥和起码的公平正义的实现。违法所得没收制度建立了一套独立于被追诉人刑事责任判定的财物处置程序，解决了被追诉人逃匿、死亡情况下违法所得没收问题，有利于维护国家和被害人利益，有利于避免犯罪人及其家属因犯罪而在经济上得益，有利于削弱犯罪人再犯罪的经济基础，并为顺利开展国际司法协助创造条件，从而实现起码的公平正义。① 既然该制度有如此积极的功效，就应依法尽量发挥其作用。但是，如果该程序适用范围限于两类犯罪，就难以发挥其应有的作用。一是案件数量有限。即使迄今为止犯罪嫌疑人、被告人逃匿、死亡的所有这两类案件都予适用，平均每个中级法院也不到1件；待历年积案办结后，能适用的案件数就更少。这就较难达到通过实践积累经验的目的，并使该程序的功效大打折扣。二是适用的案件范围会比该法律制度出台前大为减少。因为最高人民法院、最高人民检察院、公安部、国家安全部、司法部、全国人大常委会法制工作委员会于1998年颁布的《关于刑事诉讼法实施中若干问题的规定》② 第19条规定，犯罪嫌疑

---

① 违法所得没收程序所实现的公平正义与通过刑事普通程序既追究刑事责任又没收违法所得实现的公平正义相比，是不圆满的，因而称其为"起码的公平正义"。

② 该法律文件现已失效，失效依据为2013年1月1日施行的最高人民法院、最高人民检察院、公安部、国家安全部、司法部、全国人大常委会法制工作委员会《关于实施刑事诉讼法若干法律问题的规定》。

人、被告人在侦查、审查起诉期间死亡,对已冻结的犯罪嫌疑人、被告人的存款、汇款应当依法予以没收或者返还被害人的,人民检察院、公安机关可以申请人民法院裁定通知冻结犯罪嫌疑人存款、汇款的金融机构上缴国库或者返还被害人。依据该规定,没收的虽然仅是存款、汇款,但适用的案件范围却比新的法律规定大得多。设置违法所得没收程序的目的是加大对犯罪违法所得的处置力度,但若把其适用范围理解为仅仅限于贪污贿赂、恐怖活动这两类犯罪,则还限缩了犯罪违法所得的处置力度,这是有违于立法初衷的。三是犯罪嫌疑人逃匿、死亡案件中一些严重犯罪的违法所得将无法予以处理。如毒品犯罪、黑社会性质的组织犯罪、走私犯罪、破坏金融管理秩序犯罪、金融诈骗犯罪等犯罪的违法所得,政法机关都将束手无策。

4. 世界上多数国家违法所得没收程序适用的案件范围都较宽泛。无论是采取民事没收模式的英美法系国家还是采取刑事没收模式的大陆法系国家,违法所得没收程序适用的案件范围总体上都较为宽泛,一般包括与毒品有关的犯罪,与洗钱有关的犯罪(如杀人、抢劫、绑架、贿赂、贪污或侵占公共财产、走私等),与恐怖活动有关的犯罪等。[①] 如在美国,民事没收程序适用的犯罪种类几乎不受限制;在英国,只要执法机关能够证明财产与犯罪行为之间存在足够联系,且违法财产数额在1万英镑以上,均在适用范围;在澳大利亚,该国的《2002年犯罪收益追缴法》对适用的犯罪类型和严重程度均无限制;[②] 在德国,刑事没收程序所适用的犯罪种类也无

---

① 陈雷:《论我国违法所得没收特别程序》,载《法治研究》2012年第5期。
② 李晓红:《论新刑事诉讼法违法所得特别没收程序》,载《中国律师》2014年第6期。

限制，且未限制于重大犯罪案件。①

综上所述，无论是根据法律条文的含义、联合国《反腐败公约》的要求、惩治犯罪的需要还是借鉴外国立法，我国违法所得没收程序适用的案件范围都不应仅仅限于贪污贿赂犯罪、恐怖活动犯罪这两类犯罪。最高人民法院、最高人民检察院和公安部有关解释将犯罪嫌疑人、被告人死亡的任何种类案件都纳入该程序的适用范围虽不符合法条本意，却也反映了职能机关要求法尽其用、充分发挥其功效的一致愿望。为此，笔者建议，根据《联合国反腐败公约》的要求和我国现实需要，应通过对法条中"等"字的解释，把洗钱犯罪的所有上游犯罪都包括在内，即除贪污贿赂犯罪、恐怖活动犯罪外，把毒品犯罪、黑社会性质的组织犯罪、走私犯罪、破坏金融监管秩序犯罪、金融诈骗犯罪纳入适用的案件范围，对这些犯罪中的重大犯罪案件，符合条件的，依法启动违法所得没收程序。

（三）违法所得没收程序的证明标准

违法所得没收程序适用何种证明标准，是存在不同认识的又一个问题。最高人民法院有关司法解释规定的是"案件事实清楚，证据确实、充分"；最高人民检察院有关司法解释规定的是"证据确实、充分"。在法学界，有的赞同最高人民法院、最高人民检察院的规定；有的认为，在证明犯罪嫌疑人、被告人的犯罪行为上，无需在实体上证明，而只要在程序上证明犯罪嫌疑人、被告人的行为确实曾经或者正在受到刑事追诉，即检察机关仅需出示法律文书等程序性证据，如立案决定书、撤案决定书、起诉书、不起诉决定书、审判终止裁定等，而在证明财物系违法所得及违禁品、供犯罪所用的本人财物上，则应适用"优势证据"标准而非"排除合

---

① 参见施鹏鹏、尚晶：《违法所得没收程序的构造与完善》，载《人民检察》2014年第7期。吴光升：《未定罪案件涉案财物没收程序之若干比较》，载《中国政法大学学报》2013年第2期。

理怀疑"；①有的认为，无论是检察机关证明犯罪事实或财物系违法所得，还是利害关系人抗辩，都适用"优势证据"标准；也有的认为，应当高于民事证明标准（优势证据）而略低于刑事证明中的定罪标准（案件事实清楚，证据确实、充分）。②

笔者认为，检察机关对犯罪嫌疑人、被告人构成犯罪的证明，应适用刑事诉讼的"案件事实清楚，证据确实、充分"的标准；检察机关对财物系犯罪违法所得及其他涉案财物的证明，利害关系人的抗辩，应适用民事诉讼的"优势证据"标准。其理由主要是：

1. 证明犯罪嫌疑人、被告人构成犯罪是纯刑事领域的问题，又是违法所得没收的根基，应当适用刑事证明标准。证明犯罪嫌疑人、被告人涉嫌犯罪既是纯粹的刑事诉讼程序所要解决的问题，而丝毫不涉及对财产的争议；又是对犯罪嫌疑人、被告人进行违法所得没收的根基。如果降低证明标准，或仅以程序性证据证明，势必根基不牢，质量不保，那么，建立其上的违法所得没收就会发生颠覆性的错误，而不仅仅是没收财物数量、金额多少的问题，即所谓"根基不牢，地动山摇"。故应适用刑事证明标准。

2. 违法所得没收程序是对物的诉讼，证明财物系违法所得及其他涉案财物可以适用民事证明标准。刑事诉讼与民事诉讼之所以适用不同的证明标准，是因为前者是对人的诉讼，且关系到人的生命、自由等重大权利，而后者是对物的诉讼，虽然它也关涉人的权力，但与前者的权力不仅在性质上不可同日而语，而且具有可回溯性，即使判错了，还可通过审判监督程序和执行回转予以补救，因而不会对犯罪嫌疑人、被告人的权利造成无可挽回的影响。违法所得没收程序是对物的诉讼，而非对人的诉讼，同时，犯罪嫌疑人、被告人的近亲属和其他利害关系人有权经申请参加诉

---

① 参见万毅：《独立没收程序的证据法难题及其破解》，载《法学》2012年第4期。
② 参见杨书文、杨宇冠、黄风、熊秋红：《违法所得特别没收程序司法适用与制度完善》，载《人民检察》2014年第9期。

讼、提出抗辩；在逃的犯罪嫌疑人、被告人如果自动投案或者被抓获，违法所得没收程序即行终止，转为普通刑事诉讼程序；此外，法律还规定了"犯罪嫌疑人、被告人的近亲属和其他利害关系人或者人民检察院可以提出上诉、抗诉"，"没收财产确有错误的应当予以返还、退赔"等较为完备的救济措施。因此，在有清楚的案件事实和确实、充分的证据证明犯罪嫌疑人、被告人确已构成犯罪的前提下，检察机关对财物系违法所得及其他涉案财物的证明，犯罪嫌疑人、被告人近亲属和其他利害关系人的抗辩，适用民事诉讼"优势证据"的证明标准，其质量总体上是可以保证的。当然，由于该诉讼是犯罪嫌疑人、被告人缺席的诉讼，与犯罪嫌疑人、被告人参与的诉讼相比，其质量有时可能会差一点，但这也是不能苛求的。

（四）当事人在纪检监察机关调查期间逃匿、死亡的涉嫌犯罪案件违法所得的处理

对当事人在纪检监察机关调查期间逃匿、死亡的既违纪又涉嫌犯罪的案件能否适用违法所得没收程序？有观点认为，从表面上看，刑事诉讼法第15条明确规定：行为人死亡的，不追究刑事责任，已经追究的，应当终止刑事诉讼程序。据此，犯罪嫌疑人在立案前死亡的，依法应当不予立案，而不予立案，就无法成为刑事案件，也就无法启动后续的独立没收程序，进而造成独立没收程序在司法适用上的一个死角。考虑到在我国现行体制下，纪检监察程序已经事实上成为查处贪污贿赂犯罪的司法前置程序，僵化地执行刑事诉讼法第15条，将对独立没收程序的启动构成重大法律障碍。故主张对刑事诉讼法第15条作限缩解释，即该法条仅适用于刑事普通程序，而不及于作为特别程序之一的独立没收程序，独立没收程序本身是刑事诉讼法规定的特别程序之一，在体系解释上构成了刑事诉讼法第15条之例外，可不受刑事诉讼法第15条之拘束。据此，贪污贿赂犯罪行为人在纪检调查期间死亡的，可以作为一种例外，由检察机关因事立

案，进而启动独立没收程序。①

笔者认为，应将此类案件中犯罪嫌疑人、被告人死亡的、逃匿的，分别适用不同程序和方式处理。

《行政机关公务员处分条例》第53条规定："行政机关公务员违法违纪取得的财物和用于违法违纪的财物，除依法应当由其他机关没收、追缴或者令其退赔的，由处分决定机关没收、追缴或者责令退赔。违法违纪取得的财物应当退还原所有人或者原持有人的，退还原所有人或者原持有人；属于国家财产以及不应当退还或者无法退还原所有人或者原持有人的，上缴国库。"2003年《中国共产党纪律处分条例》第41条第1款规定："对于违纪行为所获得的经济利益，应当收缴或者责令退赔。"该条第3款规定："对于依照本条例第三十六条、第三十七条规定处理的党员，经调查确属其实施违纪行为获得的利益，依据本条规定处理。"而第36条、第37条规定的分别是对违纪后下落不明党员的处理和在党组织作出处分决定前死亡的违纪党员或者在死亡后发现其曾有严重违纪行为的党员的处理。由于犯罪是严重的违纪，犯罪的违法所得也是一种违纪所得，故根据上述规定，对当事人在纪检监察机关调查期间死亡的既违纪又涉嫌犯罪的案件，应当依照上述规定处理，即根据案件主体的身份，分别由行政监察机关或党的纪检机关作出"没收、追缴或责令退赔"的处理或"收缴或者责令退赔"的处理，而不应"由检察机关因事立案，进而启动独立没收程序"。因为刑事诉讼法第15条规定，犯罪嫌疑人、被告人死亡的，不追究刑事责任，已经追究的，应当撤销案件，或者不起诉，或者终止审理，或者宣告无罪。也就是说，犯罪嫌疑人、被告人在哪个诉讼环节死亡，就应在哪个环节立即终结诉讼程序。已进入诉讼程序的案件尚且如此，难道原本没有进入诉讼程序的案件还能在当事人死亡后进入诉讼程序？同时，主张

---

① 参见万毅：《独立没收程序的证据法难题及其破解》，载《法学》2012年第4期。

"对刑事诉讼法第 15 条作限缩解释,即该法条仅适用于刑事普通程序,而不及于作为特别程序之一的独立没收程序"的观点,其理由也持之无据,且不符合法律统一性原则。因此,那种认为对当事人在纪检监察机关调查期间死亡的涉嫌犯罪案件的违法所得,可移送司法机关适用违法所得没收程序的观点,是站不住脚的。

对于当事人在纪检监察机关调查期间逃匿的既违纪又涉嫌犯罪的案件,表面上似乎也可依据《行政机关公务员处分条例》和《中国共产党纪律处分条例》的上述规定,由纪检监察机关作出处理。但是,既然该案件已经涉嫌犯罪,就应当移送政法机关按刑事诉讼程序进行查处,当事人逃匿并不能影响对案件的依法移送。待案件移送政法机关并立案后,如果查明犯罪嫌疑人确已逃匿并在通缉一年后不能到案,符合法定条件,即可启动违法所得没收程序。对于不符合适用违法所得没收程序法定条件,但符合适用《行政机关公务员处分条例》《中国共产党纪律处分条例》条件的,则按《行政机关公务员处分条例》和《中国共产党纪律处分条例》处理。

# 重复性供述是否排除之我见[①]

重复性供述又称重复性自白,是指办案人员采用刑讯逼供方法取得犯罪嫌疑人供述后,在后续讯问中未再采用刑讯逼供方法所取得的与刑讯逼供时的供述基本相同的有罪供述。重复性供述是否排除的问题,是司法实践中迫切需要解决的问题,因为办案机关对每个案件的犯罪嫌疑人、被告人都会讯问多次,侦查环节有过刑讯逼供的案件也是如此。在侦查环节,除采用刑讯逼供方法的这一次讯问外,为了核实证据、扩大战果,往往还会再讯问;尔后,随着诉讼程序推进,审查批捕、审查起诉、审判环节都要讯问,从而形成重复性供述。因此,凡涉及排除非法证据的案件,大多会涉及重复性供述是否需要排除的问题,而现行法律和司法解释对此却未有涉及。本文试就此作点探讨。

## 一、认识分歧

对该问题,当前法学、法律界主要有三种观点:第一种观点认为原则

---

[①] 原文刊载于《检察日报》2016年5月20日第3版。两年多后的2017年6月27日,最高人民法院、最高人民检察院、公安部、国家安全部、司法部发布的《关于办理刑事案件严格排除非法证据若干问题的规定》,对重复供述是否排除、怎样排除的问题作出规定。笔者在文中提出的观点,与"两高三部"的有关规定基本吻合。

上应予排除,特别是审前的重复性供述要一律排除,而且排除后不得重新讯问、获取口供,司法机关只能以其他证据证明犯罪嫌疑人或被告人犯罪。其主要理由是:(1)以刑讯逼供方法进行讯问的行为,会对犯罪嫌疑人造成严重的持续性的心理创伤,并留下痛苦记忆和恐惧。即使办案人员在以后的讯问中没有非法讯问行为,犯罪嫌疑人也不敢轻易翻供,因此,重复性供述实际上是第一次非法讯问行为的直接结果。特别是我国现行的非法口供排除,仅适用于刑讯逼供等十分严重的非法行为,这是各国普遍视为必然产生波及效应的情况,即使庭审前讯问主体发生变化,其波及效应也不可能中断。(2)排除非法证据的目的在于发现真实、遏制刑讯逼供等非法取证行为和保障犯罪嫌疑人的合法权利,如果对重复性供述特别是审前的重复性供述不予排除,侦控机关在面临口供合法性争议时,往往会通过援引重复性供述来规避通过刑讯得到的有罪供述,非法证据排除规则就会失去存在的价值。(3)我国司法机关独立性、中立性不足,公、检、法三机关配合有余、制约不足,而且形成流水作业式的办案模式,有些重大案件还由有关领导机关协调决定。在这种同质性较高且追诉倾向较强的司法体制和办案模式下,侦查阶段的行为和结果,很容易被起诉、审判阶段所认同。包括检察机关审查批捕、审查起诉时,由于受角色限制,也通常以巩固侦查机关取得的有罪供述为讯问出发点。故先前非法讯问所造成的影响随诉讼程序推进被稀释的难度较大。[①]

第二种观点认为重复性供述不应排除。其主要理由是:重复性供述是在没有采取刑讯逼供方法的情况下取得的,而并不是先前非法取证行为的

---

[①] 参见万毅:《论"反复自白"的效力》,载《四川大学学报(哲学社会科学版)》2011年第5期;杨宇冠:《执行〈非法证据排除规定〉应澄清的两个问题》,载《检察日报》2010年8月11日第3版;龙宗智:《我国非法口供排除的"痛苦规则"及相关问题》,载《政法论坛》2013年第5期;郑旭:《非法证据排除规则》,中国法制出版社2009年版,第206页。

衍生证据；刑事诉讼法和有关司法解释并无关于重复性供述应当排除的规定，排除重复性供述没有法律依据；如果排除重复性供述，不利于打击犯罪。①

第三种观点认为应具体分析。关键看重复性供述与先前的刑讯逼供讯问行为是否有因果关系，有因果关系的，应予排除；没有因果关系的，不予排除。至于如何判断二者是否存在因果关系，应综合考量以下因素：取证违法的严重程度；取证主体有无变更；非法讯问与重复性供述间隔时间的长短；重复讯问时有无告知权利、义务；讯问场所及环境有无改变；有无律师辩护等。因为随着这些因素介入，先前非法讯问行为对后续供述的强制效力会被稀释，因果关系会被阻却乃至中断。②

## 二、把握的原则

笔者认为，在研究与确定重复性供述是否排除的问题时，要注意把握以下原则：

首先，要从我国现阶段的实际出发。我国经济社会发展与发达国家尚有明显差距且严重不平衡，目前又处于体制转轨、社会转型、生产方式转

---

① 参见王振峰、戚进松:《两个〈证据规定〉有关证据排除规则的理解和适用》，载《国家检察官学院学报》2010 年第 6 期；李昌盛:《虚假供述第二道防线：口供实质补强规则》，载西南政法大学诉讼法与司法改革研究中心编:《刑事证据法国际研讨会论文集》(2012)，第 302 页。

② 参见陈瑞华:《非法证据排除规则的适用对象——以非自愿供述为范例的分析》，载《当代法学》2015 年第 1 期；吉冠浩:《论非法证据排除规则的继续效力》，载《法学家》2015 年第 2 期；王彪:《审前重复供述的排除研究》，载《证据科学》2013 年第 5 期；林国强:《审前重复供述的可采性》，载《国家检察官学院学报》2013 年第 4 期；谢小剑:《重复供述的排除规则研究》，载《法学论坛》2012 年第 1 期；陈峰:《排除重复自白的实务困境与应对思路》，载《人民司法》(应用) 2015 年第 1 期；张颖:《重复自白的证据能力》，载《中国刑事法杂志》2012 年第 7 期。

变期和改革全面深化期。司法工作处理自由与秩序、维权与维稳、公正与效率、打击犯罪与保障人权、实体公正与程序公正等一系列关系的难度明显增大。研究诉讼制度和证据制度不能离开这一大背景。我们既要借鉴人类社会的一切文明成果，又要防止离开本国实际、超越发展阶段，照搬法治发达国家的有关规定。就以与本论题密切相关的非法口供排除为例，我国和西方一些国家都主张口供必须基于自愿，即犯罪嫌疑人在不被强迫的情况下作出供述。但衡量"自愿"的标准却只能由法律根据各国的实际来确定。在一些西方国家，以侦查机关有没有损害犯罪嫌疑人沉默权为标准，如果讯问前没有告知沉默权或者使犯罪嫌疑人非自愿地放弃沉默权，所获口供即应排除；至于以刑讯逼供等非法方法取得的供述，则更在排除之列。而我国尚未赋予犯罪嫌疑人沉默权，因为赋予沉默权要以口供在司法证明中的地位显著降低、司法证明模式由以人证为主证明转变为以物证为主证明为前提（这需要国家经费巨额投入和侦查装备现代化），而我国由于经济社会发展阶段所决定，司法证明模式总体上尚未实现这种转变；同时，我国建立非法证据排除制度的时间很短，当前影响人权保障和案件质量最突出的问题是采用刑讯逼供等非法方法取证的问题，先把它列入非法证据排除范围，然后循序渐进地扩大范围，比较切合我国实际。故我国不能以有无损害犯罪嫌疑人沉默权作为衡量口供是否自愿、是否应当排除的标准，而只能以有无违反刑事诉讼法第 54 条和司法解释的有关规定为标准。对重复性供述是否排除的问题也是如此，不宜脱离发展阶段提出不适当的要求。

其次，要客观评估我国司法体制。我国司法体制的确存在一些缺陷，如一些同志所说的司法机关独立性、中立性不足，公、检、法之间重配合轻制约，同质性较高、追诉倾向较强等。这些，正是进行司法体制改革和以审判为中心的诉讼制度改革的重要原因。与此同时，我们又要看到，公、检、法之间的制约，检察机关的法律监督，其成绩是基本的，绝大多数错案是通过制约监督机制发现和防止的，没有被发现和防止的只是极少数。以2015年检察机关对侦查机关的监督制约为例，不批捕、不起诉分别约达23.3万人和7.9万人，占提请批捕、移送起诉总数约21.05%和5.19%；追加逮捕、追加起诉分别为1.8万人和2.4万人；纠正不立案和乱立案约2.5万件。我们还要看到，随着以司法责任制为核心的司法体制改革和以审判为中心的诉讼制度改革的推进，司法机关行政化、地方化的问题正在逐步解决，独立性明显增强，公、检、法在诉讼中反向制约的力度进一步加大，侦查"绑架"起诉和审判、领导机关协调定案等情况正在减少，司法责任制正在落实，律师辩护作用得到加强。我们研究重复性供述的政策措施，既要看到从冤假错案中暴露出来的体制机制上所存在的问题，又要看到其基本面和发展前景。

最后，要兼顾打击犯罪与保障人权的平衡。如果对该排除的重复性供述不依法排除，那通过排除非法证据这一程序制裁措施来遏制非法取证、保障基本人权、防范冤假错案的目的就会落空，刑讯逼供等非法取证行为就会更趋严重，冤假错案就有可能进一步增多。但如对重复性供述的排除提出过高的不适当的要求，则会影响对犯罪的打击。以美国为例，该国建立了完备的非法证据排除制度，但随着犯罪的增多，又通过判例设立了一系列例外，如"最终或必然发现的例外""善意的例外""独立来源的例外""因果关系削弱的例外""质疑例外"等，使得非法证据排除的范围呈收紧之势，以实现打击犯罪与保障人权的平衡。联邦最高法院有关判例也指出，"对警察的非法行为必须与犯罪给社会造成的损失一起衡量，即对非法证据的取舍要作利益权衡"；还指出，"排除规则向来都是我们的最后手段，而不是首选。排除规则会导致沉重的社会代价，有时候甚至会放纵有罪之人，使得危险人物逍遥法外"。

### 三、观点评析及意见

根据上述分析,笔者认为,重复供述原则上应予排除或原则上不应排除的观点,虽然都有相当多的道理,但都显得过于绝对。认为原则上应予排除特别是审前的重复供述一律排除的观点,一是基本否定了公、检、法之间的反向制约作用,认为检察机关在审查批捕、审查起诉时通常以巩固侦查机关取得的有罪供述为讯问出发点的观点也有失偏颇。因为它在理论上不符合检察机关关于性质、职能的法律定位和"依法独立行使检察权"的法律原则,实践上也不大符合客观实际。应当说,检察机关在审查批捕、审查起诉中是有独立性和中立性的,因为他要对自身的职能和办案质量负责,他对侦查机关侦查的案件没有必要先入为主,更没有必要为侦查机关采取非法方法所收集的证据"背书"。当然,当对案件作出起诉决定后,公诉人在出庭时为了指控犯罪,又容易偏离中立的立场,但不能由此否定检察人员在此前的审查批捕、审查起诉时所具有的中立性。二是认为排除非法证据后,司法机关不得重新讯问取供,而只能以其他证据证明犯罪的观点,有不允许政法机关纠正错误、补救证据之嫌,因为它不符合最高人民检察院《人民检察院刑事诉讼规则(试行)》第379条关于人民检察院发现非法证据后"可以要求侦查机关另行指派侦查人员进行重新取证,必要时人民检察院也可以自行调查取证"的规定。况且,如照此观点办理,许多案件就很难再办下去,特别是贿赂等主要靠言词证据定案的案件。因为原取得的非法证据必须排除,又不允许办案机关再行讯问,那剩下的就只有撤案、放人这一条路了。这显然会不适当地影响对某些犯罪的打击。认为重复性供述不应排除的观点,否定非法讯问行为与重复性供述之间在某些情况下实际存在的因果关系,不利于对刑讯逼供等非法行为的遏制和犯罪嫌疑人基本人权的保障。因此,笔者基本赞同具体分析的观点,即以非法讯问行为与重复性供述之间是否存在因果关系为标准,综合考量前述多方面因素，根据个案的具体情况分别予以处理：

第一，对犯罪嫌疑人采取刑讯逼供方法取得供述后，同一办案人员在后续讯问中取得的重复性供述，不论后续讯问与非法讯问间隔时间多长、讯问地点有无改变，都一律予以排除。因为在同一办案人员讯问的情况下，先前的刑讯逼供行为足以迫使犯罪嫌疑人违背意愿作出重复性供述，其非法讯问行为与重复性供述之间因果关系明显。

第二，办案主体虽已变更（含办案单位、办案部门、办案人员变更），但讯问时实施过刑讯逼供的人员仍在现场的，犯罪嫌疑人仍会慑于原讯问人的淫威而不敢自由陈述，故重复性供述仍应排除。

第三，侦查期间，侦查机关根据控告举报或自行发现有刑讯逼供问题或嫌疑，更换了侦查人员，并在讯问时明确告知侦查人员已经更换，并告知诉讼权利和供述犯罪的法律后果的，所取得的重复性供述，应认定其证据资格。因为侦查人员的更换和诉讼权利及供述犯罪法律后果的告知，阻断了先前的刑讯逼供行为与重复性供述之间的因果关系。

第四，审查批捕、审查起诉和审判期间，认为侦查期间不能排除刑讯逼供可能，检察人员、审判人员在讯问时告知了诉讼阶段、诉讼权利和供述犯罪的法律后果后的，所取得的重复性供述，应认定其证据资格。因为办案机关、办案人员都已变更，检察人员、审判人员在审查批捕、审查起诉和审判时具有中立性，同时，他们要对自己所办案件的质量负责，实行办案责任制后更是如此，此其一；其二，从犯罪嫌疑人、被告人角度来说，通过检察、审判人员的告知，已经知道现办案单位已跟原来不同，且知道自己作有罪供述的法律后果，因而也就知道其供述完全可以不受前刑讯逼供人员的影响和原供述内容的限制；其三，审查批捕、审查起诉和审判阶段，律师大多已经介入，可以为犯罪嫌疑人、被告人提供法律帮助。

第五，变更办案主体（含变更办案单位、办案部门和办案人员）后提取到的有充分证据证明是真实的重复性供述。如根据重复性供述提取到隐蔽性很强的物证、书证的，重复性供述与其他证明犯罪事实的证据能够相互印证的，应认定其证据资格。因为重复性供述如系刑讯逼供方法所得，那即使有充分证据证明是真实的，也应依法排除；但不是在非法方法取得的情况下，有充分证据证明其是真实的，就可以说明该重复供述没有违背犯罪嫌疑人意志，并进而说明其没有受先前非法讯问行为的影响。同时，最高人民法院《关于适用（中华人民共和国刑事诉讼法）的解释》第106条规定："根据被告人的供述、指认提取到了隐蔽性很强的物证、书证，且被告人的供述与其他证明犯罪事实发生的证据相互印证，并排除串供、逼供、诱供等可能性的，可以认定被告人有罪。"

# 排除非法证据新规定的理解与执行①

刑讯逼供等非法取证行为严重侵犯人权，违反法律正当程序，损害司法机关的形象和公信力，极易造成冤假错案。为了防止刑讯逼供等非法取证行为，我国2012年刑事诉讼法采取了一系列措施，打出了一套组合拳：一是把"尊重和保障人权"规定为刑事诉讼的一项任务。二是规定"不得强迫任何人证实自己有罪"。三是规定拘留、逮捕犯罪嫌疑人后应当立即送看守所；讯问被羁押的犯罪嫌疑人应当在看守所进行。四是规定侦查人员在讯问犯罪嫌疑人的时候，可以对讯问过程进行录音或者录像；对于可能判处无期徒刑、死刑的案件或者其他重大犯罪案件，应当对讯问过程进行录音或者录像。五是规定了非法证据排除制度，包括对非法言词证据一律排除，非法实物证据裁量排除，并明确了侦、诉、审阶段排除非法证据的责任。嗣后，最高人民法院、最高人民检察院对刑事诉讼法关于排除非法证据的有关规定作出了司法解释。从而在防范和遏制刑讯逼供等非法取证行为上迈出了重要的步伐。

但是，刑事诉讼法和最高人民法院、最高人民检察院司法解释关于排除非法证据的规定还是比较原则，可操作性也不强；党的十八届三中、四

---

① 原文刊载于《人民检察》2017年第16期。

中全会都对排除非法证据进一步提出了要求；①这几年平反纠正的冤假错案也充分证明刑讯逼供是冤假错案的元凶大恶，迫切要求完善排除非法证据制度。因此，最高人民法院、最高人民检察院、公安部、国家安全部、司法部于2017年6月20日发布了《关于办理刑事案件严格排除非法证据若干问题的规定》（以下简称《新规定》②），《新规定》与刑事诉讼法的有关规定及司法解释既一脉相承，又有新的发展和完善。

## 一、《新规定》作出的新的规定及其对有关问题的理解

《新规定》分为一般规定，侦查，审查逮捕、审查起诉，辩护，审判五个部分，共42条。与刑事诉讼法及司法解释的有关规定相比，《新规定》作出了一系列新的规定：

（一）明确了非法供述的三种类型

刑事诉讼法第54条对需排除的非法供述作了概括的表述：采取刑讯逼供等非法方法收集的犯罪嫌疑人、被告人供述，应当予以排除。收集物、书证不符合法定程序，可能严重影响司法公正的，应当予以补正或者作出合理解释；不能补正或者作出合理解释的，对该证据应当予以排除。最高人民检察院《人民检察院刑事诉讼规则（试行）》第65条第2款和

---

① 党的十八届三中全会通过的《中共中央关于全面深化改革若干重大问题的决定》要求："健全错案防止、纠正、责任追究机制，严禁刑讯逼供、体罚虐待，严格实行非法证据排除规则。"十八届四中全会通过的《中共中央关于全面推进依法治国若干重大问题的决定》要求："健全落实罪刑法定、疑罪从无、非法证据排除规则等法律原则的法律制度。"

② 之所以称其为《新规定》，是因为最高人民法院、最高人民检察院、公安部、国家安全部、司法部曾于2010年发布过《关于办理刑事案件排除非法证据若干问题的规定》，该规定的一些内容，已被2012年刑事诉讼法吸收。相对于该规定，2017年发布的规定是新规定。

第 3 款对"刑讯逼供"和"其他非法方法"作了如下解释:"刑讯逼供是指使用肉刑或变相使用肉刑,使犯罪嫌疑人在肉体上或者精神上遭受剧烈疼痛或者痛苦以逼取供述的行为。其他非法方法是指违法程度和对犯罪嫌疑人的强迫程度与刑讯逼供或者暴力、威胁相当而迫使其违背意愿供述的方法。"最高人民法院的司法解释也作了基本相同的规定。《新规定》把非法供述细化为三种类型:

一是暴力或变相使用肉刑型。即第 2 条规定的"采取殴打、违法使用戒具等暴力方法或者变相肉刑的恶劣手段,使犯罪嫌疑人、被告人遭受难以忍受的痛苦而违背意愿作出的供述"。

"违法使用戒具"是这次新增加的非法方法,之所以增加,其一,"违法使用戒具"与刑讯逼供都对犯罪嫌疑人的身体实行强制;其二,最高人民检察院对刑讯逼供罪的立案标准里就有"以殴打、捆绑、违法使用戒具等恶劣手段逼取口供"的规定,可见,"违法使用戒具"是刑讯逼供的方式之一,它与"殴打"是可以相并列的。

《新规定》没有对采取冻、饿、晒、烤、疲劳审讯等方法收集的供述是否排除作出明确规定。采取冻、饿、晒、烤、疲劳审讯等方法逼取口供是非法的,但冻、饿、晒、烤、疲劳审讯等非法行为有一个如何准确界定的问题,还有一个情节和程度的把握的问题。对于冻、饿、晒、烤、疲劳审讯的违法程度或对犯罪嫌疑人的强迫程度与刑讯逼供相当,使犯罪嫌疑人遭受难以忍受痛苦而违背意愿供述的,属于《新规定》中"变相使用肉刑"的范围。应当予以排除。

二是威胁型。即第 3 条规定的"采用以暴力或者严重损害本人及其近亲属合法权益等进行威胁的方法,使犯罪嫌疑人、被告人遭受难以忍受的痛苦而违背意愿作出的供述"。

刑事诉讼法只规定以威胁方法收集的证人证言、被害人陈述应予排除,而没有规定以威胁的方法收集的犯罪嫌疑人的供述应予排除。如果威胁的方法使犯罪嫌疑人遭受难以忍受的痛苦而违背意愿供述,则属于"刑讯逼供等非法方法"中的"等非法方法"。《新规定》则明确将其规定为"非法"并予排除,其原因:其一,法律规定"不得强迫任何人证实自己有罪",而威胁是"强迫"的重要手段;联合国《反酷刑公约》也规定,禁止用威胁的方法获取口供。其二,威胁与暴力具有同质性,刑法中强奸、抢劫等多个罪名,都将威胁(胁迫)与暴力规定为同等的犯罪手段;其三,威胁与暴力都是对人实施强制,所不同的仅在于:威胁是对人的精神实施强制,暴力是对人的身体实施强制;威胁的危害侧重于造成精神痛苦,暴力的危害侧重于于造成肉体疼痛。因此,把"威胁"与"暴力"相并列,以暴力或者严重损害犯罪嫌疑人及其近亲属合法权益等进行威胁,使犯罪嫌疑人、被告人遭受难以忍受的痛苦而违背意愿作出的供述,则应予以排除。

理解"以严重损害犯罪嫌疑人及其近亲属合法权益等进行威胁,使犯罪嫌疑人遭受难以忍受的痛苦而违背意愿作出供述",要注意以下几点:

第一,威胁的内容必须严重损害犯罪嫌疑人及其近亲属的合法权益。所谓"严重损害",一是损害的程度深,二是损害的权益重大,如生命权、人身自由权、重大名誉权、重大财产权等。如果仅是一般地损害,或者损害的仅是一般权益,则不属于"严重损害"。

第二,严重损害的,必须是犯罪嫌疑人及其近亲属的"合法权益"。如称把犯罪嫌疑人近亲属抓起来审查,如果其近亲属符合抓起来审查的法定条件,则不能算威胁,因为损害的不是合法权益;如果根本不符合抓起来审查的条件,则为威胁。

第三,严重损害合法权益必须达到使犯罪嫌疑人遭受难以忍受的痛苦而违背意愿作出供述的程度。达不到该程度的,所取供述不能排除。联合国人权委员会(负责解释并监督执行联合国《反酷刑公约》的部门)认为，模拟处死等威胁性行为，达到了酷刑"剧烈疼痛或痛苦"的程度。①可见，该要求是比较高的，一般的威胁，是达不到"遭受难以忍受的痛苦而违背意愿作出供述"的程度的。如我国某地在办理一涉毒案时，侦查人员以"你不交代就见不到你孩子了"相威胁，法院认为这应属于"严重损害"，且达到了"使被告人遭受难以忍受的痛苦而违背意愿供述的程度"，故排除了该次供述。

三是非法限制人身自由型。即第4条规定的"采取非法拘禁等非法限制人身自由的方法收集的犯罪嫌疑人、被告人供述"。

刑事诉讼法没有将"非法限制人身自由"规定为非法取供的方法。《新规定》之所以加以规定，是因为：其一，是人身自由权是人的重要权利，采取非法拘禁等非法限制人身自由的行为其本身就有可能涉嫌犯罪。政法机关虽然有权对犯罪嫌疑人限制人身自由，但必须以"依法"为前提，如果非法限制人身自由，同样涉嫌违法犯罪。其二，党的十八届四中全会通过的《中共中央关于全面推进依法治国若干重大问题的决定》明确要求"完善限制人身自由司法措施和侦查手段的司法监督"。因此，本次将"非法限制人身自由"的方法获取的供述列入排除的范围。

判断司法人员限制人身自由是否非法，主要看限制人身自由的措施有无经过批准。但是，对于司法人员明知不涉嫌犯罪却滥用刑事手段限制人身自由的，则不能以此为标准。因为未经批准限制人身自由是程序上的非法，明知不涉嫌犯罪却滥用刑事手段限制人身自由则是实体上的非法，后者的情节重于前者。例如，侦查人员为了私情私利插手经济纠纷，采取拘留措施逼迫当事人承认是"诈骗犯罪"并交钱，或者为了完成办案任务而制造假案，采取拘留措施逼迫当事人承认所谓的"犯罪事实"等，其拘留措施有的虽经批准或骗取批准，但不影响限制人身自由的非法性，其间所

---

① 参见龙宗智：《检察官客观义务论》，法律出版社2014年版，第182页。

获供述应当予以排除。

有观点认为，对犯罪嫌疑人该变更强制措施而不变更，期间所收集的供述即为非法供述应予排除。笔者认为，"非法限制人身自由"必须基于逼取口供的故意。该变更强制措施而不变更，要分析是基于故意还是一时疏忽，对基于疏忽的，未变更强制措施期间所获供述不宜排除。

以上三种类型都是指非法供述。与非法供述相适应，《新规定》对非法的证人证言、被害人陈述也随之细化。刑事诉讼法规定的是："采取暴力、威胁等非法方法收集的证人证言、被害人陈述，应当予以排除"。《新规定》第6条规定的则是"采取暴力、威胁以及非法限制人身自由等非法方法收集的证人证言、被害人陈述，应当予以排除"。可见，《新规定》比刑事诉讼法新增加了"非法限制人身自由"这种取证行为。这样，对犯罪嫌疑人、被告人供述、证人证言、被害人陈述这三种言词证据的非法取证行为的类型，就基本一致起来了，即都表现为暴力型（对非法供述，还包括变相使用肉刑）、威胁型、非法限制人身自由型。

对于非法物证、书证的排除，还是沿袭刑事诉讼法第54条的规定予以相对排除，这次没有作出新的规定。

在这里，以下两个问题还要注意明确：

1.明确"违背意愿"的含义。无论是暴力型的非法供述还是威胁型的非法供述，"违背意愿"都是其本质特征。在外国，无论是大陆法系国家还是英美法系国家，也都遵循"自白任意性原则"，即被告人的口供必须基于自愿，而不能违背其意愿。可见，口供是否自愿（即是否违背意愿），是判断口供是否排除的一个基本依据。

有的同志可能认为，就绝大多数犯罪嫌疑人来说，交代犯罪事实都是不得已的，因为交代了就要被定罪判刑，有些还要失去人身自由甚至生命，他怎么会自愿呢？其实，这里的"自愿"，不是心理学上的概念，而是法律上的概念，它是指口供必须在不受强迫的情况下作出，如果受了强迫,就是不自愿的,就要依法排除。因为如果强迫,一是侵犯了犯罪嫌疑人的自由意志,侵犯了自由意志,就是侵犯了人权;二是侵犯了犯罪嫌疑人的法律人格。因此,世界各国法律基本上都规定"不得强迫任何人证实自己有罪"。

可见,想让犯罪嫌疑人交代犯罪事实,一方面难免要施加一定的压力。"任何制度中,指望嫌疑人、被告人在没有任何外部压力的情况下,完全心甘情愿地作出有罪供述,都不切实际"。[①]另一方面又不能施以强迫。为了使正常、合法的"压力"与非法的"强迫"能够明确地区分开来,就需要由法律对"强迫"的方式作出明确规定,凡有法定情形的,就是"强迫",所获取的证据就是非法证据,需要依法排除。为此,我国刑事诉讼法和《新规定》就规定了上述三种方式,凡属该三种方式之一的,就是"强迫"(即违背意愿),所获言词证据就要依法排除。

这里需要说明的是,我国法律规定的"强迫"的方式,与外国规定的"强迫"方式是不完全一样的,如在美国,不仅用刑讯逼供等非法方法获取的口供要排除,而且侦查人员在讯问前如果没有按照"米兰达规则"的要求告知沉默权和律师在场权,所获取的口供也要排除。[②]因为"当警方询问前不告知沉默权和律师辩护权时,犯罪嫌疑人因承受心理压迫造成意志不自由,因而所作的供述是非自愿的,警方是在运用心理强制方式获取

---

① 陈瑞华:《非法证据排除规则的适用对象——以自愿供述为范例的分析》,载《当代法学》2015年第1期。

② 在美国根据米兰达规则,警察在讯问前必须先讲四句话:(1)我是警察。(2)你可以保持沉默,如果你不保持沉默,你所说的每一句话都将作为对你不利的证据提供法庭。(3)你可以聘请律师,并在讯问你时由律师陪同在场。如果你没钱聘请律师,政府将为你指定一名律师。(4)我告知你的这些权利都听明白了吗?你愿意在现在、在律师没有在场的情况下回答问题吗?

供述"。① 美国等国家之所以能赋予犯罪嫌疑人沉默权，是因为其经济社会发展处于较发达的阶段。因为赋予沉默权，是以口供在司法证明中的地位大大降低、司法证明方式由人证为主证明转变为以物证为主证明为前提的，这就需要侦查装备现代化、侦查水平提高和国家经费的巨额投入。同时，美国还有使犯罪嫌疑人放弃沉默权、选择开口交代问题的制度，这就是辩诉交易制度。该制度的基本内容，就是检察官以降低指控为条件，换取犯罪嫌疑人承认犯罪。在美国，90%以上的案件都是通过辩诉交易解决的。通过辩诉交易制度，来抵消沉默权对惩治犯罪所带来的消极影响。

我国还没有赋予犯罪嫌疑人沉默权，这是由我国经济社会发展阶段决定的。因为我国的司法证明总体上还没有实现由人证为主证明向物证为主证明的转变。同时，我国建立非法证据排除制度的时间很短，当前影响人权保障和案件质量最突出的问题是采用刑讯逼供等非法方法取证的问题，先重点解决这一问题，以后再循序渐进地扩大排除非法证据的范围，是正确的选择。联合国《禁止酷刑和其他残忍、不人道或者有辱人格待遇或处罚公约》规定要排除的也主要是用酷刑等方法收集的证据。因此，在我国，衡量口供是否受到强迫、是否自愿，就不能像有些西方国家那样，以是否告知沉默权为依据，而只能以刑事诉讼法第54条和《新规定》为依据。总之，衡量口供是否自愿的标准，是由各国的法律规定的，归根结底是由该国的经济社会发展阶段决定的，是在当时的历史条件下平衡打击犯罪与保障人权这两方面价值的结果。

2. 明确"非法证据""违法证据""瑕疵证据""要排除的非法证据"这几个概念的区别。根据刑事诉讼法规定的精神，有问题的证据根据问题的严重程度，可以分为三类：第一类是非法证据。根据刑事诉讼法第

---

① 这是美国联邦最高法院在米兰达案判文里对米兰达规则阐述的部分理由，见刘磊：《米兰达规则五十周年的纪念与省思》，载中国人民大学书报资料中心：《诉讼法学、司法制度》2017年第4期。

50 条的规定，非法证据是指采用刑讯逼供和威胁、引诱、欺骗以及其他非法方法收集的证据。第二类是违法证据，即除了非法证据之外，一切违反法律规定（包括取证主体违法、取证程序违法、取证方法违法等）收集的证据。如违反刑事诉讼法关于讯问犯罪嫌疑人时侦查人员不得少于二人的规定，仅由一名侦查人员进行讯问所取得的供述。第三类为瑕疵证据，即在证据形式上存在某些缺陷，但收集的程序和方法不违反法律规定的证据，如讯问笔录上记载的讯问人仅一人，但实际上是两人进行讯问，其中一人没有签上名字，该讯问笔录即为瑕疵证据。当然，有时瑕疵证据也作广义理解，即包括违法证据和狭义的瑕疵证据，或包括所有有问题的证据。

这里需要注意的是，只有非法证据才可能排除，违法证据、瑕疵证据都不涉及排除问题。在过去的司法实践中，有的将传唤超过十二个小时所取得的供述予以排除；还有观点认为，应当在看守所讯问而没有在看守所讯问的，讯问时应当录音录像而没有录音录像的，所获取的供述都要排除。这都是混淆了非法证据与违法证据所致。

而且，非法证据也不是都要排除。只要比较一下刑事诉讼法第 50 条与第 54 条的区别就可以发现，"非法证据"与"要排除的非法证据"不能划等号，如刑事诉讼法第 50 条规定的"非法证据"中的"以引诱、欺骗方法收集的证据"，法律和司法解释就没有明确地把它列入排除的范围。其原因：一是引诱、欺骗与某些带有引诱、欺骗因素的讯问谋略有时较难区分，如启发式讯问、提示式询问、认罪认罚从宽制度中的控辩协商，就都有一定的诱导因素；"为有效获取证据，查明案情，有时需要采用带有欺骗性要素的侦讯谋略"；[①] 美国著名法理学家波斯纳也说："法律并不绝对地

---

[①] 龙宗智：《检察官客观义务论》，法律出版社 2014 年版，第 184 页。

防止以欺骗手段获得口供,在审讯中是允许一定的小诡计的。"① 二是引诱、欺骗一般不会对犯罪嫌疑人造成难以忍受的痛苦,故不宜简单地予以排除。但"不简单地予以排除"并不等于不非法,也不等于一律都不排除,如果引诱、欺骗的违法程度或对犯罪嫌疑人的强迫程度与刑讯逼供相当,使犯罪嫌疑人遭受难以忍受的痛苦而违背意愿供述,则应当予以排除。

(二)明确了重复性供述的排除问题

重复性供述又称重复性自白,是指采用刑讯逼供方法使犯罪嫌疑人、被告人作出供述之后,犯罪嫌疑人、被告人在后续的讯问中,在没有受到刑讯逼供的情况下作出的与被刑讯时相同的供述。这里要注意的是,重复性供述限于刑讯逼供之后取得的后续供述,而不包括采取"威胁"或"非法限制人身自由"方法之后取得的后续供述。因为刑讯逼供对犯罪嫌疑人的侵犯程度重于其他非法方法,刑讯逼供有可能使犯罪嫌疑人在后续的讯问中作出与被刑讯时相同的供述。

重复供述是否排除的问题,是司法实践中迫切需要解决的问题,因为办案机关对每个案件的犯罪嫌疑人、被告人都会讯问多次,曾刑讯逼供的案件也是如此,除采用刑讯逼供方法这一次讯问外,侦查环节为了核实证据、扩大战果,往往还要再次讯问;尔后,审查批捕、审查起诉环节也要讯问,审判法庭上还要讯问,从而形成重复性供述。因此,凡涉及刑讯逼供的案件,一般会涉及重复性供述是否需要排除的问题,而法律和之前的司法解释都未涉及该问题。

对重复供述是否排除的问题,法学、法律界主要有三种观点:第一种观点认为原则上应予排除,特别是审前的重复供述要一律排除,而且排除

---

① 龙宗智:《检察官客观义务论》,法律出版社 2014 年版,第 184 页。

后不得重新讯问、获取口供，司法机关只能以其他证据证明被告人犯罪。[1]第二种观点认为重复供述不应排除。[2]第三种观点认为应具体分析。关键看重复供述与先前的刑讯逼供等非法讯问行为是否有因果关系，有因果关系的，应予排除；没有因果关系的，不予排除。[3]

由于犯罪嫌疑人被刑讯逼供之后会留下痛苦的记忆和恐惧，在后续讯问中即使没有采取刑讯的手段，一般也不敢改变口供，故《新规定》第5条规定，对重复性供述，原则上应当与刑讯逼供所得供述一并排除，但有两个例外：

一是侦查阶段主体变更的例外。即侦查期间，侦查机关根据控告、举报或自己主动发现有刑讯逼供问题而变更了侦查人员，更换后的侦查人员再次讯问时告知了诉讼权利和认罪的法律后果，犯罪嫌疑人自愿作出的重

---

[1] 具体理由详见本书《重复性供述是否排除之我见》一文。该观点和理由参见万毅：《论"反复自白"的效力》，载《四川大学学报（哲学社会科学版）》2011年第5期；杨宇冠：《执行〈非法证据排除规定〉应澄清的两个问题》，载《检察日报》2010年8月11日第3版；龙宗智：《我国非法口供排除的"痛苦规则"及相关问题》，载《政法论坛》2013年第5期；郑旭：《非法证据排除规则》，中国法制出版社2009年版，第206页。

[2] 具体理由详见本书《重复性供述是否排除之我见》一文。该观点和理由参见王振峰、戚进松：《两个〈证据规定〉有关证据排除规则的理解和适用》，载《国家检察官学院学报》2010年第6期；李昌盛：《虚假供述第二道防线：口供实质补强规则》，载西南政法大学诉讼法与司法改革研究中心编：《刑事证据法国际研讨会论文集》（2012），第302页。

[3] 具体理由详见本书《重复性供述是否排除之我见》一文。该观点和理由参见陈瑞华：《非法证据排除规则的适用对象——以非自愿供述为范例的分析》，载《当代法学》2015年第1期；吉冠浩：《论非法证据排除规则的继续效力》，载《法学家》2015年第2期；王彪：《审前重复供述的排除研究》，载《证据科学》2013年第5期；林国强：《审前重复供述的可采性》，载《国家检察官学院学报》2013年第4期；谢小剑：《重复供述的排除规则研究》，载《法学论坛》2012年第1期；陈峰：《排除重复自白的实务困境与应对思路》，载《人民司法》（应用）2015年第1期；张颖：《重复自白的证据能力》，载《中国刑事法杂志》2012年第7期。

复性供述不需要排除。

二是诉讼阶段变更的例外。即审查批捕、审查起诉和审判期间，检察人员、审判人员讯问时告知了诉讼权利和认罪的法律后果，犯罪嫌疑人、被告人自愿作出的重复性供述，不需要排除。

这两种例外的共同点，都是办案人员变更了，其中后一种例外还首先是办案单位变更了。这两种情形之所以作为例外：一是办案人员变更后，讯问时又告知了诉讼权利和认罪的法律后果，以前的刑讯逼供行为与本次的重复供述之间的因果关系可以认为已被阻断。特别是在办案机关变更的情况下，因果关系阻断的理由更为充分，因为检、法都是独立的办案主体，对侦查负有审查、制约的职能，检察机关还负有监督职能，要履行客观公正义务，法院又是中立的机关。二是侦查机关变更办案人员是一种主动纠错的行为，法律上应予支持和肯定。如果认为重复性供述应当一律排除，且排除后不允许重新讯问、获取口供，那不利于调动侦查机关主动纠错的积极性，且许多案件就会办不下去。三是犯罪嫌疑人、被告人自愿供述是他的权利，也是其争取从宽处理的一个途径，法律应当尊重当事人自愿作有罪供述的权利。如果认为重复供述都应排除，对被告人未必有利。例如，有的案件即使被告人不供述也能定罪，但被告人作了供述，以至认罪认罚。对此，如果办案主体变更后重复供述不排除，则对被告人可依法从宽处理；如果重复供述一概排除，案中就没有被告人认罪的证据，那对被告人就没有从宽处理的理由。

需要注意的是，办案人员变更后，讯问时如果刑讯逼供过的办案人员还在场，那即使变更后的办案人员告知了诉讼权利和认罪的法律后果，所取得的重复供述也应予以排除。因为犯罪嫌疑人很难从在场的办案人员情况中作出办案人员是否已经变更的判断，他仍会基于对刑讯逼供人的恐惧而沿袭原来的供述。

## （三）进一步规范了相关侦查行为

《新规定》第 8—13 条对相关的侦查行为作了重申和进一步规范：（1）侦查机关应当依照法定程序开展侦查，收集、调取能够证实犯罪嫌疑人有罪或者无罪、罪轻或者罪重的证据材料。（2）拘留、逮捕犯罪嫌疑人后按法定程序送看守所羁押，讯问应当在看守所讯问室进行，因客观原因在看守所讯问室外讯问的应当作出合理解释。（3）讯问犯罪嫌疑人的时候可以对讯问过程录音录像；对可能判处无期徒刑、死刑的案件或其他重大案件，应当对讯问过程录音录像，并告知犯罪嫌疑人。录音录像要不间断进行，保留完整性，不得选择性录制，不得剪接、删改。（4）讯问犯罪嫌疑人应当制作讯问笔录，并交犯罪嫌疑人核对，犯罪嫌疑人认为有遗漏或者差错的可以提出补充或者改正。（5）看守所应当对提讯进行登记，写明提讯单位、人员、事由、起止时间以及犯罪嫌疑人姓名等情况。（6）看守所收押犯罪嫌疑人应当进行身体检查，检查时，检察院驻看守所检察人员可以在场。检查发现犯罪嫌疑人有伤或者身体异常的，看守所应当拍照、录像，分别由送押人员、犯罪嫌疑人说明原因，并在体检记录中写明，由送押人员、收押人员和犯罪嫌疑人三方签字确认。

这些规定，都是为了防止刑讯逼供；如果发生了刑讯逼供，也便于查明，明确责任。

## （四）进一步明确了侦查机关自行排除非法证据的职责和措施

刑事诉讼法第 54 条第 2 款规定："在侦查、审查起诉、审判时发现有应当排除的证据的，应当依法予以排除，不得作为起诉意见、起诉决定和判决的根据。"可见，侦查机关负有自行排除非法证据的职责。为了落实刑事诉讼法的规定，《新规定》第 15 条规定："对侦查终结的案件，侦查机关应当全面审查证明证据收集合法性的证据材料，依法排除非法证据。排除非法证据后，证据不足的，不得移送审查起诉。侦查机关发现办案人员非法取证的，应当依法作出处理，并可另行指派侦查人员重新调查取证。"

（五）确立了检察机关在审前程序中对非法证据排除程序的主导权[①]

在侦查阶段，由于检察机关对刑讯逼供等非法取证行为负有监督职责，因此，《新规定》第13条、第14条对检察机关防范和排除非法证据的职责作了明确规定：（1）在对收押的犯罪嫌疑人进行体检时，检察机关驻看守所检察人员可以在场。（2）负责受理并调查处理犯罪嫌疑人及其辩护人排除非法证据的申请。对申请排除非法证据、并提供相关线索或材料的，人民检察院应当调查核实。调查结论应当书面告知申请人。对确有以非法方法收集证据情形的，应当向侦查机关提出纠正意见。（3）对重大案件侦查终结前进行讯问合法性核查。这在最高人民法院、最高人民检察院、公安部、国家安全部、司法部《关于推进以审判为中心的刑事诉讼制度改革的意见》中作过规定，这次又把它放入《新规定》再次作了规定："对重大案件，人民检察院驻看守所检察人员应当在侦查终结前询问犯罪嫌疑人，核查是否存在刑讯逼供、非法取证情形，并同步录音录像。经核查，确有刑讯逼供、非法取证情形的，侦查机关应当及时排除非法证据，不得作为提请批准逮捕、移送审查起诉的根据。"

这些措施，既是侦查监督的具体措施，也是为了关口前移，把非法证据发现和排除在侦查机关移送审查起诉之前。

在审查批捕、审查起诉阶段，对检察机关的新规定主要有：（1）履行权利告知义务。即在审查批捕、审查起诉期间讯问犯罪嫌疑人时，应当告知其有权申请排除非法证据，并告知诉讼权利和认罪的法律后果。（2）依申请或者依职权发现和排除非法证据。对于犯罪嫌疑人及其辩护人申请排

---

[①] 参见陈瑞华：《新非法证据排除规则的八大亮点》，载《人民法院报》2017年6月29日第2版。

除非法证据、并提供了相关线索或者材料的,检察机关应当调查核实,并将调查结论书面告知申请人。同时,检察机关在审查起诉期间发现侦查人员以刑讯逼供等非法方法收集证据的,应当依法排除相关证据并提出纠正意见,必要时可以自行调查取证,被排除的证据应当随案移送,并写明为依法排除的非法证据。(3)依法排除非法证据后,案件证据不足,不符合逮捕、起诉条件的,不得批准或决定逮捕、提起公诉。侦查机关有不同意见的,可以要求复议、复核。

(六)强化了律师辩护权

律师是防范和排除非法证据的重要力量。《新规定》对辩护权的新规定主要有:(1)规定法律援助值班律师可以为被非法取证的犯罪嫌疑人、被告人提供法律帮助。《新规定》第19条规定:"犯罪嫌疑人、被告人申请提供法律援助的,应当按照有关规定指派法律援助律师。法律援助值班律师可以为犯罪嫌疑人、被告人提供法律帮助,对刑讯逼供、非法取证情形代理申诉、控告。"(2)规定申请排除非法证据应当提供相关线索或者材料。第20条规定:"犯罪嫌疑人、被告人及其辩护人申请排除非法证据,应当提供涉嫌非法取证的人员、时间、地点、方式、内容等相关线索或者材料。"作此规定,一是便于办案人员调查核实;二是防止申请人滥用"排非"申请权。(3)规定了申请调取有关证据材料的权利。第22条规定:"犯罪嫌疑人、被告人及其辩护人向人民法院、人民检察院申请调取公安机关、国家安全机关、人民检察院收集但未提交的讯问录音录像、体检记录等证据材料,人民法院、人民检察院经审查认为犯罪嫌疑人、被告人及其辩护人申请调取的证据材料与证明证据收集的合法性有联系的,应当予以调取;认为与证明证据收集的合法性没有联系的,应当决定不予调取并向犯罪嫌疑人、被告人及其辩护人说明理由。"(4)规定了申请侦查人员或者其他人员出庭的权利。第27条规定,在法庭调查证据收集合法性争议时，被告人及其辩护人有权申请人民法院通知侦查人员或者其他人员出庭。人民法院认为现有证据材料不能证明证据收集的合法性，确有必要通知上述人员出庭作证或者说明情况的，可以通知上述人员出庭。

（七）明确了庭前会议与庭审的职责划分，并规定了庭审调查的两个原则

《新规定》第23条至第25条规定：被告人及其辩护人申请排除非法证据的，除了在庭审期间发现相关线索或者材料等情形之外，应当在开庭审理前提出。对在开庭前提出申请并提供相关线索或者材料的，人民法院应当召开庭前会议。在庭前会议中，人民检察院应当有针对性地对证据收集的合法性作出说明，人民法院可以核查证据、听取意见。通过庭前会议，控辩双方就证据收集是否合法问题达成一致意见的，检察院可以撤回证据，撤回的证据，没有新的理由的，不得在庭审中出示；被告人及其辩护人可以撤回排除非法证据的申请，撤回申请后，没有新的线索或材料，不得再次对有关证据提出排除申请。控辩双方未达成一致意见的，留待开庭审理时解决。

《新规定》之所以对庭前会议与庭审的功能作如此划分，是因为庭前会议的任务是审判人员召集控辩双方就回避、出庭证人名单、非法证据排除等程序性问题"了解情况、听取意见"，以便法官把握庭审重点，提高审案的效率和质量。可见，庭前会议是为庭审作准备的，庭审才是审判的中心。因此，法院在庭前会议上不能对取证合法性争议行使决定权，如果控辩双方对争议能形成合意，就按合意办。如不能形成合意，则只能拿到庭审中去解决。

《新规定》还规定，对庭前会议上控辩双方未达成一致意见的取证合法性争议，法院对取证合法性没有疑问，且没有新的线索或材料表明可能存在非法取证的，可以决定不再进行调查；对取证合法性有疑问的，应当

在庭审中进行调查。在庭审开始、公诉人宣读起诉书后，法庭应当宣布开庭审理前（即庭前会议上）对取证合法性问题的审查及处理情况。对于法院决定不再进行法庭调查的，就在此时宣布决定；对于需要经过法庭调查的，《新规定》明确了两个原则：

一是先行调查原则。即对证据收集合法性的调查，原则上应当先行当庭进行，待法庭对该问题作出处理决定后，才能在法庭上出示该证据并进行质证。但为防止庭审过分迟延，也可以在法庭调查结束前进行调查。而在《新规定》之前，最高人民法院《关于适用〈中华人民共和国刑事诉讼法〉的解释》第100条第2款规定的是："对证据收集合法性的调查，根据具体情况，可以在当事人及其辩护人、诉讼代理人提出排除非法证据的申请后进行，也可以在法庭调查结束前一并进行。"

《新规定》明确对取证合法性争议先行调查，是符合逻辑的，因为第一，取证合法性争议要解决的是证据能力（资格）问题，只有解决了这个问题后，证据才能进入法庭，进行举证、质证、认证，解决证据证明力问题。第二，在刑事诉讼中，司法机关要解决的主要是两类问题：一类是实体性争议，即犯罪嫌疑人、被告人是否有罪并予追究刑事责任，侦查、起诉、审判活动都是围绕这一任务而展开的。另一类是程序性争议，如管辖、回避、非法证据排除等争议，是根据正当法律程序处理刑事案件的产物。解决程序性争议，是"诉讼中的诉讼""审判中的审判"，[①] 只有先解决程序性争议，才能进而解决实体性争议。因此，对取证合法性争议应当先行调查。

但是，对取证合法性争议如果一律先行调查，有的会造成庭审过分迟延，例如，有的多个被告人案件，只有个别被告人申请排除非法证据，如

---

① 参见熊秋红：《非法证据排除规则的体系性构建》，载《人民法院报》2017年7月3日第2版。

果坚持对该问题先行调查,那开庭时其他的被告人、辩护人、证人就只能等着;又如,被告人申请排除非法证据,并申请通知侦查人员或其他人员出庭,法院也认为确有必要通知侦查人员或其他人员出庭,但侦查人员或其他人员难以在开庭首日到庭。在这种情况下,为了防止庭审过分迟延,取证合法性争议也可以在法庭调查结束前调查。

二是当庭决定原则。即"法庭对证据收集合法性进行调查后,应当当庭作出是否排除有关证据的决定。必要时,可以宣布休庭,由合议庭评议或者提交审委会讨论,再次开庭时宣布决定"。同时,《新规定》还规定:"在法庭作出是否排除有关证据的决定前,不得对有关证据宣读、质证。"

(八)进一步规定了非法证据的证明标准

刑事诉讼法第58条规定:"对于经过法庭审理,确认或者不能排除存在本法第五十四条规定的以非法方法收集证据情形的,对有关证据应当予以排除。"《新规定》第34条又作了类似规定:"经法庭审理,确认存在本规定所规定的以非法方法收集证据情形的,对有关证据应当予以排除。法庭根据相关线索或者材料对证据收集的合法性有疑问,而人民检察院未提供证据或提供的证据不能证明证据收集的合法性,不能排除存在本规定所规定的以非法方法收集证据情形的,对有关证据应当予以排除。"

根据以上规定,非法证据的证明标准,一个是"确认"是非法证据,即认定其为非法证据已达到"确信无疑"的程度;另一个是"不能排除以刑事诉讼法第54条规定的非法方法收集证据情形的",即只要存在以刑讯逼供等非法方法收集证据的合理怀疑、且该合理怀疑不能被证据排除,那该证据就应认定为应予排除的非法证据。因此,对非法证据是"合理怀疑标准"。这是从非法证据角度来说的。反过来,如从检察机关证明证据收集合法性的角度来说,如果检察机关所作的证据收集合法性证明没有排除非法取证的合理怀疑,那该证据就应认定为非法证据予以排除;易言之,只有当证据收集合法性的证明达到排除合理怀疑的程度,该证据才不会被排除。因此,从正面证明的角度来说,其证明标准是"排除合理怀疑",归根结底是"证据确实、充分",① 这与定罪的证明标准是一致的。

(九)系统规定了不同诉讼阶段排除非法证据的程序

《新规定》对各诉讼主体、各诉讼阶段排除非法证据程序的启动、审查方法、过程及其结果都作出了规定。(1)启动。既可因当事人及其辩护人的申请而启动,也可由侦、诉、审机关依职权启动。(2)审查方法。在侦查和审查批捕、审查起诉阶段,采取书面审查和调查取证相结合的方法;在审判阶段,采取召开庭前会议、庭审调查、必要时庭外核实等方法。(3)过程。例如,检察院在审查批捕、审查起诉期间讯问犯罪嫌疑人、法院向被告人及其辩护人送达起诉书副本时,都"应当告知其有权申请排除非法证据"。又如,无论是侦查阶段还是审查批捕、审查起诉期间,人民检察院对犯罪嫌疑人及其辩护人提出的排除非法证据的申请,都分以下几步进行:一是审查有无提供有关线索或材料;二是进行调查核实;三是书面告知调查结论;四是认定为非法证据的,依法予以排除,并对侦查机关提出纠正意见;五是被排除的非法证据应当随案移送,并写明为依法排除的非法证据。还如,人民法院在庭审中调查取证合法性争议,人民检察院要证明取证的合法性,包括出示讯问笔录、提讯登记、体检记录、采取强制措施或侦查措施的法律文书、侦结前对讯问合法性的核查材料、有针对性地播放讯问录音录像、提请法庭通知侦查人员或其他人员出庭说明情况等;辩方可以申请法院通知侦查人员或者其他有关人员出庭;控辩双方可以质证、辩论;法庭可以宣布休庭,对证据进行调查核实;法院要对是否排除有关证据作出决定,并在裁判文书中写明,并说明理由。(4)结

---

① 根据我国刑事诉讼法第53条第2款的规定,"排除合理怀疑"从属于"证据确凿、充分"。

果。经审查,凡被认定为须排除的非法证据的,都应予以排除,在审前阶段,不得作为提请批捕、移送审查起诉、审查批捕、审查起诉的根据;在审判阶段,不得在法庭上宣读(出示)、质证。

(十)完善了二审法院对取证合法性争议的处理

《新规定》第38条至第40条规定,二审法院对取证合法性争议的以下三种情形应当进行审查:一是上诉或抗诉案件的控辩一方或双方对证据收集合法性的审查、调查结论有异议的;二是被告人及其辩护人在第一审程序中未申请排除非法证据,第二审程序中提出申请,并说明了理由的;三是人民检察院在第一审程序中未出示证据证明取证的合法性,第一审法院排除非法证据后,人民检察院新发现证明取证合法性证据的。

第二审法院对取证合法性的调查参照第一审程序的规定进行,审查后,分别情况作出处理:(1)第一审人民法院对被告人及其辩护人排除非法证据的申请未予审查,并以有关证据作为定案根据,可能影响公正审判的,裁定撤销原判,发回重审;(2)第一审人民法院虽对排除非法证据的申请作过审查,但对依法应当排除的非法证据未予排除的,第二审法院可以依法排除证据,并根据排除证据后案件的事实、证据情况依法作出裁判:原判决认定事实和适用法律正确、量刑适当的,裁定驳回上诉或抗诉,维持原判;原判决认定事实没有错误,但适用法律有错误,或者量刑不当的,应当改判;原判决事实不清楚或者证据不足的,可以裁定撤销原判,发回原审人民法院重新审判。

## 二、《新规定》的执行

(一)充分认识《新规定》的重要意义,树立正确的司法理念

非法证据之所以要排除,是因为刑讯逼供等非法取证行为的危害极其严重。要防止刑讯逼供等非法取证行为,主要靠两方面发力:一是源头防

范，如加强对办案人员思想教育、对讯问过程录音录像、看守所收押犯罪嫌疑人时进行体检、看守所对提讯进行详细登记、对讯问进行全程同步录音录像等，一些国家还赋予犯罪嫌疑人沉默权和讯问时律师在场权。二是事后救济，即当刑讯逼供等非法取证行为发生后采取补救措施，主要有排除非法证据、对非法取证人实施惩戒等。排除非法证据就是采取程序制裁的方式，使非法获取的证据归于无效，以此遏制刑讯逼供等非法取证行为，对受侵害人提供救济，维护正当程序。因此，排除非法证据是防止刑讯逼供、维护正当程序的重要措施。这个《新规定》，不仅进一步明确了哪些证据要排除，而且明确了通过怎样的程序去排除以及各办案机关、辩护人在诉讼各阶段排除非法证据的职责（权利），在完善我国排除非法证据制度上又推进了一大步，对于保障犯罪嫌疑人、被告人及其他诉讼参与人的合法权益，维护诉讼程序的正当性和合法性，推进以审判为中心的诉讼制度改革，提高办案质量，维护司法公正性和公信力，都具有重要意义。我们要认真学习领会，不折不扣地贯彻执行，切实解决对非法证据不想排除、不愿排除、不敢排除、不会排除的问题。

理念是行动的先导。要执行好排除非法证据的《新规定》，首先要通过学习，牢固树立以下司法理念：

一是惩治犯罪与保障人权相统一的理念。排除非法证据，是平衡刑事诉讼惩治犯罪与保障人权这两大价值目标的产物。非法证据所证明的内容，有些是虚假的，也有些是真实的，如单从惩治犯罪考虑，排除非法证据很可能会影响惩治犯罪。但是，保障人权包括被追诉人和其他诉讼参与人的人权，也是刑事诉讼的重要价值目标。通过排除非法证据，虽会对少数个案的揭露和惩治带来消极影响，但它有利于从整体上保障人权、维护正当程序、防止冤假错案、维护司法公正性和公信力。相反，如对非法证据不排除，那就是对刑讯逼供等非法取证行为的纵容，就会对司法造成灾难性的结果。因此，只有树立惩治犯罪与保障人权相统一的理念，才能真正理解排除非法证据的必要性和意义；反之，理解了排除非法证据的必要性和意义，又有助于树立惩治犯罪与保障人权相统一的理念。

二是程序公正先于实体公正的理念。司法公正包括实体公正和程序公正。程序公正既是实体公正的保障，其本身又有独立的价值。程序如果不公正，实体就不可能公正，任何冤假错案都是从违反诉讼程序开始的，或者说，是违反诉讼程序的必然结果。因此，要实现实体公正，首先必须保证程序公正。

三是证据合法性先于证据真实性、证据能力先于证据证明力的理念。证据能力与证据证明力是两个含义很不相同的概念："证据能力"是指作为证明案件事实根据的证据必须具备的条件或资格，故"证据能力"又称"证据资格"，它要回答的是某种证据有没有资格进入诉讼程序、是否能够被采纳为诉讼证据的问题。在审判中，只有具有证据能力的证据才能进入法庭（在法庭上出示）。具有证据能力的证据以具有合法性为前提，不合法的证据有的要被排除，有的要加以补正。证据证明力又称"证据效力"或"证据价值"，是指证据对于待证事实是否有证明作用及作用的大小，其要解决的是某证据能否被采信、作为认定案件事实根据的问题。可见，证据能力与证据的合法性相联系；证据证明力与证据的真实性相联系。审查判断证据，首先要审查判断证据的能力，然后才能审查判断证据的证明力。但长期以来，我们比较重视证据的真实性，而不重视证据的合法性；比较重视证据的证明力，而不重视证据的能力。随着公民权利意识的增强和"尊重和保障人权"入宪，证据的合法性和能力的问题越来越得到重视，很多律师出庭辩护，打的主要是程序仗，因为它在某些情况下能对案件的定性起到"釜底抽薪"的作用，有些重要证据一旦被认定为非法证据并被排除，犯罪就不能成立。因此，必须明确，任何证据，只有先具有合法性，才有可能具有真实性；只有先具有证据能力，才有可能具有证明力。因为证据如果不具有合法性和证据能力，那在法庭上出示（宣读）的资格都没有，哪里还谈得上证据的真实性和证明力呢？

（二）明确检察机关在防范和排除非法证据中特别重大的责任

公、检、法在刑事诉讼中都有发现和排除非法证据的责任，而检察机关的责任特别重大。与公安机关相比，检察机关在侦查阶段除了在自行侦查中跟公安机关一样承担防止非法取证和发现、排除非法证据的责任外，还承担监督侦查机关依法取证的责任和调查核实当事人排除非法证据申请的责任，因为《新规定》把侦查阶段受理并处理排除非法证据申请的任务交给了检察机关而没有交给侦查机关。与法院相比，检察机关在审判阶段除了与法院一样具有发现和排除非法证据的责任外，还具有证明取证合法性的责任和对法院取证合法性争议所作决定进行监督的责任。

梳理检察机关在排除非法证据上的责任，主要有五个方面：一是防止在"自侦"中非法取证；二是监督侦查机关依法取证；三是通过接受申请或依据职权发现和排除非法证据；四是证明取证的合法性；五是对法院处理取证合法性争议的不当决定进行监督。据此，如果公安机关在侦查中出现了非法证据，检察机关就负有侦查监督不力的责任；如果在自侦中出现非法证据，检察机关就负有管理不力的责任；如果审查批捕、审查起诉中非法证据该排除没有排除，检察机关就负有发现、排除不力的责任；如果审判中有该排除的非法证据没有被排除，检察机关就可能负有证明取证合法性不当的责任；如果审判中有不该排除的证据被排除，检察机关就可能负有证明取证合法性不力的责任；如果对法院处理取证合法性争议的错误决定该抗诉不抗诉，则负有审判监督不力的责任。总之，在诉讼任何阶段出现非法证据方面的任何问题，检察机关都可能负有不同程度的或直接或间接的责任。面对这些特别重大的责任，检察机关必须敢于担当、恪尽职守、不辱使命。

### (三)强化源头治理,严格防范刑讯逼供等非法取证行为

首先,检察机关在"自侦"中要严禁刑讯逼供、暴力取证等非法取证行为。因为检察机关"自侦"中如果非法取证,其危害比公安机关非法取证的危害更大:第一,检察机关作为护法机关,如果非法取证,其影响更坏,对司法公信力损害更大,并会引起广大公职人员的共愤。第二,公安机关侦查的案件大多有物证,非法获取的言词证据如果得不到物证的支持,那导致冤假错案的可能性就会降低;而检察机关侦查的贿赂案件主要靠言词证据,只要行受贿双方的口供对上,其案件基本上就成了。因此,检察机关非法取证比公安机关非法取证产生冤假错案的可能性要大得多。第三,公安机关侦查的案件如果搞错了,当事人还可提出"没有作案时间""没有到过现场"等理由进行辩解;而"自侦"案件的当事人却很难提出这样的辩解。第四,公安机关侦查的案件如果冤了,有的还可通过"死者生还、真凶出现"获得平反;而检察机关侦查的案件却没有这样的机会。因此,检察机关更应严禁以刑讯逼供等非法方法收集证据。要进一步加强对"自侦"活动的监督管理,认真落实讯问时全程同步录音录像制度,继续推进侦查规范化建设,用制度堵塞非法取证空间,使非法取证行为"不能为"。

其次,要强化侦查监督和刑事执行监督,认真督促侦查机关落实刑事诉讼法和《新规定》规定的一系列防范刑讯逼供等非法取证行为的措施,包括检察人员在看守所对收押的犯罪嫌疑人身体检查时在场制度和重大案件侦查终结前进行取证合法性核查制度,监督和配合侦查机关堵塞非法取证空间。

### (四)立足于早发现、早排除非法证据

对非法证据,发现、排除得越早越好越主动。因为:第一,有利于尽早清除证据中的"定时炸弹",保证办案质量;第二,有利于尽早补充相

关证据，以免非法证据排除后指控犯罪不能；第三，有利于防止检察官在法庭上被动和尴尬；第四，有利于彰显检察机关客观公正的形象，树立司法公信。

因此，检察机关一要在"自侦"部门落实专人对拟侦结案件全面审查证明证据收集合法性的证据材料，排除非法证据。二要认真办理当事人及其辩护人排除非法证据的申请，尽最大努力把非法证据排除在公安机关移送审查起诉前。三要认真落实审查批捕、审查起诉时排除非法证据的职责，通过审阅案卷材料、讯问犯罪嫌疑人、听取律师意见、调查核实证据等途径发现非法证据。对发现的非法取证线索，无论是检察机关自身的还是侦查机关的，都要紧盯不放、一查到底，绝不姑息。对没有充分证据证明取证合法性的，就要坚决予以排除，绝不要心存侥幸；对查证属实确有刑讯逼供等非法取证行为的，由检察机关或建议有关部门严肃处理，并在内部通报，以形成震慑，形成对非法取证的高压态势，营造非法取证"不能为"的氛围。四要在审判期间坚持实事求是、客观公正，该证明取证合法性的要努力予以证明；发现被告人及其辩护人申请排除非法证据有理的要予以支持，防止片面追诉倾向。

（五）把防范和排除非法证据落实到司法责任制之中

要把防范和排除非法证据作为司法责任制的一个重要内容，加强监督管理和检查落实。对实施刑讯逼供、暴力取证等非法取证行为的，因故意或者重大过失导致该排除的非法证据不排除或不该排除的证据乱排除，造成严重后果的，要追究有关办案人员的司法责任；对于监督管理不力、造成严重后果的，还要追究有关监督管理人员的责任。